京《みやこ》のまちなみ史

平安京への道　京都のあゆみ

丸山俊明　著

昭和堂

箸墓古墳（奈良県桜井市、本文 1 項）

瀬田川（滋賀県大津市、本文 13 項）

史跡藤原宮跡（奈良県橿原市、本文 14 項）

史跡平城宮跡・復原大極殿（奈良県奈良市、本文 18 項）

近江国分寺跡（信楽町牧内裏野、本文 25 項）

仙洞御所（京都御苑）
（京都市上京区、本文 32 項、宮内庁京都事務所提供）

復原町家・一乗谷朝倉氏遺跡（福井県福井市、本文 49 項）

瀬川家住宅（京都市上京区、非公開、本文 71 項）

今井町本『洛中洛外図』屏風（部分、喜多一裕所蔵）
宝永大火（1708）からの復興で、徳川政権の建築規制が徹底された正徳元年（1711）の油小路通のまちなみを朝鮮通信使が行進（本文 70 項、74 項）。

三条油小路町町並絵巻（部分、京都府立京都学・歴彩館所蔵）
天明大火（1788）からの復興で、銅樋付並《ならべ》瓦葺が増え、ウダツが減り、1 階は仕舞屋化した油小路通のまちなみ（本文 78 項）。右端の木戸門脇に番小屋（本文 76 項）と将軍地蔵、愛宕灯籠（本文 68 項）。

はじめに

　古代の倭国は、豪族が列島各地を私有していました。みな家政機関を持っていたので、大王《おおきみ》の宮《みや》も、それほど巨大ではありませんでした。ところが大陸に巨大国家がうまれ、東アジア情勢が不安定になったとき、中央集権が急務になります。そこで天皇のもとに権力を集めたのが、日本です。

　天皇は日本を支配するため、多くの豪族を官人にします。そして宮のまわりにすまわせるため、計画都市をつくりました。隋や唐の都市を参考にしながら、日本独自の要素も加えて、難波京や藤原京、平城京、長岡京と造営の経験を重ね、ついに平安京へといたります。

　そして嵯峨天皇が平安宮を万代宮《よろずよのみや》と宣言したとき、首都が引っ越しをくり返す時代は終わり、千年《せんねん》都《みやこ》の礎《いしずえ》ができました。

　その後、天皇の権力が貴族や武士の手にうつっていく中、平安京も京都に変わります。その歴史が礎の上にうず高く降りつもり、堆積した中から現代京都が結晶化しました。

　この美しい結晶は、見る人それぞれの心を映し、様々な像を結びます。そのひとつひとつが京都ですが、本書は前半で、最初の枠組みとなった平安京が造営されるまでを、後半で現代京都へのあゆみを取り上げます。近年の発掘や研究成果をふまえた内容は、きっとあなたの像に、新たな彩《いろど》りをそえることでしょう。

丸山俊明

祇園祭山鉾巡行

平安神宮

巡行の朝の川北家住宅

京《みやこ》のまちなみ史
——平安京への道・京都のあゆみ

目次

平安京への道 編

第一章［ヤマト王権の宮《みや》］

第二章［大和朝廷の京《みやこ》］

第三章［みだれたつ陪都《ばいと》］

第四章［平安京という都城《とじょう》］

第五章［平安京から京都へ］

京都のあゆみ 編

第六章［秀吉の京都改造］

第七章 ［徳川政権の建築規制］

第八章 ［徳川政権の京都改造］

第九章 ［町人がまもるまちなみ］

第十章 ［近現代の京都］

第一章 ◉ ヤマト王権の宮《みや》

箸墓古墳（奈良県桜井市）

1 邪馬台国

邪馬台国《やまたいこく》の卑弥呼《ひみこ》は倭《やまと》の日皇子《ひのみこ》

小さな都市国家が争う倭人の島。そこに現れた邪馬台国《やまたいこく》は30の都市国家の盟主となり、女王の卑弥呼《ひみこ》は中国大陸の魏へ朝貢《ちょうこう》する。

◆邪馬台国は都市国家連合の都

紀元前12世紀の縄文時代、倭人《わじん》の島に稲作が伝わる。共同作業は都市国家をうみ、収穫をいのる神官《しんかん》は王になり、土地は取りあいになった。

中国大陸の歴史書では紀元前1世紀の『漢書《かんじょ》』地理志《ちりし》に倭人が初登場。弥生時代の当時は100の小国が争い、奴国《なこく》が西暦57年に後漢《ごかん》へ朝貢《ちょうこう》（おくりものをする外交）して、皇帝から印綬《いんじゅ》を授かった。西暦107年に倭人王帥升《すいしょう》も朝貢（『後漢書《ごかんじょ》』東夷伝）、その後倭国大乱《わこくたいらん》になる。

3世紀に30の都市国家連合がうまれ（『魏志《ぎし》』倭人伝《わじんでん》、図①）、邪馬台国《やまたいこく》が「女王の都《みやこ》（宮がある処《ところ》）」になった。女王卑弥呼《ひみこ》は「鬼道《きどう》につかえよく衆を惑わす」神官で、宮室は城柵《じょうさく》に囲まれ楼観《ろうかん》（物見やぐら、図②）がたち、兵が守っていた。

◆卑弥呼の朝貢、魏の首都の洛陽は京都

西暦238年、大陸の魏が朝鮮半島北部の公孫氏《こうそんし》を滅ぼした。邪魔者が消えた卑弥呼は朝貢の使者をおくる（図③）。使者がみた魏の首都洛陽《らくよう》（図④）は、西暦25年に後漢がつくった都市で、皇帝が住む二つの宮室《きゅうしつ》（居城）の周囲に民がすみ、羅城《らじょう》とよぶ都市壁に囲まれていた。

このような都市を都邑《とゆう》とよぶ。

魏の皇帝は朝貢によろこび、親魏《しんぎ》

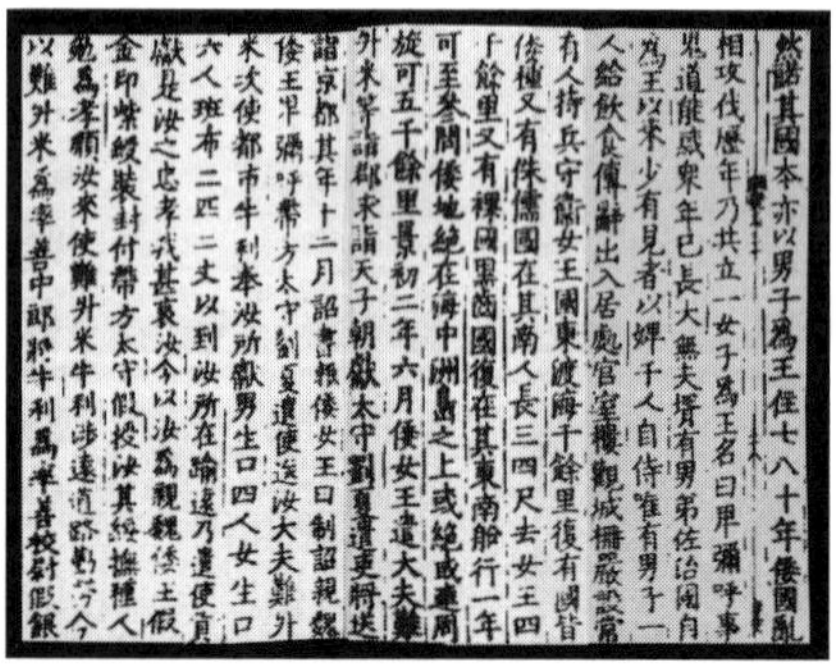

①『魏志』倭人伝
（12世紀写本、12行目の京都は洛陽をさす）

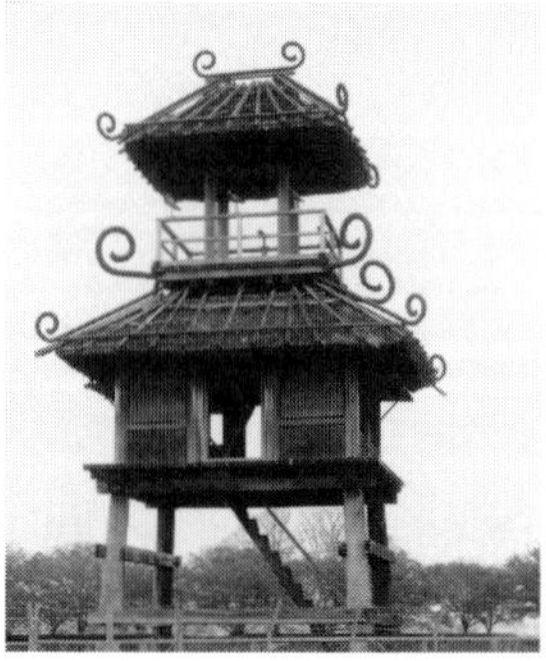

②楼観（奈良県田原本町、唐古《からこ》・鍵《かぎ》遺跡に復原）

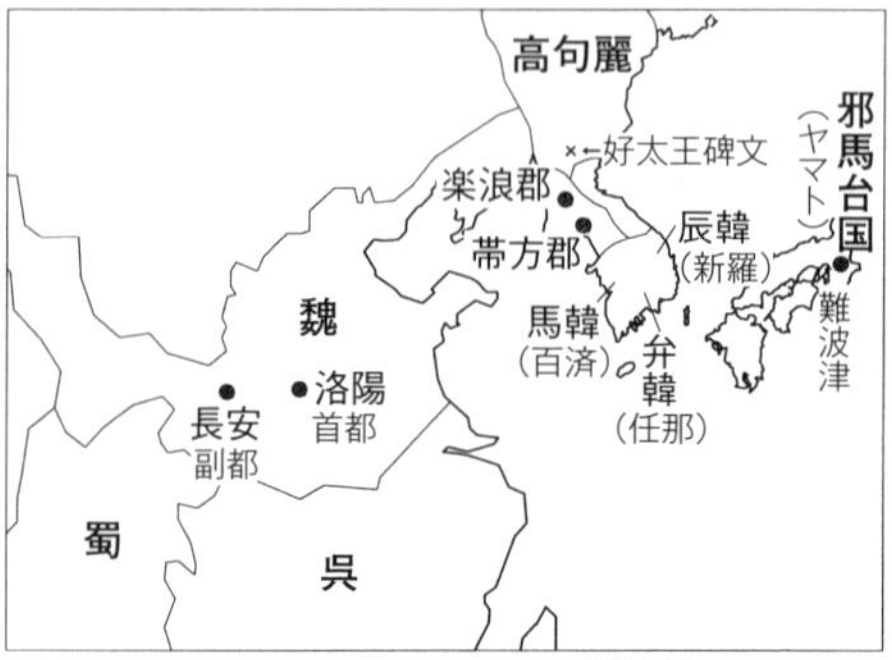

③当時の東アジア（『魏志』倭人伝は帯方郡《たいほうぐん》から邪馬台国への経路を記すが海に出る、元本の『魏略』は径路を記さない）

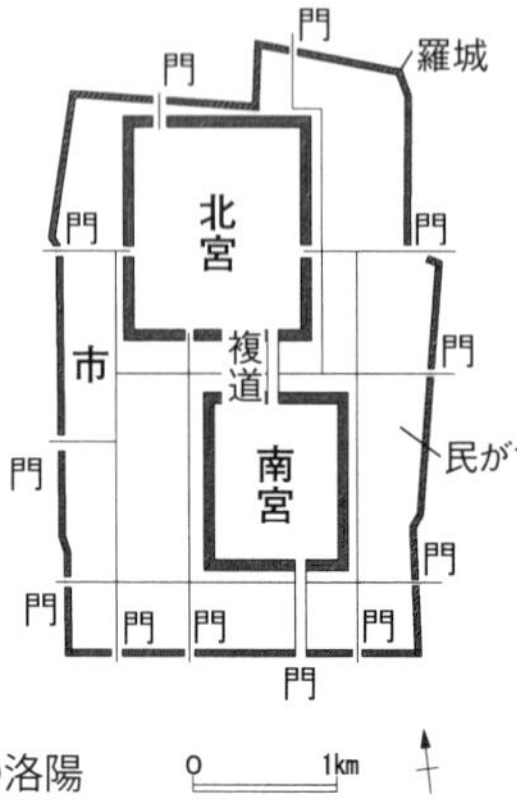

④漢・魏時代の洛陽

倭王《わおう》（魏に親しむ倭王）の金印紫綬《しじゅ》を授けた。ただし、当時これを記録した『魏略《ぎりゃく》』には「女王国」とある。「邪馬臺国《やまたいこく》」（台は略字）や「卑彌呼」は、『魏略』を元に後の晋《しん》時代に書かれた『魏志』倭人伝にあるが、邪や卑は野蛮を強調する同音の蔑字である。そして『魏志』倭人伝の研究では、卑弥呼の発音はヒミコ（ヒノミコ）、邪馬臺はヤマトとされる。さらに4世紀末に朝鮮半島北部の高句麗《こうくり》がたてた『好太王碑文《こうたいおう》』には、倭が半島南部の百済《くだら》や新羅《しらぎ》を屈服させ、高句麗と戦ったとあるが、この倭を『日本書紀《にほんしょき》』や『古事記《こじき》』はヤマトとよむ。4世紀に半島で戦う国力をもつ倭《やまと》は、3世紀の都市国家連合の邪馬臺《やまと》が成長した可能性が高い。そして卑弥呼は太陽信仰（天照《あまてらす》大神《おおみかみ》）の神官（日皇子《ひのみこ》）であり、子孫がヤマト王権《おうけん》の大王《おおきみ》となる（『日本書紀』に「我ら日神子孫《ひかみのしそん》」、『万葉集』の「藤原宮の役民の歌」に「わが大王《おおきみ》日皇子《ひのみこ》」とある）。

◆ヤマト王権のふるさと、纏向

纏向《まきむく》遺跡（奈良県桜井市）は、奈良盆地東側で三輪山のふもとにひろがる邪馬台国時代の遺跡である（東西2《キロメートル》×南北1・5《キロメートル》）。先進的な土木技術を示す工具や大型高床式《たかゆかしき》建物跡（19・2《メートル》×12・4《メートル》、図⑤⑥）、関東や北陸、瀬戸内からの貢納を示す土器が出土した。運河は飛鳥川《あすかがわ》から大和川《やまとがわ》で外港（海外とつながる港）の難波津《なにわつ》につながり、箸墓古墳《はしはかこふん》は最古級の巨大前方後円墳《ぜんぽうこうえんふん》（図⑦、この型式の古墳は後にヤマト王権に組み込まれた各地の豪族がまねていく）。

さらに4世紀に奈良盆地南端の飛鳥《あすか》がヤマト王権（倭）の中心になったとき、纏向は王権の故郷として大倭郷《やまとごう》とよばれる。

これらのことから、纏向は『魏志』倭人伝に「邪馬臺国」と記された都市国家であった可能性が高い。大型建物をもつ中心施設は、宮《みや》の原型と考えられる。

⑥纏向《まきむく》遺跡の中心施設（復原模型、桜井市埋蔵文化財センター所蔵）

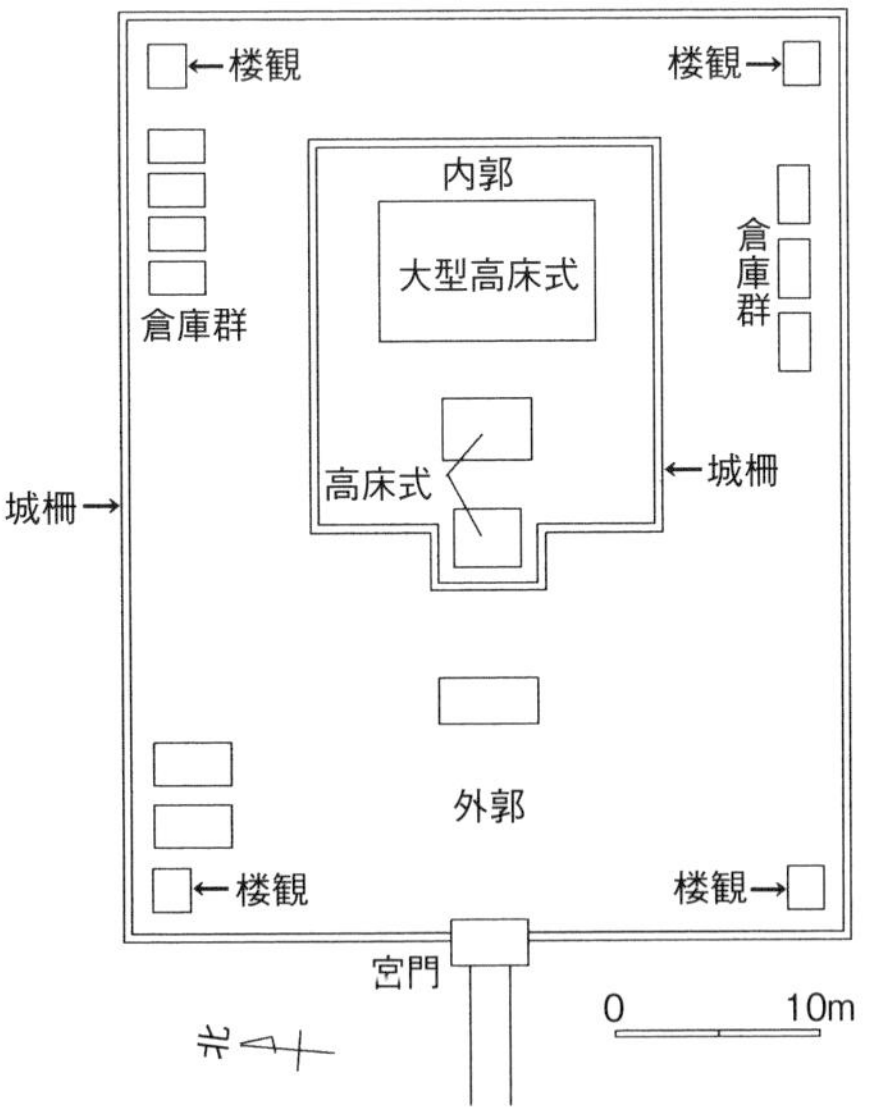

⑤纏向遺跡の中心施設（復原案）

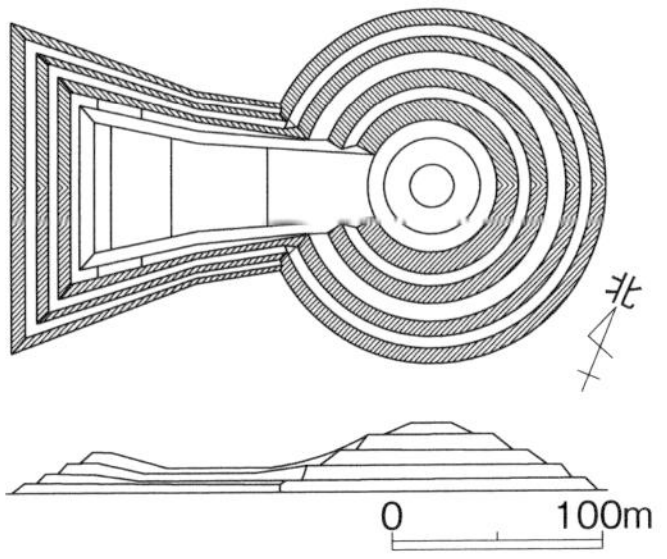

⑦前方後円墳の箸墓古墳（復原案）

2 ヤマト王権

倭の五王と歴代遷宮《れきだいせんぐう》

ヤマト王権の歴代大王《おおきみ》は、大陸の皇帝に朝貢して倭国王と認められた。その権威を使って、全国の豪族を氏姓《しせい》制度に組みこんでいく。

◆豪族連合政権のあゆみ

飛鳥盆地のヤマト王権（図①）は、4世紀に全国各地にすむ豪族（図②）を屈服させていった。朝鮮半島でも出先の任那日本府《みなまにほんふ》を足がかりに、4世紀末に新羅《しらぎ》と百済《くだら》を破り、高句麗《こうくり》と戦った（『好太王碑文』）。

5世紀初頭には、高句麗の支配を嫌う半島の技術者が渡来。養蚕《ようさん》や機織《はたおり》、陶芸、建築、金属工芸にすぐれた渡来人《とらいじん》は今来才伎《いまきのてひと》とよばれ、品部《ともべ》（技術集団）となって王権を支えた。

◆倭の五王

5世紀、歴代大王《おおきみ》（倭《わ》の五王《ごおう》、図③）は大陸の晋《しん》や宋《そう》へ朝貢をかさね、倭国王と認められた権威で、全国の豪族を王権の氏姓《しせい》制度に組みこむ。

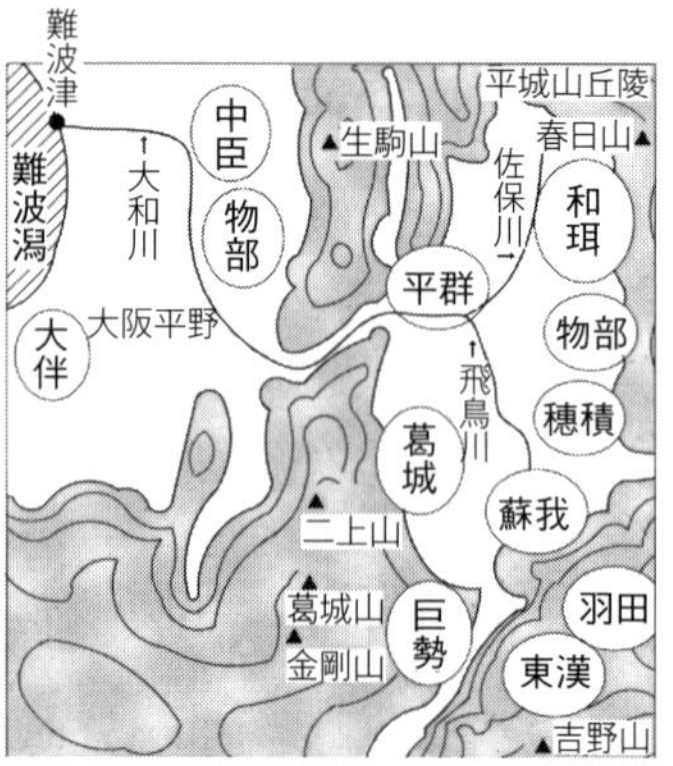

①ヤマト王権の有力豪族分布（各氏の私有地は全国にある）

氏姓制度とは、同じ氏神《うじがみ》をもつ血縁集団を氏《うじ》（蘇我《そが》・物部《もののべ》など）とし、氏ごとに姓《かばね》（臣《おみ》・連《むらじ》など）をあたえて王権での立場とする制度である。私有地や私有民を許すかわりに、生産物や軍事・労働力を提供させた（私地私民制《しちしみんせい》）。

またヤマト王権は大王が崩御《ほうぎょ》（死去）すると前方後円墳を築き権力を示したので、王権に入った豪族も前方後円墳を造るようになった。

◆神社の宮と大王の宮

神社の社殿を宮《みや》とよぶ。もとは建物を意味する屋に敬称の御をつけた御屋《みや》で、神や神の子孫（皇統《こうとう》）である大王の住まいを指した。神社の境内に多くの神様が祀《まつ》られてもそれぞれ社《やしろ》を持つように、大王《おおきみ》も即位して天照大神《あまてらすおおみかみ》の皇統《こうとう》に加わったとき、新宮《しんみや》を建てた。この倭国に固有の習慣には、死の穢《けが》れをさける意味があった。

大王が崩御すると、遺体を棺《ひつぎ》に納

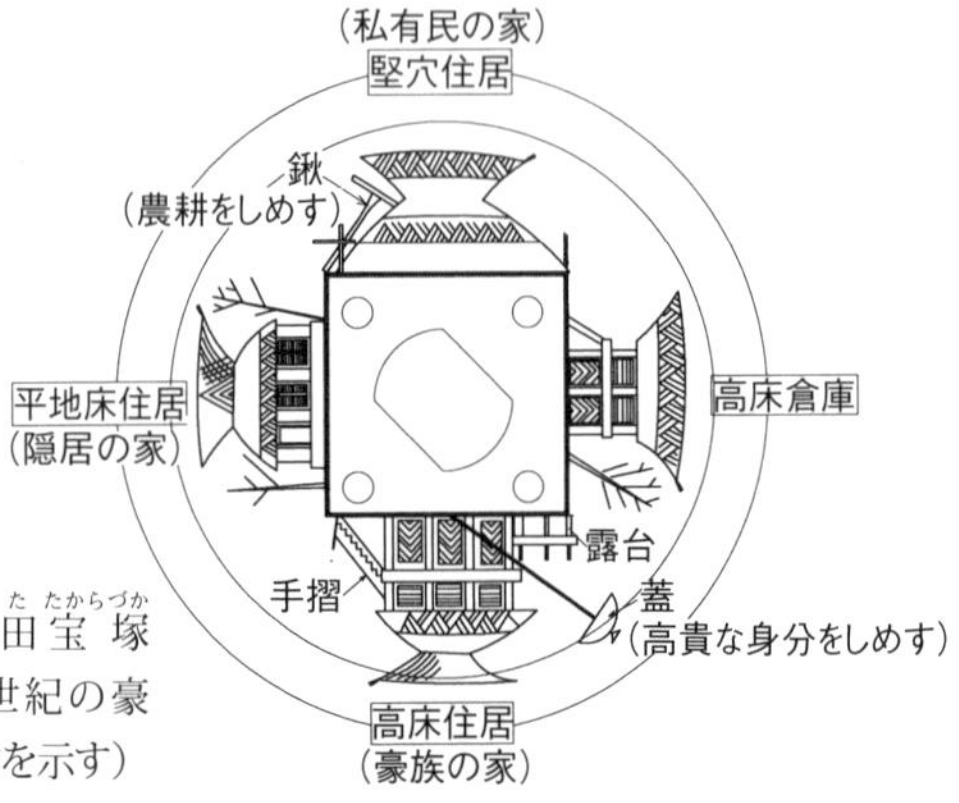

②家屋文鏡《かおくもんきょう》（奈良県佐味田宝塚《さみたたからづか》古墳出土、4世紀の豪族の邸内の建物を示す）

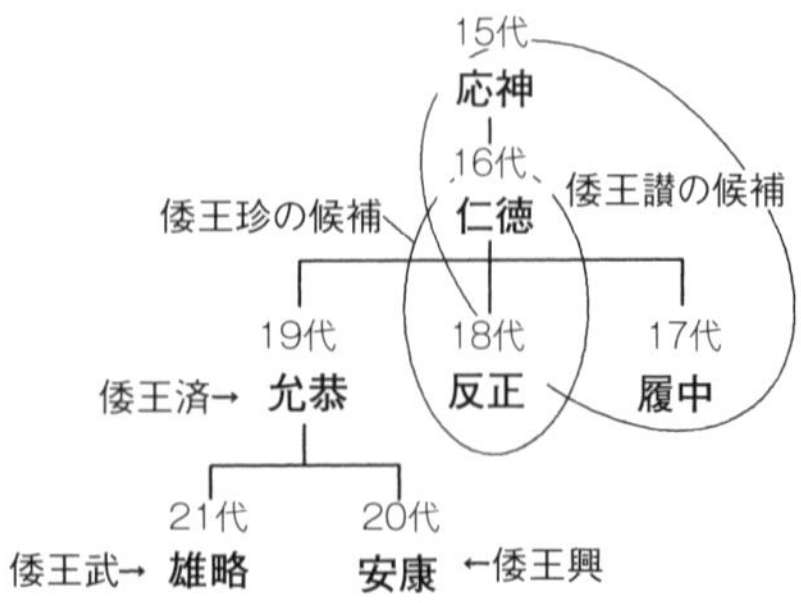

③大陸の歴史書に記された倭の五王と該当する可能性をもつ大王《おおきみ》

④古墳築造のようす

⑤御稲御倉《みしねのみくら》
（伊勢神宮内宮、柱は地面を掘った穴に直接突きたてる掘立柱、屋根はススキの茎を使う萱葺《かやぶき》、棟にならぶ堅魚木《かつおぎ》も棟おさえの名残という原初的形態、『古事記《こじき》』には雄略天皇が豪族の家の堅魚木をみて、大王の宮と同じだから焼けと命じた話がある）

め宮に置く。そこで腐敗から白骨化まで服喪《ふくも》（鎮魂の礼）しながら見まもる儀式が殯《もがり》で、そのまま古墳の築造期間になった（図④）。儀式が終ると、新大王は死の穢れにおおわれた宮をはなれ、別の場所に新宮を建てたのである（歴代遷宮《せんぐう》）。宮は古くなると掘立柱《ほったてばしら》（図⑤）や草葺《くさぶき》屋根が腐朽するから、新しくする意味もあった。森林が多い国土ではそれが可能で、新宮は神の力を強めるという神道《しんとう》の宗教観（常若《とこわか》）も、そこからうまれた。

◆大王の宮と宮処《みやこ》

「大王の宮《みや》がある場所＝処《ところ》」が宮処《みやこ》であり、倭国のミヤコは大王の住まいがある場所をさした。このミヤコに、『日本書紀』は中国大陸の首都の代名詞である京都・京・京師の字をあてる。それらが皇帝のすむ都市を指す言葉なら、大王がすむ宮処もおなじという発想である。ただし羅城（都市壁）が囲む大陸の都市は王朝がかわっても受けつがれたが（5項参照）、倭国の宮は、大王がかわるたび別の場所に建て直した。

3 飛鳥の宮

推古《すいこ》天皇の外交舞台、小墾田宮《おはりだのみや》

大王《おおきみ》（天皇）の権威が豪族の蘇我《そが》氏におびやかされる中、推古《すいこ》天皇は小墾田宮《おはりだのみや》で聖徳太子（厩戸皇子《うまやどのみこ》）と共に、隋《ずい》との国交をめざす。

◆推古天皇の即位と小墾田宮

崇峻5年（592）、大臣《おおおみ》の蘇我《そがの》馬子《うまこ》は大王《おおきみ》（崇峻《すしゅん》天皇）を暗殺した。その後に即位したのが「容姿端麗《みかおきらきら》しい」とされた推古《すいこ》天皇。女帝は推古11年（603）に小墾田宮《おはりだのみや》（図①）を造営し、聖徳太子（厩戸皇子《うまやどのみこ》）と政治をおこなった。

◆中央集権国家への道

欽明23年（562）、朝鮮半島の任那日本府《みなまにほんふ》が新羅《しらぎ》や百済《くだら》に滅ぼされた。推古天皇と聖徳太子は半島へ兵をおくり屈服させるが、兵を引くとすぐそむくので、大陸の隋《ずい》に目を向ける。

推古8年（600）に隋へ国交を求める第一次遣隋使《けんずいし》（倭国側には記録なし）をおくったが、初代皇帝文帝《ぶんてい》から国の体裁がないとして相手にされなかった。そこで推古天皇と聖徳太子は、大王（天皇）に権力が集まる中央集権国家を目指し、ヤマト王権の改造にのりだす。

まず豪族が世襲する氏姓制度とは別に、豪族の中から人材を集めて能力別に十二段階の位階《いかい》をあたえて官人《かんじん》とし（冠位十二階《かんいじゅうにかい》）、仏教をうやまう服務規律《ふくむきりつ》（憲法十七条、図③）も定めた。さらに大王の権威を裏付ける歴史書（『天皇記《すめらみことのふみ》』『国記《くにつふみ》』）の編纂もはじめた。

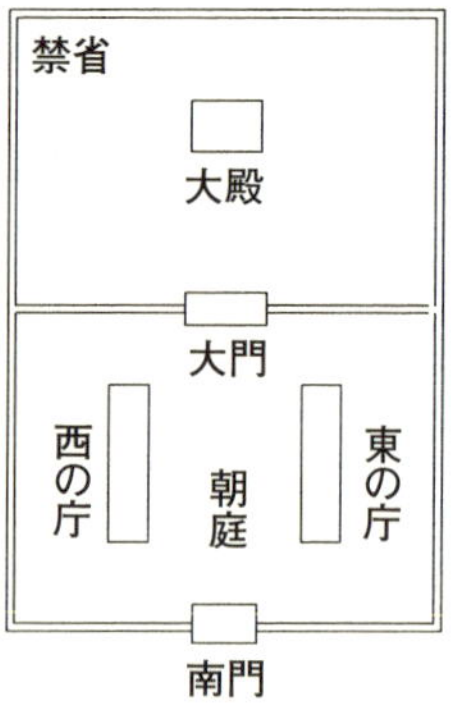

①小墾田宮（復原案）

②須弥山と呉橋
（奈良市、特別史跡平城宮跡東院庭園）

小墾田宮は南門《みなみもん》が正門で、入ると朝庭《ちょうてい》とよぶ広場がある。広場の東西に祭事《まつりごと》（儀式）と政事《まつりごと》（政治）をおこなう庁《ちょう》（役所、後の朝堂《ちょうどう》）があり、北に大門《おおもん》（閤門《うちつみかど》）があった。大門をくぐると大王の私的空間の禁省《きんしょう》（後の内裏《だいり》）で、大王がすむ大殿《おほとの》（内裏《だいり》正殿《せいでん》）がたつ。推古16年（608）に渡来した隋の使者裴世清《はいせいせい》は、国書を大門の前で奏上した。帰国後に倭国の宮の印象を「城郭（羅城）なし」（『隋書』倭国伝）と語っている。推古12年（612）には百済系渡来人路子工《みちのこたくみ》が朝庭に須弥山《しゅみせん》と呉橋《くれはし》の苑地《えんち》（図②）を造った。

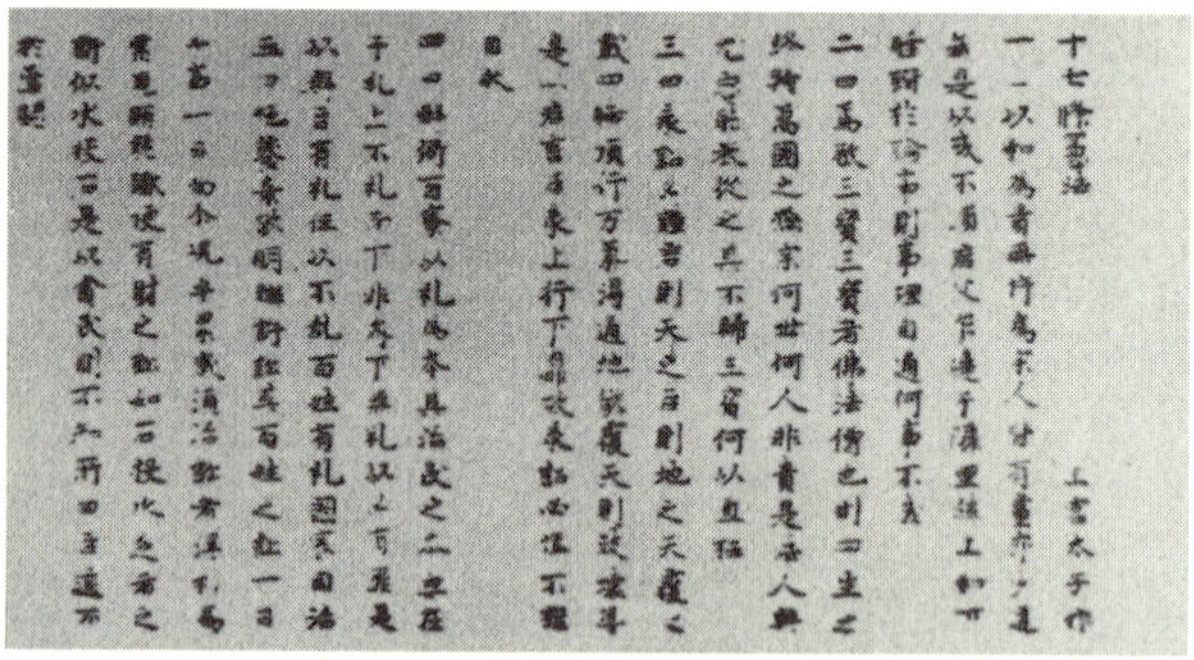
③憲法十七条（法隆寺版木刷本、「篤《あつ》く三宝を敬え、三宝は佛法僧なり」などと仏教を重視する）

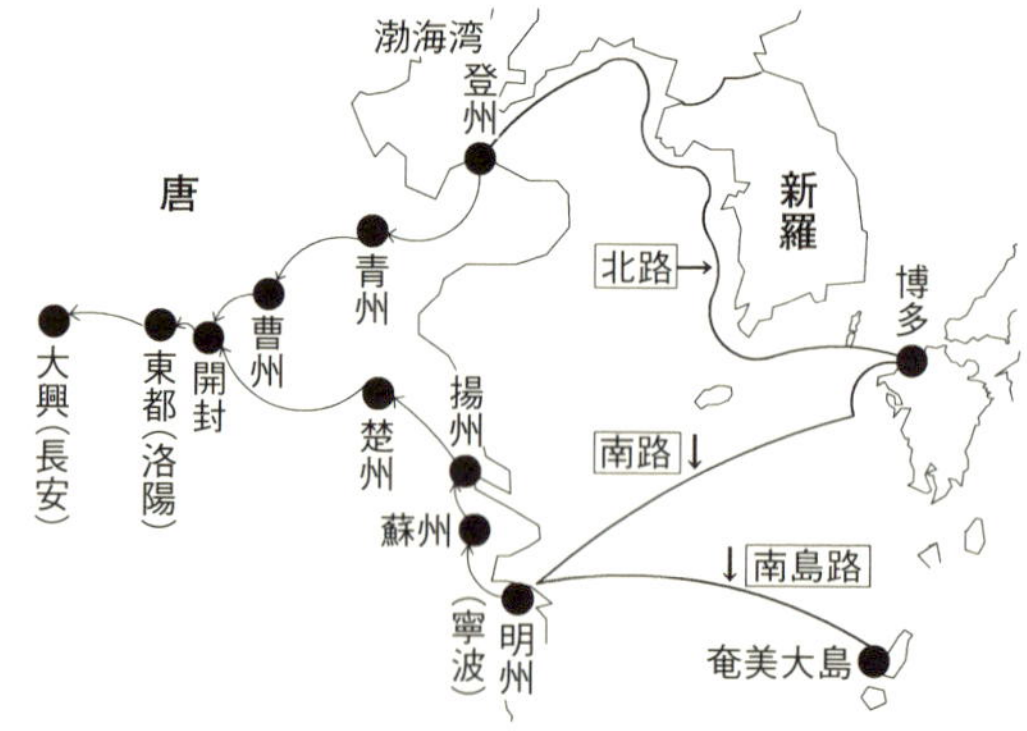

④遣隋使・遣唐使の径路

⑤隋の煬帝

◆小墾田宮の外交

推古15年（607）、小野妹子《おののいもこ》ら第二次遣隋使は、北路で大陸に至り、隋の副都の東都《とうと》（隋が洛陽を改名）から首都の大興《だいこう》（隋が長安《ちょうあん》を改名）へ向かう（図④）。2代皇帝煬帝《ようだい》（図⑤）は、倭国の国書の「日出《ひいず》る処《ところ》の天子、書を日没する処の天子に致す」を見て「蛮夷《ばんい》（野蛮人）の書、無礼」と怒るが、高句麗攻撃を準備中だったので気をとりなおし、翌年（608）に返使（前出の裴世清）をおくってきた。その国書が小墾田宮で天皇に奏上されたとき、半島を頭ごしにする朝貢《ちょうこう》外交が成立した。

帰国する裴世清には、中央集権国家の組織や国情を学ぶ留学生として、高向玄理《たかむくのくろまろ》や僧旻《みん》、南淵請安《みなみぶちのしょうあん》が同行した。

4 仏教公伝

仏教建築様式（飛鳥様式）の衝撃

6世紀に百済から仏教が公伝《こうでん》。その建築様式は1世紀の大陸の宮殿建築を取りこんだもので、素朴な宮に慣れた倭人を驚かせる。

◆仏教公伝と仏教建築様式（飛鳥様式）

宣化《せんか》3年（538）、仏教が朝鮮半島の百済から公伝《こうでん》した。すでに渡来人は信仰しており、文明国の証《あかし》であったが、ヤマト王権は国神《くにつかみ》（倭国の伝統的な神）をおそれる意見がつよかった。

①現在の飛鳥寺（奈良県明日香村）

そこで用明《ようめい》2年（587）、崇仏《すうぶつ》派の蘇我馬子は聖徳太子と手を組み、排仏《はいぶつ》派の物部守屋《もののべのもりや》を滅ぼす（丁未《ていび》の乱）。これで仏教受け入れが決まり、定着のため馬子は寺院建立を発願《ほつがん》。百済から仏寺工《ぶつじこう》（大工）や鑪盤《ろばん》博士（金属技術者）、瓦《かわら》博士らをまねき、推古4年（596）に飛鳥寺《あすかでら》（図①、藤原京にうつり法興寺《ほうこうじ》、平城京にうつり元興寺《がんごうじ》、図②）を建てた。

当時の仏教建築様式（飛鳥様式）は、1世紀に仏教が大陸へ伝わったとき、当地の宮殿建築を取り込んだもので、「かたち大極殿《だいごくでん》のごとし（宮殿の中心建築のようだ）」といわれた。

②元興寺極楽坊《がんごうじごくらくぼう》（奈良市、鎌倉時代）

飛鳥様式の代表例である法隆寺の金堂や五重塔は、凝灰岩《ぎょうかいがん》の基壇《きだん》に礎石《そせき》をすえる（図③④）胴張《どうば》りの柱を立て（図⑤）、柱の上に雲形組物《くもがたくみもの》をのせ（図⑥）、天井裏の小屋組と共に本瓦葺《ほんかわらぶき》の屋根を支えた。複雑な構造や、朱色の丹塗《にぬり》柱や連子《れんじ》格子の緑青《りょくせい》色、漆喰塗《しっくいぬり》の白壁、壁画の極彩色は、人びとをおどろかせた。

◆宮の伝統的な建築様式への愛着

大王の宮は『日本書紀』に「宮柱底磐《したついは》の根に太立て」（掘立柱《ほったてばしら》）や「宮垣室屋《みやがきむろや》、上塗りせず也、垂木《たるき》、

③法隆寺金堂（奈良県斑鳩町、奈良文化財研究所の光谷拓実《みつたにたくみ》による年輪年代測定法で西暦668年ごろの建築と判明、大和葺《やまとぶき》の裳階《もこし》は後世のもの）

④法隆寺五重塔（5層の支柱は後世のもの）

梁《はり》、柱、うだち、絵描き飾らず也、かやいばら葺く」（萱《かや》葺で無彩色）とある。このような建築は今も伊勢《いせ》神宮《じんぐう》に見るが（図⑦）、式年遷宮《しきねんせんぐう》（たてかえ）期間は20年。一方、彩色豊かな法隆寺金堂（図⑧）は創建から1350年がすぎている。この見た目や耐久性の違いをうけて、神社建築には巨大化による権威の表現という方向もあらわれた。

⑤法隆寺回廊（礎石《そせき》に胴張《どうば》り柱をたて組物《くみもの》をうける）

⑥法隆寺金堂の屋根を支える雲形組物《くもがたくみもの》（竜が巻く支柱は後世のもの）

また、斉明元年（655）に斉明《さいめい》天皇が瓦葺の宮を建てようとしたとき、怒った国神が建築材を腐らせたと『日本書紀』にあるように、伝統的な宮を愛する勢力も存在していた。

⑦外幣殿《げへいでん》（伊勢神宮内宮、三重県伊勢市）

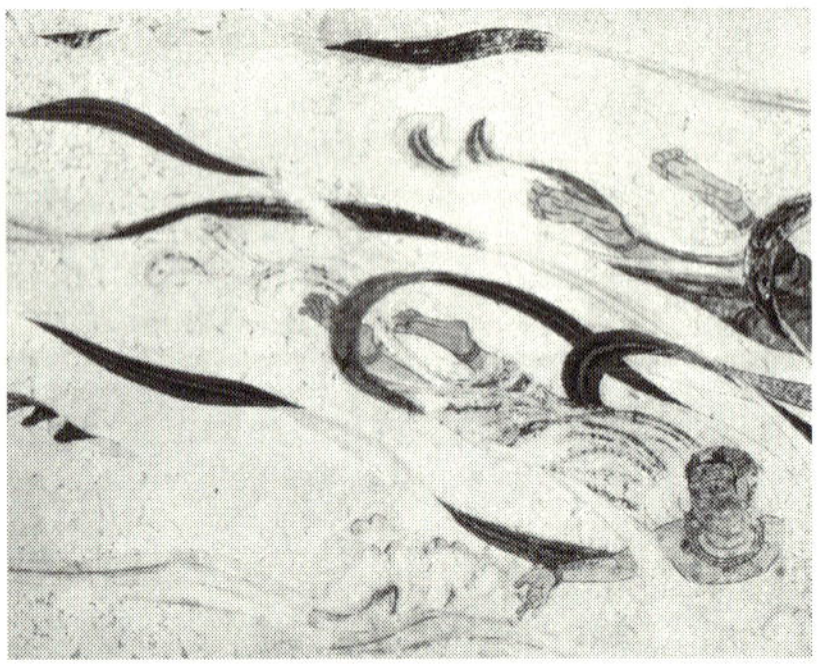
⑧法隆寺金堂の壁画（飛天、日本歴史シリーズ2『飛鳥と奈良』世界文化社、1973年、転載）

5 大陸の都城

都城制《とじょうせい》という都市計画

大陸の都市は、格子状の街路を都市壁の羅城《らじょう》が囲み、城門が顔になっていた。遣隋使や遣唐使はその威容に圧倒される。

◆古代中国の都邑と都城

大陸では紀元前40世紀（龍山《りゅうざん》・良渚文化《りょうしょぶんか》）から、都市壁の羅城《らじょう》が囲む都市（都邑《とゆう》）があった。國《国》という文字が羅城の中で武器を持つ人を表すように、羅城あっての都市＝王朝であり、その民《たみ》は城郭《じょうかく》の民と誇り遊牧民を見下した。

紀元前16世紀の殷《いん》や、紀元前11世紀に殷を倒した周《しゅう》も都邑を造営。周はまず場所を定め、亀卜《きぼく》（亀甲占い）や筮卜《ぜいぼく》（筮竹占い）で天意《てんい》をうかがい、内城《うちじろ》（前面に政治空間の皇城《こうじょう》、背面に王がすむ宮城《きゅうじょう》）や市《いち》、そして住区を、天体観測技術を応用した測量を行って造営した。その最初が鎬京《こうけい》（後の長安《ちょうあん》）で、次に洛邑《らくゆう》（後の洛陽《らくよう》）を造営して遷都《せんと》（都をうつす）した。

その後の王朝も、長安か洛陽に首都を置き、荒廃すれば再造営した。その中から、都城制《とじょうせい》とよぶ都市計画が現れる。それは内城のまわりに、東西方向の条大路《じょうおおじ》と南北方向の坊大路《ぼうおおじ》を通し、坊《ぼう》を区画する（条坊制《じょうぼうせい》）。この都邑を都城《とじょう》とよび、5世紀の北魏《ほくぎ》の洛陽が最初である（図①）。

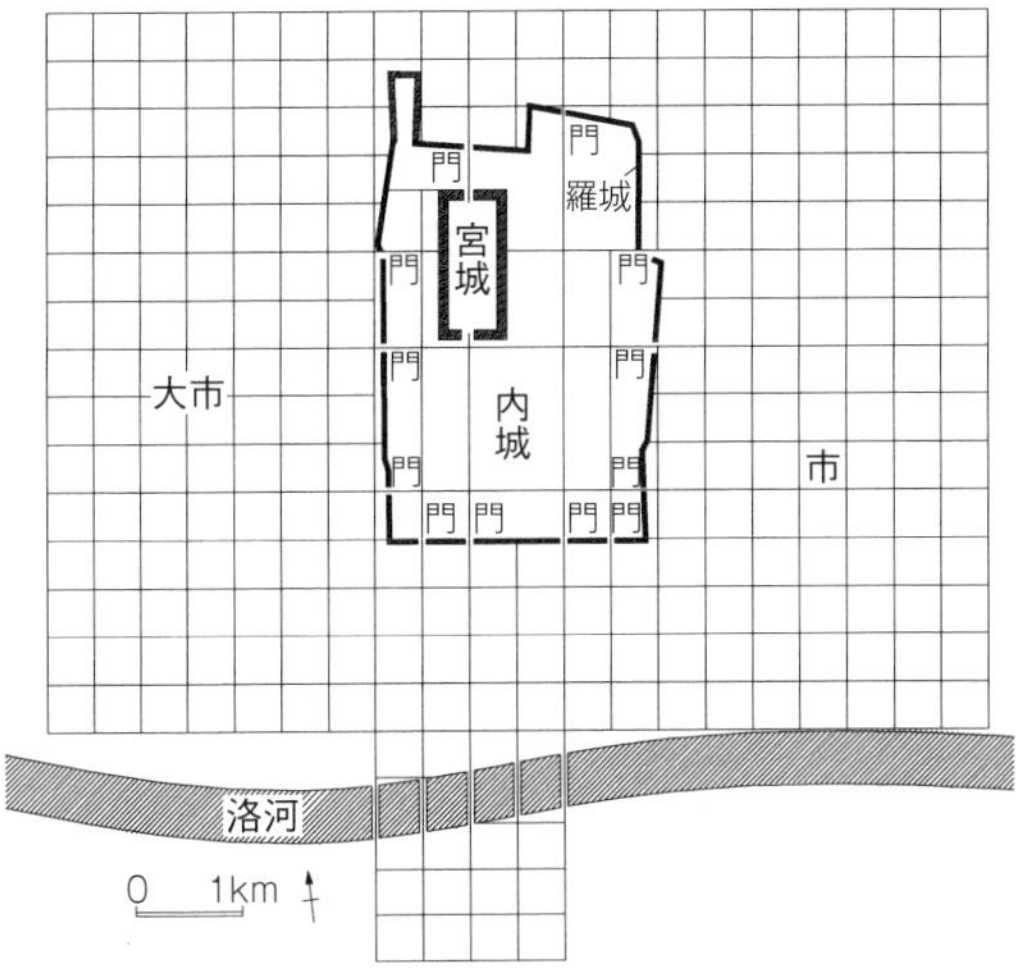

①北魏時代の洛陽
（漢の都邑［1項④］を内城とし条坊制を加えた）

◆遣隋使や遣唐使がみた北闕型《ほっけつがた》都城

遣隋使《けんずいし》は推古8年（600）に始まり、同26年（618）に隋が滅ぶまで5回派遣された。彼らはまず副都の東都《とうと》（洛陽を改名、図②）をおとずれ、首都の大興《だいこう》（長安を改名、図③）を目指した。大興は前漢時代の長安の近くに初代隋皇帝の文帝《ぶんてい》が再造営した都城で、その北辺中央に内城を置いた。この配置を北闕型《ほっけつがた》とよぶ。東都は、2代皇帝煬帝《ようだい》が北魏時代の洛陽を再造営した都城で、北辺の西寄りに内城に置く。洛河《らくが》がつらぬく水運都市であった。

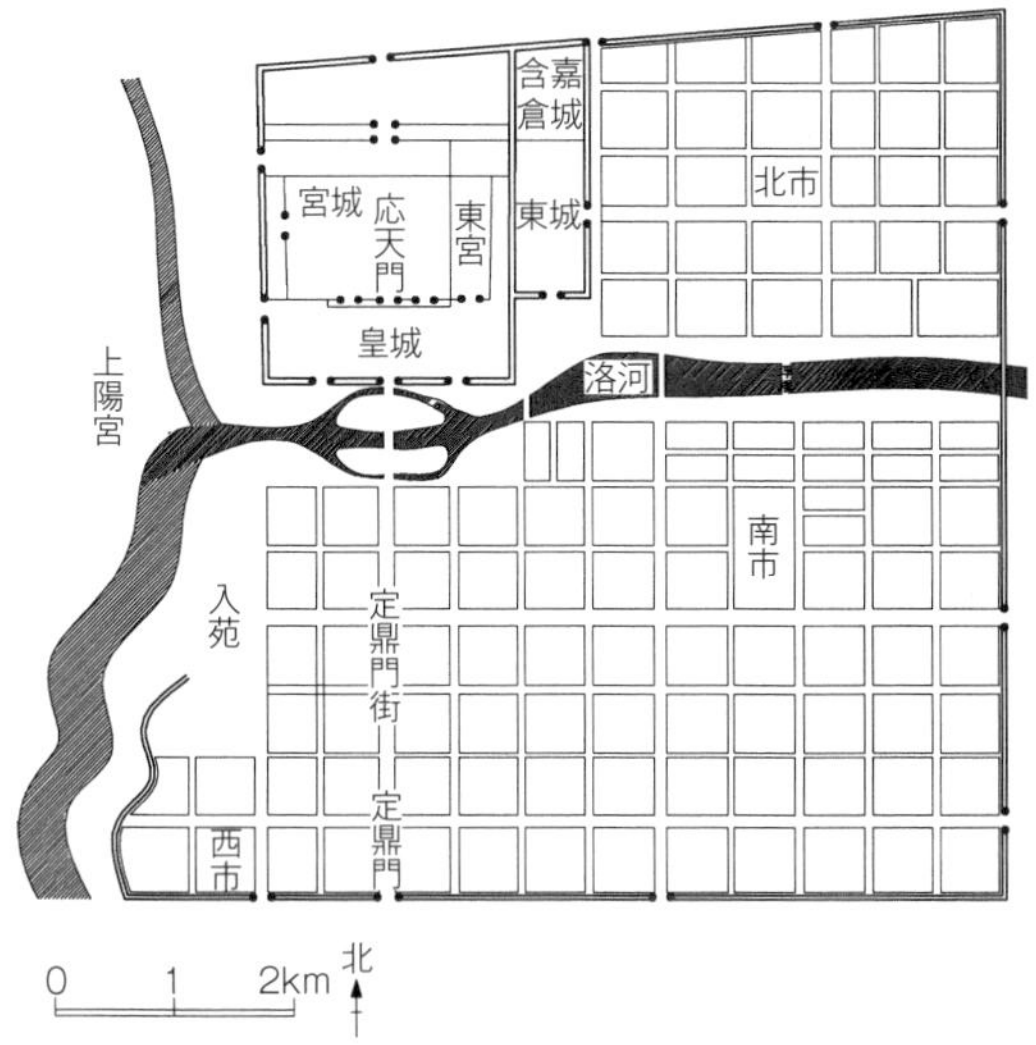

②隋の東都（唐の洛陽）

この両都市は、隋の技術官僚宇《う》文愷《ぶんがい》が計画した。宇は、大興が巨大化して食料不足になると予想。東都を水運都市に改造し、1500キロの大運河で穀倉地帯と結んだ。これらの工事への不満から隋は滅ぶが、隋に代わった唐《とう》は、宇の都市計画の恩恵をうけた。その唐は、大興という名前を長安にもどして首都とし、副都の東都も洛陽という名前にもどす。舒明《じょめい》2年（630）に始まる遣唐使《けんとうし》もこの2都市を目指した。

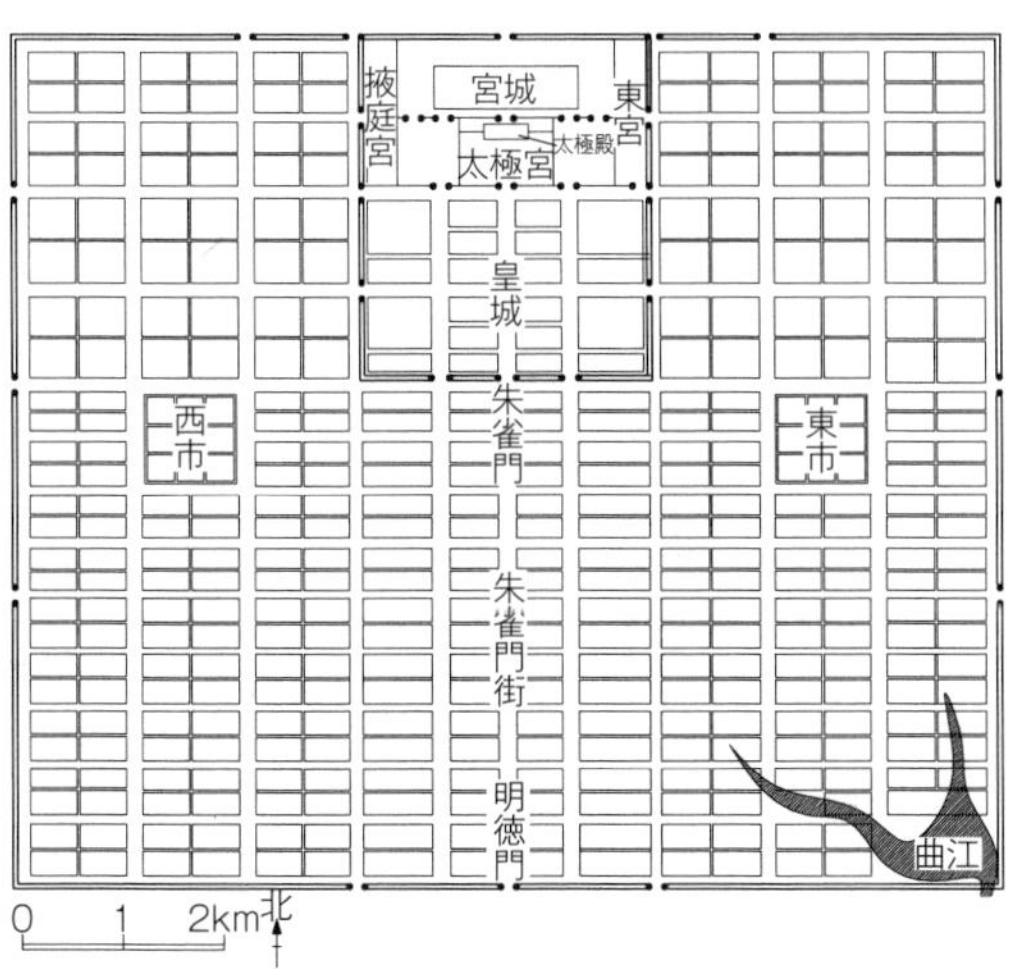

③隋の大興（北闕型《ほっけつがた》都城、唐の長安）

◆理想的な都城、中央宮闕型

周王朝《しゅうおうちょう》の典礼をまとめた『周礼《しゅらい》』という書がある。その欠落部分に後補されたのが最古の工業技術書である『考工記《こうこうき》』で、理想的な都城を記す。それは9里（約5・3キロメートル）四方を羅城が囲み、各辺3城門を置く。中央が内城で、まわりに縦横9本ずつ街路を通し、東に廟《びょう》（墓地）、西に社《やしろ》（宗教施設）、前面に行政官庁、背後に市を置く。このように内城が中央で、まわりを条坊制で区画する都城を中央宮闕型《ちゅうおうきゅうけつがた》とよぶ（周の曲阜《しゅうきょくふ》や明時代の北京《ぺきん》、図④）。

また、内城の様子を「王城図《おうじょうず》」（図⑤）に見ると、ここも一辺に3門ずつ置き、各門から3本の道が伸びている。中央が王の馬車用、左右は男女別々で、孔子《こうし》の儒教《じゅきょう》の影響を受けていた。

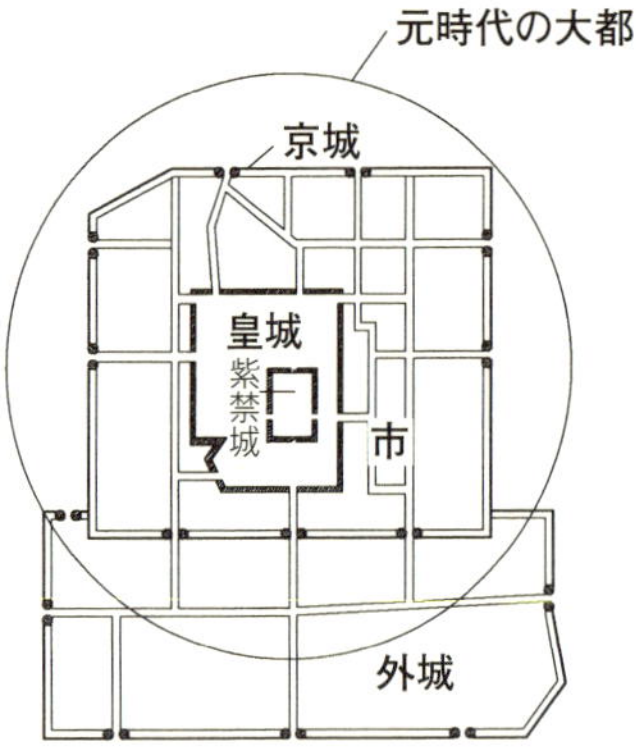

④明時代の北京、内城は元時代の大都（13世紀の中央宮闕型都城）

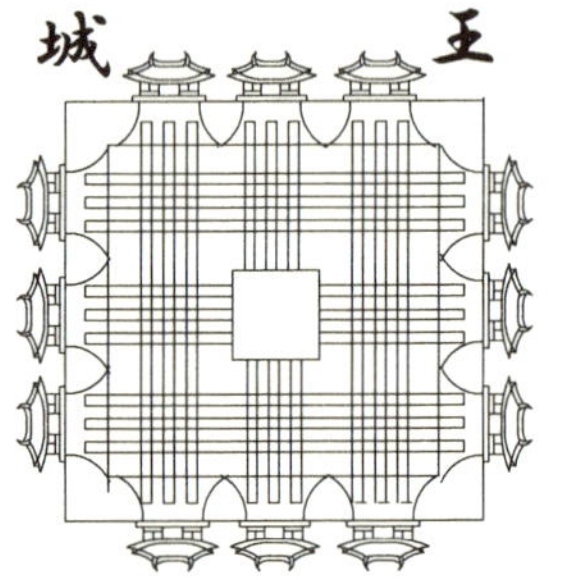

⑤『考工記』の「王城図」（皇帝の宮殿は中央の四角）

6 大化改新

孝徳《こうとく》天皇の遷宮計画

天皇家をおびやかす蘇我氏を前に、中大兄皇子《なかのおおえのみこ》や中臣鎌足《なかとみのかまたり》は暴力的政変《クーデター》を決意。そして孝徳《こうとく》天皇が即位し、中央集権国家をめざす。

◆大王（天皇）をきめる蘇我氏

推古天皇の崩御後、蘇我蝦夷《そがのえみし》（馬子の子）は推古の子を即位させて（舒明《じょめい》天皇）実権をにぎり、続いて皇后を即位させた（皇極《こうぎょく》天皇）。さらに皇極2年（643）、蝦夷の子の蘇我入鹿《そがのいるか》が山背大兄王《やましろおおえのおう》（聖徳太子の子）一族を滅ぼす。蝦夷と共に甘樫丘《あまかしのおか》に「家の外に城柵《きさく》をたて門のかたわらに櫓《やぐら》」（『日本書紀』）という館を建て、蝦夷は上宮門《うえのみかど》、入鹿は谷宮門《はざまのみかど》とよばせた（図①②）。

これに見下ろされたのが皇極《こうぎょく》天皇の飛鳥板蓋宮《あすかいたぶきのみや》（図③④）。倭国最初の正方位《せいほうい》（正確な四方位を基準とする）で、大陸の都城制から取りいれた。推古10年（602）に渡来した百済僧観勒《かんろく》が、暦本《れきほん》（元嘉暦《げんかれき》）や天文地理書《てんもんちりしょ》などを献上したので、倭国でも天体観測や測量ができるようになっていた。

①入鹿の谷宮門の可能性をもつ甘樫丘東麓遺跡（平成19年現地説明会、史跡甘樫丘公園）

◆中大兄皇子らの暴力的政変《クーデター》と遷宮計画

中大兄皇子《なかのおおえのみこ》（舒明・皇極の子）は、中臣鎌足《なかとみのかまたり》と共に唐からもどった南淵請安《みなみぶちのしょうあん》に学び、中央集権が強い国力をうみだすことを知る。そこで打倒蘇我氏を決意。皇極4年（大化1［645］）6月12日に、飛鳥板蓋宮で入鹿を討つ。これを聞いた蝦夷も自殺。蘇我本家は滅んだ（乙巳《いっし》の変《へん》、図⑤）。

皇極天皇は息子の殺人に衝撃をうけ、いやがる弟へ譲位。即位した孝徳《こうとく》天皇は政治を変えるため、12月に難波《なにわ》へうつる。難波はヤマト王権の祖先の神武《じんむ》天皇が上陸した地とされ、3世紀に応神《おうじん》天皇が大隅宮《おおすみのみや》、4世紀に仁徳《にんとく》天皇が高津宮《たかつのみや》、6世紀初頭に欽明《きんめい》天皇が祝津宮《ほうりつのみや》を置き、当時も味経宮《あじふのみや》や小郡宮《おごおりのみや》があった。その地形は半島（上町台地《うえまちだいち》）で、西は外港の難波津《なにわつ》（図⑦）がある難波潟《なにわがた》（大坂湾）。北は仁徳天皇が天満砂堆《てんまさたい》を開削した難波堀江《なにわほりえ》（大川）で東は河内湖《かわちこ》の玉造江《たまつくりえ》。河内湖から大和川《やまとがわ》の難所をさかのぼると奈良盆地に至り、飛鳥川で飛鳥とつながっていた。

◆改新の詔と難波の都城計画

大化2年（646）正月、孝徳天皇は改新《かいしん》の詔《みことのり》で「君に二政なく、臣に二朝なき」（『日本書紀』）と宣言。豪族に忠誠を誓わせた。さらに豪族の私有地や私有民を国家のものとし（公地公民制《こうちこうみんせい》）大王が民に土地をあたえて収穫を納めさせる班田収授《はんでんしゅうじゅ》法《ほう》の準備開始を宣言する。

その3ヶ月後に中大兄皇子が私有民524人と私有地181ヶ所を天

②甘樫丘東麓遺跡で出土した石垣

③甘樫丘から見下ろした飛鳥板葺宮跡

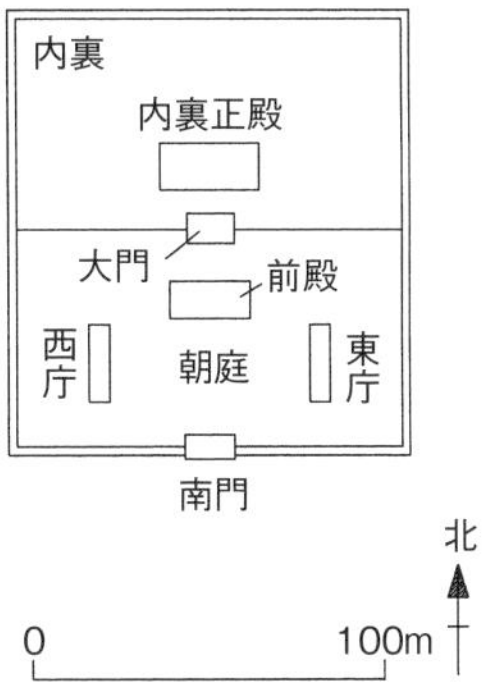

④飛鳥板蓋宮（復原案）

⑤入鹿首塚、背後に甘樫丘

⑥神武天皇聖蹟《せいせき》難波《なにわ》之《の》碕《さき》顕彰《けんしょう》碑《ひ》（大阪市北区、大阪天満宮境内）

⑦難波津の復原倉庫（法円坂《ほうえんざか》遺跡、5世紀の難波津に並んだ倉庫群の一つ）

皇へ献上。豪族たちは無言の圧力と受け取り、飛鳥の情勢は不穏になる。このため天皇は、難波への遷宮計画を加速した。

改新の詔には「初めて京師《けいし》を修め……およそ京《きょう》ごとに坊長一人を置き、四坊に令一人をおく」とあり、難波には、左京や右京、坊がある倭国初の都城が計画された。全国の班田収授というぼう大な事務には多くの官人《かんじん》が必要になるので、彼らが住む場所を用意するためであった。

7 難波の宮

都城を目指した難波長柄豊碕宮《なにわながらのとよさきのみや》

孝徳天皇は難波に大陸風の難波長柄豊碕宮《なにわながらのとよさきのみや》を造営するが、条坊大路《じょうぼうおおじ》が完成しないうちに放棄を余儀なくされる。

◆大陸風都城の造営開始

孝徳天皇は、農繁期の百姓を使ってでも難波の都城造営を急ぐとしたが、地形調査や都市計画に手間取り、着工は白雉元年（650）になった。その間の大化3年（647）に冠位十三階、同5年（649）には冠位十九階を定めて多くの豪族を官人とし、行政組織もつくった。

白雉元年正月に味経宮《あじふのみや》を新宮地と定め、10月に四至《しいし》（宮の四辺の境線）を決定。敷地内となった生国魂《いくたま》神社の難波杜《なにわのもり》は切りはらった。

造営が一段落した白雉2年（651）の大みそか、天皇は僧尼2100人に読経させ、宅神《たくしん》（宮の神）と土神《どしん》（土地の神）を鎮《しず》める。そして味経宮の名前を難波長柄豊碕宮《なにわながらのとよさきのみや》に改め、白雉3年（652）に正式に遷宮した。

◆大陸風の難波長柄豊碕宮

難波長柄豊碕宮の建物は、伝統的な掘立柱に草葺だったが、その巨大さは例がなく「宮殿の状ことごとくにいうべからず（言葉にできないほどすばらしい）」（『日本書紀』）といわれた（図①）。

南の朱雀門《すざくもん》（宮城南門《きゅうじょうみなみもん》）を入ると、朝出勤した官人が朝堂院南門の開門を待つ朝集殿《ちょうしゅうでん》が東西にある。その北の門を入ると朝堂院《ちょうどういん》で、南北263メートル×東西233メートルを複廊《ふくろう》（2列廊下）が囲む中に政治・儀式をおこなう16の朝堂《ちょうどう》があり、まわりに官衙《かんが》・曹司《ぞうし》（実務的な役所）があった。

朝堂院の北に内裏南門《だいりみなみもん》がそびえ（図②）、両脇に八角形の楼閣《ろうかく》が立って大陸風の威容を示した。この奥に内裏前殿《だいりぜんでん》（東西柱間9間×南北柱間5間）と内裏後殿《だいりこうでん》（前殿とおなじ柱間数）があり、軒廊《こんろう》（屋根付き土間廊下）で結んだ。その奥が、孝徳天皇の私的空間の内裏《だいり》である。

◆長安との比較、最初の大極殿

大陸の唐の長安の内城は、前面に政治や儀式をおこなう皇城《こうじょう》、背面に皇帝の私的空間の宮城《きゅうじょう》にあたる太極宮《たいきょくきゅう》を置いた（16項①）。太極宮の中に太極殿《たいきょくでん》があり、重要な国家行事（皇帝の即位、官人に位階《いかい》をさずける叙位《じょい》、元日に皇帝が文武百官の拝礼をうける朝賀《ちょうが》）は、この中の土間空間でおこなった。

難波長柄豊碕宮も、前に朝堂院（皇城相当）、奥に内裏《だいり》（宮城相当）があり、内裏の中の内裏前殿で朝賀をおこなった。東西36・3メートル×南北18・

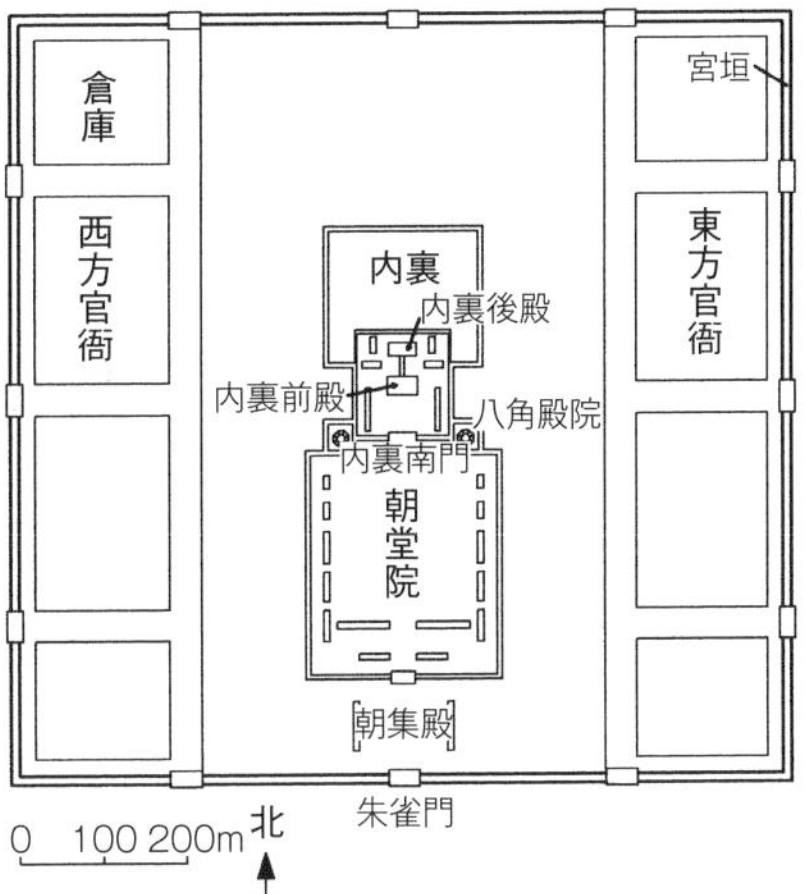

①難波長柄豊碕宮（復原案）

②内裏南門部分（大阪歴史博物館所蔵、東西柱間７間《けん》［１間は柱と柱の間ひとつ分］×南北柱間４間《けん》で古代最大級の宮門）

③大川（難波堀江）から上町台地への傾斜

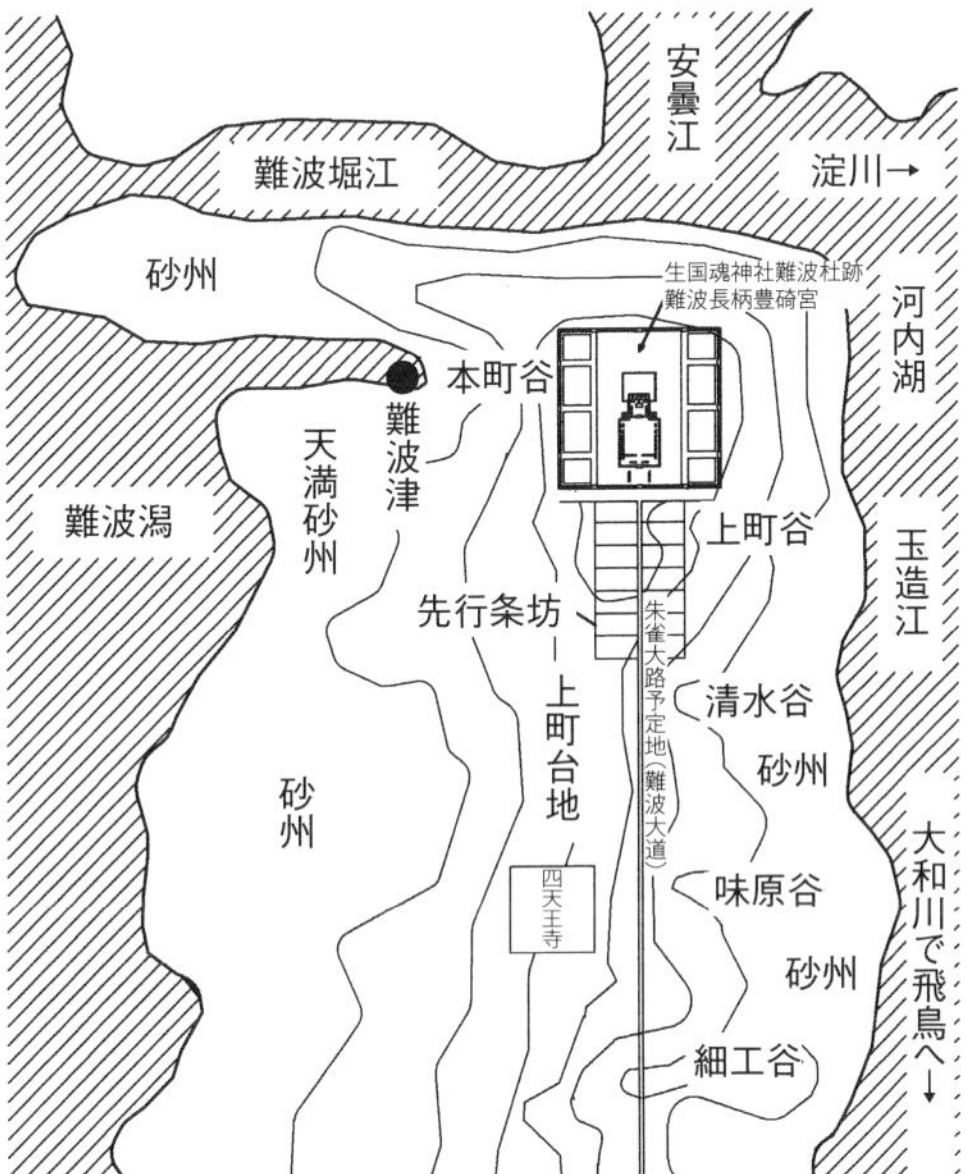

④難波長柄豊碕宮周辺（復原案）

8《メートル》という、当時の倭国では最大の内裏前殿が、実質的に倭国最初の大極殿《だいごくでん》になった。

◆条坊大路の準備

天皇は、正方位の宮を北辺中央におく北闕型《ほっけつがた》都城を、半島状の上町大地（図③）に計画した。毎日、宮へ出勤する官人に宅地を班給《はんきゅう》（くばる）するため、宮の南を条坊制で区画する予定であったが、東下がりの斜面で谷も多く造成が必要であった。そこで仮に先行条坊《せんこうじょうぼう》（細い道）を通し（図④）、官人のすまいや役所がすぐに建てられた。

⑤ねずみの遷宮（大化元年春から夏に飛鳥のねずみも難波へ。のちに飛鳥へもどり［８項参照］、大津へむかう［10項参照］）

8 飛鳥還宮

斉明《さいめい》天皇の後飛鳥岡本宮《ごあすかおかもとのみや》

中大兄皇子や皇極太上天皇《だじょう》は、孝徳天皇を難波宮におきざりにして飛鳥へもどる。重祚《ちょうそ》した斉明《さいめい》天皇は後飛鳥岡本宮《ごあすかおかもとのみや》を造営する。

◆中大兄皇子の飛鳥還宮

宮が完成したばかりの白雉4年（653）、中大兄皇子が、不満豪族をおさえるため飛鳥へもどろうと言いだす。驚いた孝徳天皇がしりぞけると、皇子は皇極太上《だじょう》天皇（前天皇）や間人皇后《はしひとのひめみこ》（孝徳天皇妻、中大兄の妹）、大海人皇子《おおあまのみこ》（中大兄の弟）をつれて飛鳥へかえり、官人もしたがった。

失意の孝徳天皇は国位《こくい》（天皇の立場）を捨て隠居するため、山碕宮《やまさきのみや》（京都府乙訓郡大山崎町）の造営をはじめた。皇后に「鉗《かなぎ》つけ、吾が飼ふ駒は引出せず、吾が飼う駒を、人みつらむか」（意味：大切な馬を自分で連れだせず、他人がみているのか）と切ない歌をおくったが、返事はなかった。白雉5年（654）に天皇は身体をこわして難波の宮へもどり、飛鳥からきた中大兄皇子らが見守る中で、崩御した。

◆条坊できず難波京にならず

大陸の都城は、都市壁の羅城《らじょう》の中に条坊《じょうぼう》制を持つ。しかしヤマト王権は国内に敵なしのため羅城が不要で、条坊制があれば都城になった。その都城なら○○京《きょう》、なければ従来の宮である。難波長柄豊碕宮は本格的な条坊制ができないうちに放棄されたので、難波京にはならなかった。

なお、飛鳥の宮もまわりが矩形《くけい》（長方形）に区画されたが、条坊制とよぶほどの規模や規則性はなく、『日本書紀』も飛鳥京と記さない。京・京師・京都と記すことはあっても、これらは大陸の首都の代名詞をまねた記述。倭京《わきょう》と記すこともあるが、これは大和（倭《やまと》）地方の天皇のすむ場所を外部からみた表現であった。

◆後飛鳥岡本宮《ごあすかおかもとのみや》

斉明元年（655）、皇極太上天皇が飛鳥板蓋宮で重祚《ちょうそ》（再即位）して斉明《さいめい》天皇になる。即位直後に板蓋宮が放火され（公地公民が不満な豪族の犯行）、焼け跡に斉明2年（656）に造営した後飛鳥岡本宮も小火《ぼや》になっている（図①②）。

この後飛鳥岡本宮は、南北200メートル×東西160メートルを一本柱塀で囲んだ。南側の1／4は砂利《じゃり》敷きで政治・儀式の朝堂《ちょうどう》空間。東西柱間7間×南北柱間4間の朝堂前殿が立ち、塀をへだてて東西に朝堂が2棟ずつあった。北側の3／4は石板《いしいた》敷きで、斉明天皇の内裏《だいり》空間。南正殿と北正

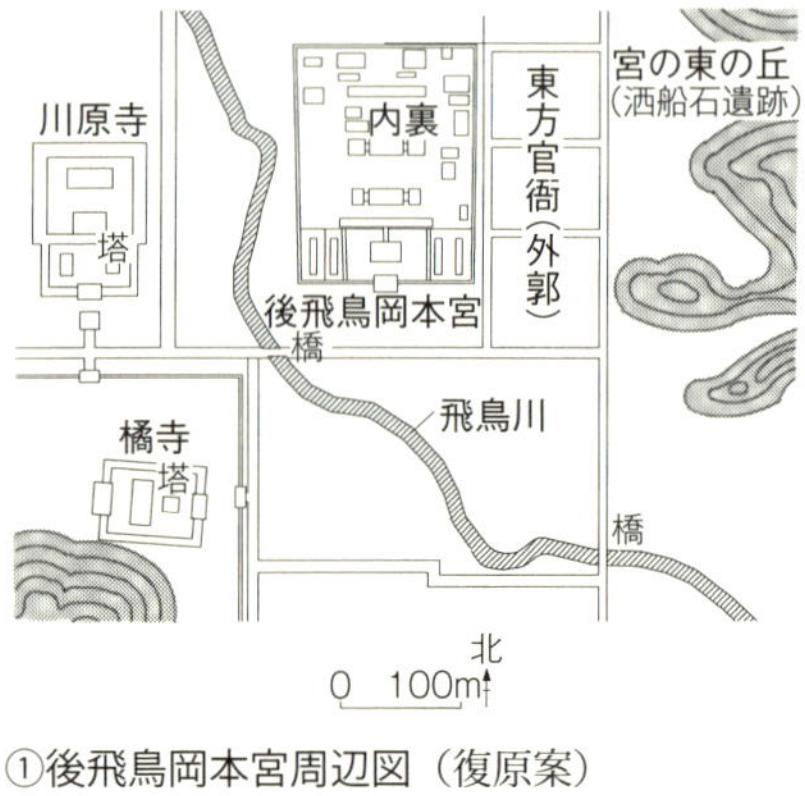

①後飛鳥岡本宮周辺図（復原案）

②後飛鳥岡本宮復原模型（橿原考古学研究所附属博物館所蔵）

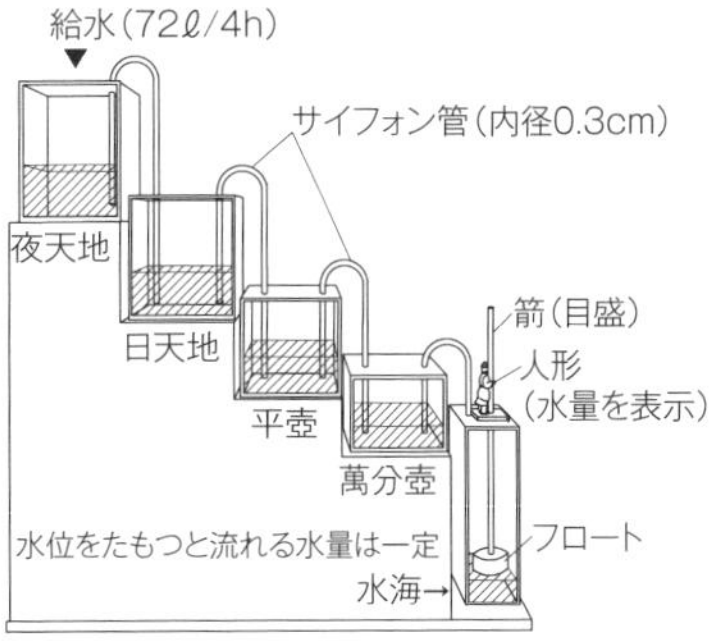

③漏刻《ろうこく》（建物の１階におき、２階で鐘をついて宮へ時刻をしらせた）

④水落遺跡（奈良県明日香村、２階を支える柱列の中央に漏刻を置いた）

⑤親水庭園の跡とされる石造物（酒船石《さかふねいし》遺跡）

⑥石垣（酒船石遺跡）

殿（共に東西柱間8間×南北柱間4間・23・5×12・2メートル）があり、南正殿が大極殿《だいごくでん》の機能（国家行事の即位・叙位《じょい》・朝賀《ちょうが》）をもっていた。北正殿は天皇の生活空間。ほかに南北柱間2間×東西柱間24間の建物や井戸があり、宮のまわりは、実務的な役所の官衙《かんが》や曹司《そうし》が囲んだ。

官人の出退勤時間をしらせる漏刻《ろうこく》も、宮近くにはじめて置かれた（水落遺跡《みずおちいせき》、図③④）。

◆狂心《たぶれごころ》の渠《みぞ》

不老不死にあこがれた斉明天皇は多武峰《とうのみね》に神仙境地の両槻宮《なみつきのみや》を建て、付属施設として宮の東の丘に親水庭園を造った（図⑤）。

さらに石垣（図⑥）を造り、石上山《いそかみやま》の石を運んだ運河は豪族から「公の糧《おおやけくいもの》を損費」する「狂心の渠《たぶれごころのみぞ》」とやゆされた。これらが残る宮の東の丘周辺を、酒船石《さかふねいし》遺跡とよんでいる。

白村江の教訓 9

大陸の中央集権国家に敗れた倭国

倭国は、朝鮮半島の戦いでは優位に立っていたが、唐水軍には完敗。中央集権国家の力を思い知る。

◆東アジア情勢の緊張と白村江の敗戦

隋が滅び、西暦618年に唐がうまれた。強大な中央集権国家は各地に都護府《とごふ》（軍事拠点）をおき、西暦660年に新羅と手を組み百済を滅ぼす。百済遺民《くだらいみん》に救援を求められた斉明天皇は、斉明7年（661）1

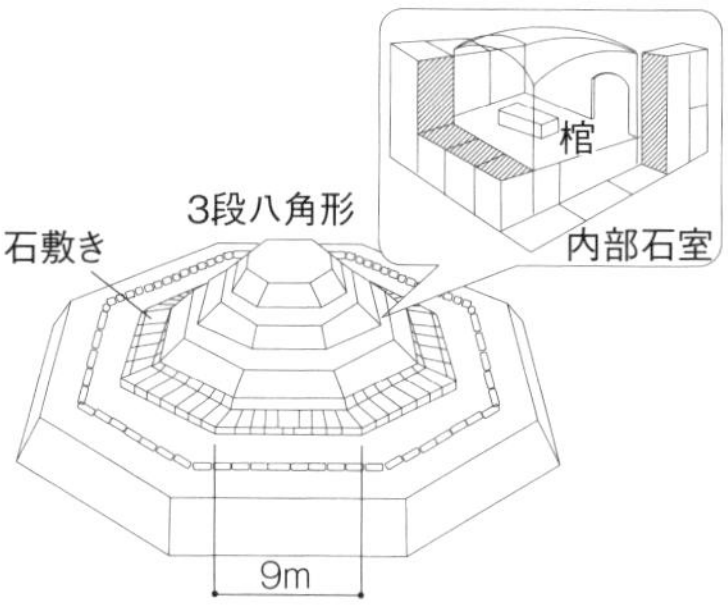

①牽牛子塚古墳復原図《けんごしつか》（斉明天皇陵墓、孝徳天皇の皇后だった間人皇女と合葬、八角形は当時の天皇家の象徴）

③大宝元年（701）に筑紫大宰を受けついだ大宰府《だざいふ》政庁南門
（模型、福岡県立アジア文化交流センター所蔵、九州国立博物館画像提供）

②白村江への出撃径路（陸上部隊は百済南岸の3地点から上陸して北上））

④故郷の東国《とうごく》をたつ防人、3年交代だが任地で亡くなるものもいた

月に難波津から筑紫国《ちくしのくに》（福岡県）の博多津《はかたのつ》へ向かう。途中、額田王《ぬかたのおおきみ》が「熟田津《にきたつ》に、船乗りせむと月待てば、潮もかなひぬ、今は漕《こ》ぎ出でな」（『万葉集』）と詠んだころは勢いがあったが、筑紫国に行宮《あんぐう》（仮宮、朝倉《あさくらの》橘広庭宮《たちばなのひろのみや》）を建てるため朝倉山《あさくらやま》の木を土地の神に無断で伐ったところ、宮に鬼火が灯って天皇崩御（図①）。やむなく中大兄皇子が称制《しょうせい》（仮即位）を宣言し、不吉の中で天智《てんぢ》元年（662）に救援軍の主力をおくりだした（図②）。

倭国軍は百済遺民と共に奮戦し、一度は旧百済から新羅を追いだした。しかし、唐水軍の大型船170隻が白村江《はくそんこう》（クムガン）河口へ到着。天智2年（663）8月27日から28日が決戦となる。倭国水軍は、水夫《かこ》30人が手こぎする小型快速船400隻で、それぞれ弓矢をもつ兵20人が乗船していた。速度と機動性で半島の水軍を圧倒してきた経験から「我ら先を争わば、敵おのづから退くべし」と四たび突撃するが、統制のとれた唐水軍はそのつど大型船で挟みこみ、火矢を打ちこむ火計で焼きしずめた。ついに船団の半数を失った倭国水軍は退却。それでも陸上部隊や亡命を望む百済遺民と家族3000人を見すてず回収し、博多津へ帰りついた。

◆倭国討伐の恐怖

翌天智3年（664）、旧百済を支配する熊津都督府《ゆうしんととくふ》の武将劉仁願《りゅうじんがん》が、筑紫大宰《ちくしだざい》（九州諸国の長官）政庁（図③）へ使者をおくってきた。急報をうけた天智称制《てんぢしょうせい》天皇は、倭国討伐のための偵察と判断。国内を見せず、現地対応で帰国させた。

その一方で、予想される討伐経路に防人《さきもり》（図④）を置き、西日本の各地に百済遺民の技術で朝鮮式山城（図⑤⑥）を造り、飛鳥へ急報する烽火台《のろしだい》も置いた。

また博多湾と筑紫大宰政庁の間に、幅80メートルで高さ13メートルの土塁を8キロメートルもつくり、前面には深さ4メートルの堀に水を張った（水城《みずき》、図⑦）。

⑤朝鮮式山城を置いた代表的な場所

⑥大野城石垣（福岡県、朝鮮式山城）

⑦水城大堤断面
（福岡県、左が博多で右が筑紫大宰政庁跡）

10 近江大津宮

改新に苦悩する天智天皇《てんぢ》

敗戦で権威を失った天智称制天皇は、近江大津宮を造営。飛鳥をはなれ、天智天皇として即位する。

◆外交成果と豪族の取りこみ

その後も唐の使者は渡来。天智称制天皇はこれをおくるかたちで、天智4年（665）に第5回、同6年（667）に第6回、同8年（669）に第7回の遣唐使を派遣した。彼らは唐本国に入れず、朝鮮半島の熊津《ゆうしん》都督府《ととくふ》の唐人としか会えなかったが、唐とは戦う意志なしとくり返し説明して、倭国討伐をまぬがれていた。

豪族は、このような外交努力を評価せず、斉明天皇の死や敗戦の責任を言いたてた。威信を失った称制天皇は、冠位《かんい》二六階制をもうけて中小豪族の取りこみをはかったが、公地公民など改新政策への不満は中小豪族も同じであった。

◆近江大津宮の造営と天智天皇即位

天智6年（667）、称制天皇は近江大津宮《おうみおおつみや》を造営する（図①②）。不満豪族が多く地形を半島人に知られた飛鳥を離れ、水運・陸運ともに東国とつながり「地広く人多く国富み」（『藤氏家伝《とうしかでん》』）といわれる近江へうつったのである。しかし、難波から飛鳥へもどった称制天皇が、また飛鳥を捨てる意図は理解されなかった。後に柿本人麻呂《かきのもとのひとまろ》も「大和を置きて、あをによし、平城山《ならやま》を越えいかさまに、おもはしめせか」（意味：なぜ大和の地をはなれようと思ったのか）と詠んでいる。
特に連れて行かれた官人の不満がつのり、大津宮の近辺に何度も放火したが、天智7年（668）正月三日に大津宮で天智《てんぢ》天皇が即位した。

◆近江大津宮の天智天皇

比良山地《ひらさんち》の山麓で琵琶湖西岸の大津宮は、南の朝堂空間と北の内裏空間に分かれていた。建物は伝統的な掘立柱に檜皮葺か板葺で、琵琶湖を見渡す浜台《ひんだい》（楼閣）があったという。志賀山寺《しがやまでら》（崇福寺《すうふくじ》）を建てるなど周辺整備も行ったが、宮の南に条坊制ができる土地はなかった。都城の要件を満たさないので、『日本書紀』は大津宮と記している。飛鳥の宮とおなじように首都の代名詞として京都、京（近江の京など）、京師と記したり、ミヤコとよぶことはあっても、正式には大津宮であった。

百済移民の鬼室集斯《きしつしゅうし》（図③④）らも働く大津宮で、天智天皇と中臣鎌足は、公地公民や班田収授の土台づくりとして、社会制度を集めた近江《おうみ》令《りょう》と、全国500以上の評《こおり》（郡）の私有民の所有者をまとめた庚午《こうご》年籍《ねんじゃく》をつくる。その完成直前に鎌足が死去したとき、天皇は忠臣の功をたたえて、藤原《ふじわら》の氏《うじ》をおくった。

直後に天智天皇も体をこわし、弟の大海人皇子《おおあまのみこ》にあとを頼むが、皇子は出家するとして吉野宮《よしののみや》へ出発。改新反対派の豪族がうごめく飛鳥に近い吉野宮へだまって行かせたことを『日本書紀』は「虎に翼を着け、これを放つ」と記した。

天智10年（671）11月24日、天智天皇崩御。息子の大友皇子《おおとものみこ》（追号弘文《こうぶん》天皇、即位の事実は不明）が朝廷を引き継いだ（近江《おうみ》朝廷）。

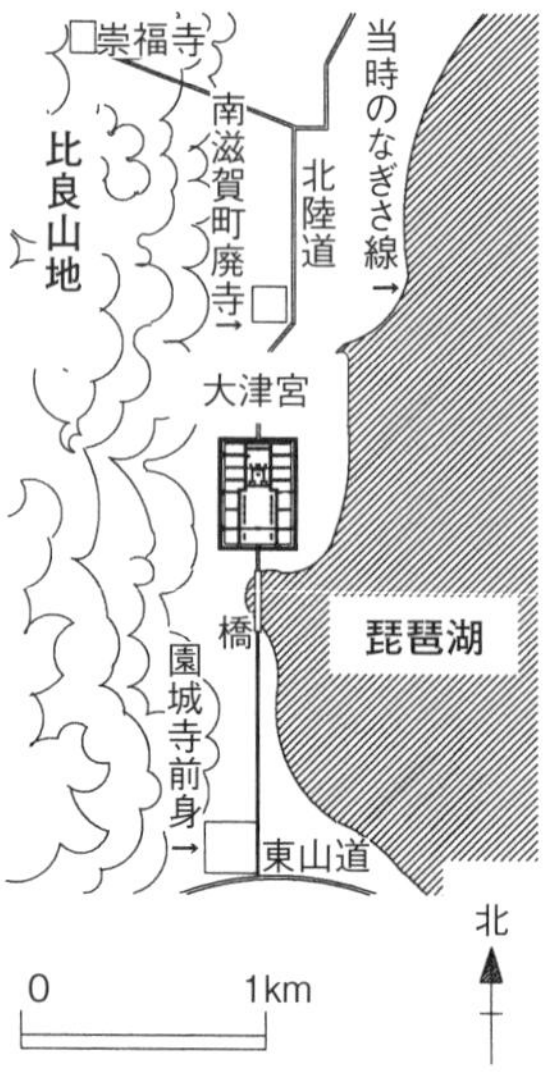

①近江大津宮周辺（復原案）

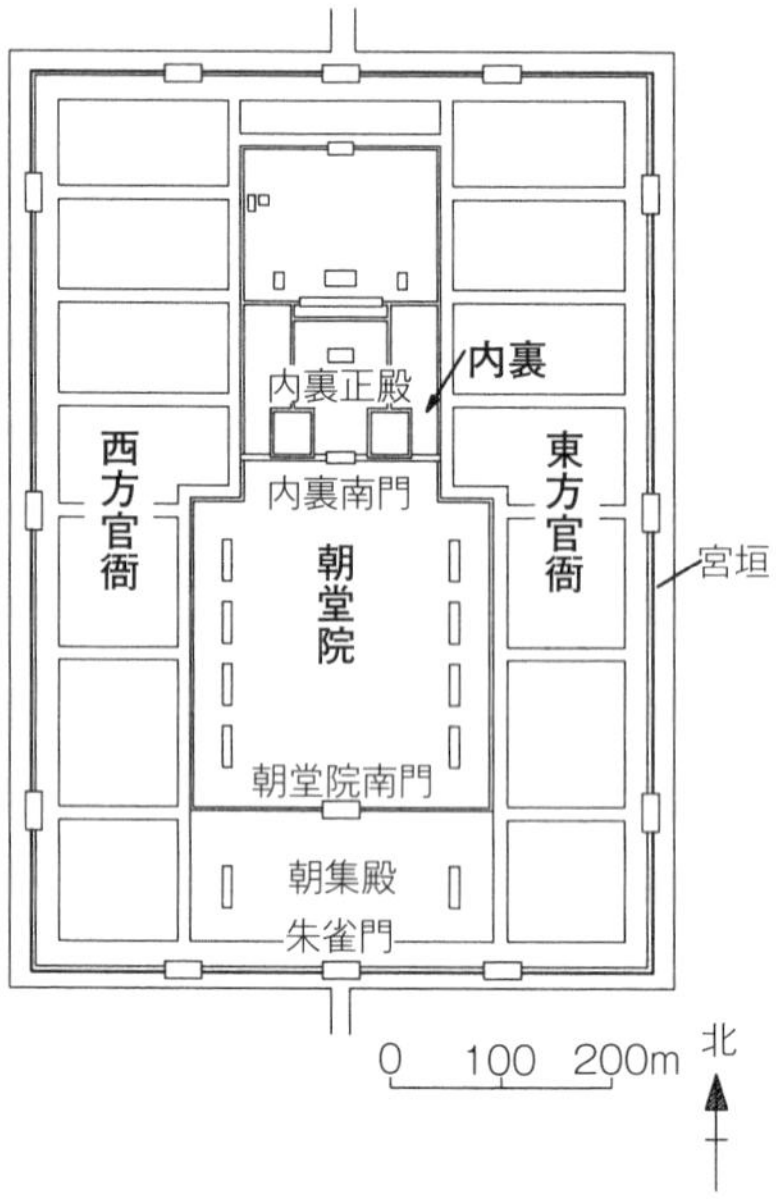

②近江大津宮（復原案、内裏正殿は東西柱間7間《けん》×南北柱間4間［21m × 10.4m］の大型建物）

③近江朝廷に仕えた百済遺民鬼室集斯《きしつしゅうし》の石祠（鬼室《きしつ》神社境内、滋賀県日野町小野《この》）

④集斯亭（集斯と縁戚の鬼室福信《きしつふくしん》将軍を祀る韓国扶余郡恩山面《ふよぐんうんざんめん》と姉妹都市の日野町が鬼室神社横に百済工法で建築）

⑤史跡近江大津宮錦織遺跡《おおつのみやにしきこおりいせき》（大津市、奥の短柱列が内裏跡）

第二章 ◉ 大和朝廷の京《みやこ》

特別史跡藤原宮跡（奈良県橿原市）

11 壬申の乱

天武天皇と飛鳥浄御原宮《あすかきよみがはらのみや》

大海人皇子は近江朝廷を倒し、飛鳥浄御原宮を造営。現人神《あらひとがみ》とおそれられる天武《てんむ》天皇となり、中央集権国家の完成を目指す。

◆壬申《じんしん》の乱

弘文元年（672）5月、大津宮の大友皇子は天智天皇の墓を造るため、東国《とうごく》から人夫を動員した。吉野宮（図①）の大海人皇子は、これを自分たちへの攻撃準備とみなし、決起。6月24日に近江朝廷《おうみちょうてい》に不満をもつ豪族と合流する（吉野朝廷《よしのちょうてい》）。

そして伊賀国から伊勢国へ進軍。伊勢神宮を遥拝後、飛鳥・河内方面と美濃・近江方面から「鼓《つづみ》の音は雷と聞く……虎がほゆる」（柿本人麻呂）の勢いで大津宮へせまった。7月22日の瀬田唐橋《せたのからはし》の戦い（図②）で近江朝廷軍を破り、大友皇子は脱出先の山前《やまさき》（場所不明、山碕か）で自害した。大津宮は焼けおち、近江朝廷は滅んだ（壬申《じんしん》の乱）。

◆飛鳥浄御原宮はエビノコ郭

大海人皇子は10月に飛鳥へもどり、後飛鳥岡本宮へ入る。歴代遷宮の習慣では、新大王（天皇）は新宮を造営するはずで、『日本書紀』にも「岡本宮の南に於いて宮室をいとなむ」とある。大伴御行《おおとものみゆき》も「大君は神にしませば、赤駒《あかこま》のはらばふ田井《たい》を京師《みやこ》となしつ」と詠んだが、実際には後飛鳥岡本宮の南東に新区画（エビノコ郭《かく》）を置き、南北柱間9間×東西柱間5間（29・2メートル×15・3メートル、当時の飛鳥では最大）の建物を建てただけであった。これを飛鳥浄御原宮《あすかきよみがはらのみや》（図③④⑤）とよび、12月に遷宮する。

①吉野宮があった宮瀧《みやたき》遺跡周辺（奈良県吉野郡吉野町）

②『石山寺縁起絵巻』（石山寺所蔵）に描かれた鎌倉時代の瀬田唐橋

不足空間は後飛鳥岡本宮でおぎなったが、その後に全体を飛鳥浄御原宮とよぶようになり、エビノコ郭の建物は大極殿《だいごくでん》とよばれる。その名前や内裏から離れた配置は、倭国初であった。

◆天皇号の使用と神になった天皇

天武2年（673）2月、大海人皇子が即位して天武《てんむ》天皇になる。天皇号は西暦674年に唐の高宗《こうそう》が使い、倭国では天武天皇が天武6年（677）までに使いはじめた（それ以前の天皇号は後世の追号《ついごう》）。唐では高宗の死後に皇帝の称号へもどるが、倭国（日本）では天皇号を使い続け、大王とは言わなくなった。

壬申の乱で「壮《そう》に及び雄々しく神武《たけ》し」といわれた天武天皇は、柿本人麻呂が「大君は、神にしませば天雲《あめくも》の、雷《いかづち》の上に廬《いおり》せるかも」とよんだように現人神《あらひとがみ》になる。その権威で、天武4年（675）に豪族の私有民をすべて取り上げ、公民にした。乱に協力した豪族は裏切られたが、神の政事《まつりごと》に文句は言えない。天皇は皇后（後の持統天皇）にだけ相談し、

6人の皇子にも口をはさませず親政《しんせい》（自分で政治をみる）をつらぬいた。すべては公地公民を実現し、強力な中央集権国家をつくるためであった。
天武10年（681）には律《りつ》（刑法）と令《りょう》（支配組織や官人の服務規程を定める行政法）の制定を命じ、官位四八階制も定めて、多くの豪族を官人にした。それは、首都となる新しい都城の造営に備えた準備のひとつであった。

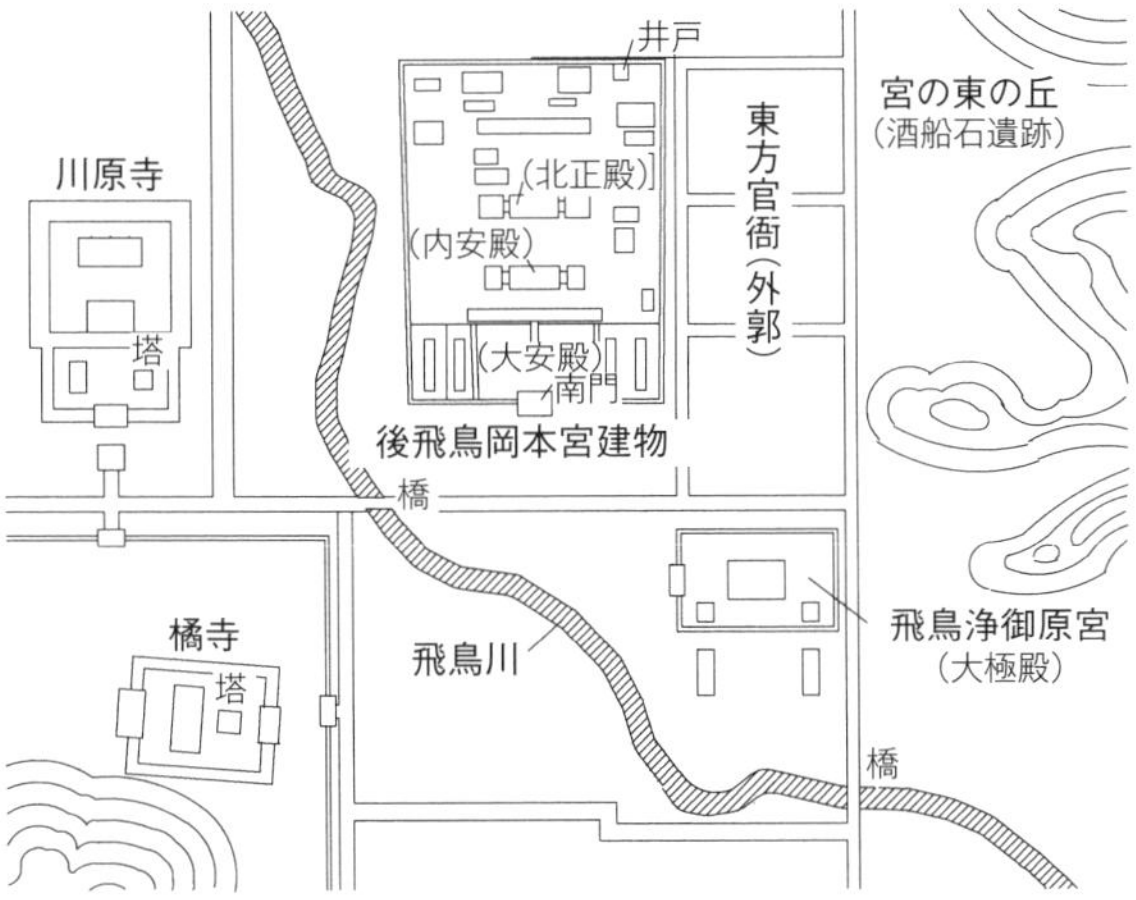

③飛鳥浄御原宮
（復原案）

⑤飛鳥浄御原宮井戸跡（史跡飛鳥宮跡）

④飛鳥浄御原宮復原模型、右手前がエビノコ郭
（橿原考古学研究所附属博物館所蔵）

12 前期難波京

日本初の都城

唐に国交回復の必要を認めさせるため、天武天皇は外港と首都に、国の顔となる都城の造営を決意する。

◆唐との国交のため都城を造営

白村江で敗れた倭国は、朝鮮半島の唐人と会えても唐本国には入れず、国際的立場は消えていた。そこで天武天皇は、唐との国交回復をめざす。

かつて推古天皇と聖徳太子は、隋の皇帝から「国の体裁なし」と国交を拒否されたとき、外港の難波津に四天王寺《してんのうじ》（図①②③）を建て、首都の飛鳥寺と共に文明国の景観をうみだして国交を果たした。そこで天武天皇は、唐と戦った時の倭国という国号を日本《にほん》に変え、新生の中央集権国家として、難波と飛鳥に大陸風都城の造営を決意する。

まず難波は、31年前に放置された難波長柄豊碕宮を再利用すると決め、天武6年（677）に大修理した。部材が一新された難波宮を前期難波宮《なにわのみや》（のちの聖武《しょうむ》天皇の後期難波宮と区別）とよぶ。

この宮を都城にするには、宮の南を条坊制で区画する必要があった。上町台地は谷が多く難工事だったが、天武12年（683）12月に天皇は「都城・宮室一処《ひとところ》に非《あら》ず、必ず両参造《りょうさんつく》れ」（『日本書紀』）と号令する。飛鳥でも新益京《あらましのみやこ》（藤原京《ふじわらきょう》）の造営をはじめており、両都《りょうと》制（首都と副都を行き来する制度）を宣言したのである。その中で「先《ま》づ都を難波」と急いだ。

⑤前期難波宮復原模型
（大阪歴史博物館所蔵、朝堂院の奥は7項②参照）

①四天王寺中門
（大阪市天王寺区、中門、五重塔、金堂、講堂を1列に置く四天王寺式伽藍《がらん》特有の姿、聖徳太子建立の法隆寺［若草伽藍］もおなじ配置）

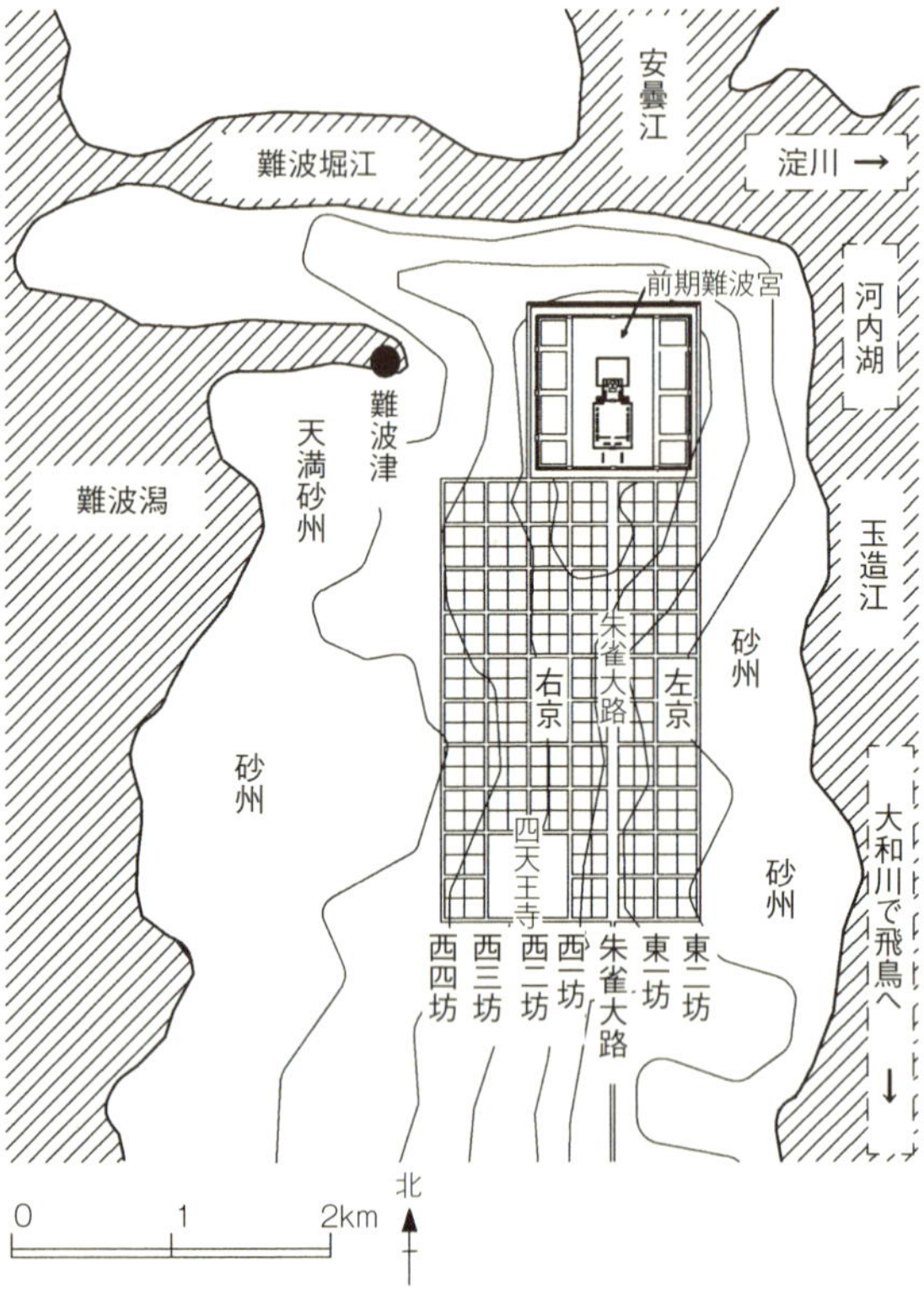

⑥前期難波京周辺（復原案）

②四天王寺中門と五重塔（飛鳥様式を鉄筋コンクリート構造で昭和38年に再建）

③四天王寺回廊（昭和38年再建）

◆条坊大路ができて前期難波京

前期難波宮の正門は朱雀門《すざくもん》である（図④⑤）。そこから南へ幅33㍍の朱雀大路《すざくおおじ》が四天王寺まで伸び、宮から南を観て東を左京《さきょう》、西を右京《うきょう》に分けた。東西方向の条大路《じょうおおじ》は11本。南北方向の坊大路《ぼうおおじ》は右京に4本と左京に2本、それに朱雀大路を通して750大尺《だいしゃく》（約267㍍）四方の坊《ぼう》を区画した。この正方形の坊をうむ区画を方格地割《ほうかくちわり》とよぶ（大尺＝高麗《こま》尺《じゃく》は土地測量用単位で1大尺＝35・6㌢）。飛鳥の新益京の坊は1500大尺四方になので、1辺はその半分、

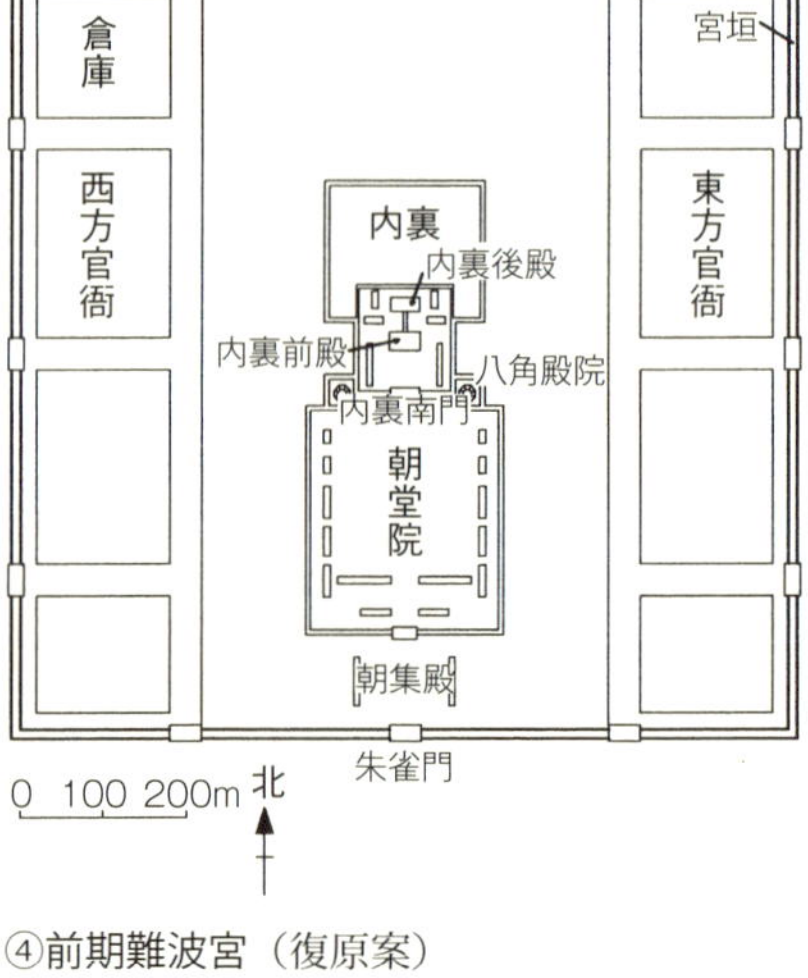

④前期難波宮（復原案）

面積は1／4である。

東西約1・6㌔で南北約2・9㌔と細長く、面積も約4・6平方㌔しかない。条坊大路も傾斜していたが、宮を北辺中央に置く北闕型《ほっけつがた》都城になった。この日本最初の都城を前期難波京《なにわきょう》（図⑥、のちの聖武天皇の後期難波京と区別）とよぶ。

また天武天皇は、天武8年（679）に難波と飛鳥の間（龍田山・大坂山）に関所を置き、土塁《どるい》も造り「羅城《らじょう》」とよんだ。唐や新羅が討伐に来る可能性を捨ててはおらず、国交回復の準備を急ぐ一方で、防衛準備もおこたらなかったのである。

◆前期難波京の終わり

官人に土地が班給された前期難波京は活動を始めたが、朱鳥《しゅちょう》元年（686）正月14日に宮で出火。宮の西側や南側を焼き、副都としての機能がなくなって、官人は飛鳥へもどった。その後、条坊は草におおわれたが宮は修理され、歴代天皇が海を楽しむため何度もおとずれた。

13 藤原京の計画

中央宮闕型《ちゅうおうきゅうけつがた》の藤原京

天武天皇は、新生日本の首都となる都城を、唐王朝の動向をふまえて中央宮闕型と決める。

◆新しい首都の計画と中央宮闕型

天武5年（676）、天武天皇は飛鳥浄御原宮の北側で大和三山《やまとさんざん》（畝傍《うねび》・耳成《みみなし》・香久《かぐ》）が囲む藤井ヶ原一帯に、首都となる都城を計画する。

当時、唐王朝では皇后武則天《ぶそくてん》（則天武后《そくてんぶこう》）が権力をにぎり、百済や高句麗を滅ぼし、倭国を撃退して人気を集めていた。

そして古代周王朝の儀礼を宮中に取りこみ、国号も武周《ぶしゅう》に変えた。その儀礼を集めたのが『周礼《しゅらい》』で、同書の中の『考工記《こうこうき》』は中央宮闕型の都城を理想とした。これらの知識を、遣隋使や遣唐使が持ち帰る。貢物を献上した彼らは、皇帝から数倍の価値をもつ回賜《かいし》（ほうび）をもらい、長安の市で売って『周礼』などの書籍を買った。唐との国交回復をめざす天武天皇も、これらの情報から首都を中央宮闕型に決める。

◆藤原京の都市計画

『日本書紀』は新宮を藤原宮《ふじわらきゅう》、都城を新益京《あらましのみやこ》と記す。新益は新しい恵みをもたらす拡張と飛鳥の隣を意味するが、現在は古代史学者の喜田《きだ》貞吉《さだきち》の造語である藤原京《ふじわらきょう》が定着している。

『考工記』の都城は9里四方で、1辺に3城門を置き、縦横9本の道がある。一方、藤原京は約5・3㌔四方だから、10里四方（古代中国の1里は約533㍍）になる。そこに東西11本と南北11本の大路を通すのだが、本来なら羅城になる両端をのぞくと縦横9本になる。中央の藤原宮も四方の宮垣に3門ずつ置き、1門には扉口が3つ開いていて、『考工記』の「王城図《おうじょうず》」（5項⑤）と一致している（図①）。

ただし、藤原京の条坊大路が区画（方格地割）する正方形の坊は、『考工記』にはない。中央宮闕型と方格地割を結びつけたのは、藤原京であった。その点で東アジア史上もっとも整った中央宮闕型の都城になるはずだったが、羅城や城門の重要性はそれほど認識されていなかった。

◆藤原京の測量と陰陽寮

予定地決定から6年間は、湿地を更地《さらち》にする造成工事。その間に、宮の場所を、奈良盆地を通る横大路・中ツ道・下ツ道から等距離とし、飛鳥川をよけるなど都市計画を練った。

そのための測量技術は、推古10年

（602）に百済僧観勒《かんろく》がもたらした天体観測技術を応用した。天武天皇も「天文・遁甲《とんこう》（占術）を能《よ》くす」（『日本書紀』）といわれた人物で、藤原京の計画直前の天武4年（675）に陰陽寮《おんみょうりょう》を置き、日本初の占星台《せんせいだい》（図②、天文台）もつくって、天体観測や暦法、時刻など、中央集権国家の建設に必要な科学技術を扱わせていた。

天武11年（682）3月1日、造成が終わった更地は新城《にいき》とよばれた。そこで陰陽寮役人が正方位を割りだし、皇族の三野王《みののおう》や宮内省《くないしょう》人が広さを確認して「まさに都かな」（『日本書紀』）となる。半月後の天皇の

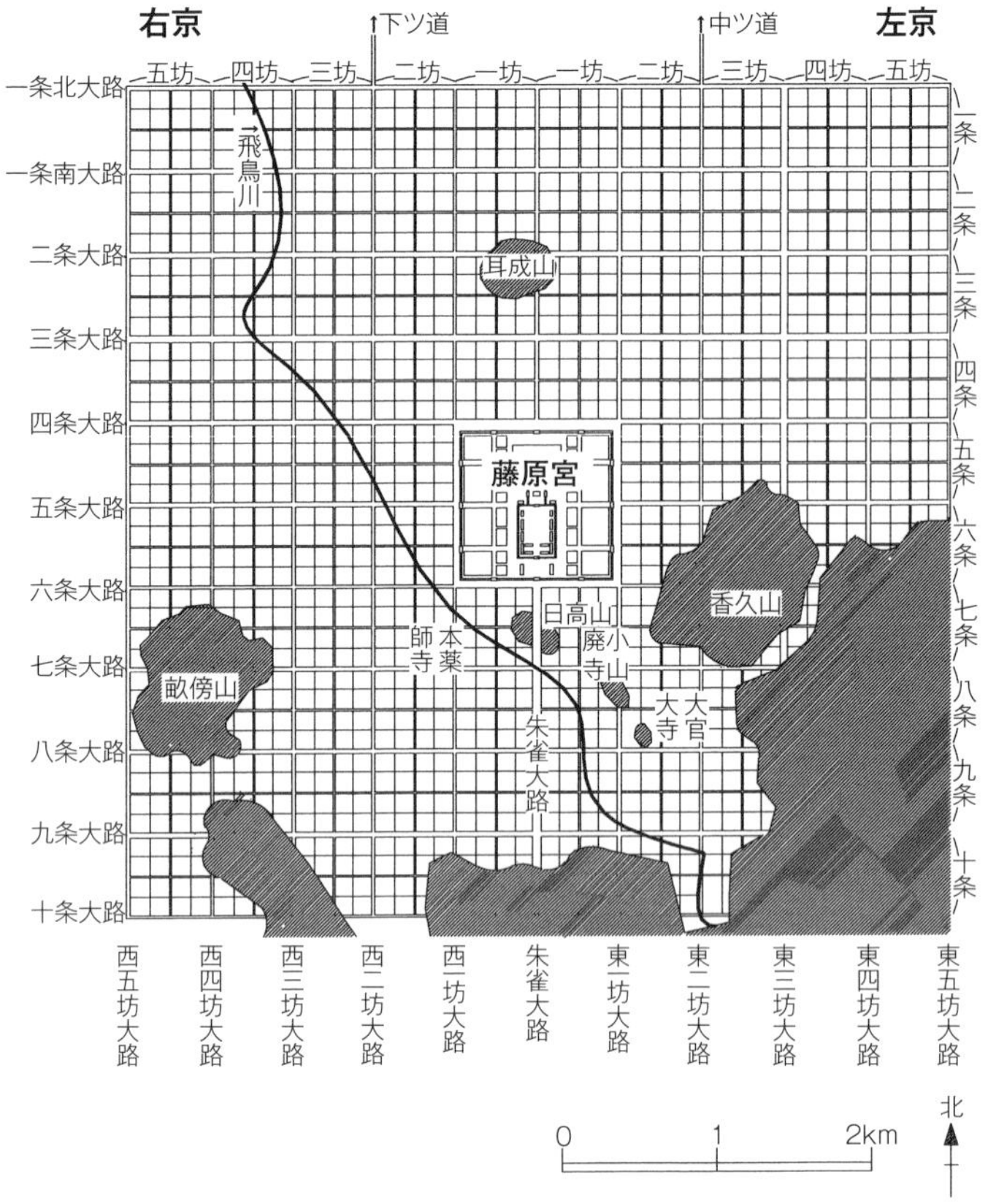

①藤原京（復原案、東を左京、西を右京とする慣習は古代中国の『易経《えききょう》』に所収された占術指南書『周易《しゅうえき》』の「聖人南面して天下を聴く」という記述から大陸の都城ではじまった）

③出土木材（滋賀県甲賀市新治《にいはり》、藤原京造営期に斧とクサビで伐木して整形した杉材だが途中で放棄したもの、大鋸《おが》は使っていない）

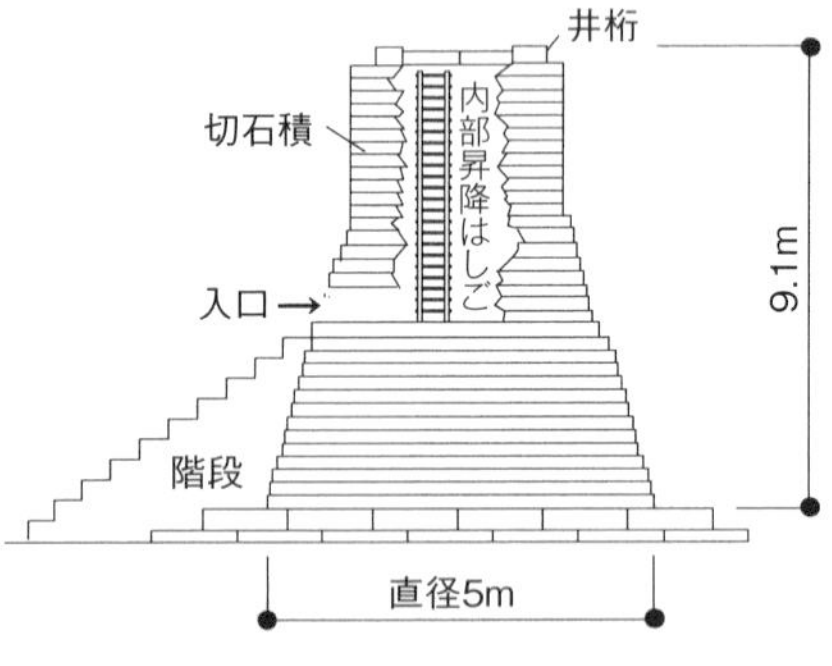

②新羅の瞻《せん》星台（天武天皇の占星台と同時代で花崗岩構造）

⑤明治時代末期の泉川（京都府立京都学・歴彩館所蔵『紀念相楽郡写真帳』[明治42年]）

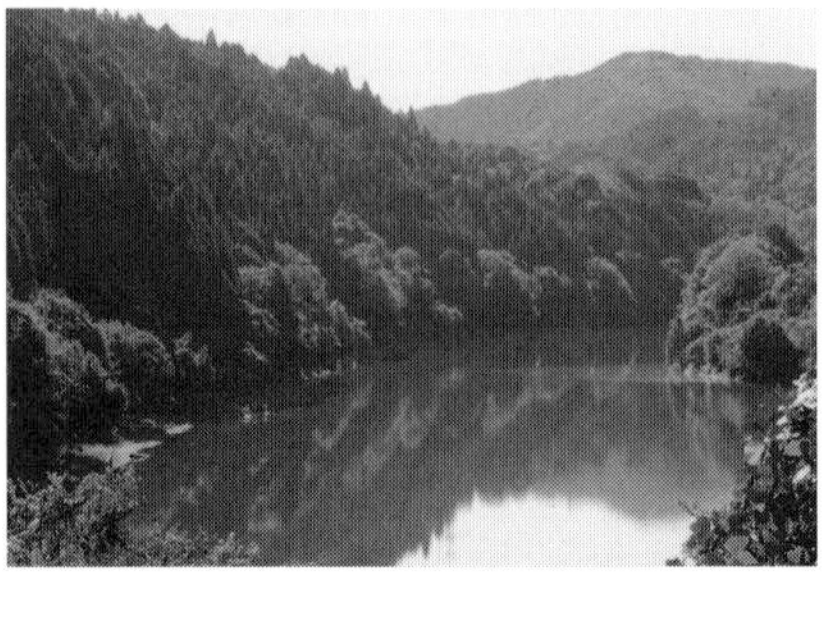
④瀬田川（滋賀県大津市、藤原宮用材は近江国田上山《たなかみやま》の檜《ひのき》を伐採、1本ずつ瀬田川《せたがわ》から宇治《うじ》川《がわ》を流し、山崎《やまざき》で引きあげ筏を編み、泉川《いずみがわ》［木津川《きづがわ》］を遡って泉津で陸揚げ、荷車で平城山丘陵《ならやまきゅうりょう》を越えた）

視察をへて、先行条坊の細い道が格子状に通され、藤原宮や主要寺院の場所が定められた。本薬師寺《もとやくしじ》はすぐ着工されたが、藤原宮は近江国から運んだ資材（図③④⑤）を運搬するための運河づくり（後に埋めもどし）からはじめた。

　翌天武12年（683）、天皇が両都《りょうと》制を宣言。しかし朱鳥元年（686）に難波宮が火事になり、藤原京だけになった。さらに同年に天武天皇が崩御。都城の造営は中断された。

14 藤原京遷都

中央集権国家の都城と持統《じとう》天皇

天武天皇後継の草壁皇子《くさかべのみこ》が急死。天武皇后が即位して持統天皇となり、藤原京を完成させる。

◆天武天皇崩御と混乱

天武天皇の崩御をうけ、朱鳥元年（686）9月に皇后が持統称制《じとうしょうせい》天皇になる。同時に皇太子の草壁皇子《くさかべのみこ》が即位を準備するが、大津皇子《おおつのみこ》の自殺で即位できないまま、持統3年（689）4月13日に急死した。このため称制天皇は、みずから天武天皇の後継者になる覚悟を決め、天武が制定を命じた飛鳥浄御原令《あすかきよみがはらりょう》を施行。天皇号や6年に1回の戸籍作成、班田収授法《はんでんしゅうじゅほう》も制度化した。

　持統4年（690）正月1日、持統天皇が即位。同年に全国戸籍の『庚寅年籍《こういんねんじゃく》』も完成し、これにもとづき班田収授が全国で始まった。

◆藤原京遷都と藤原宮のようす

首都となる都城の造営も再開され、持統5年（691）12月8日に、位階に応じた宅地が官人に班給された。持統6年（692）1月12日に天皇自身が条坊大路を視察。5月に藤原宮の予定地で土地神を鎮《しず》める地鎮祭《じちんさい》をおこなった。

　それから藤原宮の建築工事は3年間続き、持統8年（694）12月6日、日本初の都城制の首都である藤原京へ遷都《せんと》となる。

　藤原宮は、藤原京の中央4坊分の3000大尺四方（1・07キロ四方、面積1・15平方キロ）をとった。その中の東西2600大尺（約0・93キロ）×南北2550大尺（約0・91キロ）の約0・85平方キロを高さ5・5メートルの宮垣《みやがき》で囲み、1辺3門ずつ合計12の宮門《きゅうもん》を置いた。

　宮は東西方向に3分割され、両脇が官衙《かんが》・曹司《そうじ》（役所群）で中央が重要区画（図①②）。南側中央の朱雀門《すざくもん》を入ったところに、朝出勤した官人が待機する朝集殿《ちょうしゅうでん》が東西に2棟ある。その北が政治・儀式の朝堂院《ちょうどういん》で、東西236メートル×南北321メートルに12朝堂。その北の東西柱間7間×南北柱間2間（35メートル×10メートル）の大極殿院南門《だいごくでんいんなんもん》をくぐると、東西柱間9間×南北柱間4間（44メートル×19メートル）の大極殿がそびえていた。

　大極殿は石組の基壇《きだん》に礎石《そせき》をすえ、丹塗柱《にぬりばしら》を立てて瓦葺の屋根を支え、文武《もんむ》2年（698）正月の朝賀までに完成した。内部は瓦敷の土間空間で、中央に高御座《たかみくら》（図③、天皇の御座、台座は八角形）を置き、国家行事の場となった。この大極殿の北が天皇の内裏《だいり》で、儀式用の大安殿《だいあんでん》や住居の御在所正殿《ございしょせいでん》があったらしい（未調査）。

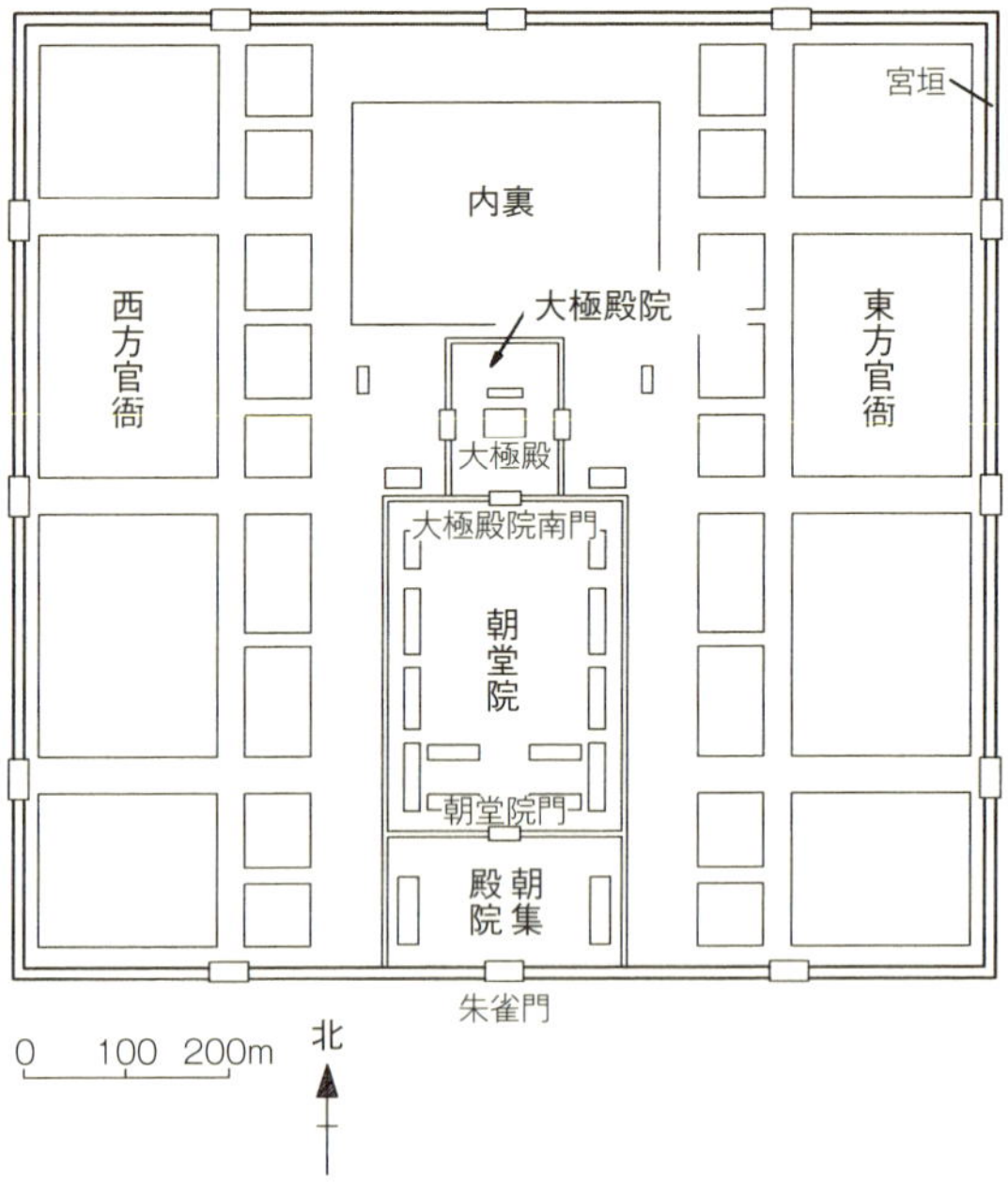

①藤原宮（復原案）

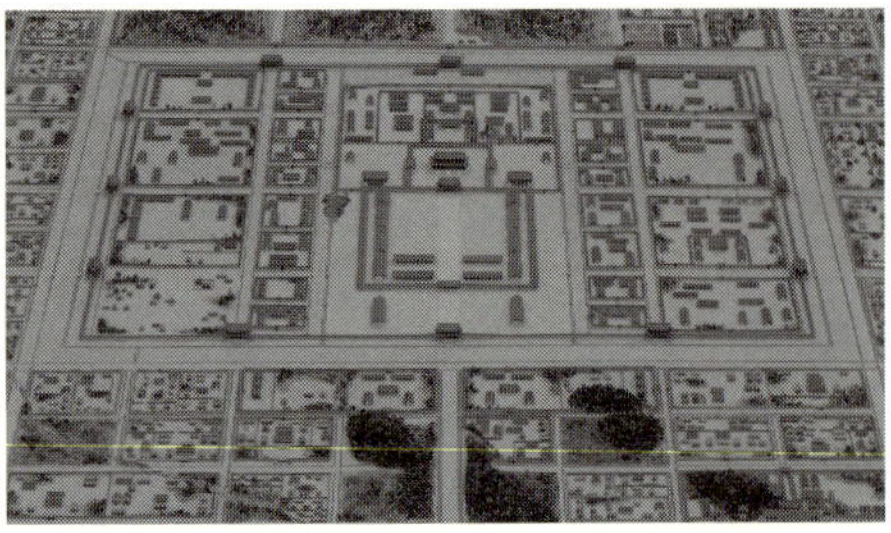

②藤原宮復原模型（橿原市教育委員会提供）

③高御座《たかみくら》（特別史跡平城宮跡の大極殿内に復原）

④朱雀大路跡（路面幅約 19m で両脇に幅約 4m の側溝、側溝（中心）から反対側の側溝芯までの道幅 24m）

これら中央区画の建物は、内裏（掘立柱に檜皮葺）をのぞき、礎石立で瓦葺となった。仏教建築様式（日本で発展した和様《わよう》）を本格的に取り込んだ、日本最初の宮殿建築群である。

この巨費を投じた藤原宮が完成したとき、藤原京は寺院や官人が定着し、歴代遷宮はできなくなった。そのとき持統天皇は、死後の自分の火葬を命じる。火葬は白骨化を待つ殯《もがり》が不要で、死の穢《けが》れもない。文武4年（700）に僧が最初に行った記録があり、大宝《たいほう》3年（703）の持統天皇の火葬後に各地へひろまった。

◆藤原京の宅地

藤原京は、古代の都城では最大の約5・3キロメートル四方。これを条大路11本と坊大路11本で1500大尺（534メートル）四方の坊を区画した。坊の面積は約0・285平方キロメートル。条《じょう》間《かん》路《ろ》や坊《ぼう》間《かん》路《ろ》で4分割し、さらに小路《こうじ》で4分割した1／16坊が1町（坪）で、宅地班給の基準である。大臣は4町、5位以下は1町、1／2町、1／4町、末端の官人の1／8町まで配られた。

ただし、宅地は前面道路にけずられた。藤原京の通りは、まず先行条坊を1500大尺、750大尺、375大尺の間隔で通してから、両側をひろげて道幅を確保した。このため朱雀大路（図④）は675大尺（約24メートル）、条坊大路は450大尺（約16メートル）、条間路・坊間路は25大尺（約9メートル）、小路は20大尺（約7メートル）の半分を宅地から削りとるので、宅地は前面道路の幅により大小がうまれた（分割地割方式《ぶんかつちわり》）。

◆宅地の利用形式

藤原宮は官人1万人が働いたが、みな元豪族なので、住みなれた飛鳥から通勤した。このため班給された宅地は定住が進まなかったが、やがて泥土を突きかためた築地塀《ついじべい》（図⑤）や板塀で敷地を囲む住宅がふえる。

住宅には、塀の中に建物をおく単郭《たんかく》と、重要な建物をさらに板塀で囲む重郭《じゅうかく》の2種類があった。このうち重郭は、半町以上の敷地に多く、①正殿を両脇殿と後殿の3棟で囲む（図⑥）、②正殿と脇殿の2棟でコの字に前庭を囲む、③前後に2棟ならべる、などの配置があった。

⑤築地塀《ついじべい》（横線は土を突き固める版築《はんちく》工法の積層痕、寺院の筋塀《すじべい》に入る白い定規筋《じょうぎすじ》のもと）

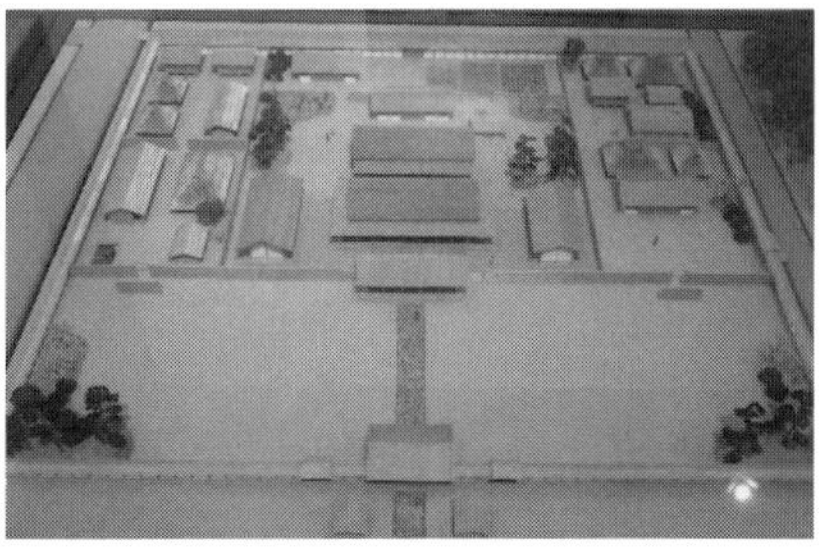

⑥重郭（奈良文化財研究所藤原宮跡資料室所蔵、中央区画は正殿と両脇殿、後殿）

⑦檜隈大内陵《ひのくまのおおうちみささぎ》（天武・持統合葬陵、奈良県明日香村、八角墳）

15 唐との国交回復

大極殿に文武天皇たつ、文物ここに備われり

藤原京が完成して大宝律令《たいほうりつりょう》に見通しがついたとき、唐に国交回復をはたらきかける準備完了。第8回遣唐使が船出する。

◆文武天皇の即位と大極殿の完成

文武元年（697）、持統天皇は草壁皇子の息子へ譲位。文武《もんむ》天皇が即位する。大極殿も、文武2年（698）正月の朝賀までに完成。

大宝元年（701）正月元日、文武天皇は大極殿に出御し、大極殿院南門前にならぶ文武百官《ぶんぶひゃっかん》の朝賀《ちょうが》（正月のあいさつ）を受けた。官人の前には幢幡《どうばん》（中央に皇統を象徴する樹烏《からす》形《がた》の幢《どう》、東に日像《にちぞう》の幢・青龍《せいりゅう》と朱雀《すざく》の幡《ばん》、右に月像《げつぞう》の幢・玄武《げんぶ》と白虎《びゃっこ》の幡）が空間をつくって立ち、左右に諸外国の使者がならんだ（図①②③④）。

ここに藤原宮が完成。天武天皇が制定を命じた律令も完成間近（同年8月完成）となり、『日本書紀』は「文物《ぶんぶつ》の儀、ここにおいて備われり」と記した。唐に国交回復をはたらきかける準備ができたので、粟田《あわたの》真人《まひと》を遣唐執節使《けんとうしっせいし》（正使）とする第8回遣唐使の派遣を決定する。

彼らは4月に難波津を出発。博多津から先は、安全な北路《ほくろ》（3項④）は新羅経由なのであきらめ、五島列島を南下する南路《なんろ》か奄美大島を経る南島路《なんとうろ》かを検討。翌大宝2年（702）6月に船出した（図⑤）。

◆国交回復

使節は長安の宮城で武則天に謁見。それまでの遣唐使は「わが国は

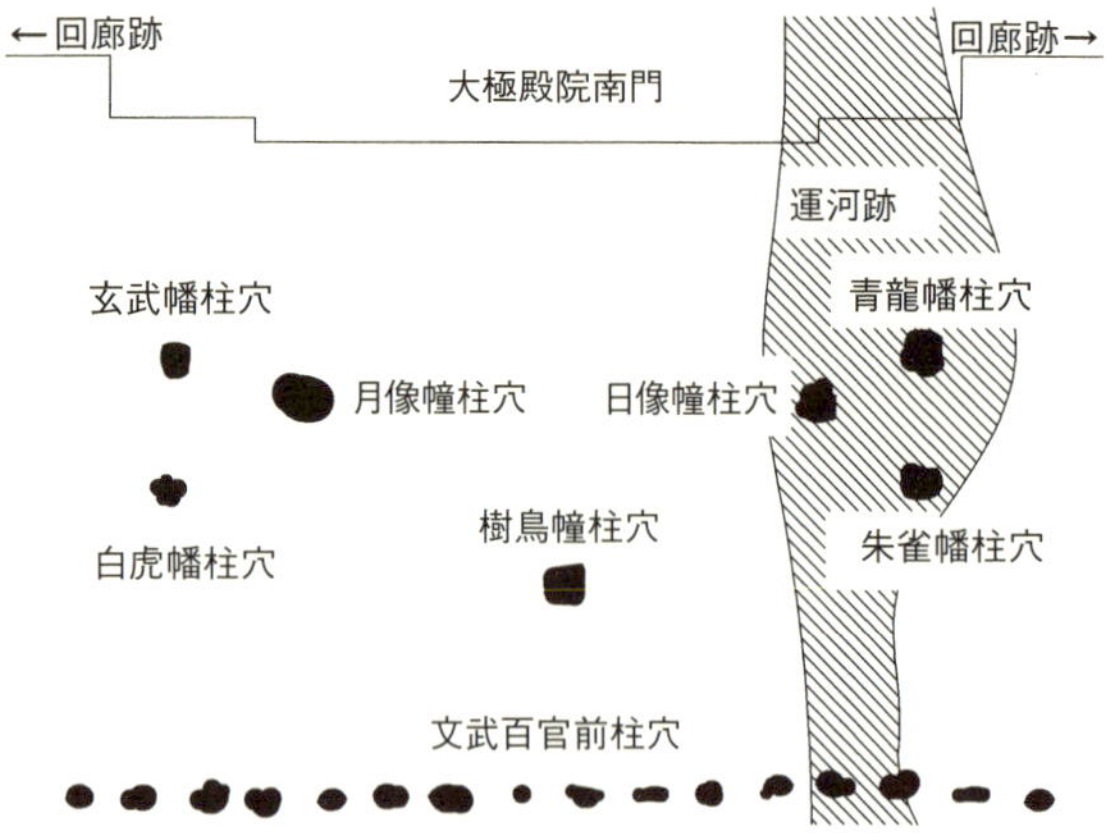

③幢幡柱穴配置図（空間を構成する、2017 現地説明会）

①特別史跡藤原宮跡の朝堂院跡（奈良県橿原市、朱塗柱列が大極殿院南門、奥の森が大極殿跡）

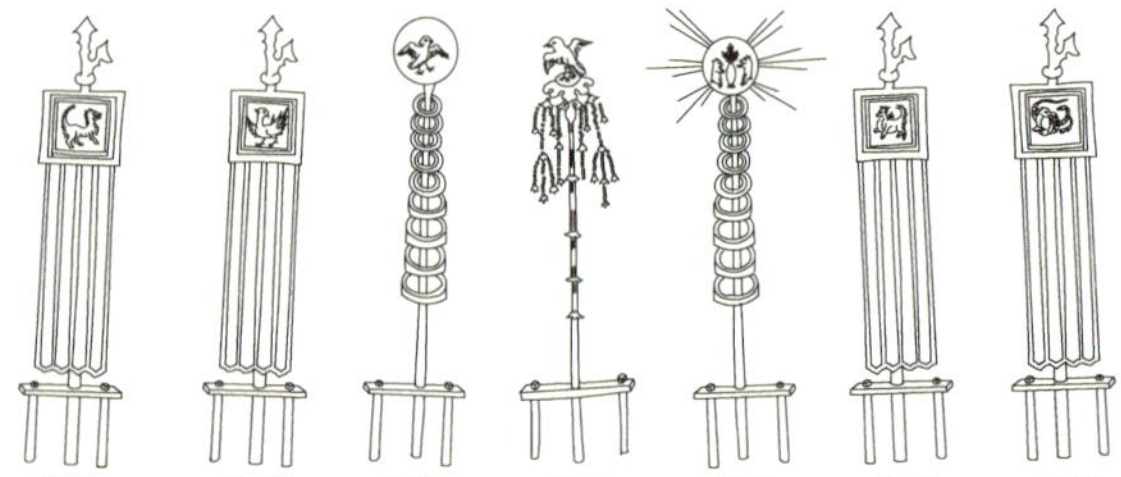

④室町時代の幢幡絵図（リライト）

②柱穴Cが玄武幡穴《げんぶばん》
（柱列は大極殿院南門、2017年現地説明会）

⑤遣唐使船（復原、定員 150 人の木造貨客船、遣唐使団 500 人は 4 隻で船団を組んだ）

東西南北いずれも数千里、西と南は大海」（『旧唐書《くとうじょ》』）などと言い放ち嫌われていたが、大宰府で外国使節をもてなした経験をもつ粟田真人は「儀容《ぎよう》を看《み》るに大いに浄《きよら》か」（『続日本紀』）と感心された。武則天の前でも雅《みやび》にふるまい、その心をとりながら、唐と戦った倭国《わこく》にかわる中央集権国家の日本から来たとのべた。『周礼《しゅらい》』（5項参照）にならう藤原京を首都とし、律令も持つと説明して、倭国と同じヤマトの発音ながら、新国号の日本を認めさせた。そしてついに国交回復に成功（本来毎年朝貢だが遠方なので5年に1回）。東アジアにおける日本の立場が確立され、40年続いた倭国討伐の恐怖から解放された。

◆大宝律令の完成

真人らが博多津で風を待っていたころ、藤原宮では刑部親王《おさかべのみこ》や藤原《ふじわらの》不比等《ふひと》（鎌足次男）らが、唐の律令をもとに律（刑法）の編纂や令（主に行政法）の改良を進め、大宝元年（701）8月3日に大宝律令《たいほうりつりょう》を完成した。その中で日本《にほん》の国号や天皇の権威を示す元号《げんごう》を制度化したが、根本は公地公民制と、唐の均田《きんでん》制《せい》にならう班田収授法の徹底にあった。6歳になった男子に2段《たん》、女子に2／3段の口分田《くぶんでん》をあたえて、租《そ》（税の一種）をとる制度である。

そのための測量単位は大尺（35・6センチ、高麗尺、小尺の1・2倍）で、これと唐《とう》から伝来した小尺《しょうしゃく》（29・6センチ、唐尺）と併用するため、大宝2年（702）に全国へ2種類の標準定規をくばった。

◆二官八省制の行政組織

中央集権国家の行政組織として二官八省《にかんはっしょう》制も定めた。祭祀担当の神祇官《じんぎかん》と行政担当の太政官《だじょうかん》を分け（祭政分離《さいせいぶんり》）、太政官のもとに①中務省《なかつかさしょう》（朝廷職務全般、陰陽寮が付属）、②式部省《しきぶしょう》（任官・叙位）、③治武《じぶ》省《しょう》（戸籍・訴訟・使節応対・僧尼監督）、④民部省《みんぶしょう》（租税・田畑・道）、⑤大蔵《おおくら》省《しょう》（財務）、⑥刑部省《ぎょうぶしょう》（司法・裁判・刑罰）、⑦宮内省《くないしょう》（営繕・医療・天皇資産管理）、⑧兵部省《ひょうぶしょう》（軍事）を置いた。

これらの役所では、事務の正確さや効率を評価したので、官人の行政能力はたちまち向上し、真の意味での中央集権国家になった。

16 藤原京の廃都

長安の威容と慶雲の改革

帰国した遣唐使は、唐（武周）の長安にくらべ藤原京が見劣りすることを明らかにした。造営は中止、新しい都城計画がはじまる。

◆長安の威容と藤原京造営の中止

粟田真人らは帰路の難破《なんぱ》も生きぬき、慶雲《けいうん》元年（７０４）７月１日に藤原宮へ帰着した。

彼らが伝えた長安は、東西10キロメートル×南北９キロメートル（藤原京のほぼ倍、面積４倍）に１００万人が住む国際都市で、周囲をかこむ羅城の１辺に３門ずつ、高さ20メートルの城門がそびえていた（図①②）。武則天は北辺東の大明宮《たいめいきゅう》の含元殿《がんげんでん》で遣唐使の拝謁を受け、麟徳《りんとく》殿《でん》でもてなしたが、本来の内城は北辺中央にあり、その中の前面に皇城を、背面に太極殿《たいきょくでん》などがある太極《たいきょく》宮《きゅう》などの宮城を置いていた。

②大明宮丹鳳門
（復原、西安大明宮国家遺跡公園）

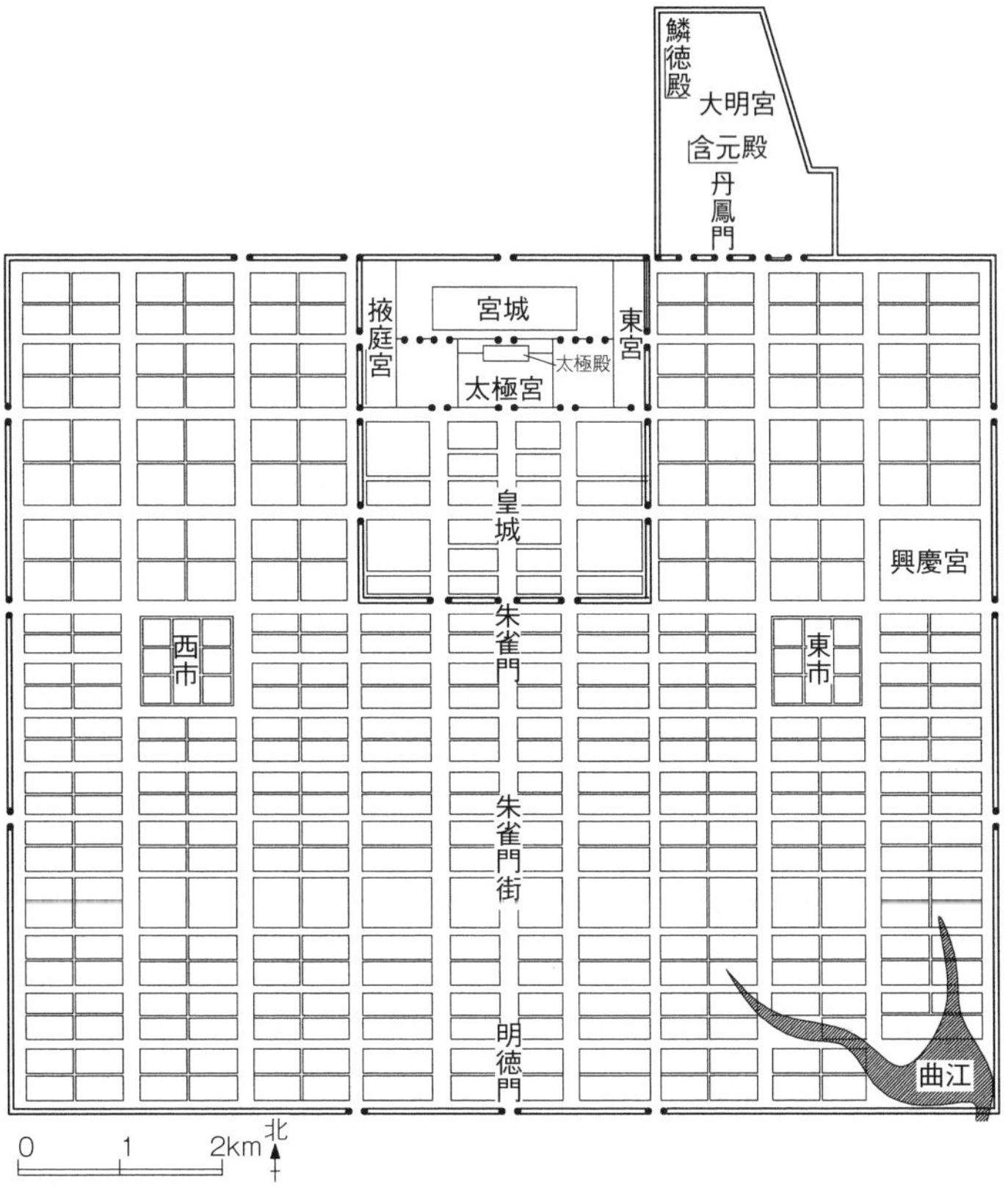

①唐時代の長安（高さ 5.4m の羅城がかこんだ）

内城の南側中央にある宮城正門が朱雀門《すざくもん》で、明徳門《めいとくもん》（羅城門《らじょうもん》）まで幅147メートルの朱雀門街《すざくもんがい》（朱雀大路）が伸び、東の万年県《まんねんけん》（左京）と西の長安県《ちょうあんけん》（右京）に分けた。そして条坊大路が坊を区画し、その坊も坊城が囲んでいた。

　一方、藤原京は大官大寺《だいかんだいじ》の九重《きゅうじゅうの》塔《とう》がそびえるなど首都らしくなったが、羅城がなく京城門《けいじょうもん》（国の王がいることをしめす門）もなかった。四隅や大和三山は条坊大路を通せず、日高山《ひだかやま》をけずった朱雀大路《すざくおおじ》も両脇に残った丘が見通しをさえぎった（図③）。そこで文武天皇は11月20日に藤原京の完成を宣言したが、実態は打ちきりであった。

　なお『万葉集』には、奈良盆地を囲む山なみを羅城に見たて、香久山《かぐやま》を東門、耳成山《みみなしやま》を北門、畝傍山《うねびやま》を西門、吉野山《よしのやま》を南門になぞらえる歌がある。藤原京は羅城や城門がない都城との認識が、当時の日本にもあったことを示している。

◆都市環境の問題

藤原京は奈良盆地の南端にあるので、南の山地から水が流れ込んで湿潤だった。さらに中央の藤原宮はいちばん低地で水はけが悪い。そのうえ3～5万人がすむ京中《きょうちゅう》（都城の中）の邸宅は築地塀に穴をあけ側溝の水を邸内の苑池《えんち》（庭園）へ引きこみ、生活排水と共にもどした。樋殿《ひどの》（図④、便所）を置いて汚水を流す家もあり、住人が側溝そうじをさぼると悪臭がただよった。文武天皇が「京城内外、穢臭《えしゅう》多くあり」（『続日本紀』）とのべ、住人を逮捕させたほどだったが、これは溝さらいをきちんとすればおきない問題であった（図⑤）。しかし大雨で飛鳥川（図⑥）がはんらんすると、土砂や京中の汚泥が宮へ流れ込んだ。水がひいても泥と臭い、虫の発生がひどい。これは明らかに低地に宮を置いた都市構造の問題であり、都市計画の失敗だった。

　また、唐との国交回復後に増えた外国使節が病気を持ちこみ、藤原京へ貢納にきた百姓がそれを持ちかえって全国に疫病がひろがることも多くなった。

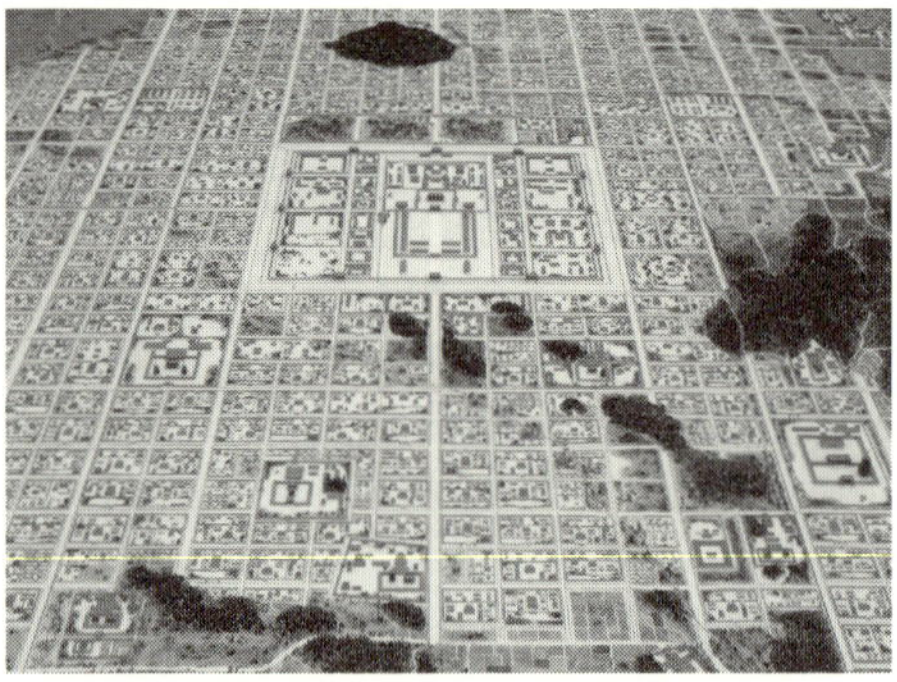
③藤原京復原模型（橿原市教育委員会提供）

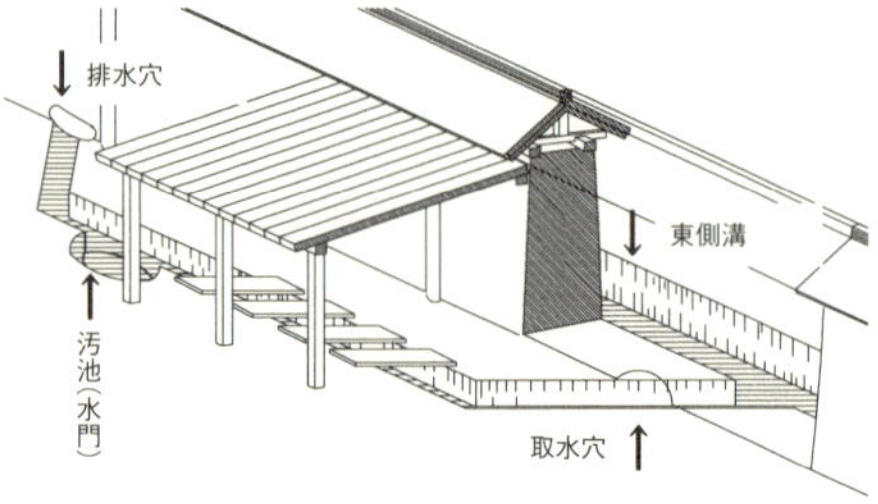

④樋殿（汚池《おち》はトラップで水門《すいもん》ともよぶ）

⑤上賀茂社家町の側溝
（京都市北区、庭園にひきこんだ水をもどすが適切に管理されて水は美しい）

⑥飛鳥川（奈良県明日香村）

17 四《し》禽《きん》図《ず》叶《きょう》

四禽が図にかなう都城、平城京

平城京遷都の詔《みことのり》にある四禽《しきん》図叶《ずきょう》は日本の都城造営史上、四神《ししん》に関わる唯一の言葉。都城が実現できる四方のひろがりを意味した。

◆新しい都城の計画

慶雲4年（７０７）2月19日、文武天皇は新たな遷都先を探しはじめる。天武・持統天皇の事業に改良をくわえる慶雲《けいうん》の改革の一環であったが、同年6月15日に突然崩御。このため母親（草壁皇子の妻）が、元明《げんめい》天皇として即位した。

元明天皇は和銅《わどう》元年（７０８）3月に遷都担当の造宮省《ぞうぐうしょう》を置き、軍事担当で建築にもすぐれた大伴手拍《おおとものてうち》を初代造宮卿《ぞうぐうきょう》に任命。それから2年後の和銅《わどう》3年（７１０）3月10日に平城京遷都《へいじょうきょうせんと》となる。

22年間も造営を続けた藤原京は、わずか16年で幕を閉じた。しばらくは平城京の京職《きょうしき》（治安担当者）が足をのばして見まわったが、やがて水田や畑に変わっていった。

◆宮は日をはかり、星をみて

和銅元年（７０８）2月15日、元明天皇は『隋書《ずいしょ》』を参考に、平城京《へいじょうきょう》遷都《せんと》の詔《みことのり》をだす。

……日を揆《はか》り、星を瞻《み》て宮室《きゅうしつ》の基を起こし、世を占《うらな》ひ土を相《み》て帝皇《ていおう》の邑《ゆう》を建つ……（『続日本紀』）

ここでは伝統的な宮づくりを、太陽や星を観測して場所を決め、天意を占い地形をみるとする。冬至《とうじ》の正午の影から南北軸を割りだすと、計画した宮を正方位に置ける。これを行うのが陰陽寮《おんようりょう》役人で、陰陽の気から吉凶妖祥《きっきょうようしょう》を見て日食などの異変を上奏する彼らは、占術や天文・暦・時間も扱った。造宮卿の配下と共に都市計画図を作成し、予定地で真北や正方位を割り出して、宮の四至《しいし》（宮垣の四辺）を定めた。藤原宮を苦しめた都市問題がおきない地形なのか、都城のひろがりも確認した。

◆平城京は四禽が図にかなう

さらに元明天皇の詔は続ける。

……方今《まさに》平城《なら》の地、四禽図《しきんず》に叶《かな》ひ、三山《さんざん》鎮《しず》めを作《な》し、亀筮《きぜい》並《なら》びに従《したが》ふ、宜しく都邑《とゆう》を建《た》つべし……

都城（都邑）となる「平城の地」は、盆地北寄りの菅原村《すがわらむら》と決まっており、ここを通る下ツ道《しもつみち》を朱雀大路にすることになっていた。この一帯が「四禽」が「図に叶う」とする意味を読みとくため、同時代の3つの史料を取りあげる。

①キトラ古墳（図①、高市皇子《たけちのみこ》か阿倍御主人《あべのみうし》墓）と高松塚《たかまつづか》古墳（刑部皇子《おさかべのみこ》墓）：石室の四方の壁に青龍《せいりゅう》・玄武《げんぶ》・朱雀《すざく》・白虎《びゃっこ》を描く（図②）。天空の四方の星宿《せいしゅく》（星座）群を4聖獣に見立てて方位を守る四神《ししん》とする思想は、1世紀の後漢時代に始まる（図③、キトラは4壁に十二支も描いて十二方位を示す、高松塚は男女16人が死者に供奉する図）。

そして天井の蓋石は、キトラが68星座（図④）、高松塚は28星座を描く（図⑤）。共通する28星座は殷時代から二十八宿《にじゅうはっしゅく》とよばれ、七宿ずつに4分割して四方位を守る四神とした。天文図の中心には北極5（6）星（太子・帝・庶子・后・北辰）を描き、キトラは内規《ないき》（見える星座の範

①史跡キトラ古墳（奈良県明日香村）

②キトラ古墳復原模型
（明日香村埋蔵文化財展示室）

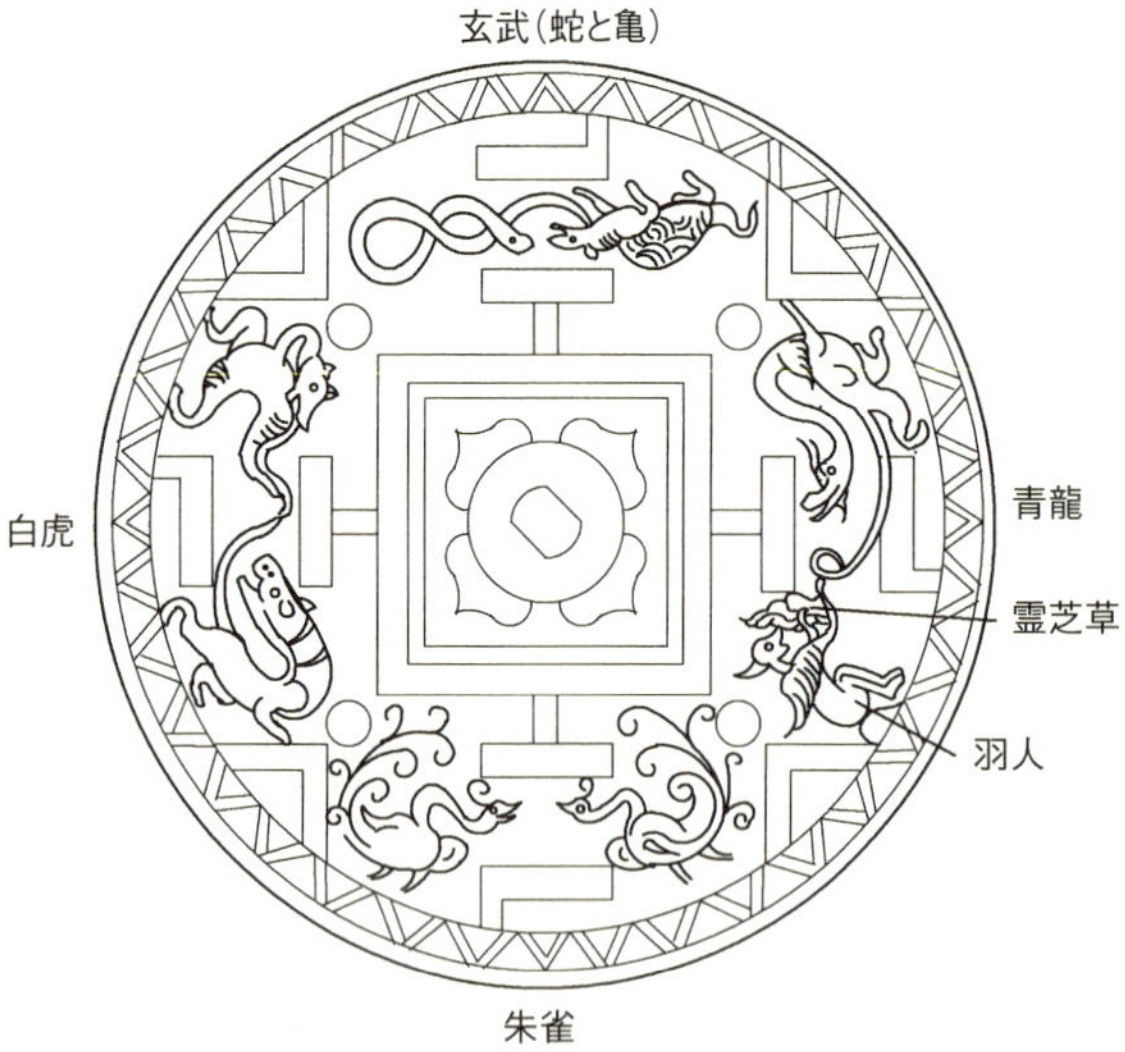

③方格《ほうかく》規《き》矩《く》四神《ししん》鏡《きょう》リライト
（京都国立博物館所蔵、紀元前 1 世紀の漢時代制作）

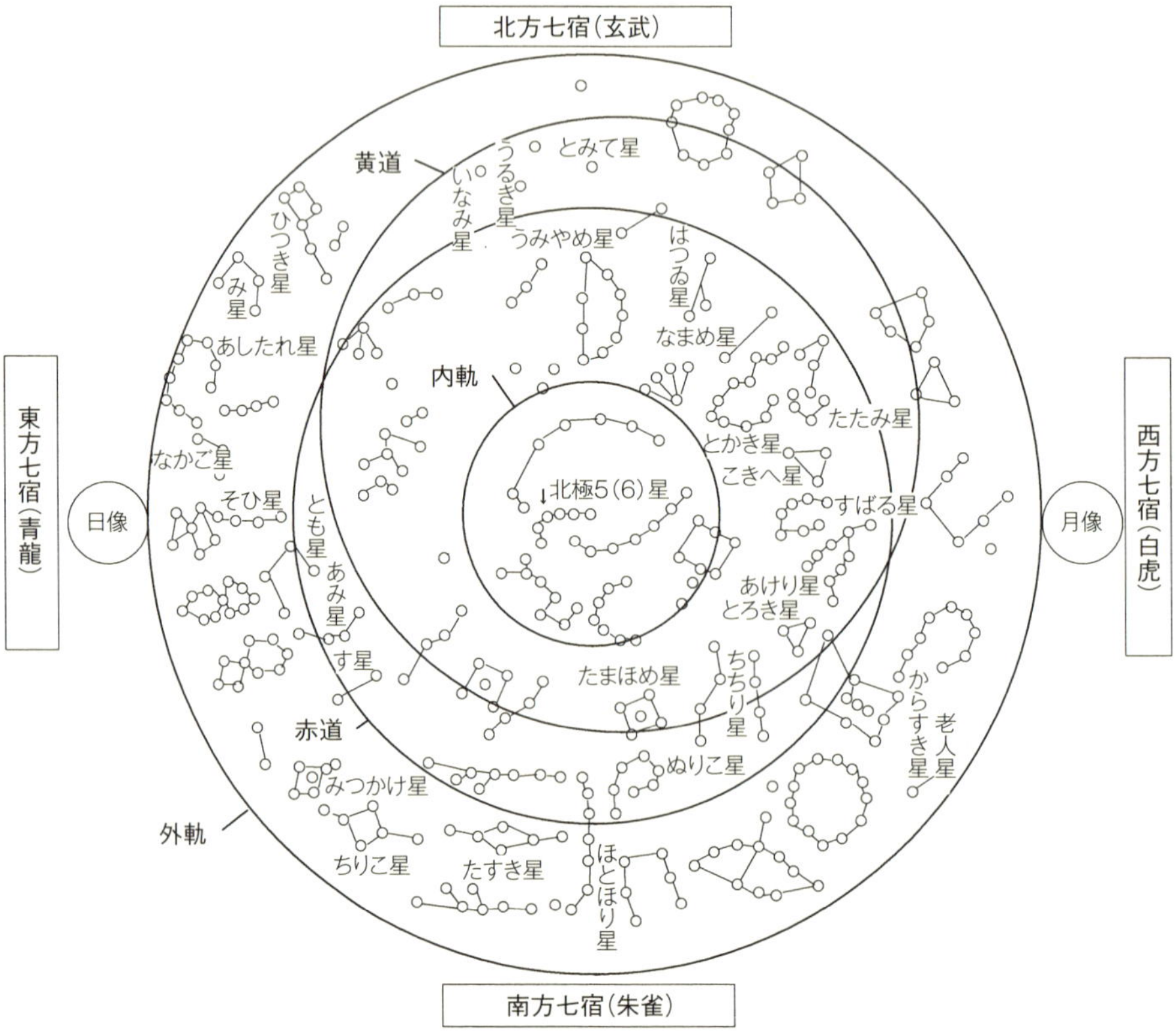

④キトラ古墳の天文図リライト（方位は死者から見て。北極 5 星が 6 星ある理由は不明）

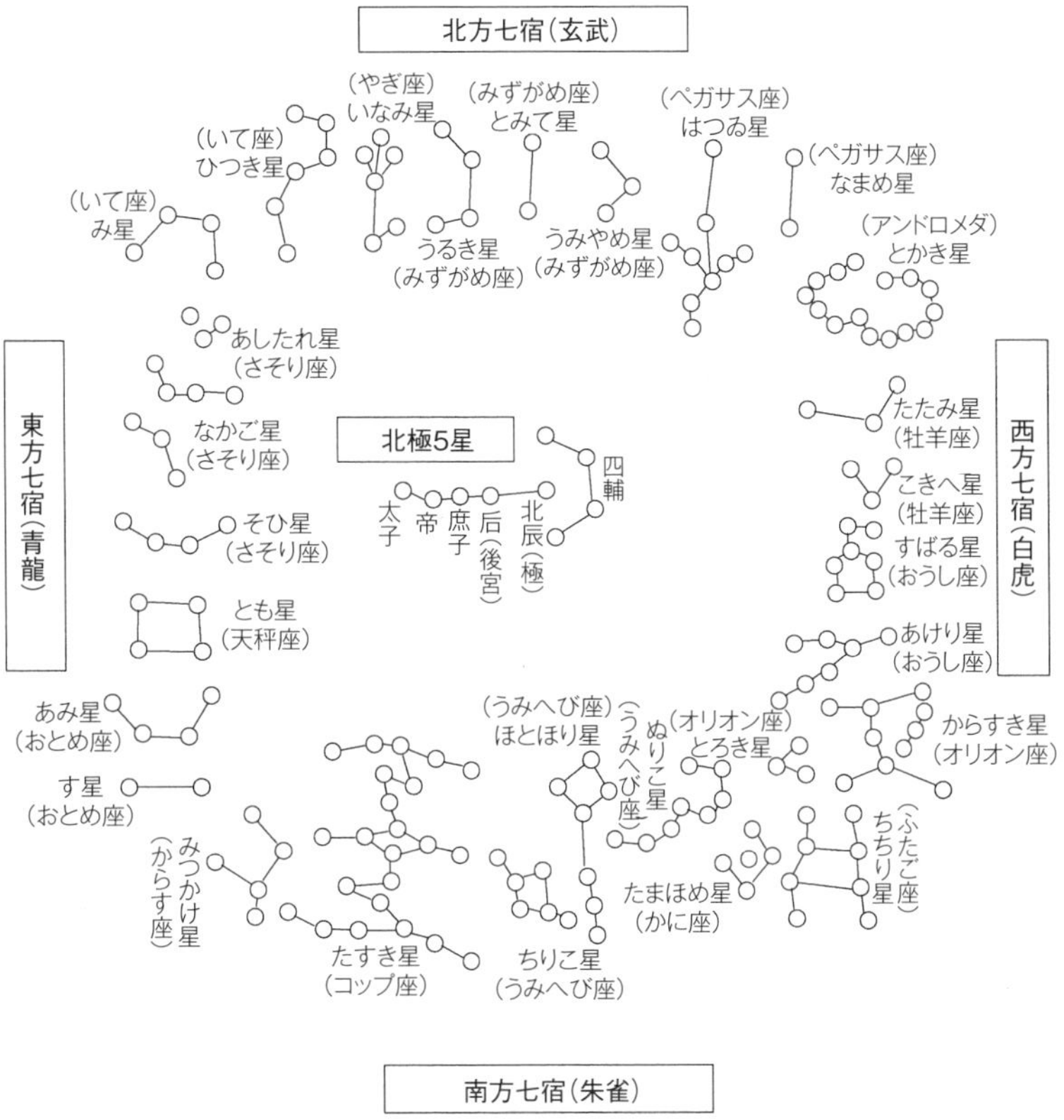

⑤高松塚の天文図リライト

囲)、天の赤道《せきどう》（赤道を天空に投影)、外規《がいき》（1年のうち少しでも見える星座の範囲)、黄道《こうどう》（太陽の道）も描いて、地球を中心に宇宙がひろがる古代中国の宇宙観を表す。これらは、宇宙の中心にある死者の権威が地上の四方位へひろがることを壁の四神が、天空へひろがることを蓋石の四神が表現していた。

②大宝元年（701）の朝賀で藤原宮大極殿院南門前に立った幡《ばん》：東北に青龍、東南に朱雀、北西に玄武、南西に白虎の幡が立ち、四方位を表した（15項③）。天皇がいる大極殿は、その名が長安の太極殿に由来し、古代中国天文学が天空の中心とする太極星《たいきょくせい》（北極星）を意味した（秦の始皇帝も墓所を極廟《きょくびょう》とよび北極星になぞらえ、唐の武則天も夫のおくり名を北極星を意味する天皇《てんおう》大帝《だいてい》とした）。宇宙の中心である大極殿にたつ天皇を守り、その権威が四方位へひろがることを、四神の幡は表していた。

③藤原京の本薬師寺から平城京薬師寺へうつされた薬師三尊像の中尊台座：台座の四方に四神があり（図⑥）、薬師中尊を守ると共に、瑠璃光浄土《るりこうじょうど》にいる薬師如来の光明が、四方へひろがり世界の隅々まで照らしていることを表現した。

⑥薬師寺中尊宣字形須弥座《せんじけいしゅみざ》の朱雀と玄武（奈良市西ノ京）

このように、平城京を計画した時代の史料は、詔の四禽が四方位を守る四神であり、空間のひろがりに関わることを示唆する。その四禽が叶う「図」とは都城図つまり都市計画図である。平城京は長安と同じ北闕型《ほっけつがた》都城だが、面積は長安の1／4で、東西に長い長安と違って南北に長い。このため日本独自の都市計画図が必要であった。現地調査では、その図を実現できる空間が四方にひろがることが確認され、その報告を受けた元明天皇が詔で四禽図叶《しきんずきょう》と表現したのである。

◆平城の地は亀筮の結果もしたがう

菅原村一帯は、東に笠置山《かさぎさん》系、北に平城山《ならやま》丘陵、西に生駒山《いこまさん》系の「三山」が囲む奈良盆地の北寄りにある。地形は「平城《なら》之地」に向かってゆるやかに南下がりで、日あたりがよく水も流れる。北闕型《ほっけつがた》都城を置くと北辺中央の宮はもっとも高くなり、水はけがよく眺望もよい。北闕型都城の長所をふまえた配置であった。

最後に詔の「亀筮並びに従ふ」は、亀卜《きぼく》（亀甲《きっこう》占い）と筮卜《ぜいぼく》（筮竹《ぜいちく》占い）である。『養老律令《ようろうりつりょう》』に「占筮して地を相《み》」とあるように、それも陰陽寮役人の仕事だが、詔に「従ふ」とあるように、合理的な都城用地の選定を肯定するものだった。よい卦《け》が出るまでくり返せばよい占術だけで、都城の場所を選定することはなく、官人を安心させるのが目的だった。

18 平城京遷都

元明《げんめい》天皇と平城京遷都

平城京の都市計画は、唐の長安と同じ北闕型都城だが、日本独自の部分もあり、長岡京をへて平安京につながる。

◆元明天皇の平城京遷都と平城宮

和銅元年（708）9月、平城京予定地に先行条坊が通された。3ヶ月後に平城宮《へいじょうきゅう》地鎮祭がおこなわれたが、主要な建物は藤原京から移築と決まる。和銅3年（710）の朝賀のあと、藤原宮の解体が始まった。

そして同年3月10日に平城京遷都となるが、そのとき完成していたのは、平城宮の東区画（図①）だけであった。

一方、中央区画は大極殿の移築が遅れ、宮垣が完成できず、警備が問題になるほどだった。完成した大極殿（図②）で朝賀がおこなわれたのは、遷都から実に5年後の霊亀《れいき》元年（715）正月。そこで文武百官の朝賀をうけた元明天皇は、息子の文武天皇がはじめた遷都の完了を見とどけた。

②大極殿（復原、特別史跡平城宮跡）

◆平城京の特徴

平城京は北闕型都城だが、整形ではない。南北4・8キロ×東西4・3キロ、面積約20・6平方キロの長方形と、その東側に突き出た南北2・13キロ×東西1・6キロ、面積3・4平方キロの長方形（外京《げきょう》）からなり、合計面積は24平方キロであった。

一方、長安は同じ北闕型でも南北8・65キロに東西9・72キロで、北辺東側から大明宮が突き出た。合計面積は87・28平方キロだから、平城京の面

③興福寺東金堂《とうこんどう》と五重塔（奈良市、室町時代）

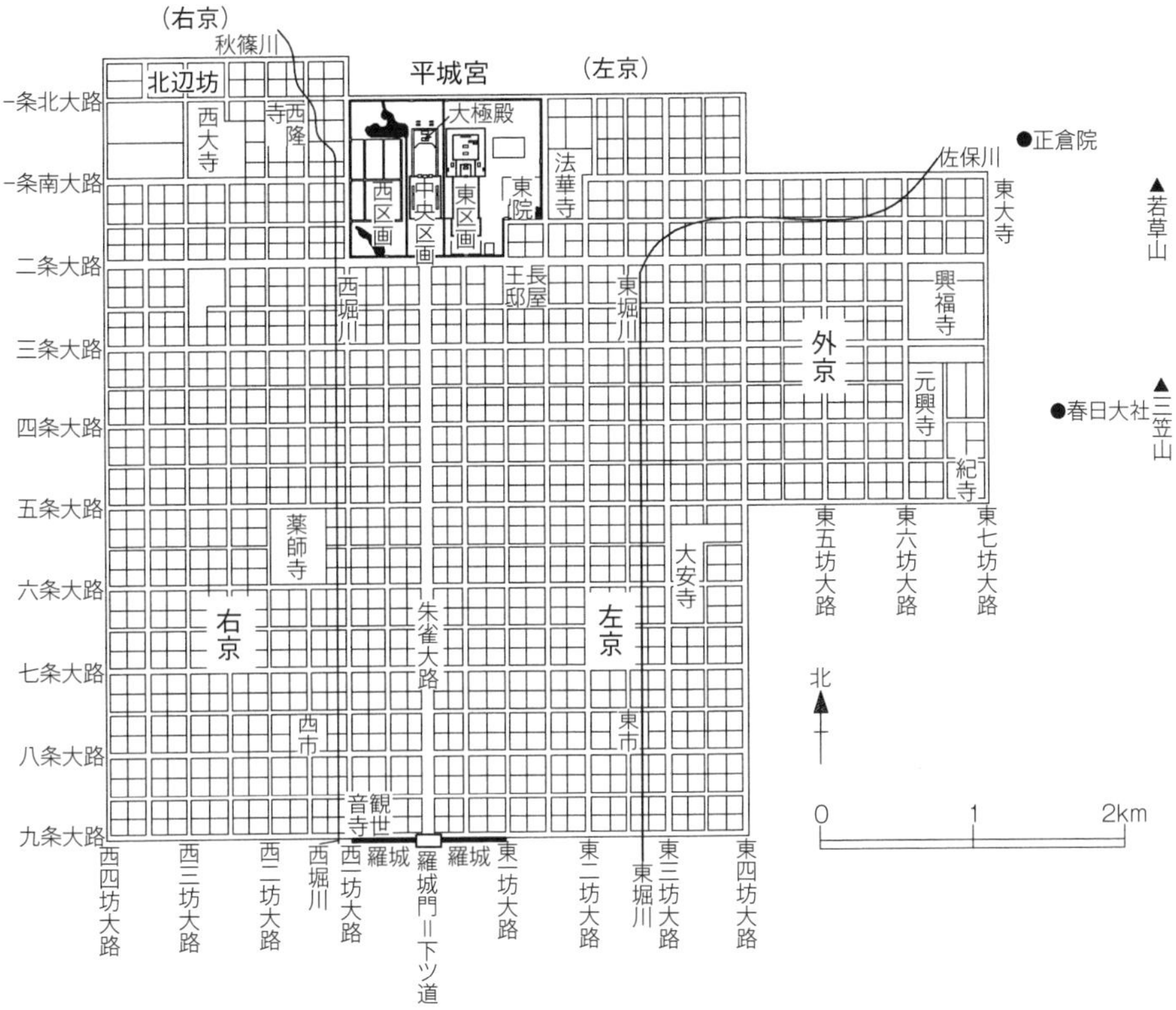

①平城京図（外京《げきょう》は藤原不比等《ふひと》が山背国の山階《やましな》寺をうつして氏寺の興福寺（図③）とするため造営。元興寺（4項②）や東大寺（図④⑤）が集まり、平城京廃都後は中世奈良の起点になる）

積は長安のちょうど1／4である。また長安は横長で平城京は縦長だが、縦辺と横辺の比率は同じ相似形である。平城京は面積が小さくても、

⑤東大寺転害門《てがいもん》（奈良市、創建当初）

④東大寺大仏殿（奈良市、江戸時代）

縦長に置くことで、南北につらぬく典礼《てんれい》（儀式）道路の朱雀大路を長くとるようにした。

その朱雀大路は幅74メートル。平城宮正門の朱雀門（図⑥）から南へ4キロメートル伸び、東を左京、西を右京に分けた。その先の羅城門が京城門《けいじょうもん》（天皇がいる京《みやこ》をしめす門）で、東西柱間5間×南北柱間2間（25メートル×10メートル）。左右に羅城が東西一坊大路まで伸びたのは、外敵に備える必要がない日本の国家的体裁として、つけられた。

⑥朱雀門（復原、特別史跡平城宮跡）

◆平城京の条坊制と分割地割方式

平城京の条坊制は、東西方向の条大路が10本（遷都当初は11本目の十条大路があったが、羅城門が九条大路にたつ霊亀《れいき》元年［715］正月までに放棄）。南北方向の坊大路は、朱雀大路と左京と右京に4本ずつの合計9本があり、東につきでた外京も3本の坊大路が通された。

条坊大路が分ける坊は、藤原京と同じ1500大尺（534メートル）の正方形。これを条間路や坊間路で4分割し、さらに小路で4分割した1／16坊が1坪（町）。133・5メートル四方で、面積は1万7820平方メートルであった。

宅地は官位に応じて1／2坪、1／4坪、1／8坪、1／16坪、1／32坪が班給された。もっとも官人の多くは藤原京と同じ面積を受けとり、新たに班給された記録は少ない。

また、前面道路の道幅の半分を宅地からけずりとる分割地割方式も、藤原京と同じ。たとえば朱雀大路は両端に幅3メートルの側溝があり、その側溝芯（中心）から反対側の側溝芯までが道幅とされ、210大尺（約75メートル）で計画された（路面幅は73メートル）。

二条大路は側溝芯で幅105大尺（約37・5メートル）、ほかの大路は幅40～70大尺（約14～25メートル）、条間・坊間路は幅25大尺（約9メートル）、小路は幅20大尺（約7メートル）である。これらの道幅を両脇の宅地からとった。なお、道幅がせまいと側溝幅もせまくなり、道の両側で側溝の幅が違うことも多かった。

また平城京は飛鳥から遠いので、全官人が引っ越した。彼らは京戸《きょうこ》とよばれて戸籍に登録され、戸籍に地《ち》番《ばん》が記された（図⑦）。地番は、平城宮から遠い大路で坊の位置をきめ、坊の中は平城宮にちかい坪を1坪とし、南北方向に千鳥式《ちどりしき》で16坪までふった。たとえば右京五条一坊八坪（実際の戸籍表記は坊まで）なら、右京で五条大路と西一坊大路がL字にかこむ坊で、北東隅の一坪から千鳥式に8番目である。

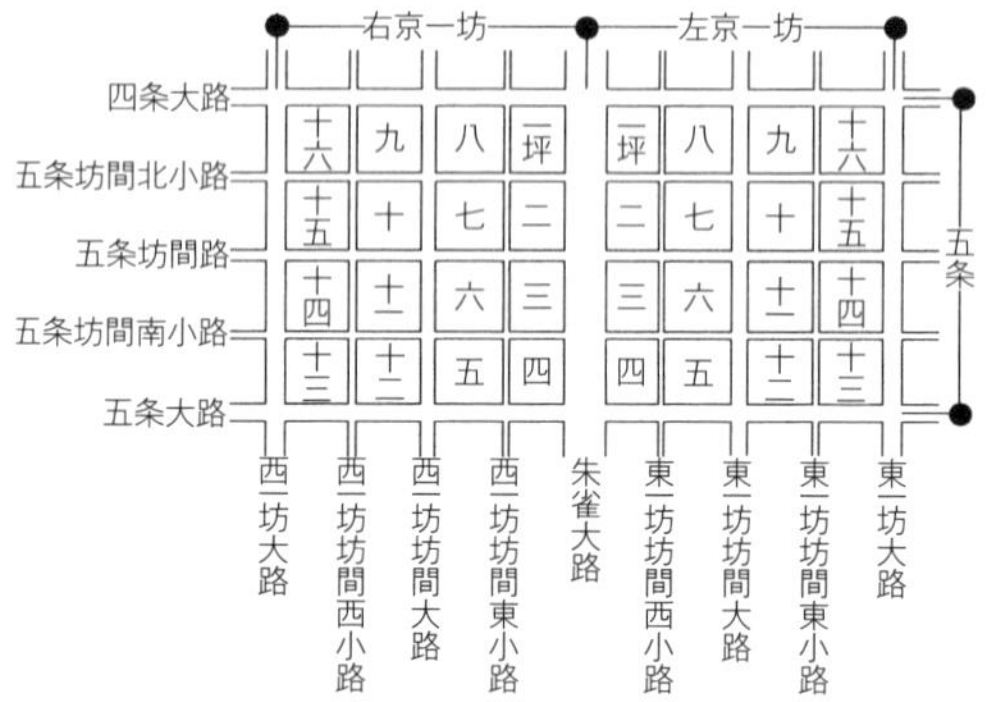

⑦地番（坪番号）説明図

19 養老改作

元正《げんしょう》天皇と平城宮の改作《かいさく》

元明天皇の娘の元正天皇は引き継いだ平城宮を、甥の首《おびとの》皇子《みこ》の即位準備のため改作《かいさく》する。

◆元正天皇と平城宮の完成

霊亀元年（715）正月元日の大極殿での朝賀をもって平城京は完成。息子（文武天皇）の事業完了を見とどけた元明天皇は、歴史上唯一の女帝から女帝への譲位により、娘の元正《げんしょう》天皇（文武姉）を即位させる。その役割は、文武天皇の遺児である

②平城宮部分（奈良市役所所蔵、東区画内裏や大極殿院は近年の発掘成果で①⑥に修正）

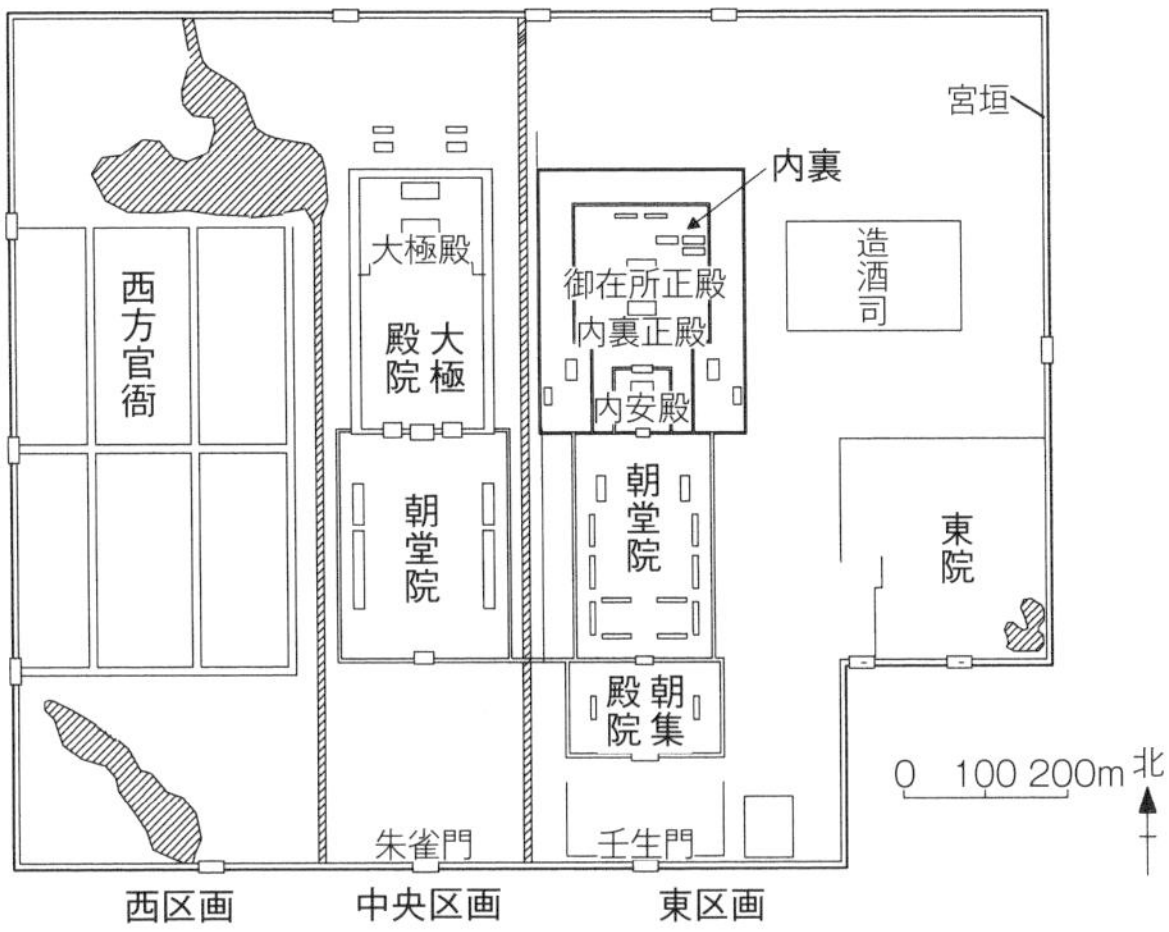

①遷都当初の平城宮（復原案）

③中央区画復原模型
（奈良文化財研究所平城京跡資料館所蔵）

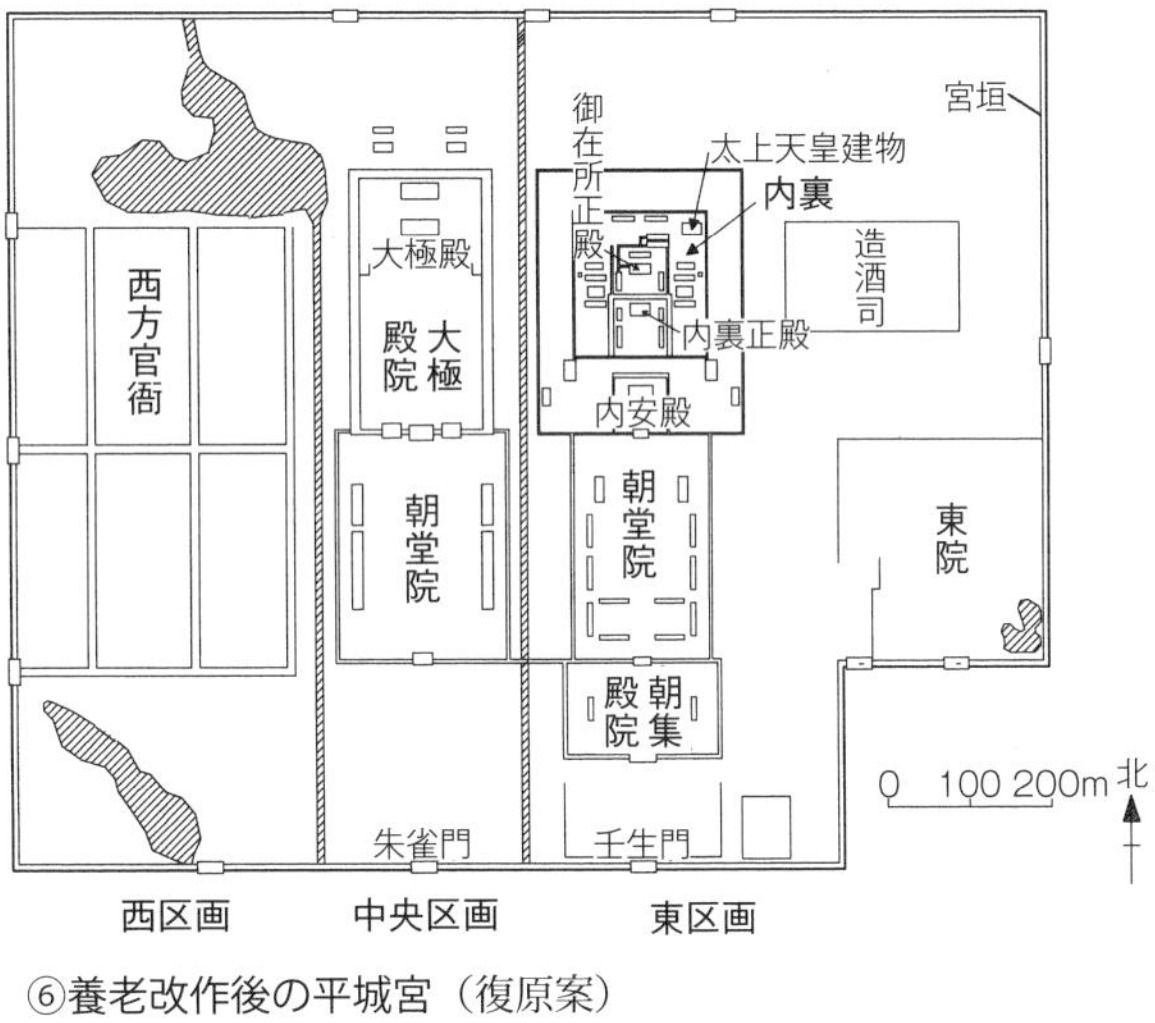

⑥養老改作後の平城宮（復原案）

④平城京復原模型
（奈良市役所所蔵）

⑤東院庭園（復原、特別史跡平城宮跡、この庭園は日本庭園の源流とされる）

首皇子《おびとのみこ》の即位準備であった。

平城宮は、平城京の北辺中央に4坊分の3000大尺四方（1・07㌔四方、1・15平方㌔）をとり、さらに東へ3／4坊（0・25平方㌔）突き出して合計4・75坊（1・4平方㌔）があった。このまわりを築地塀の宮垣でかこみ、12の門を開いた（図①②）。東西に3分割され、最初に完成していたのは東区画。東区画正門の壬生門《みぶもん》を入ると朝集殿。奥の朝堂院門をくぐると政治・儀式用の12朝堂があり、まわりに曹司《ぞうし》・官衙《かんが》（役所群）を置いた。その北の大安殿が大極殿完成までの国家行事の場で、さらに奥が内裏。南に儀式をおこなう内裏正殿、北に天皇が住む御在所正殿を置いた。これら東区画の建物は掘立柱に檜皮葺か板葺だったが、屋根の棟にだけ瓦を置いた。

西区画は曹司《ぞうし》や官衙《かんが》（役所）が置かれていた。

最後に完成した中央区画は、純粋な典礼《てんれい》（国家儀式）空間とされた（図③）。南の朱雀門をくぐると、250メートル先に中央区の朝堂院門があり、南北260メートル×東西200メートルを回廊が囲む中に朝堂院がある。東区画の12朝堂が政治の場なのに対し、こちらは儀式用で、長大な朝堂を東西2棟ずつ、合計4棟置いた。朝堂院の先が大極殿院で、回廊が囲む南北270メートル×東西150メートルの大空間は、長安の大明宮《だいめいきゅう》の含元殿《がんげんでん》にならって北側2／5を塼《せん》（レンガ）で持ちあげた。その上に高さ3・6メートルの凝灰岩の二重基壇をすえ、東西柱間9間×南北柱間4間（44メートル×19メートル）、礎石立の丹塗柱《にぬりばしら》44本で瓦葺屋根を支える大極殿を置いた。建物は藤原宮からうつしたもので、国家行事（朝賀・叙位・即位）の場とした（大極殿完成まで国家行事の場とされていた東区画の大安殿《だいあんでん》は、天皇の日常政務の場とされた）。

この中央区画が完成したとき、羅城門から朱雀大路と朱雀門を通り大極殿という、壮大な典礼道路がうまれた（図④）。その規模は空前絶後で、東アジアの一角をなす国家の威信を、外国使節に示した。国家的体裁を欠いた藤原京の反省に立つ遷都の目的は、ここに達成されたのである。

また宴会場として東区画の東辺を突き出し、東院《とういん》とした。緑釉瓦《りょくゆうかわら》の建物を置き、4メートル四方の井戸からひいた水を流して曲水《ごくすい》の宴《えん》（盃を流し自分の前を通るまでに歌を詠んで盃の酒をのみほす遊び）をおこなう苑池《えんち》も造った（図⑤）。

◆元正天皇の養老改作

養老5年（721）9月、元正天皇は藤原武智麻呂《ふじわらむちまろ》（不比等長男、藤原《ふじわら》南家《なんけ》）を、東区画の内裏を改作するための造宮卿とする。当時は中央区画が完成間近で、首皇子の即位と譲位後の自分の場所を確保するための改作であった（養老改作《ようろうかいさく》、図⑥）。

まず公的性格をもつ内裏正殿を小ぶりにして南に脇殿を4棟おき、回廊でかこんだ（内裏正殿《だいりせいでん》区画）。私的空間の御在所正殿も小さくして南に脇殿を2棟、北に後殿を置いて板塀で囲み（御在所《ございしょ》区画）、首皇子が即位後に入る内裏を立派にした。御在所区画の北東には、御在所正殿と同じ規模の建物を建て、譲位後の自分（元正太上《だじょう》天皇）の居所《きょしょ》と定めた。

20 平城京のまちなみ

咲く花のにほふがごとく平城京

平城京のまちなみは、ここだけの街路樹が四季を彩り、多くの歌人に詠まれる。

◆平城京のまちなみと街路樹

平城京の羅城門をくぐると、朱雀門を遠望する朱雀大路（図①）にでる。幅73メートルの大道は、両脇に高さ6メートルの築地塀が続き、中の様子は見えなかった（図②）。

京中も、上級官人の邸宅は築地塀や板塀が囲み、樹木の間から煙があがるぐらい。目に入るのは大路小路を行きかう人びとと、両脇の側溝ぞいに植えられた街路樹であった。

街路樹は、古代の市にクワの並木があったという。平城京では、遣唐使の東大寺僧普照《ふしょう》が、唐の街路樹や街道並木が旅人をたすけると伝えたので、天平宝字3年（759）の太政官符《だじょうかんぷ》（太政官の命令）で京中や街道ぞいに柳や橘などの果樹が植えられた、あるいは光明皇后が梨や桃を植えさせ旅人の食べ物にした、ともされる。しかし実際は、遷都後すぐ、長安にならって柳や槐《えんじゅ》が植えられた。どちらも高さ20メートルほどに育つので、高い建物が大安寺《だいあんじ》の七重塔ぐらいの京中では、よく目立った。

大伴家持《おおとものやかもち》は越中《えっちゅう》（富山県）で平城京を想って「春の日に張れる柳を取りもちて、見れば京《みやこ》の大路おもほゆ」（『万葉集』）と詠んだ。

小野老《おののおゆ》は、筑紫国（福岡県）大宰《だざい》府《ふ》の宴席で「青丹《あおに》よし、寧良《なら》の京師《みやこ》は咲く花の、薫《にお》ふが如く今さかりなり」（『万葉集』）と詠《よ》んだ。同席の大伴四綱《おおとものよつな》の歌に「藤浪の花は盛りになりにけり、平城《なら》の京《みやこ》をおもほすや君」とあるので、季節は初夏。平城京は槐《えんじゅ》や橘の白い小花が鈴なりになる。当時、槐は日本に自生せず、唐から針槐《はりえんじゅ》（図③、ニセアカシア）を輸入した。蜜源植物なので初夏に白い小花をつけ、甘い香りをはなつ（図④）。秋は豆状の実を付け、陳《ちん》（6世紀の大陸の王朝）の皇帝陳淑宝《ちんしゅくほう》が「玉樹流光《ぎょくじゅりゅうこう》、後庭《こうてい》を照らす」とよんだように、玉樹《ぎょくじゅ》とよばれ宮城最奥の苑池に植えられる貴木《きぼく》だった。その甘い香りは、はるかな京《みやこ》の思い出を語るにふさわしかった。

◆仏教寺院

大安寺《だいあんじ》は、藤原京の大官大寺《だいかんだいじ》が左京に15町の寺地をあたえられた。六条大路の北に南大門、中門、金堂、講堂、食堂を一列にならべ、六条大路の南に七重の東塔と西塔をたてた（図⑤）。

薬師寺《やくしじ》（図⑥）も右京に12町の寺地をあたえられ、藤原京から移ってきたが、藤原京の薬師寺も百姓のため残された（本薬師寺《もとやくしじ》）。この二大寺は平城京の景観のため両京に正対して置かれた。

さらに元興寺と興福寺を加えて四大寺、東大寺《とうだいじ》と法華寺《ほっけじ》、新薬師寺《しんやくしじ》を加えて七大寺、唐招提寺《とうしょうだいじ》と西大寺《さいだいじ》を加えて南都九大寺が平城京を代表した。これらの仏教建築様式は半島渡

①柳並木の朱雀大路（史跡平城宮、西側半分は二条大路と共に復原工事中）

②築地塀と柳（史跡平城宮跡）

③針槐《はりえんじゅ》（滋賀県立陶芸の森）

④クマバチを誘う針槐の花

来の飛鳥様式ではなく、日本で発達した独自の和様《わよう》になっていた。

なお、小野老の歌の「青丹」は顔料《がんりょう》の青丹土《あおにつち》（岩緑青《いわろくしょう》）がとれる寧楽《なら》・平城《なら》の枕詞《まくらことば》「青丹よし」の一部で、青色や丹（赤）色ではないとされる。しかし、神亀《じんき》元年（724）に太政官が聖武天皇へ「京師（この時代は平城京）……壮麗にあらざれば何をもって徳をあらわさん」、「板屋《いたや》・草舎《くさや》、中古《ちゅうこ》の遺制」、「五位已上および庶人で営《つく》るに堪《た》えうる者は瓦舎《かわらや》を構えて立てせしめ赤白に塗らしめん」（『続日本紀』）と進言している。丹塗柱（赤）や漆喰塗りの壁（白）、緑青色（青）の連子格子《れんじごうし》といった仏教建築様式を持つ邸宅がふえたから「青丹よし」にかけて詠《よ》んだ、という可能性はある。

◆側溝の管理

平城京の側溝も、京戸が溝さらいをさぼると汚泥が汚臭をはなつので、京職《きょうしき》（京中の司法・民政・警察担当）が監視対象にした。

また市へ物資をはこぶ運河は、左京に佐保川《さほがわ》（図⑦）をひきこんだ東堀河《ひがしほりかわ》、右京に秋篠川《あきしのかわ》（図⑧）を利用した西堀河《にしほりかわ》があり、幅12メートルに深さ1・5メートルあった。当初は護岸杭《ごがんぐい》を打つ必要があるほど流れていたが、川さらいが滞ると汚れ、神護景雲《じんごけいうん》3年（769）に「汚き佐保川の髑髏《どくろ》に（髪の毛を）入れ大宮《おおみや》の内に持ち参り入り来て厭魅《えんみ》（のろい）」（『続日本紀』）などと記されている。

⑥薬師寺（奈良市西ノ京町）

⑦現在は清らかな佐保川

⑧現在の秋篠川

⑤大安寺の東西塔跡（奈良市大安寺、両端の基壇に塔跡をしめす石碑がたつ）

第三章 ◉ みだれたつ陪都《ばいと》

近江国分寺跡（信楽町牧内裏野）

21 平城京のくらし
東西の市と官人

平城宮から遠い東西の市は、いつも人が集まりにぎやか。平城京に住む5～10万人の暮らしを支えた。

◆平城京でくらす人々

平城京の官人は、三位以上の公《く》卿《ぎょう》や五位以上の殿上人《てんじょうびと》とよばれる上級官人が150人。初位《そい》から六位で仕事がある中級官人が600人。無位で非常勤の下級官人は6000人もいた。白丁《はくてい》（役所に雇われた百姓）や運脚夫《うんきゃくふ》（税を貢納に来た百姓）、僧侶や寺院の用人もいたが、基本的に平城京は約7000人の官人と家族がすむ都市であり、人口は5～10万人であった。

日常の官人は、夜間外出禁止。夜明け前の一番太鼓で家を出る。交差点の警備小屋の前を通って平城宮へむかい、壬生門をくぐって朝集殿院で待っていると二番太鼓。これで朝堂院門が開き、それぞれの役所（図①②）で仕事がはじまる。このため上級官人の邸宅は五条大路の北に集まり、位階が高いほど平城宮の近くに住んだ。たとえば左大臣の長屋王《ながやおう》（天武孫、元正・文武甥）は左京三条二坊（図③）に住んでいて、平城宮が見える敷地は4坪（この坪は18項⑦参照、6万平方メートル）もあった。

当時の住宅遺構には、橘夫人《たちばなぶにん》（聖武天皇夫人）のすまいを法隆寺に施入した伝法堂（図⑤⑥）がある。

一方、平城宮から数キロメートルとなる平城京の南側は、下級官人や百姓に1／16坪（二行八門《にこうはちもん》、900平方メートル）、1／32坪（四行八門《しこうはちもん》、450平方メートル）、1／64坪（八行八門《はちこうはちもん》、約225平方メートル）といった宅地があたえられた（図⑦）。みな柴垣や柵塀で囲み、屋《いえ》とよぶ主屋や付属棟を掘立柱に板葺で建てた。屋の面積は40平方メートルほど。中は1室か2室で板敷きかむしろ敷きである。ほかは井戸や畑なので、平城京の南側は、朱雀大路から離れると見事な農地が広がっていた。

◆東西の市

左京八条三坊に東市《ひがしのいち》、右京八条二坊に西市《にしのいち》（図⑧）が置かれた。藤原《ふじわらの》不比等《ふひと》が都市計画の段階でにぎやかになると予想し、宮から離したのである。

東市は毎月15日まで、西市は16日から月末まで。昼から日没まで肆《いちくら》・市座《いちくら》（店舗）がたった。看板を置いて食料・衣料・農具・文房具・牛車・牛・馬などを取り引きし、「西の市に一人出でて目ならず買いにし絹の商《あき》じこりかも」（意味：ひとりで西市

①宮内省復原建物
（奈良市、特別史跡平城宮跡）

②宮内省復原建物の内部

③長屋王邸宅と同じ左京三条二坊にあった庭園の復原建物（奈良市、東方の山並みを背景に苑池を楽しむ遊園施設跡）

に絹を買いにきたが、目移りして失敗、『万葉集《まんようしゅう》』という歌が残されている。

肆《いちくら》を出したい者は、市を管理する市司《いちのつかさ》へ届けて許可をうけた。市司は値段や品質、不正を取り締り、京中の治安をあずかる京職《きょうしき》から盗品さがしを頼まれることもあった。『日本霊異記《にほんりょういき》』には、盗まれて市で売られた絹が持ち主の祈りで風にのりもどってきた話や、盗まれた経典が僧侶の姿で持ち主の夢枕に立ったという話がある。

⑤法隆寺東院《とういん》伽藍《がらん》伝法堂《でんぽうどう》（奈良県斑鳩町、奈良時代の住宅遺構、当初は檜皮葺）

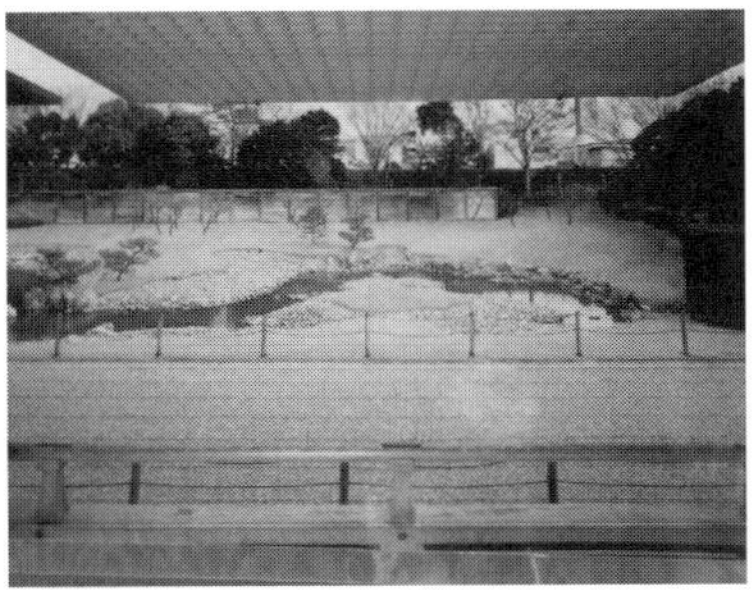
④③の復原建物から苑池をみる

⑧西堀河と西市、築地塀の中に市司《いちのつかさ》役所や倉庫と共に南北棟の建物がならぶ（奈良市役所所蔵、平城京模型）

⑥伝法堂を復原した結果をふまえた平城宮東院庭園建物（奈良市、特別史跡平城宮跡）

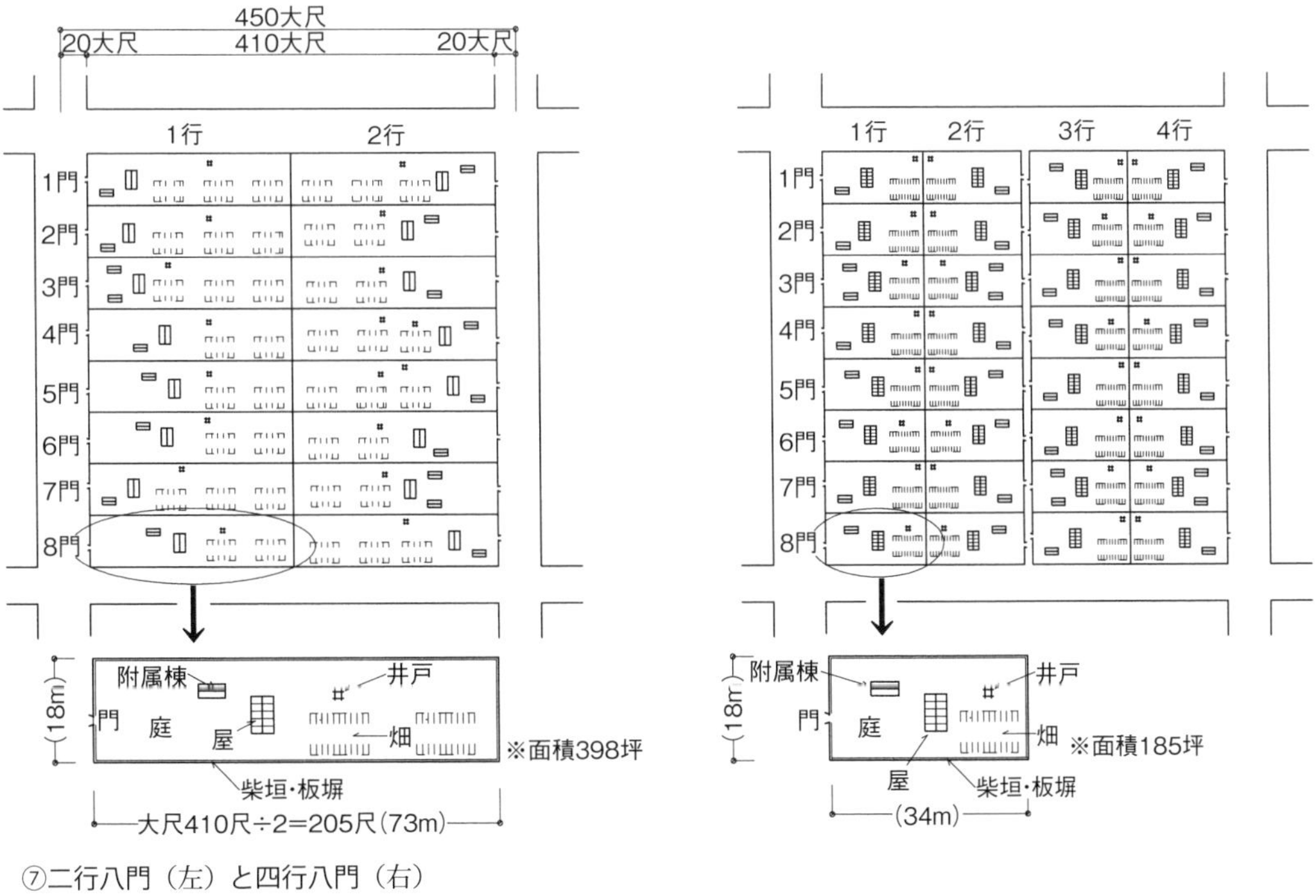

⑦二行八門（左）と四行八門（右）

役所も市で取りひきした。税の租《そ》・庸《よう》・調《ちょう》のうち、租の米は国府《こくふ》（地方都市）の国庁《こくちょう》（地方政府）か官司《かんし》（役所）へ入ったが、庸（労役）の代納物や調（地方特産物）は平城宮に運ばれた。これを配分された役所は、市で売って財源にするか、給料にした。受け取った下級官人も市に肆《いちくら》を出すか市人《いちじん》に売ってもらう（五位以上は出店禁止、自前で京中に店を出す）。支払いは米や布。銭は慶雲《けいうん》5年（708）に和同開珎《わどうかいちん》が発行されたが、畿内でしか流通せず、逆に京中ではふえすぎてインフレをおこし、蓄銭叙位令《ちくせんじょいれい》（銭1000枚納めた者に位階をあたえる）で回収された。

人が集まる市は、見せしめの刑罰も行われた。たとえば夜間の市の無断侵入なら、杖《つえ》打ち50回。肌が破れ、骨折もする刑だった。

また街路樹が植えられ、「東の市の植木のこだる（垂れ下がる）まで逢《あ》はず久しみ（ながくあわない）うべ恋ひにけり（恋しいよ）」（『万葉集』）という歌があるように、男女の出逢いの場にもなっていた。

22 後期難波京

人と物が行きかう都、聖武《しょうむ》天皇の陪都《ばいと》①

元正天皇から譲位された首《おびとの》皇子《みこ》は、聖武天皇として即位。外港がある難波を陪都（副都）にするため、工事をはじめる。

◆改作完了と聖武天皇即位の時代

改作を終え、皇位を甥（首皇子）に譲る準備ができた元正天皇は、神亀元年（724）正月の朝賀を中央区画の大極殿で受けた。そして翌2月4日に譲位。聖武《しょうむ》天皇が大極殿で即位する。

そのころ全国では、災害や人口増加で班田収授の口分田が不足しはじめた。そこで朝廷は養老《ようろう》6年（722）に、全国の百姓に新田をつくらせる良田百万町歩開墾《りょうでんひゃくまんちょうぶかいこん》計画を出す。自分の口分田だけでも大変なのに、無理な計画を押しつけられた百姓は逃げ出し、浮浪人《ふろうにん》になる者が現れた。

そこで朝廷は養老7年（723）に、三世一身之法《さんぜいっしんのほう》を出す。開墾した者に、3世代の私有を認める政策である。しかし、その後は朝廷が取りあげるので、それほど開墾意欲をうまなかった。

◆海辺の陪都計画

祖母（元明）と叔母（元正）が壮麗な平城宮を用意したのに、聖武天皇は難波に陪都《ばいと》（副都）の造営をはじめる。そこは孝徳天皇の難波長柄《なにわながらの》豊碕宮《とよさきのみや》を天武天皇が前期難波京とし、朱鳥元年（686）の火災後も修理され、文武、元明、元正の歴代天皇が海の暮らしを楽しんだ場所。

聖武天皇も神亀2年（725）年に行幸し、随行した笠朝臣金村《かさのあそんかなむら》の歌に「積麻なす長柄《ながら》の宮に真木柱《まきはしら》、太《ふとし》高《たか》敷《し》き」（『万葉集』）（意味：麻糸のように長い長柄の宮は柱が太く高い）とあって南北に長い前期難波宮の存在を伝える。ただし反歌には「荒野らに里はあれども大君の、敷きます時は都となりぬ」とあり、前期難波京の条坊大路はなくなっていた。また宮も、田辺福麻呂《たなべのふくまろ》が、海が近く、朝は波、夕方は船の梶音が聞こえて鶴の声が響くという意味の歌を詠んで、海辺の風情を伝えた。

神亀3年（726）にも行幸した聖武天皇は、藤原宇合《うまかい》（不比等三男、藤原式家《ふじわらしきけ》）を陪都の造宮卿とする。宇合は、さっそく難波が都らしくなったと歌を詠み、言霊《ことだま》で造営成功に導こうとした。

◆後期難波宮の構造と条坊制

新宮（後期難波宮《なにわのみや》、図①②③）は、南北軸を前期難波宮にそろえた。南端の朱雀門をはいると朝集殿院で、

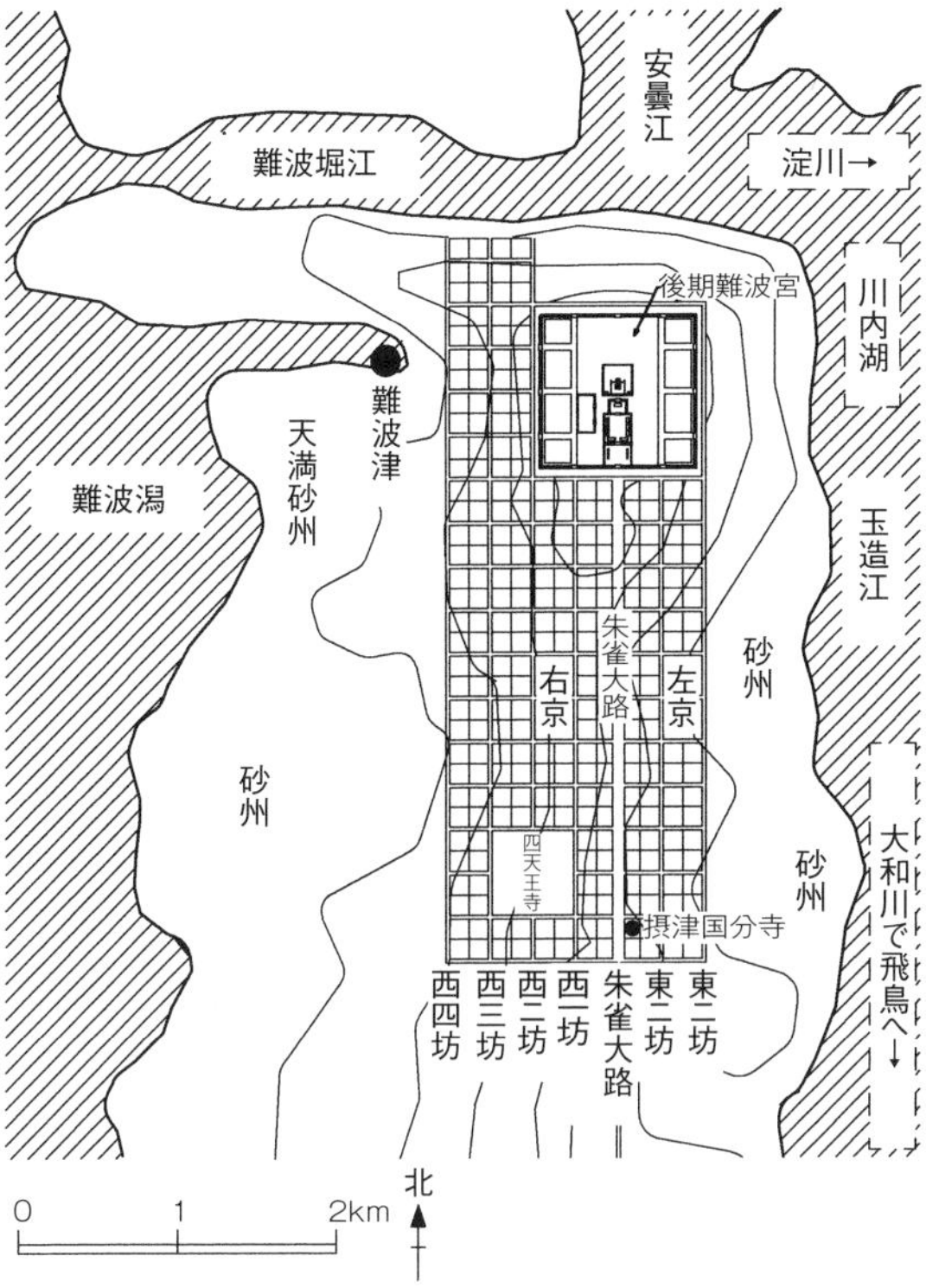

④後期難波京（復原案）

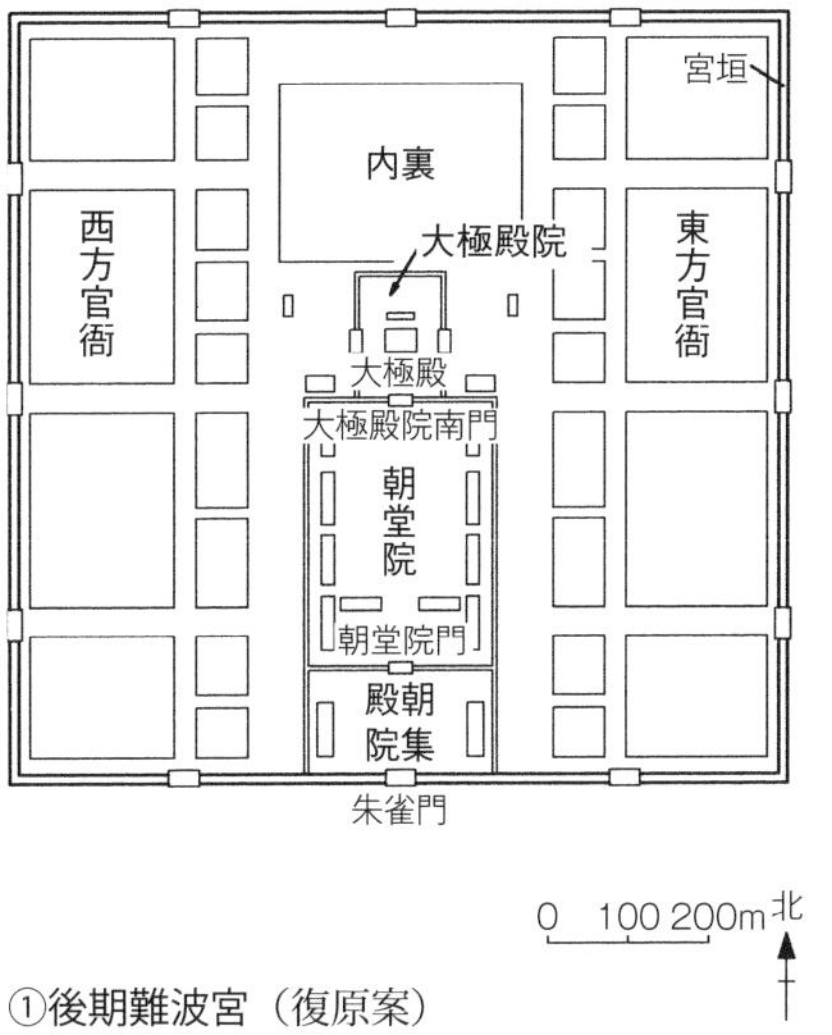

①後期難波宮（復原案）

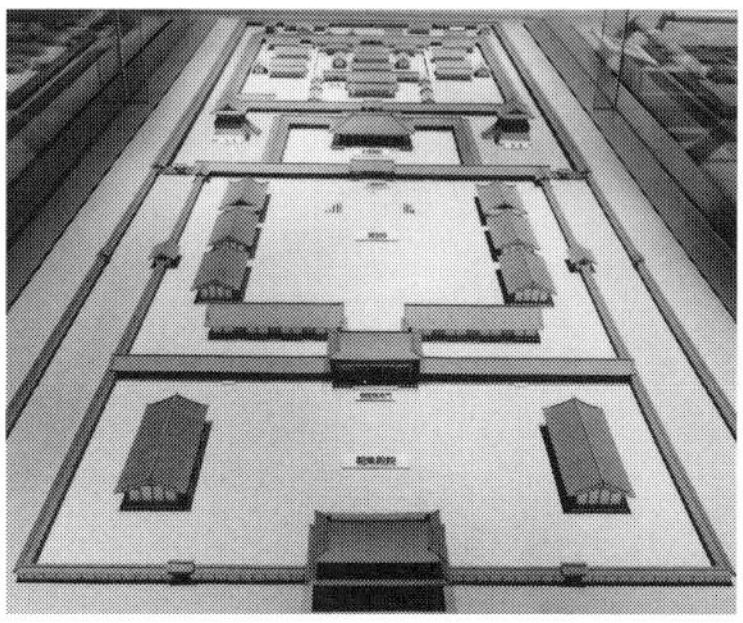

②後期難波宮復原模型
（大阪歴史博物館所蔵）

③後期難波宮大極殿基壇
（史跡難波宮跡公園、大阪市中央区）

官人が待機する朝集殿が2棟たつ。その北の朝堂院に8棟の朝堂がたち、平城宮よりも4棟すくない。その北が大極殿院で、石組基壇に東西方向柱間9間×南北方向柱間4間（35・2メートル×14・8メートル）、鴟尾《しび》をのせる瓦葺の大極殿を建てた。平城宮大極殿にくらべ東西・南北長さが2割みじかく、面積は4割も小ぶり。ほかの建物も、平城宮にくらべて小ぶりな点が、陪都らしかった。それでも、掘立柱に檜皮葺の建物は内裏だけで、朝集殿院や朝堂院、大極殿院の建物は、礎石立に丹塗柱、瓦葺となった。

宮正門の朱雀門から四天王寺の南まで前期難波京と同じ幅33メートルの朱雀大路が伸び、東の左京と西の右京を分け、それぞれ市を置いた（図④）。

京中《きょうちゅう》は、750大尺間隔の条坊大路が坊を方格地割した。その面積は、平城京の坊の1／4（藤原京と前期難波京の関係と同じ）。この坊を、条間と坊間の小路で4つの坪（町）に分けた。坊大路は左京に2本と右京4本に朱雀大路をあわせて合計7本。条大路は四天王寺の南から難波堀江（大川《おおかわ》）の間に17本通した。前期難波京は約4・6平方キロだったが、これで後期難波京の面積は約5・56平方キロになった。

◆後期難波京の官人と役割

着工から8年後の天平《てんぴょう》6年（734）、難波宮の官人に宅地が班給された。三位以上の貴族は1坪以下。五位以上の官人は1／2坪以下で、六位以下は1／64坪以下だが、ここでも宅地は前面道路にけずられた（分割地割方式）。

西の難波潟に外港の難波津、東の河内湖に大和川水運の港があり、両者をつなぐ難波堀江にちかい後期難波京は、外国の賓客を送迎する場所となり、重要な物資集散地でもあった。後期難波京はこれらを管理し、首都の平城京を支える陪都であり、平城京から来た官人はそのために後期難波宮で働いた。

23 恭仁京遷都

恭仁《くに》京《きょう》から難波京へ、聖武天皇の陪都②

九州の大宰府で藤原広嗣《ひろつぐ》が乱をおこすが、聖武天皇は平城宮を出て関東行幸《ぎょうこう》に旅立ち、後期難波京に続く陪都（副都）の完成を待つ。

◆藤原広嗣の乱と関東行幸

天平9年（737）に藤原南家の武智麻呂、北家の房前《ふささき》、式家の宇合《うまかい》、京家の麻呂《まろ》が病死。元皇族の橘《たちばなの》諸兄《もろえ》や、唐から戻った玄昉《げんぼう》、吉備《きびの》真備《まきび》が聖武天皇に接近した。これが不満な藤原広嗣《ふじわらのひろつぐ》（宇合の子）は、天平12年（740）9月に任地の大宰府で乱をおこす（藤原広嗣の乱）。

鎮圧兵をおくった天皇は、翌月「意《おも》ふ所有り、今月の末しばらく関東へいかんとす」（『続日本紀』）と言いのこし、藤原仲麻呂《ふじわらなかまろ》ら騎兵をつれて伊勢国へ向かう（関東行幸《ぎょうこう》、天武天皇が置いた関所の東へ行くという意味）。11月に河口頓宮《かわぐちのとんぐう》（仮宮、三重県津市）で乱の終結を知るが、天武天皇が壬申《じんしん》の乱で進軍した美濃国から近江国への道を行進し、後継者であることを誇示した。壬申の乱が終結した不破関《ふわのせき》（岐阜県関ケ原）で騎兵は返したが、自分は国を見てまわる「巡観国城《じゅんかんこくじょう》」（『続日本紀』）を続けた。

実は、乱の前年から泉川《いずみかわ》（木津川）沿いの甕原離宮《みかのはらりきゅう》や橘諸兄の相楽《さがらの》別業《べつぎょう》（別荘）に近い恭仁郷《くにごう》（京都府木津川市）で新宮を造営させていて、その完成にあわせて行幸していたのである。

◆ふたつの内裏区画

12月15日、恭仁郷の新宮へ到着。「京都《けいと》」（『続日本紀』）の造営をはじめる（この宮から造営尺が小尺＝唐尺、29・6センチに統一）。目の前の平城宮にはもどらず、天平13年（741）の朝賀も新宮で受けた。平城宮からうつす予定の大極殿は未着工で、宮垣も帷帳《いちょう》（幕）で代用。完成した朝堂院門も掘立柱に板葺の棟門で、儀式ではその前に四神などの幢幡《どうばん》を立てた。それでも聖武天皇は、伊勢神宮などへ遷都を報告。平城宮の兵器を甕原宮へうつし、五位以上の官人に恭仁京への引っ越しを厳命した。

7月に内裏が完成。平城宮から元正太上天皇をむかえ、11月に宮の名を「大養徳恭仁大宮《やまとくにのおおみや》」と定めた（大養徳は大和国の意味ではなく、唐が認めた国号日本の読みの当て字）。

翌天平14年（742）に大極殿の移築完了。宮垣もできた恭仁宮《くにのみや》（図①）は、東西0・56キロメートル、南北0・75キロメートル。谷ぞいの西側をのぞく三方に築地塀の宮垣をまわして八脚門を置いた。内側の面積は0・42平方キロメートルで、平城宮の30パーセントである。

南から朝集殿院、朝堂院、大極殿院、内裏の配置は平城宮と同じだが、

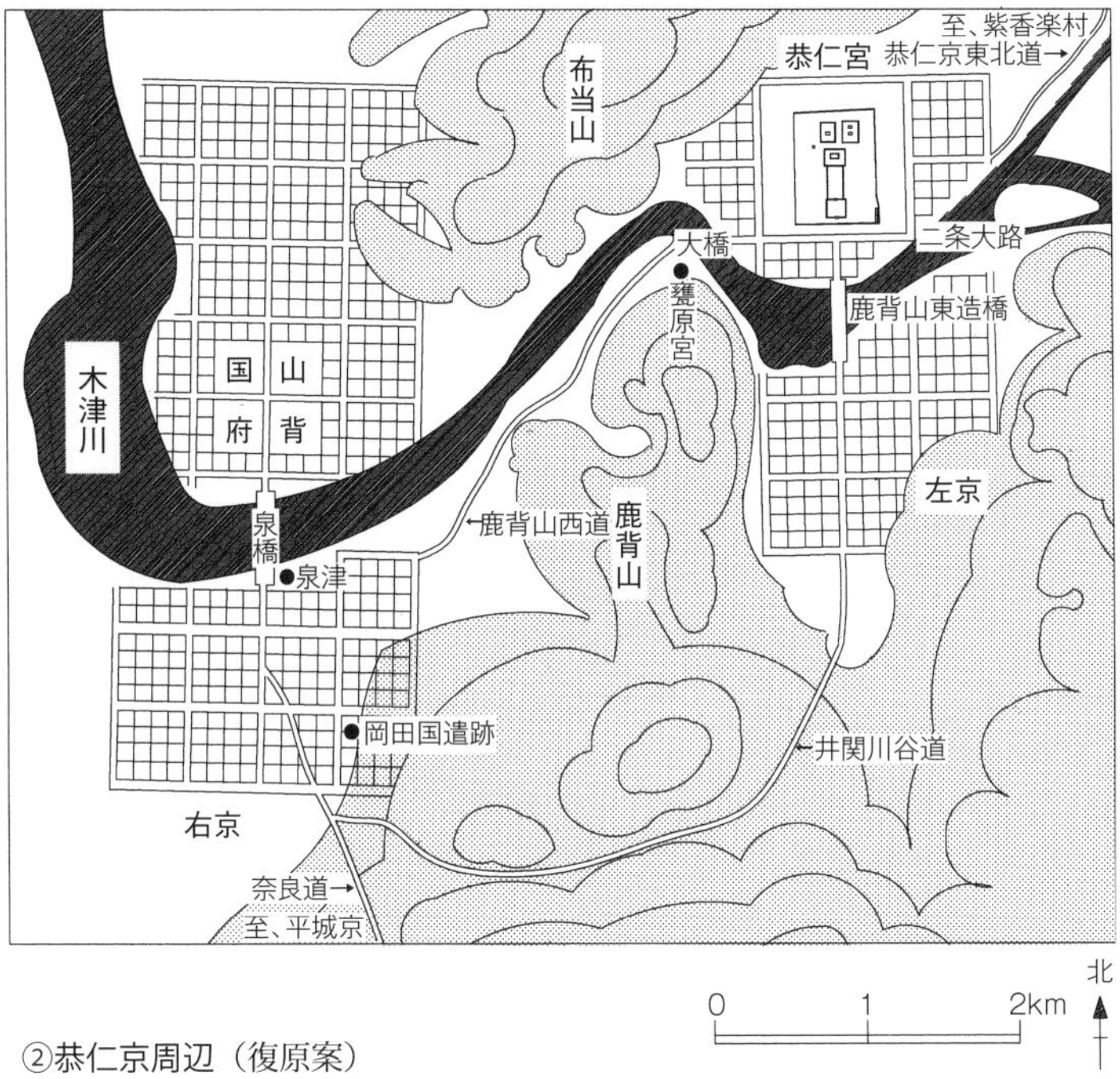

②恭仁京周辺（復原案）

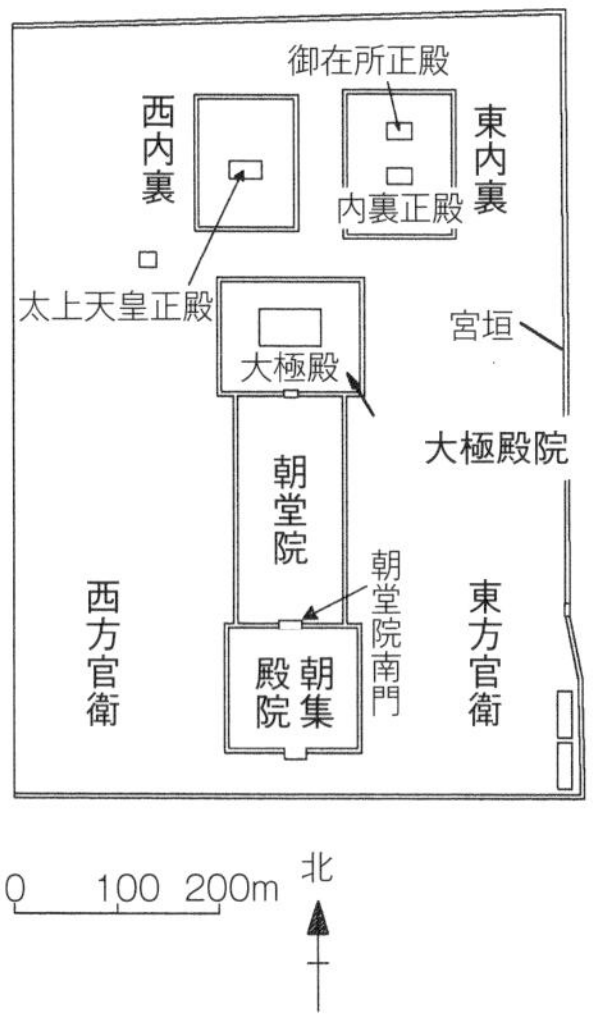

①恭仁宮（復原案）

造成工事を急いだので、朝集殿院などの空間は不整形だった。また、藤原宮から平城宮を経てうつされた大極殿も、南北が短くなった大極殿院に置かれた。朝集殿院や朝堂院は、ひろさは変わらなかったが、掘立柱塀の中に掘立柱で板葺の建物であった。

この宮の最大の特徴は、内裏区画が東西2ケ所ある点で、聖武天皇の東区画は北辺の板塀以外を築地塀が囲み、東西柱間7間×南北柱間4間の建物を2棟、南北にならべた。南が公的な大安殿で、北が天皇の私的な御在所正殿である。

③恭仁宮内裏跡から大極殿跡（正面木立）を見る、右に布当山《ふたぎやま》（史跡恭仁宮跡）

西区画は譲位のとき我子《わがこ》とよんでくれた元正太上天皇のため用意したもので、板塀の中に東西柱間5間×南北柱間4間の建物があった。

◆3橋でなりたつ恭仁京

天平13年（741）8月に平城京の両市をうつし、9月に鹿背《かせ》山西《やまのにし》道《みち》の東を左京、西を右京と定めた（図②）。両京は北の布当山《ふたぎやま》（図③、桜峠）と南の鹿背山《かせやま》（大野山）で東西に分断され、南北も泉川の両岸に分かれた。恭仁宮は左京の北岸に、平城京へつながる泉津（図④）は右京の南岸にある。そこで左京は恭仁宮の中心軸線上に鹿背山東河造橋《かせやまひがしかわのつくりばし》を架け、右京は作《つく》り道の延長線上に私度《しど》僧《そう》（民間僧）の行基大徳《ぎょうきだいとく》が泉橋《いずみばし》を架けた。さらに恭仁宮の南の二条大路の西端と対岸の甕原宮の間に大橋《おおはし》をかけた。これら3橋で恭仁京は両京や南北がつながり、都城の姿を現した。

◆墾田永世私財法と初期荘園

このころ聖武天皇は、皇族や上級官人に開墾地の永久私有をみとめる（墾田永年私財法《こんでんえいねんしざいのほう》）。これで開墾されたのが初期荘園《しょうえん》（別荘の庭園の作物は税の対象ではないと主張する言葉）で、口分田を捨てた浮浪人を雇って耕作させた。

これらは納税義務がある輸祖田《ゆそでん》だから、朝廷の収入もふえる。さらに上級官人を喜ばせて甲賀大仏《こうかだいぶつ》の建立に協力させるのが目的だった。聖武天皇は近江国の紫香楽村（滋賀県甲賀市）に紫香楽離宮《しがらきりきゅう》を置き、その近くに金銅盧舎那大仏《こんどうるしゃなだいぶつ》の建立を始めたのである。その費用をつくるため、天平15年（743）12月に恭仁京造営も中止した。

翌天平16年（744）正月の朝賀も行わず、天皇は官人や市人へ、恭仁京と後期難波京のどちらを京《みやこ》にのぞむかたずねる。答えは恭仁京が多数だったが、天皇は後期難波京へ行幸。そこはコウノトリが108羽きたとか、狐の生首があったとか人気《ひとけ》のない話ばかり伝えられたところだったが、天皇は2月に高御座《たかみくら》と大楯《おおだて》（御在所をしめす楯）を運ばせた。そして同月26日に橘諸兄と太上天皇が「皇都《こうと》」（『続日本紀』）を宣言。大楯が置かれて首都になった。これにより、あしかけ5年首都だった恭仁京は、恭仁宮に留守官をおく陪都《ばいと》（首都に準じる都市）になった。

④泉津や泉橋があったあたり（京都府木津川市）

⑤恭仁京の右京南端の小路交差点と側溝跡（左の住居跡は柱が抜かれており、陪都になってほどなく建物も消えたことを示す、平成29年岡田国《おかだくに》遺跡現地説明会）

24 甲賀宮遷宮

甲賀宮と甲賀大仏、聖武天皇の陪都③

聖武天皇は、後期難波京や恭仁京だけではおさまらず、大仏建立と、紫香楽離宮の改築工事を始める。

◆紫香楽離宮の造営と大仏の建立

恭仁宮造営中の天平14年（742）2月、聖武天皇は近江国甲賀郡へ道（恭仁京東北道《とうほくみち》、図①）を開いた。そして8月に甲賀郡《こうかぐん》紫香《しが》楽《らき》村で離宮を造営すると決め、同月中に紫香楽離宮《しがらきりきゅう》（図②）を完成。ただちに行幸する。年末にも行幸し、天平15年（743）元日に恭仁京へ戻ったので、平城宮からうつした大極殿での朝賀は2日になった。

4月と7月も紫香楽村へ行幸。10月には大仏建立資金にするため、東日本の税（調と庸）を紫香楽離宮へ納めるように命じた。その直前に出した大仏建立の詔《だいぶつこんりゅうのみことのり》には「菩薩の大願を発して盧舎那仏《るしゃなぶつ》の金銅像一体を造り奉る、国銅を尽くして像を溶かし、大山を削りて以て堂を構え……」とある。紫香楽村は恭仁京から1日の距離で、銅や石灰岩がとれる石部金山《いしべかねやま》に近く、鋳造に必要な木炭資源に囲まれた山中であった。

大仏建立の動機は、後に河内国智《ち》識寺《しきでら》で盧舎那仏を見た事とのべるが、天平13年（741）に鎮護国家《ちんごこっか》思想（仏の力で国の平安を願う）から、国ごとに丈六仏《じょうろくぶつ》と七重塔をもつ国分《こくぶん》寺と国分尼寺《こくぶんにじ》の建立を命じた国分寺《こくぶんじ》建立《こんりゅう》の詔をしめくくる、総国分寺を建立する意味が大きかった。

◆後期難波京遷都と甲賀宮

天平15年（743）12月、恭仁京から後期難波宮へうつった天皇は、翌16年（744）2月にまた紫香楽離宮へ向かい、のこった橘諸兄と元正太上天皇が難波京を皇都と宣言した。

翌3月、紫香楽離宮では国分寺保管用の大般若経《だいはんにゃきょう》が、朱雀門を通って大安殿に安置された。4月には離宮周囲が伐採され、改築がはじまる。工事が終った離宮を、天皇は甲賀宮《こうかのみや》とよんだ（図③④）。

甲賀宮は狭小盆地（図⑤⑥）にあり、東西0・5キロ×南北0・45キロ、わずか0・23平方キロで恭仁宮のほぼ半分、平城宮の15パーセントしかなかった。

宮の建物はすべて掘立柱に板葺。朱雀門を入ると、東西に南北柱間27間×東西柱間4間（112メートル×12メートル）の長い朝堂があり、中を4室に区切って2棟あわせて8朝堂分とした。この奥が東西柱間9間×南北柱間4間（37メートル×12メートル）の大安殿で、政治・

①恭仁京東北道（推定、京都府和束町、茶畑奥に安積皇子墓、聖武第2皇子だが光明皇后の子でなく毒殺説がある）

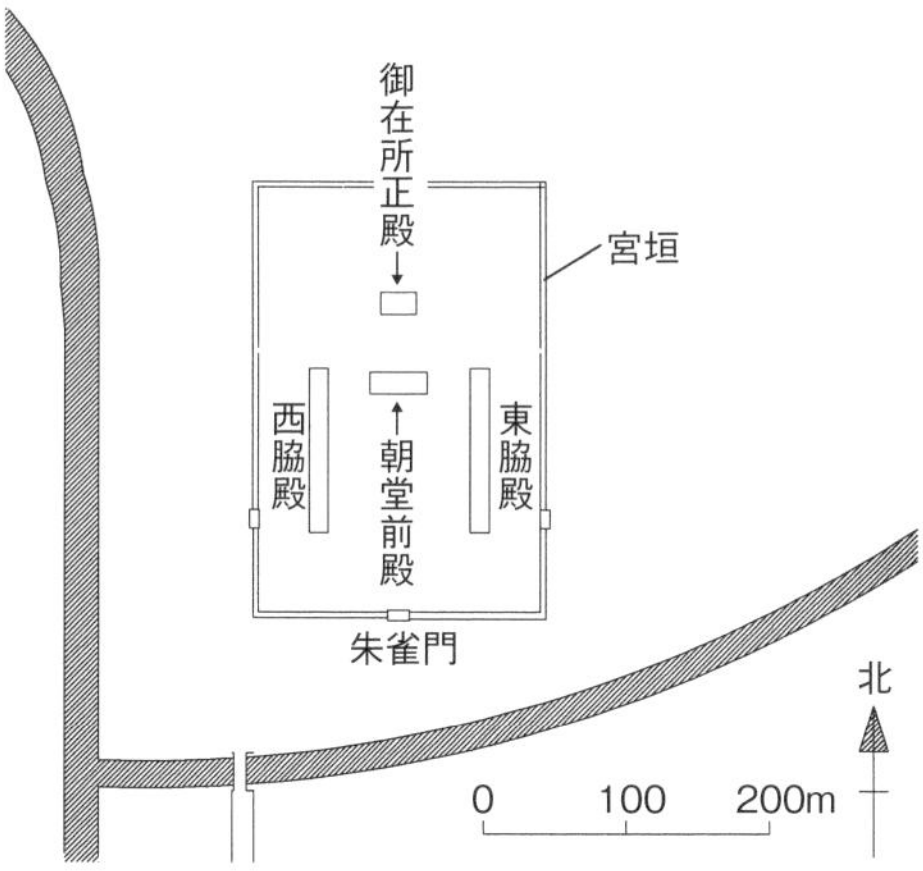

②紫香楽離宮（復原案）

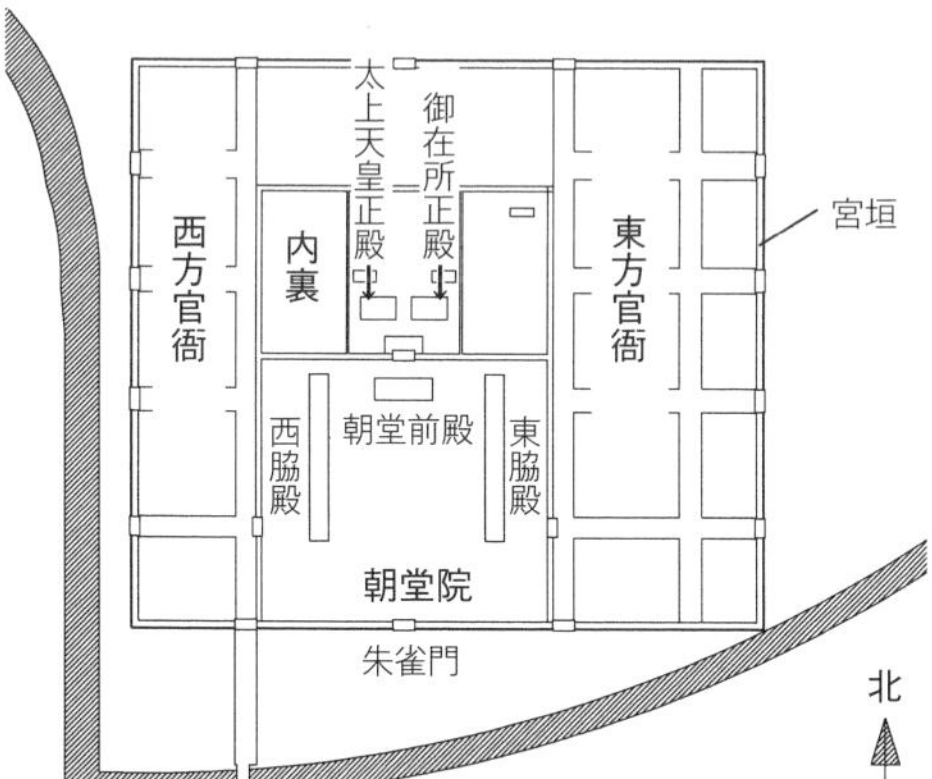

③甲賀宮（復原案）

④甲賀宮復原図（宮町会館所蔵）

25 彷《ほう》徨《こう》五年

聖武天皇の彷徨五年、消えた4都構想

唐の複都制をまねた聖武天皇の4都構想は、日本にとって必然ではなかった。天皇にやりとげる意志もなく、わずか5年で立ち消えになる。

儀式・宴の場である。大安殿の北は、紫香楽離宮では東西柱間9間×南北柱間4間（27メートル×12メートル）の御在所正殿（天皇の私的空間だったが、甲賀宮は門と板塀で内裏を区画した。その中に聖武天皇と元正太上天皇の御在所正殿として東西柱間7間×南北柱間4間（24・9メートル×14・8メートル）の建物を東西にならべた。それが同じ大きさである点が、甲賀宮の特徴であった。

天平16年（744）11月、難波宮から太上天皇をむかえる。翌17年（745）の正月も、朱雀門に大楯を立てた甲賀宮でむかえ、『続日本紀』に「新京へ遷る」とある。実質的に甲賀宮遷宮となった。後期難波京は皇都宣言から11ヶ月間、天皇が帰らないまま陪都に戻った。

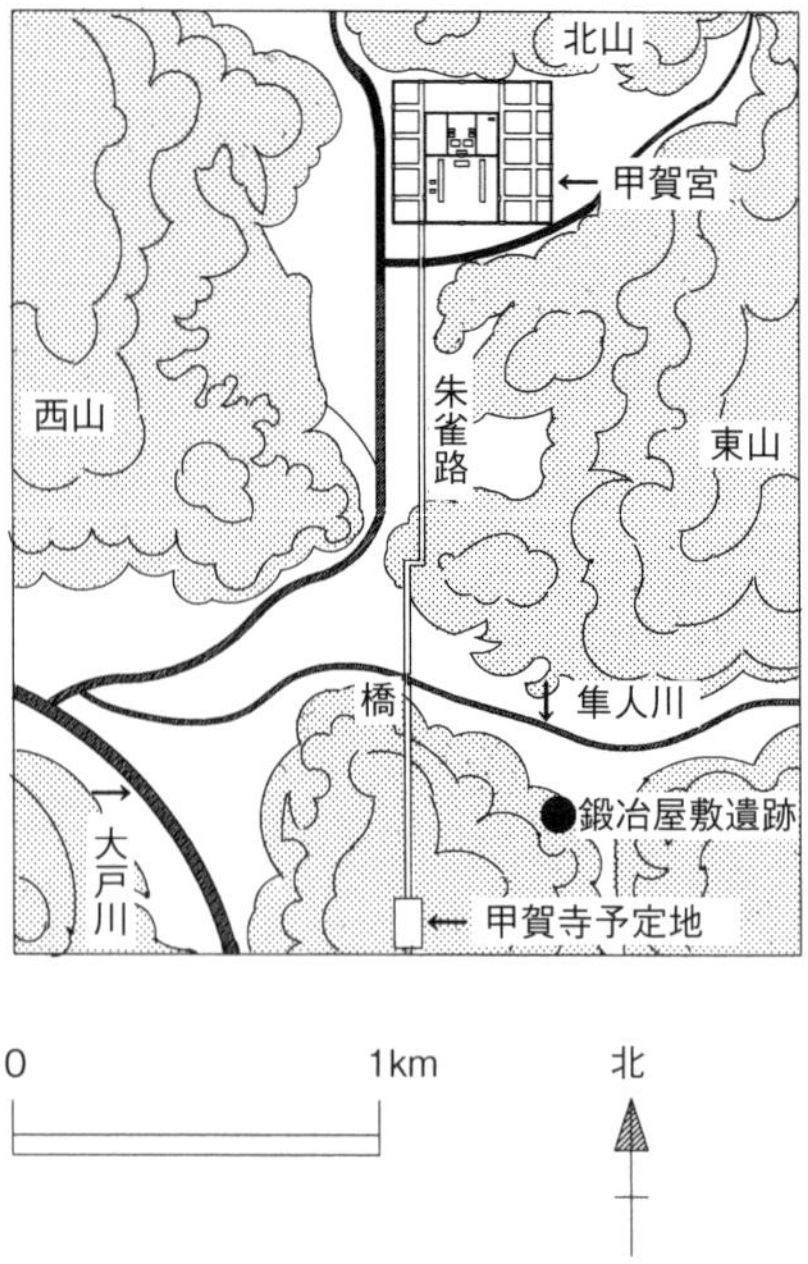

⑤甲賀宮周辺（復原案）

⑥東山（飯道山）から見た甲賀宮跡、小グランド（宮町会館）が朝堂院あたり

◆大仏の塑像建立

甲賀宮の朱雀門から南の甲賀大仏建立現場に、幅18メートルの朱雀路《すざくみち》が伸びていた。周囲には官衙《かんが》（役所）や邸宅がならび、市も開かれた。

太上天皇をむかえた天平16年11月には、大仏の体骨柱《たいこつちゅう》（骨組）が立ち、平城京四大寺（大安・元興・薬師・興福）の僧が読経する中、総国分寺《そうこくぶんじ》甲賀寺《こうかでら》の正式名も定まった。

翌17年正月、聖武天皇は大仏建立の勧進《かんじん》（寄付あつめ）に尽くす行《ぎょう》基《き》を大僧正《だいそうじょう》とし、4月に百済系渡来人で鋳造技術をもつ仏師国中連公《くになかのむらじきみ》麻呂《まろ》を殿上人《てんじょうびと》にする。理由は塑像《そぞう》の完成であった。体骨柱のまわりに竹で全体像をつくり、土をつけ、石部金山の消石灰《しょうせっかい》を原料にした漆喰《しっくい》をぬり、白く輝く塑像の大仏が姿を現したのである。あとは鋳造だけとなったが、そのとき天平大地震が現場を襲った。

◆甲賀宮棄宮と平城京還都

甲賀宮が首都になった天平17年（745）正月から、宮の周辺で山火事が続く。標高300メートルの山中で、寒さに震える官人の放火だった。紫香楽村の百姓が総出で消防したが、そのあとも聖武天皇が北方8キロを流れる野洲川《やすがわ》へ逃げたくなるような大

火があり、官人は大切な物を大戸川《だいどがわ》や隼人川《はやとかわ》の河岸に埋めた。

そして4月27日、天平《てんぴょう》大地震。養老《ようろう》―桑名《くわな》―四日市《よっかいち》断層が動き、造営中の甲賀宮は3日3晩揺れた。これを国神《くにつかみ》の怒りとみた天皇は、どこを京《みやこ》にすべきか、官人や平城京四大寺の僧に質問する。答えはみな平城京。そこで天皇は紀麻呂《きのまろ》（紀貫之《きのつらゆき》の先祖）を甲賀宮の留守官とし、5月6日に恭仁宮へ向かった。恭仁京の百姓は万歳をさけんで天皇をむかえたが、10日に市人が、11日には官人が平城京へ向かう。そして天皇も平城宮へもどり、東区画内裏の中宮院《ちゅうぐういん》へ入った。

そのころ甲賀宮は盗賊が襲い、留守官は逃げて無人になった。11日に物品を回収したが、山火事はまだ消えてなかったという。

6月14日に平城宮で大楯と槍がたち、正式に平城京還都《へいじょうきょうかんと》。甲賀宮はわずか6ヶ月で首都でなくなり、留守官も置かれず棄宮《きぐう》になった。甲賀大仏も鋳造中止。甲賀寺は大仏がある総国分寺から丈六仏を置く近江《おうみ》国分寺《こくぶんじ》（図①）に変更され、塑像を取りこわした跡地に建築された。

◆聖武天皇の彷徨五年と4都構想の挫折

聖武天皇は、天平12年（740）10月に関東行幸へ出発してから天平17年（745）5月に還都するまで、4年7ヶ月のあいだ平城宮へ戻らなかった（彷徨《ほうこう》五年）。この間、天皇が甲賀宮にいても、平城宮・難波宮・恭仁宮は留守官が管理した。この状態は、唐の複都制（首都以外に副都や陪都をおく制度）と同じである。

唐の首都の長安は、人口100万の食料を周辺でまかなえず、皇帝は陸路でつながる洛陽へよく行幸した。洛陽は洛河《らくが》がつらぬき洛水貫都《らくすいかんと》といわれ（4項②）、食糧生産地の江南と大運河でつながる水運都市だったからである。その南に石窟《せっくつ》寺院の龍門《りゅうもん》石窟《せっくつ》（図②）があり、岩壁に盧舎那仏が刻まれていた。これをふまえて恭仁京をみると、平城京と陸路でつながり、泉川がつらぬく水運都市。北東では甲賀大仏を建立中だった。

また、恭仁京や甲賀宮は遷都の詔がないから陪都であり、難波京も元陪都で皇都昇格《こうとしょうかく》は臣下が宣言した（外港で唐の広州《こうしゅう》や江南《こうなん》にあたる）。

つまり聖武天皇の彷徨五年は、3陪都を造営し、最後に平城宮も再整備して首都にする4都構想の実現を目指した旅であった。玄昉や吉備真備ら留学生から唐の複都制を聞いての発想だったが、官人や市人、僧へ質問したように天皇自身にやりとげる意志はなく、国家的な必然性もなかった。そのため甲賀宮や大仏塑像は捨てられ、恭仁宮も天平18年（746）に大極殿が山背国分寺の金堂（図③）に施入《せにゅう》（寄付）されて宮としての体裁を失う。

結局、関東行幸前とおなじ状態（首都の平城京と陪都の後期難波京）にもどった。4都構想は国費と巨木の浪費に終わったが、その過程で貴族に私有地を認めたことは、中央集権の根幹をゆるがす。また僧に政治判断をもとめたことは、僧による政治介入へ道を開くことになった。

②龍門奉先寺《りゅうもんほうせんじ》盧舎那仏像（龍門石窟《せっくつ》、高さ17m、東大寺の当初大仏は16m）

①近江国分寺跡（信楽町牧内裏野《だいりの》、奈良時代末に焼失、礎石330個が残る）

③山背国分寺復原模型（京都府立山城郷土資料館所蔵、藤原宮・平城宮・恭仁宮の大極殿であった期間は48年間、国分寺金堂期間は元慶《がんぎょう》6年[882]炎上までの136年間）

④飛鳥石《あすかいし》（大極殿と共に藤原宮 → 平城宮 → 恭仁宮へとうつされた礎石、史跡恭仁宮跡）

◆紫香楽びとの大仏雛形

天平19年（747）、紫香楽村の甲賀寺造仏所《こうかてらつくりほとけどころ》は、東大寺造仏長官の国中連公麻呂《くになかのむらじきみまろ》（元甲賀寺造仏長官）へ、金銅三尊を100人で運ぶと連絡する。その8カ月後に、東大寺大仏と脇侍2体の鋳造がはじまった。甲賀造仏所は甲賀大仏塑像をつくった経験があり、鋳銅工房（鍛冶《かじ》屋敷《やしき》遺跡）に溶解炉・足踏み式送風機・鋳込場が16組あった。このため公麻呂は、東大寺大仏（図⑤）のモデルとするため、また鋳造開始前の儀式や勧進《かんじん》（寄付集め）のために、精度の高い金銅雛形《ひながた》（縮小模型）を鋳造させた可能性が高い。

その後、紫香楽村は東大寺の荘園となり、寺院修理材が伐採された。また、山中の飯道《はんどう》神社（図⑥）から東大寺二月堂へ飯道《いいみち》神社（図⑦）が勧請《かんじょう》されるなど、関係が続いた。

⑤東大寺大仏殿の金銅盧舎那仏と如意輪《にょいりん》観音《かんのん》坐像（反対側に虚空蔵菩薩《こくうぞうぼさつ》坐像の三尊形式、当初の脇侍2体は半跏思惟《はんかしい》像であった）

⑥飯道《はんどう》神社本殿（信楽町、慶安3年・1650建立）

⑦飯道《いいみち》神社（東大寺二月堂鎮守、江戸時代）

26 陪都乱立

淳仁《じゅんにん》天皇の北京と称徳《しょうとく》天皇の西京

平城京還都後の聖武天皇は、大極殿の建築など平城宮改作を始める。その後も藤原仲麻呂の保良宮《ほらのみや》、称徳天皇の弓義宮《ゆげのみや》と陪都造営が続く。

◆平城宮改作と孝謙天皇

体が弱った聖武天皇は、天平17年（745）9月に阿倍内親王《あべのないしんのう》（聖武・光明の娘）を立太子《りったいし》（後継の皇太子になること）させる。そして天平18年（746）に、平城宮東区画の大安殿をこわし、第2次大極殿を造営した（図①）。石組基壇（図②）にたつ東西柱間9間×南北柱間4間（38・5メートル×16・1メートル）の建物は、難波京の大極殿より大きいが、第1次大極殿より小さい（図③）。

この第2次大極殿で聖武天皇は譲位。天平勝宝《てんぴょうしょうほう》元年（749）7月に孝謙《こうけん》天皇が即位した。

◆淳仁天皇と北京

天平勝宝4年（752）、東大寺の大仏開眼供養《だいぶつかいげんくよう》を見とどけた聖武太上天皇は、孝謙天皇が未婚のため、道祖王《ふなどおう》を皇太子にする。そして同8年（756）崩御。ところが孝謙天皇は、道祖王に代えて大炊王《おおいおう》を皇太子にした。この皇子を養っていたのが藤原仲麻呂《ふじわらのなかまろ》（関東行幸の騎兵隊長）で、光明皇后（聖武妻）の信頼厚く、朝廷の軍事力をにぎっていた。仲麻呂の意を受けた孝謙天皇は、大炊王を即位させるため、第1次大極殿跡に新しい内裏（西院《さいいん》）の造営を始める。

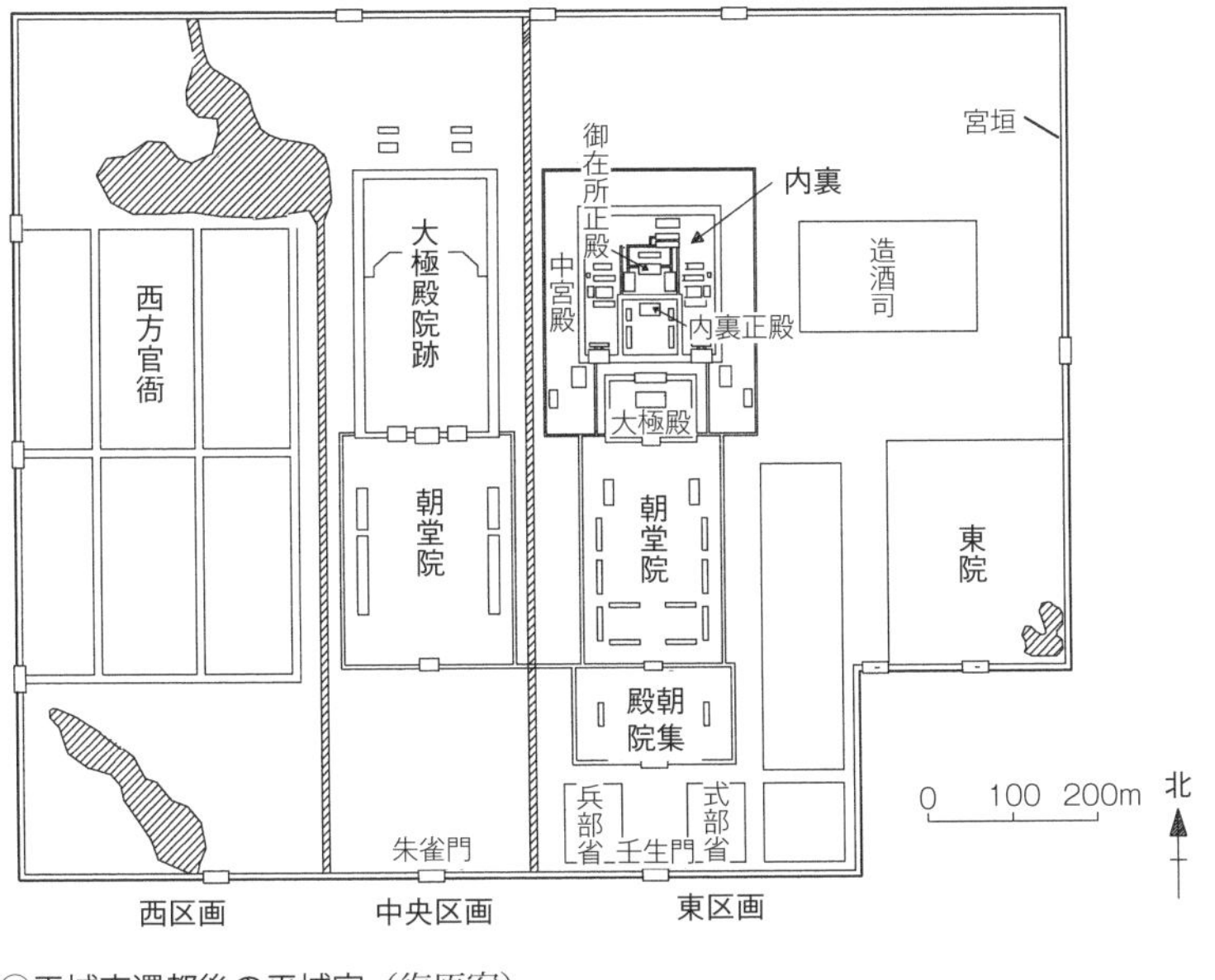

①平城京還都後の平城宮（復原案）

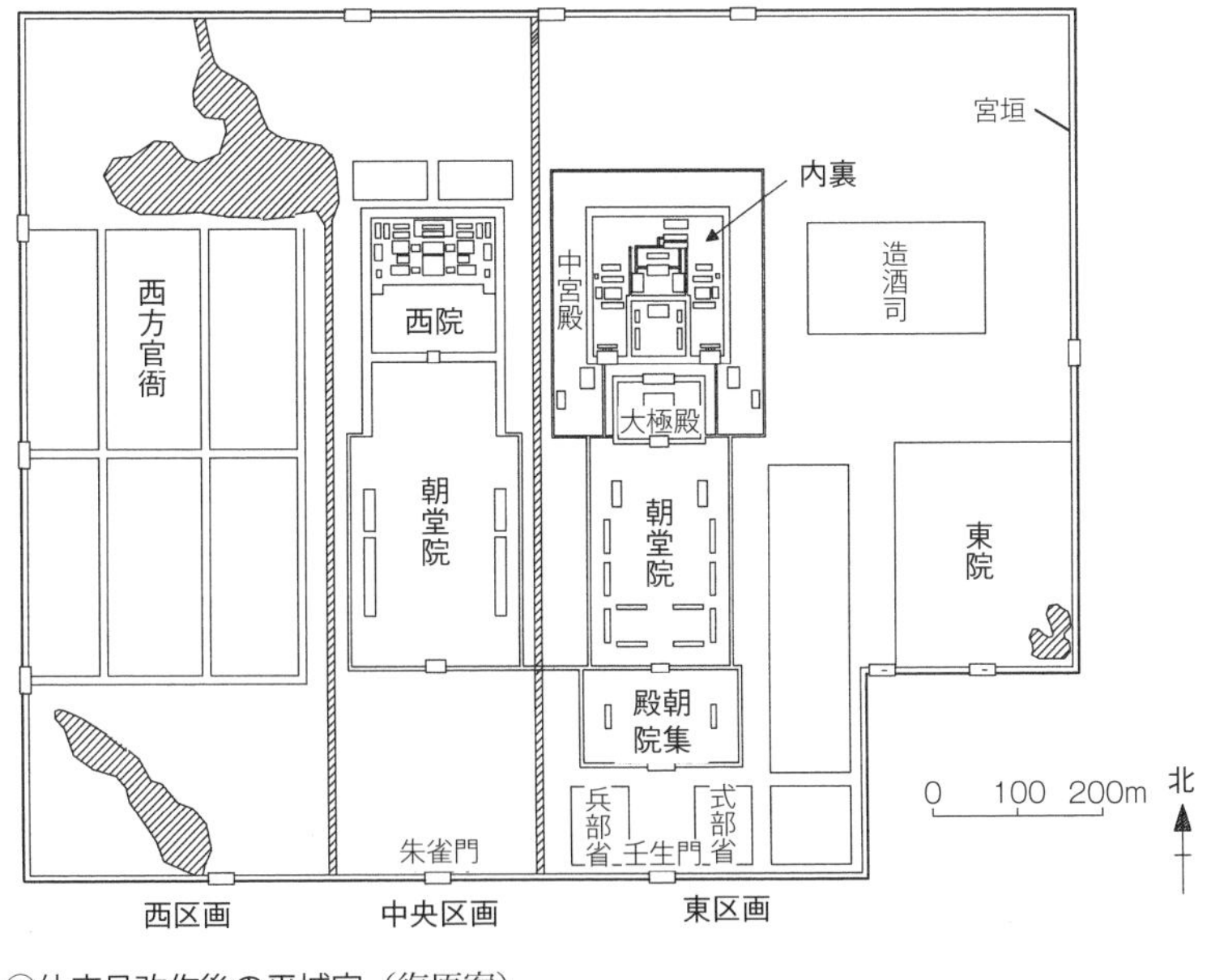

④仲麻呂改作後の平城宮（復原案）

③第2次大極殿をうつした平安京豊楽殿復原模型（京都市歴史資料館所蔵、京都市平安京創生館展示）

②大黒の芝（東区画跡）の第2次大極殿基壇と幢幡の柱（復原、特別史跡平城宮跡）

⑤伝、保良宮礎石（大津市国分二丁目）

⑥由義寺仏塔礎石（1.3m × 1m、厚 0.5m、大阪府八尾市、平成 29 年現地説明会）

橘《たちばなの》奈良麻呂《ならまろ》（諸兄の子）の乱で造営は中断するが、これを機に仲麻呂は橘氏や大伴氏ら反藤原勢力を攻撃。天平宝字《てんぴょうほうじ》2年（758）8月に孝謙天皇が譲位して、淳仁天皇《じゅんにん》が即位した。

天平宝字3年（759）11月、藤原仲麻呂は平城宮改作を待つ間の陪都として、かつて国司をつとめた近江国府《おうみこくふ》の対岸に保良宮《ほらのみや》（図⑤、滋賀県大津市国分）の造営を進言する。淳仁天皇は同5年（761）10月に「北京《ほくきょう》を造《つく》らんと議す」との詔をだし、先行条坊程度の細い道で方格地割して、官人に宅地を班給した。天平宝字6年（762）3月には諸国に分担させて、一気に完成させた。

◆道鏡と宇佐八幡神託事件

保良宮に孝謙太上天皇《こうけんだじょうてんのう》がむかえたが、病気になる。法相僧《ほっそうそう》の弓削道鏡《ゆげのどうきょう》の看病で回復した太上天皇は、道鏡を寵愛。いさめた淳仁天皇も突きはなし、平城京へもどって法華寺《ほっけじ》へ入る。淳仁天皇も平城宮の中宮院へもどるが、天平宝字6年（762）6月に太上天皇は道鏡と中央区画の新内裏（西院《さいいん》、図④）へ現れ、「常の祀り・小事は今の帝が行ないたまへ、国家の大事・賞罰二柄は朕が行う」（『続日本紀』）と宣言。天皇の権力を奪った。

天平宝字8年（764）9月に藤原仲麻呂が反撃するが、家族と共に琵琶湖や湖岸で討たれ、淳仁天皇は淡路島に流された（藤原仲麻呂《ふじわらのなかまろ》の乱）。

太上天皇が重祚《ちょうそ》して称徳天皇《しょうとく》となり、西院に入る。天平神護元年《てんぴょうじんご》（765）に道鏡の故郷（大阪府八尾市弓削町）に行幸して弓削行宮《ゆげのあんぐう》を建て、弓削寺《ゆげじ》を由義寺《ゆげじ》に改名して塔（図⑥）を建てた。同2年（766）には道鏡を法王《ほうおう》（仏教界の王）にする。

天平神護3年（767）5月、大宰府長官弓削浄人《きよひと》（道鏡弟）が、道鏡を即位させよという宇佐八幡《うさはちまん》の神託《しんたく》を報告してきた。しかし確認のため派遣された和気清麻呂《わけのきよまろ》は、全官人の前で本当の神託は「天つ日嗣《あまひつぎ》は必ず皇緒《こうちょ》（皇統）をたてよ、無道の人はよろしく掃除すべし」と報告。激怒した天皇は清麻呂を追放し、弓削行宮を由義宮《ゆげのみや》に改築して西京《にしのみやこ》とよび道鏡をなぐさめたが、しょせん陪都でもない行宮《あんぐう》（仮宮）だった。

神護景雲《じんごけいうん》4年（770）に天皇は由義宮で倒れ、戻った平城宮の西院で崩御。その墓前で逮捕された道鏡は、下野薬師寺《しもつけやくしじ》（栃木県下野市）の別当《べっとう》として左遷され、ついに帰らず西京も放棄された。

こうしてまた、首都の平城京と陪都の後期難波京の複都制にもどったのである。

27 長岡京遷都

桓武《かんむ》天皇の長岡京《ながおかきょう》遷都、理由は水陸《すいりく》の便

政争で天武天皇の男性子孫が絶え、不遇だった天智系から光仁《こうにん》天皇が即位。続いて息子の桓武天皇が即位して、長岡京へうつる。

◆天武系ほろび光仁天皇即位

称徳天皇が崩御したとき、天武系男子は絶えていた。そこで藤原百川《ふじわらももかわ》（宇合の子）は、井上内親王《いのへないしんのう》（元伊勢《いせの》斎宮《さいくう》）が天武系（聖武天皇の娘）と指摘。その夫で「桜井に白壁沈《しず》く……国ぞさかえる」といわれた白壁《しらかべ》王《おう》（天智孫）が、宝亀《ほうき》元年（770）に光仁《こうにん》天皇として即位した。

光仁天皇は、道鏡一族ら冗官《じょうかん》（不要な官僚）を整理。和気清麻呂《わけのきよまろ》を朝廷に呼びもどした。さらに自分を呪ったとして、井上内親王と息子の他戸王《おさべのおう》も追放。そして東北で蝦夷《えみし》反乱がおきた天応《てんおう》元年（781）、百済系渡来人の高野新笠《たかののにいがさ》との間にうまれた山部親王《やまのべのみこ》に譲位した。

◆長岡京の選定理由は水陸之便

即位した桓武《かんむ》天皇は「今は宮室、居するに堪《た》え、服翫《ふくがん》（衣服）用いるに足れり」（『続日本紀』）と諸事倹約しながら、天武系貴族や仏教勢力が多い平城京を離れる遷都を計画する。

延暦《えんりゃく》3年（784）5月、天皇は山背国乙訓《おとくに》郡の長岡村《ながおかむら》（京都府向日市・長岡京市）へ藤原小黒麻呂《ふじわらおぐろまろ》や藤原種継《たねつぐ》を派遣。小黒麻呂の妻と種継の

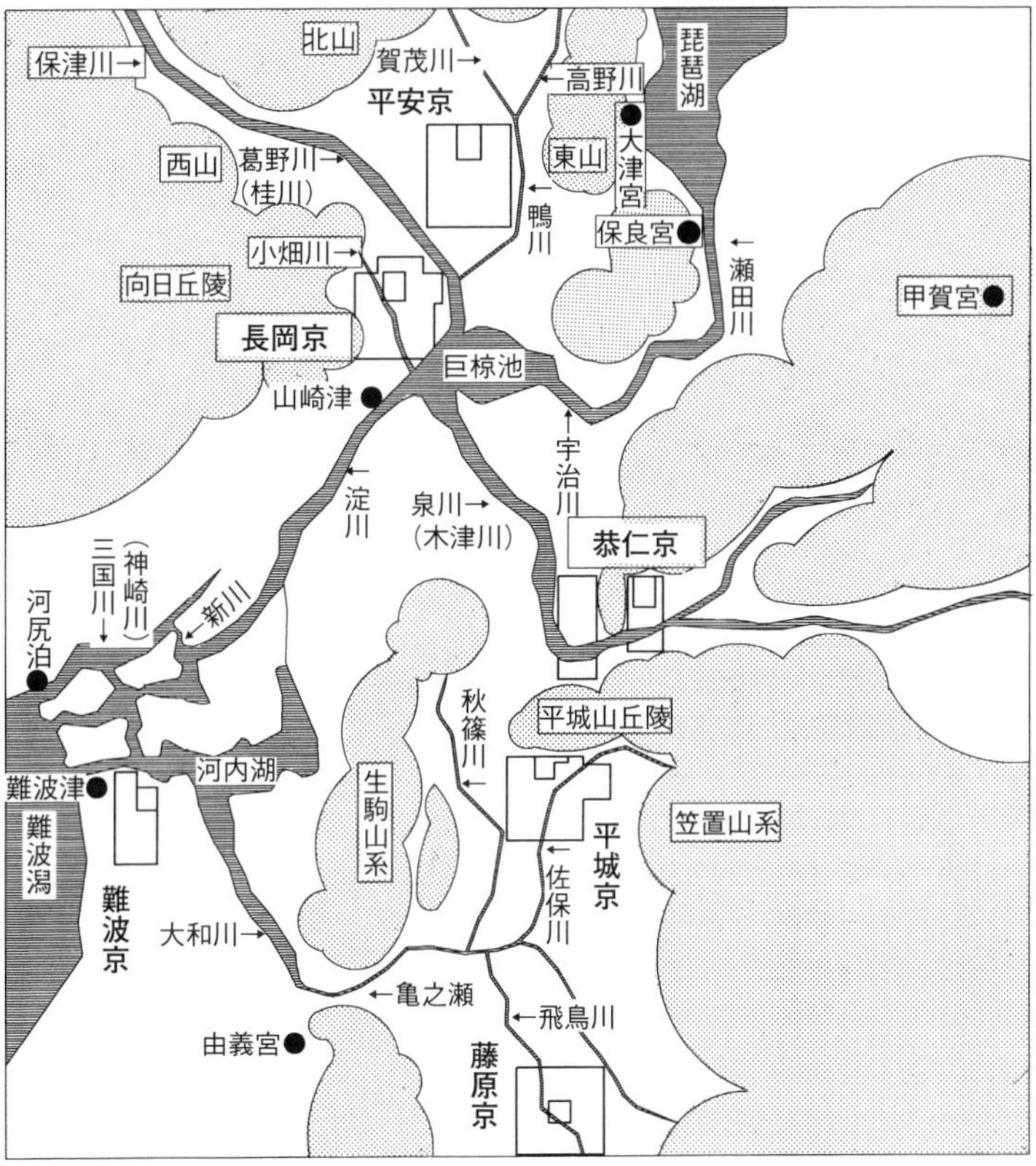

①都城の位置関係
（8世紀の難波津は遣唐使船が座礁するほど土砂が堆積、遷都翌年に和気清麻呂が三国川《みくにがわ》［神崎川《かんざきがわ》］河口を新外港の河尻泊《かわじりのとまり》とし、新川をつくって淀川と結んだ。外港でなくなった難波津は大和川水運［図②］の港になる）

②亀之瀬
（大和川水運が生駒山系を抜ける途中の亀之瀬《かめのせ》は船で行けない難所だったので、7世紀に難波と飛鳥を結ぶ幅20mの大道《だいどう》も整備されていた）

③賀茂《かも》別雷《わけいかづち》神社（上賀茂神社）
（京都市北区）

④賀茂御祖《かもみおや》神社（下鴨神社）
（京都市左京区）

⑤崇道《すどう》神社
（京都市左京区、種継暗殺の首謀者とされ抗議の絶食死をとげた早良親王《さわらのみこ》を祀る、即位の事実はないが崇道天皇と追号）

⑥奈良町の古梅園《こばいえん》・松井家主屋
（奈良市、大正元年建築、登録有形文化財）

母（新羅系渡来人秦氏《はたし》）の里（葛野《かどの》郡《ごおり》太秦《うづまさ》）や、天皇の母（百済系渡来人和氏《やまとし》）の里（乙訓《おとくに》郡《ごおり》大枝《おおえ》）に近く、渡来人の技術や援助を期待できると種継が進言した場所であった（図①）。

造宮使《ぞうぐうし》役人や陰陽助《おんみょうのすけ》（陰陽寮次官）の下船連《しもふねのむらじ》田口《たぐち》ら陰陽寮役人が都市計画図を作成し、現地を調査。報告を受けた桓武天皇は「水陸之便《すいりくのべん》をもってこの邑《むら》に遷都す」「水陸之便有り長岡に都を建つ」（『続日本紀』）との詔をだす。

「水陸」のうち陸運は、大化2年（646）に畿内《きない》（山背・大和・河内・和泉・摂津国）や七道《しちどう》（東海道・東山道・北陸道・山陽道・山陰道・南海道・西海道）に整備された大道《だいどう》が貢納や商売に便利なのは平城京と同じだが、遷都後に三関《さんかん》（東国との間の鈴鹿《すずか》・不破《ふわ》・愛発《あらち》の関所）を廃止する。

水運は、平城京は泉川《いずみがわ》（木津川《きづがわ》）の泉津《いずみのつ》まで平城山丘陵《ならやまきゅうりょう》をこえる陸路が10キロメートルもあったが、長岡京は京中の南東を葛野川《かどのがわ》（桂川）が流れ、港の山崎津《やまざきのつ》から小畑川《おばたがわ》で長岡京の中心まで行けた。また、山崎津の近くの山崎駅家《やまざきのうまや》は、山陽道と南海道が合流する交通の要所であった。

◆長岡京の造営と遷都

調査翌月の延暦3年6月、天皇は藤原種継を造長岡宮使《ぞうながおかぐうし》として造営開始。山背国鎮守の賀茂上下二社《かもじょうげにしゃ》（図③④、上賀茂《かみがも》神社・下鴨《しもがも》神社）へ、遷都を報告した。10月には長岡京の官人を定めた。

延暦3（784）11月11日、天皇は長岡宮《ながおかきゅう》へ入り、長岡京遷都《ながおかきょうせんと》となる。わずか半年で遷都できた理由は、後期難波宮の建物を解体して船で運んだからであった（後期難波京廃都《はいと》）。

ところが延暦4年（785）9月23日、種継が暗殺された。天皇は平城宮の遷都反対派の犯行と判断し、官人や僧を処罰する（図⑤）。

その後、新羅系渡来人の秦足長《はたのたるなが》が造営再開。7月に条坊工事のため雇った百姓は、31万人にのぼった。反対派が消えた平城宮の建物も船で運び、延暦10年（791）に長岡宮や条坊制が完成した。

一方、平城京や東堀河は田園になり、西堀河は秋篠川《あきしのがわ》に戻った。その後は東大寺や興福寺がある外京だけが発展し、元興寺境内には多くの小《こ》家《いえ》（庶民のすまい）ができて、中世の奈良町《ならまち》（図⑥）になっていく。

28 長岡京のまちなみ

長岡宮へうつし、つくるかな

長岡京へうつした後期難波宮の大極殿や、平城宮中央区画の内裏が長岡宮の中心になる。そのとき政治の場が、朝堂院から内裏へうつる。

◆長岡京の地形と規模

京都盆地北西の長岡京は、西山《にしやま》連峰《れんぽう》から葛野川《かどのがわ》へ向日《むこう》丘陵がくだる斜面をけずりとり、その土砂で谷や低地を埋めた土地に造営された（図①）。

東西4・3キロ、南北は西側が4・3キロ、東側が5・3キロ、面積は20・8平方キロである。正方位の北闕型《ほっけつがた》都城を基本としたが、丘陵や葛野川が流れる南東部は、条坊制の工事が不可能。八条大路の南側や西三坊大路の西側も手つかずのところがある分、一条大路の北側に通したので、結果的に中央宮闕型《ちゅうおうきゅうけつがた》のような姿になった。

北辺中央の長岡宮から小畑川ぞいに南へ伸びる幅72メートルの朱雀大路は、東の左京と西の右京に分け、それぞれ市をおいた。ただし、長岡宮にちかい氾濫原《はんらんげん》（洪水が多い場所）は条坊大路を通せなかったので、宮を突き出した。

京域を方格地割する条坊制は、条坊大路を幅30メートルで計画したが、実際は幅15〜24メートル。坊間路や条間路、小路も、基準は幅12メートルだが、実際は9メートルほどだった。これらで坊を16分割し、宅地班給基準となる1町を区画した。

長岡京の都市計画の特徴は、この1町にある。2種類あって、長岡宮の南や東、西の1町は400小尺

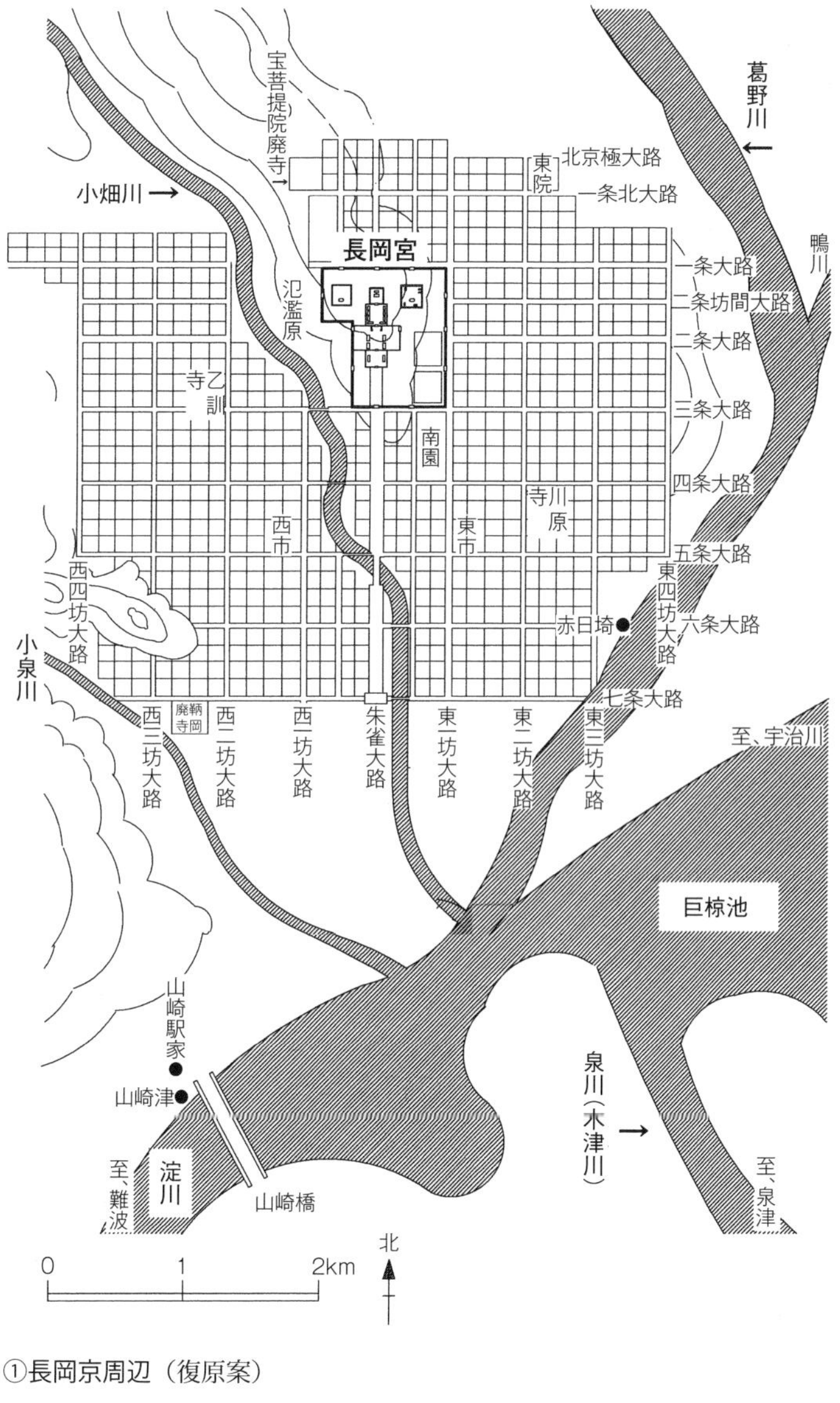

①長岡京周辺（復原案）

（118メートル）×350尺（104メートル）で面積は1・23平方キロメートル。それ以外は400小尺四方で、面積は1・4平方キロメートルとやや広かった。これらの面積は前面道路に削られることがなく（集積《しゅうせき》地割《ちわり》方式）、藤原京や平城京の分割地割方式にとくらべ、進んだ都市計画となった（図⑤⑥⑦）。

この1町を分割し、官人の位階に応じて班給したが、平城京からうつってくる官人には同じ面積があたえられ、新規は少なかった。

◆長岡宮のようす

長岡宮はほぼ1キロ四方（図②）。京中より15メートルほど高い場所にあった。朱雀門から入って朝集殿院2棟。さらに南院《なんいん》（宴会場、平安宮の舞楽殿にあたる）に4棟。朝堂院門から翼楼が伸びた先端に翔鸞楼《しょうらんろう》と栖鳳楼《せいほうろう》があり、門をくぐった朝堂院に朝堂8棟。その奥の大極殿院に大極殿（図③④）が立ち、東に曹司《ぞうし》や官衙《かんが》（役所群）を置いた。これらは移築前の後期難波宮とほぼ同じ配置だが、南院《なんいん》や朝集殿院を突き出す点が異なっていた。

内裏は、移築前の難波宮では朝堂院の北につながっていたが、長岡宮では大極殿院の西に離れた（西宮《さいぐう》）。後に、平城宮中央区画の西院をうつして正式な内裏（東宮《とうぐう》）としたと

③長岡宮大極殿跡
（京都府向日市、史跡長岡宮跡）

④復原大極殿の土間空間（特別史跡平城宮跡）

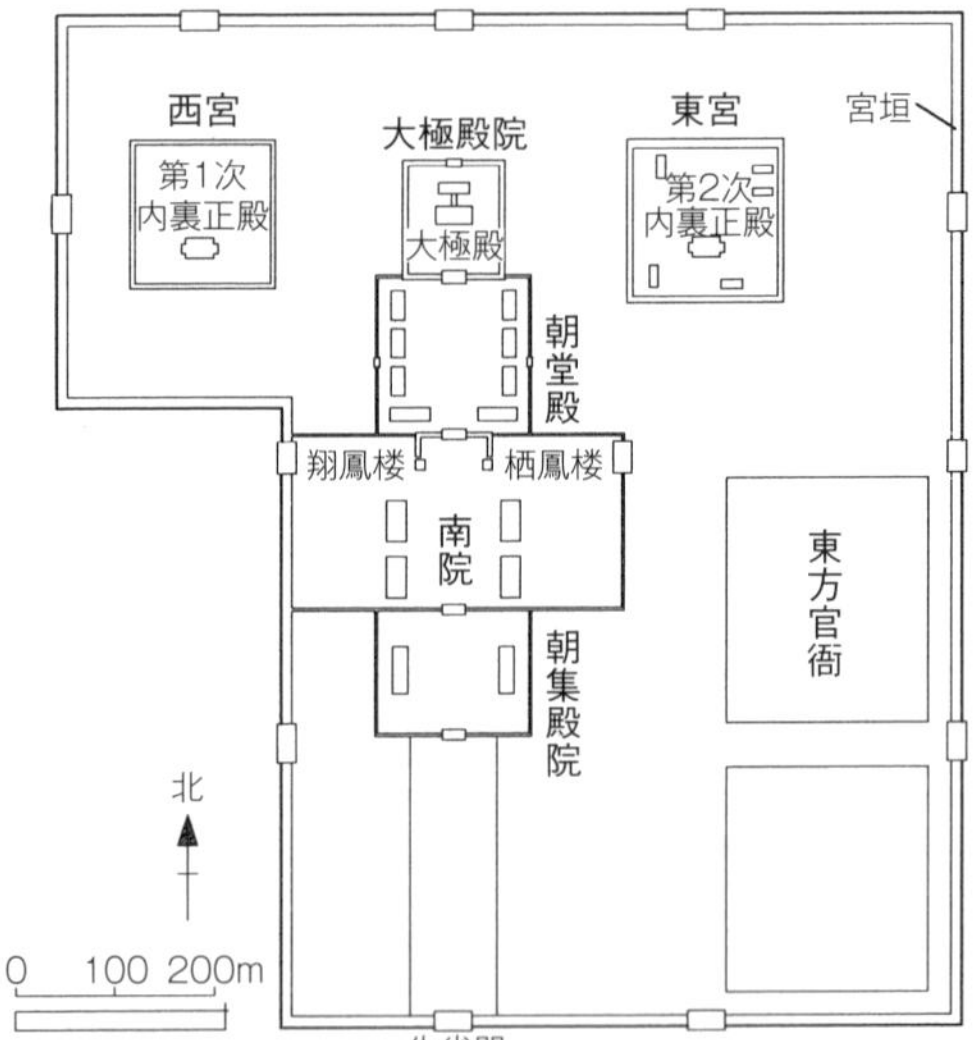

②長岡宮（復原案）

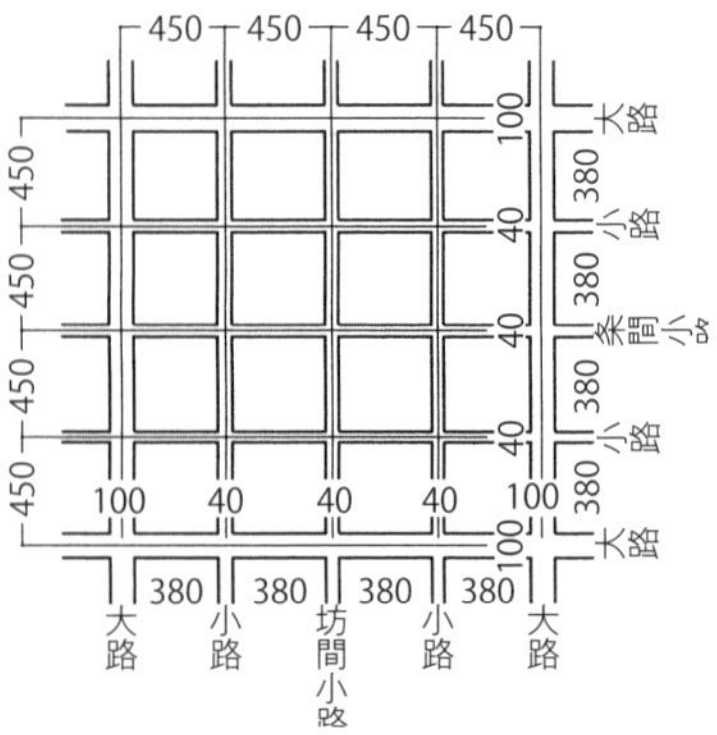
⑤平城京・藤原京・難波京の分割地割方式（単位：大尺35.6cm）

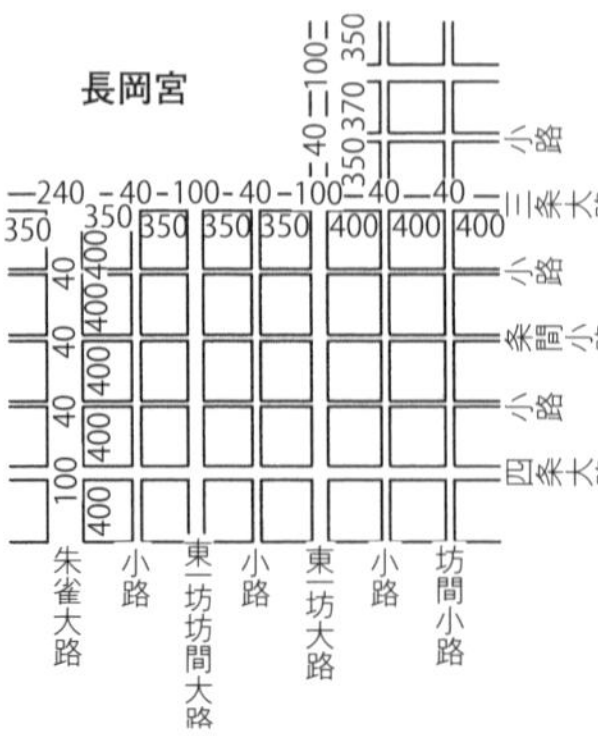
⑥長岡京の集積地割方式（単位：小尺29.6cm）

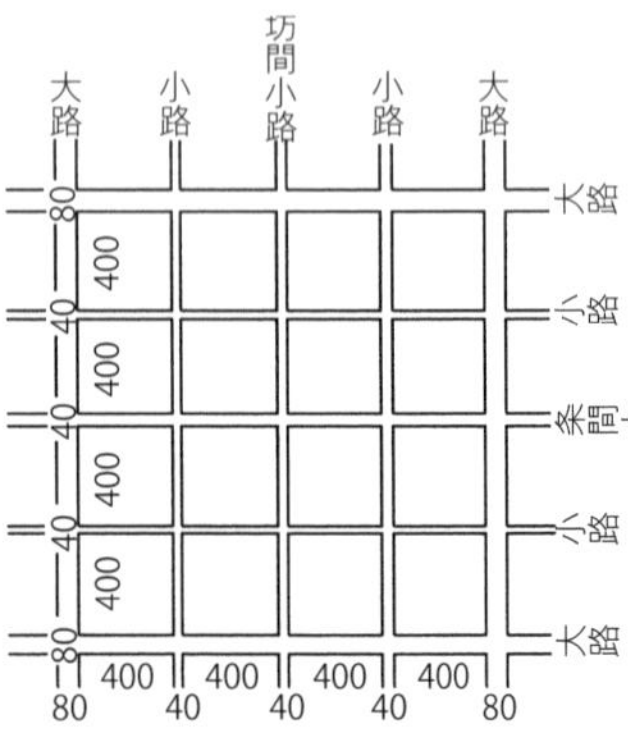
⑦平安京の集積地割方式（単位：小尺29.6cm）

きも、大極殿院の東に離して置いた。

実は、平城宮も最後のころは、政治は官人が内裏へ行って天皇と相談するようになっていた。朝堂の土間空間よりも、床を張った内裏の方が集中できたのである（本来の政治の場である朝堂院は大極殿と共に儀式の場となった）。このため長岡京でも、床を張った内裏で政治をおこない、集中するため大極殿や朝堂院から離した。延暦11年（792）には、内裏での政務が公式の政治と定まった。

◆長岡京のまちなみ

長岡京の宅地の利用状況は、左京80パーセント、右京50パーセントといったところであった。長岡宮に近い北側の利用率がたかく、低地の南は空地が目立ったが、まちなみは大路や小路に築地塀が続き、街路樹がうえられた。西市では「司（市司《いちのつかさ》）より進む」と記された木簡が出土し、東市では迷子札が発見されている。長岡京にも、市司が管理する、にぎやかな市があったのである。

29 長岡京廃都

洪水で長岡京廃都、古代最後の遷都開始

葛野川《かどのがわ》が氾濫すると、西山との間で長岡京が孤立することが判明した。そのとき桓武天皇は、新たな遷都を決意する。

◆長岡京を襲う災害

延暦11年（792）6月22日、雷雨で長岡宮は川のようになる。朝堂院の式部省の南門が倒れ（図①）、京中も小畑川や西南部の小泉川から泥土が流れこんだ。8月9日も大雨で葛野川が越水《えっすい》。長岡京全域が洪水になり、朝堂院より4メートル低い東宮（内裏）にも土砂が流れこんだ。

①倒れた式部省門を思わせる復原宮内省門（特別史跡平城宮跡）

天皇は赤日埼《あかひざき》（図②、『日本紀略《にほんきりゃく》』は赤目埼）で、荒れ狂う葛野川と西山連峰との間で孤立する長岡京を、目の当たりにする。水がひいても臭いがひどく、虫が大量発生。建物は腐りはじめ、8年間の造営努力をだいなしにした。

重視した水運の便が災害になると牙をむき、都市機能を麻痺させるとわかったとき、和気清麻呂が「長岡の新都、十載《じっさい》（年）をへていまだ功成らず、費《ついえ》あげて計るべからず、上（天皇）、遊猟に託して葛野《かどの》の地を相《み》せしめたまへ」（『日本後紀《にほんこうき》』）と進言する。かつて女帝と道鏡の野望を、その身を投げ出して阻止した忠臣の言葉を受けた桓武天皇は、ふたたび遷都を決めた。

②赤日埼
（京都市伏見区羽束師橋周辺）

◆各地にあった遷都の候補地

桓武天皇は、遷都先をさがして山背国大原野《おおはらの》（京都市西京区）や宇治郡栗前野《くりすの》（京都市伏見区山科）、摂津国水生野《みなせの》（吹田市佐井寺町）や河内国葛葉野《くずはの》（枚方市楠葉丘）など、各地の原野へ出かけた。その中の交野《かたの》の柏原野《かしはらの》（大阪府）には、天皇が「外戚《がいせき》」（『続日本紀』）とよぶほど親しい百済系渡来人百済王《くだらのこにきし》氏がいて、一族の明信《みょうしん》は若き日の天皇の恋

人だった。その夫の藤原継縄《ふじわらつぐただ》は葛野《かどの》に別業《べつぎょう》（別荘）を持ち、天皇をまねいた。和気清麻呂もすすめた葛野は、登勒野《とろの》とよばれる原野がひろがっていたのである。

そこは、旧石器時代は山科湾《やましなわん》と亀岡湖《かめおかこ》の間に広がる山城湖《やましろこ》だったところで、縄文時代に京都盆地となり、狩猟生活の竪穴式住居が増えた。

弥生時代に葛野川や巨椋池周辺で水稲栽培が始まり、5世紀にヤマト王権の支配が及んで土着の豪族を葛野県主《かどののあがたぬし》とする。5世紀後半に賀茂川をのぼってきた鴨氏《かもし》が新たな県主となり、氏神の賀茂別雷神社《かもわけいかづち》（上賀茂神社）と賀茂御祖神社《かもみおや》（下鴨神社）を山背国の鎮守にした。

そのころ嵯峨野《さがの》や太秦《うずまさ》では、農業・土木技術をもつ新羅系渡来人秦《はた》氏《し》が葛野川に葛野大堰《かどののおおい》（堰《せき》、ダム）をつくり、湿地を農地に変えていた。鴨氏と交流して勢力をひろげ、氏神の伏見稲荷大社《ふしみいなりたいしゃ》（図③）や松尾《まつお》大社（図④）、氏寺の広隆寺《こうりゅうじ》（図⑤、蜂岡寺《はちおかでら》）を祀り、一族の秦河勝《はたのかわかつ》（図⑥）は聖徳太子を支えた。

8世紀には、葛野《かどの》県《あがた》が葛野《かどの》・愛宕《おたぎ》・乙訓《おとくに》・紀伊《きい》・宇治《うじ》の北山城《きたやましろ》5郡《ぐん》に分かれる。このうち葛野と愛宕にわたって広がる原野を遷都先とみた天皇は、延暦12年（793）正月に藤原小黒麻呂や陰陽寮役人らを葛野郡宇太村《かどのぐんうだむら》へむかわせた。そして遷都可能との報告をうけ、山背新宮《やましろしんみや》、葛野大宮《かどののおおみや》とよぶ新宮造営のため、長岡宮の解体を始める。

③伏見稲荷大社内拝殿（京都市伏見区）

④松尾大社東楼門（京都市右京区）

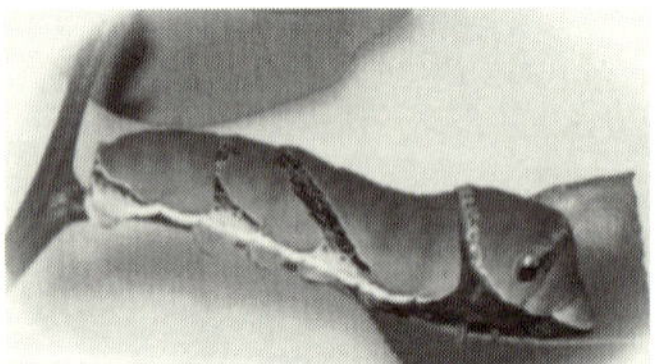
⑥常世神《とこよのかみ》（秦河勝はアゲハ蝶の幼虫を常世神とあがめる土着的な宗教集団を罰し、神の中の神とたたえられた。『なぜ？の図鑑・昆虫』学研教育出版、2015より転載）

⑤太秦《うずまさ》広隆寺南大門（京都市右京区）

30 四神相応《しじんそうおう》

平安京遷都の詔に見あたらない四神相応

山《さん》・川《せん》・道《どう》・澤《たく》の四神相応は、宅地選定の条件であるが、平安京の用地選定には関係していない。

◆遷都の詔にない四神相応と平家物語

遷都の用地選定の理由は、それぞれ遷都の詔《みことのり》に記されている。藤原京が新益《あらまほし》、平城京は四禽図叶《しきんずきょう》、長岡京は水陸之便《すいりくのべん》である。そして平安京は、桓武天皇の詔に「山川麗《さんせんうるわ》しく、四方国《よもくに》の百姓参り出で来たることもこれ便《たやすき》」、「山河襟帯《さんがきんたい》」とある。そこに「四神相応《ししんそうおう》」は見あたらない。

　四神と平安京をつなぐ根拠は、『平家物語《へいけものがたり》』の中で、僧玄慶《げんけい》が「この地の体《てい》を見候うに左青龍、右白虎、前朱雀、後玄武、四神相応の地なり」と述べる記述だが、この僧は実在しない。実在した賢璟《けんけい》をモデルとしているように、鎌倉時代の軍記物語が、400年前の遷都の事情を正確に伝えている確証はない。そのうえ『平家物語』は、四神が何かを具体的に説明していない。それを考えても物語の作者の意図でしかなく、陰陽五《おんみょうご》行説《ぎょうせつ》や風水術《ふうすいじゅつ》による後付けと同じで、歴史的な証明にはならない。

　江戸時代の京都案内書『洛陽名所《らくようめいしょ》集《しゅう》』が「四神相応の地」とし、『京《きょう》雀《すずめ》』は「左に青龍の流水あり、右に白虎の大道あり、前に朱雀の澤畔あり、うしろに玄武の高山あり」とするが、山川道澤《さんせんどうたくせつ》（山川道澤説）をあてる根拠は記さず、地名もあげていない。実は、四神に地名をあげる見解は近代からで（朝日古典全書『平家物語』の注釈に「東賀茂川、西大通、南鳥羽の田地、北比叡山」）、さらに昭和時代後期になって、南に巨椋池《おぐらのいけ》、北に船岡山《ふなおかやま》や北山連峰《きたやまれんぽう》をあてる説が出されたのである。

①若宮大路御所跡
（鎌倉市雪ノ下、佐々木大宇《ひろたか》提供写真）

◆山川道澤の四神の意味

　山川道澤は、鎌倉時代の歴史書『吾妻鏡《あづまかがみ》』に、鎌倉の将軍御所（図①）の用地選定で登場する。僧の珍誉《ちんよ》が、「西は大道南行、東河あり、北鶴岳《つるがおか》あり、南海水たたえ池沼に准ず」の若宮大路《わかみやおおじ》を「四神相応」と主張。これに安倍国道《あべのくにみち》ら京都から来た陰陽師が否定しなかったのは、都城でなく宅地選定だからである。

②安倍清明を祀る清明神社
（京都市上京区）

　唐時代の『司馬頭陀地脉訣《しばずだちみゃっけつ》』（『敦煌文書《とんこうもんじょ》』）に「居宅、東に南流の水これ青龍……西大道これ白虎……南汚池《おち》（よごれた池）これ朱雀……北大丘陵これ玄武」とあり、日本でも平安時代末期の『作庭記《さくていき》』に「東流水有を青竜……なければ柳九本うえ青竜の代、西大道有を白虎……なければ楸《ひさぎ》（アカメガシワ）七本うえ白虎の代、南側池有を朱雀……なければ桂七本うえ朱雀の代、北後丘あるを玄武……なければ檜三本うえ玄武の代……四神相応の地……官位福禄備わり無病長寿」とある。室町時代の僧が安倍晴明《あべのせいめい》（図②③）の名で書いた『簠簋内伝《ほきないでん》』も同様に記すように、山川道澤は個人の欲望をかなえる宅地の条件だった。

　宅地ならそれなりに合理的で、植樹で代えられる呪術性も、個人の財力などから無理からぬ設定である（図④）。しかし都城とは関係ない。平安京以外の日本や大陸の都城にあてはまらず、四禽が図に叶う平城京にも一致しない山川道澤説は、平安京だけの理由を説明せずに『平家物語』が特定しない四神にあてはめたものであった。

　なお、江戸時代後期の『都名所《みやこめいしょ》

③現在の一条戻り橋
（安倍清明の家人が式神をおそれたので、その式神を橋の下に待たせたと伝承される）

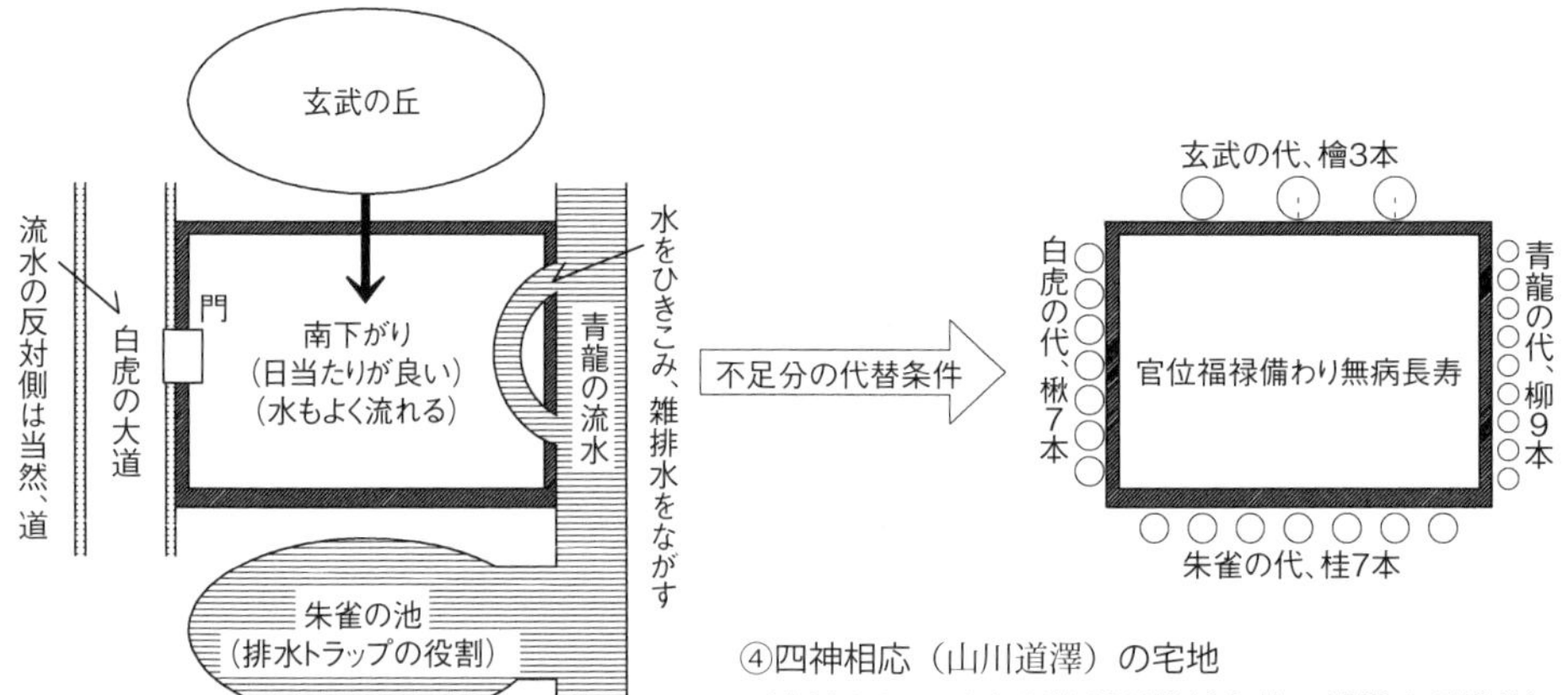

④四神相応（山川道澤）の宅地
（宅地としては合理的だが代替条件の植樹は呪術的）

⑤法師陰陽師（『春日権現験記絵』（宮内庁三の丸尚蔵館所蔵、僧が紙冠《かみこうぶり》をかぶり仮神官となるのが法師陰陽師、道に立つ御幣《ごへい》や切った縄が疫鬼祓いの跡だが、屋根の上の疫鬼は去っていない）

図会拾遺《ずえしゅうい》』は「天の二十八宿を四ツ割にして七星ずつを四方に配」したのを四神とする。都城を可能にする四方位のひろがりという意味までは見ていないが（17項参照）、古代中国天文学はよく把握している。

◆平安京は四神相応

延暦12年（793）正月の現地調査にあたり、陰陽寮役人は造平安宮《ぞうへいあんぐう》使《し》役人と北闕型の都市計画図をつくり、京都盆地で正方位（真北0度14分03秒西振）を割りだして、宮の四至《しいし》や平安京のひろがりを四方位に確認した可能性が高い。

ひろがりがあれば、それは平城京の詔にいう四禽図叶（17項参照）だから、四禽図叶と四神相応が同義（山川道澤ではない）という前提で、平安京も四神相応である。それが遷都の詔に記されないのは、藤原京の失敗をふまえた平城京では重要とされた土地のひろがりが、長岡京や平安京では当然になっていたからであった。

◆陰陽寮役人と法師陰陽師

陰陽寮役人は占術も扱うので、官人を納得させるため「占筮《せいぜん》して地を相《み》る」（『養老律令』）こともおこなった。ただしおどろおどろしい呪詛は、養老律令《ようろうりつりょう》に「呪詛をつくりて人を殺さんと欲さば……死に至らば本殺」とあるように平安京遷都当初は死刑になるので、安易にはやらない。

ところが10世紀になると、藤原氏が権力をにぎる中で貴族どうしの出世競争が激化。他人を呪ってもと思いはじめる。死刑はすでに廃止されており、清少納言《せいしょうなごん》が「陰陽師して河原に出て呪詛の祓《はら》えしたる」（『枕草子《まくらのそうし》』）と記したように呪詛を請け負う民間の法師陰陽師《ほうしおんみょうじ》（図⑤）が増えた。また給料が滞った陰陽寮役人も、呪詛をするようになるが、それは10世紀以降のこと。遷都当初の彼らは、天文や時間、都市計画を扱う技術官僚としての側面が強かったのであり、10世紀以降の呪術師と、特に民間と同じ扱いはできない。

第四章

平安京という都城《とじょう》

仙洞御所（京都御苑、京都市上京区、宮内庁京都事務所提供）

31 平安京遷都

山川麗しく、来ること たやすき平安京

藤原京は大陸風の都城を、平城京は南下りの空間の広がりを、長岡京は水陸の便を求めた。平安京は、これらすべてを求める。

◆平安京遷都

延暦12年（793）正月、新宮と新京の造営をはじめた桓武天皇は、3月に伊勢神宮や上下賀茂社へ遷都を報告。上級官人に労働者を提供させて工事を急いだ結果、着工から半年後の6月に築地塀の宮垣が完成。12宮門を置いた。

7月に大極殿以外が完成し、満足した桓武天皇は造平安宮使《ぞうへいあんぐうし》の役人にほうびをあたえる。翌8月に造成された京中を確認し、9月に菅野真道《すがののまみち》と藤原葛野麻呂《ふじわらかどのまろ》が官人へ宅地を班給した。これを受けて、官人の住宅建築がはじまった。

延暦13年（794）正月の朝賀は長岡宮が解体中のため行われず、6月に完成した新宮（平安宮《へいあんきゅう》）が掃除された。官人の引っ越しもすすみ、7月に東西の市が長岡京からうつる。

延暦13年10月23日、ついに桓武天皇が長岡宮を出て平安宮へ入った（平安京遷都《へいあんきょうせんと》）。

◆詔にみる用地の選定理由

桓武天皇は、延暦13年10月28日の遷都の詔で「葛野大宮地《かどののおおみやのち》は山川麗《さんせんうるわし》く、四方国《よものくに》の百姓の参り出来《いでき》る事もこれ便《たやすき》」（『日本紀略』）とのべた。山や川が美しく、諸国から来やすいのが遷都の理由としたのである。流通経済が未発達の当時、交通は諸国からの貢納の道を意味しており、それがよいのは新京の適地だった（図①）。

さらに11月8日の詔で「山勢実《さんせいまこと》に前聞《ぜんぶん》に合う云々、この国は山河《さんが》襟帯《きんたい》、自然城《おのずからしろ》をなす、この形勝《けいしょう》に因《よ》り新号《しんごう》を制《せい》す、宜《よろ》しく山背国《やましろのくに》を改め山城国と為《な》すべし、また子來《しらい》の民、謳歌《おうか》の輩《ともがら》、異口同辞《いくどうじ》、曰《いわ》く平安京《へいあんきょう》と号《ごう》す」（『日本紀略』、意味：聞いていたとおり山が襟、川が帯のような自然の城だから山背の名を山城にかえ、臣下が口にする平安京と名のる）とのべた。翌延暦14年（795）の正月の踏歌《とうか》（足を踏み鳴らす男舞い）の節《せち》会《え》でも、次の歌がうたわれた。

……山城《やましろ》の顕楽《けんがく》、旧来伝わる、帝宅《ていたく》新成《しんせい》、最も可憐《かれん》、郊野道平《こうやのみちたい》らかに千《せん》里《り》を望む、山河美《さんせんび》を擅《せん》し、四周《ししゅう》に連《つら》なる（合いの手：新京楽《しんきょうがく》、平安楽土《へいあんがくつ》、万年春《まんねんしゅん》）沖襟《ちゅうきん》乃《すなわち》八方中《はっぽうちゅう》を眷《かえりみ》、日

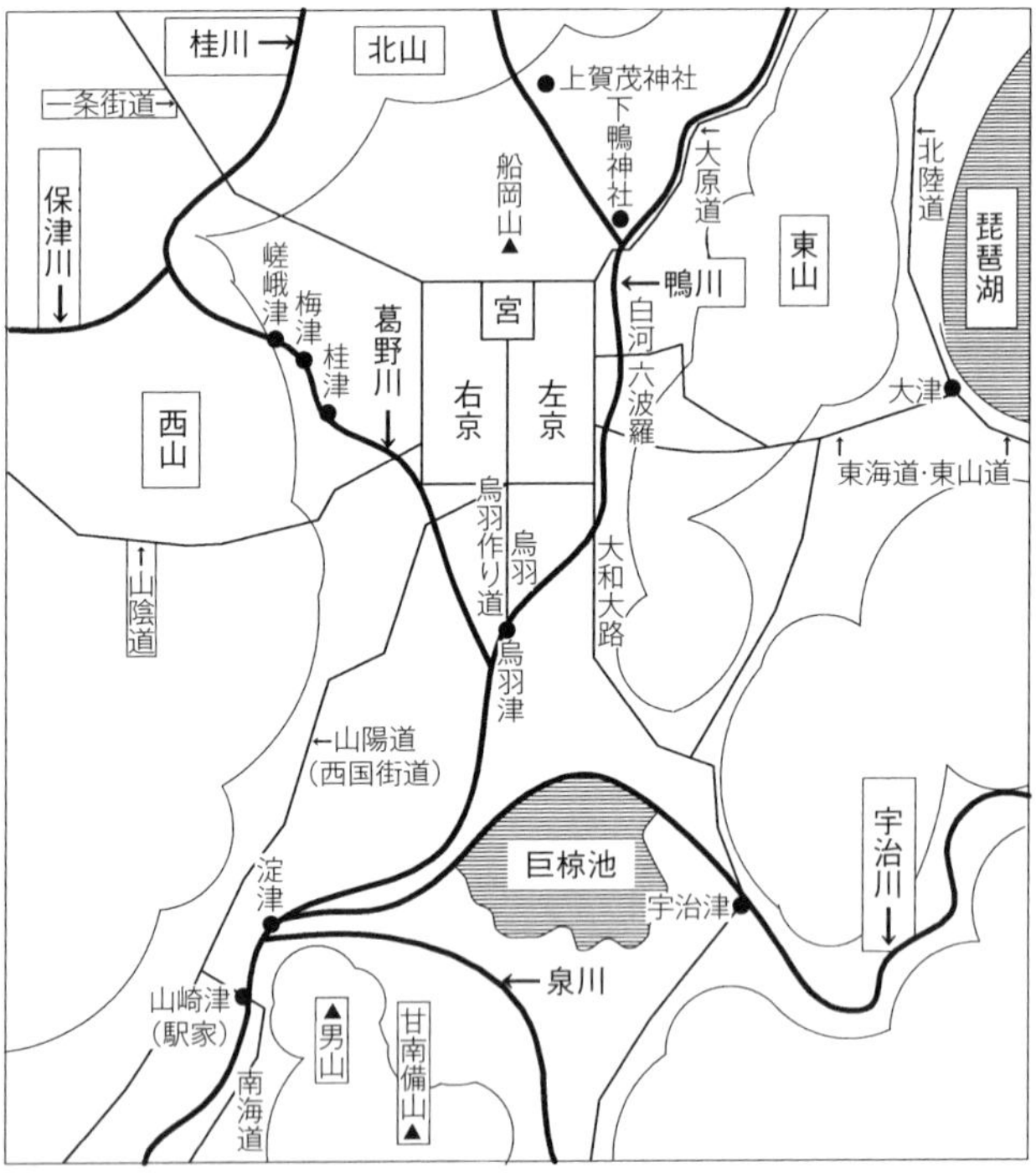

①平安京の地形と交通

②将軍塚（図③）近くから見た京都三山（右から東山、北山、西山）

をへず爰《ここに》に億載宮《とはのみや》開く、壮麗裁規《そうれいさいき》不《ふ》朽《きゅう》に伝わり、平安の号を無窮《むきゅう》に作《な》す験《あか》しなり（合いの手：おなじ）……

［意味：昔から山城国は明るい風土、新宮完成はさらにめでたい、郊外への道は平らで見通しがよく、山や河は四周に美しい、天皇は広い心（沖襟）で八方探し、永遠の宮をつくられた、壮麗な文物や制度（裁規）は平安の名のあかし……］

◆遷都の詔をふまえてみる平安京の地形

藤原京から平城京、長岡京をへた平安京は、西の葛野郡《かどののぐん》と東の愛宕郡《おたぎぐん》の平地がひろがり、東山、北山、西山の京都三山《きょうとさんざん》（図②）が屏風のように囲む。そして南下がりの京都盆地は明るく、水もよく流れる。

水運は、羅城門から南へ鳥羽作《とばつく》り道《みち》を3㌖いくと離宮や貴族の別業《べつぎょう》（別荘）が置かれた鳥羽につく。鴨川水運の港の鳥羽津《とばのつ》があり、上流は平安京の東、下流は葛野川（桂川）水運と合流して淀津《よどのつ》へ行けた。淀津は、宇治川水運や泉川（木津川）水運が集まり、物資集散地の山崎にも近い。さらに淀川水運は、淀川から三国川河口の河尻泊《かわじりのとまり》（新外港）までつながっていた。

陸運も、東は逢坂《おうさか》（滋賀県大津市）の先が東海道、北は和邇《わに》（滋賀県大津市）の先が北国街道、大枝《おおえ》（京都市西京区）の先が山陰道、西は山崎の先が山陽道で、南は大和街道が伸びていた。

まさしく詔通りの地形に、小黒麻呂ら造宮使役人と陰陽寮役人が都市計画を行った北闕型《ほっけつがた》都城が平安京である。唐の長安と同じ北闕型都城でも、平城京や長岡京の日本独自要素（南北に長い形や方格地割）も取り入れて、もっとも洗練された都市計画を練りあげた。

③将軍塚
（京都市山科区、青蓮院境内大日堂、遷都の年に国家と平安京鎮護のため鎧《よろい》を着せた土偶［図④］を埋めた塚《さくづか》、山科の征夷大将軍坂上田村麻呂の墓と混同された）

④将軍塚に埋められた土偶の姿
（高山寺所蔵『将軍塚絵巻』リライト）

⑤山住《やまずみ》神社
（京都市左京区岩倉、平安京は東西南北の岩蔵《いわくら》に一切経を納めたとの伝承もある。そのうちの北岩倉。南岩倉は明王院不動寺、西岩倉は金蔵寺、東岩倉は真性院とも）

32 平安京の都城制

もっとも洗練された古代都市

平安京は、古代日本が120年かけて到達した大陸風の都城、北闕型都市となる。

◆平安京の国家的体裁と条坊制

平安京（図①）は、真北とのずれが0度14分03秒という、高い精度で造営された。

南辺中央の羅城門《らじょうもん》（図②③④）は、天皇がいる京《みやこ》の正門として京城門《けいじょうもん》とよばれた。両脇の羅城は平安京の南辺のうち工事できる部分に広げたので、東西一坊大路までの平城京よりも、国家的体裁がよくなった。

条坊制は東西の条大路が9本。南北の坊大路は中央の朱雀大路と両京4本の合計9本が正方形の坊を区画した。朱雀大路は羅城門から平安宮の朱雀門へ道幅28丈（83・4メートル）で約4キロメートル伸び、東の左京（洛陽城《らくようじょう》）と西の右京（長安城《ちょうあんじょう》）を分ける。朱雀大路に向く坊は坊城《ぼうじょう》（壁）が囲み、三条～九条の坊門小路《ぼうもんこうじ》に門を開けた。

坊は、東西の条間路や南北の坊間路で分割して保《ほ》、さらに小路で分割して1／16坊の1町を区画した。この1町は、藤原京や平城京のように前面道路にけずられず、長岡京では2種類あった面積も、400尺（119メートル）四方の1・42平方キロメートルの

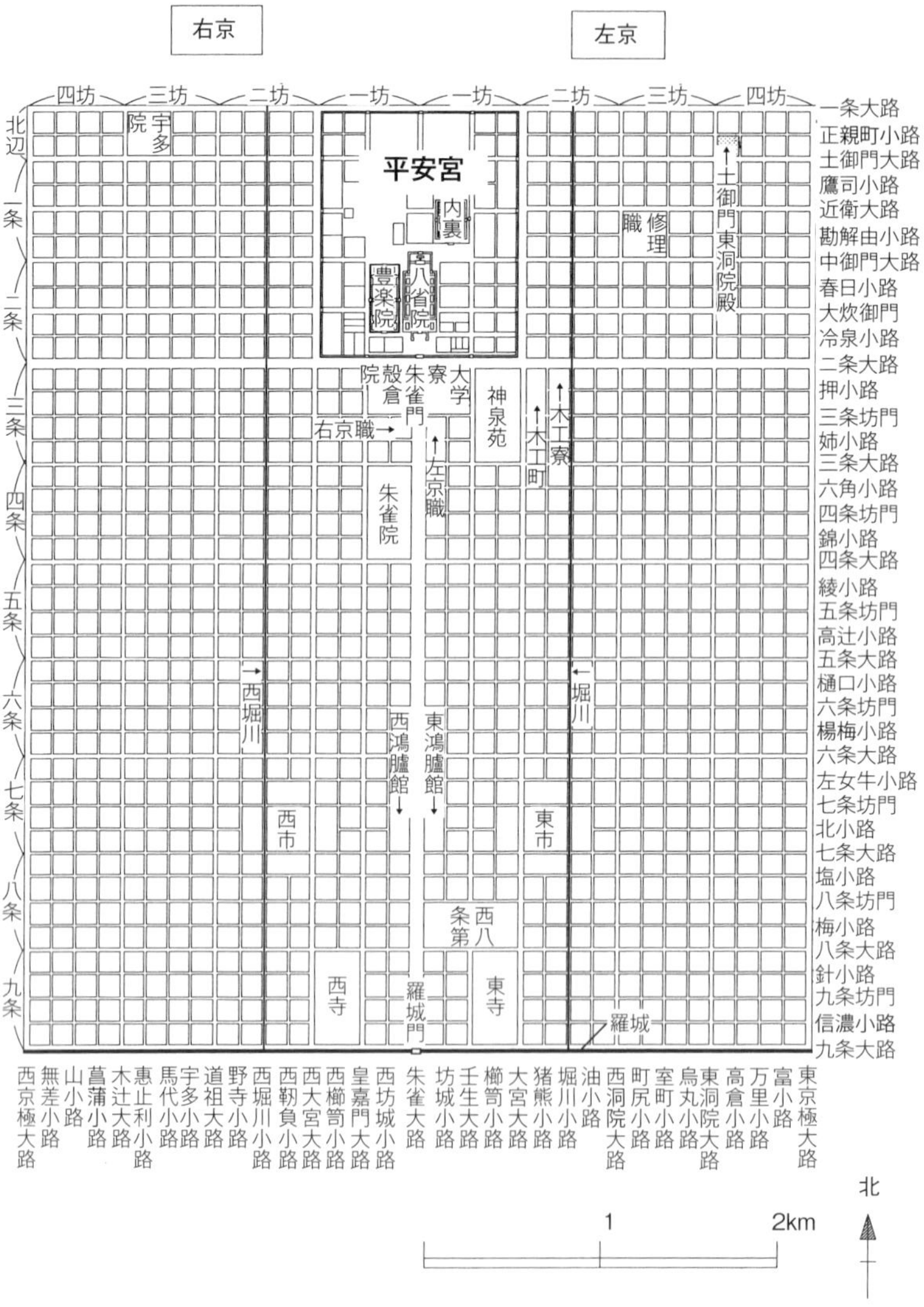

①平安京復原案

（通りの名前を「一正土北辺、鷹近勘中一、春炊冷二条、押坊姉三条、角坊錦四条、綾坊高五条、樋坊梅《もも》六条、牝坊北七条、塩坊梅八条、針坊信九条」と口ずさむのは10世紀から）

③羅城門復原模型
（京都駅北広場、東西柱間７間×南北柱間２間）

②羅城門と朱雀大路（京都市歴史資料館所蔵、京都市平安京創生館展示、平安京復原模型、羅城門の北で朱雀大路の両脇は史料不足のため未復原）

1種類となった（集積地割《しゅうせきちわり》方式）。
条坊制の設計寸法は、延喜式《えんぎしき》（平安時代中ごろの律令施行細則）に、朱雀大路は28丈（２８０尺、造営尺は29・8センチなので83・4メートル）とある。二条大路は17丈（50・7メートル）で、ほかの大路は12丈（35・8メートル）と10丈（29・8メートル）、8丈（23・8メートル）に分かれた（図⑤）。条間路や坊間路、小路は4丈（12メートル）で、設計された道幅は6段階あったことになる。

ただし、設計は12メートルでも、築地塀の中心から反対側の築地塀の中心の長さである。実際の道幅は、築地塀の幅半分の両側分1・5メートル、犬走り90センチの両側分1・8メートル、側溝90センチの両側分1・8メートルをのぞいた6・9メートルほどだった。

条坊工事のため畿内諸国から和雇《わこ》（有償雇用）した百姓は、1年間で延べ数万人に及んだ。朱雀大路や、東側の一部をのぞく左京は、正確な測量や工事で6段階の道幅や宅地が確保され、ほこりをおさえるため細かい石を踏み固めた舗装路まであった。一方、右京は道祖大路《さいおおじ》の西、つまり右京の西側半分や八条大路の南側が葛野川の氾濫原で、いつも湿潤であったため、条坊制を実施できなかった。

④羅城門に羅城が取りつく部分

⑤築地塀が続いて平安京の大路を思わせる京都御苑の苑路（宮内庁京都事務所提供）

◆平安京の宅地と京戸

宅地は三位以上が1町ないしそれ以下、四位と五位が半町以下、六位以下は1／4町以下。無位や百姓は1／32町が限度とされた。

長岡京からくる官人や市人がほとんどなので、左京だった人は左京、右京だった人は右京に、同じ面積の宅地を受け取った。これらの宅地は平城京や長岡京と同様に地番《ちばん》を付け、住人は戸籍に登録されて京戸《きょうこ》になった。京外に口分田をもつ外居之人《がいきょのひと》も居住を許されたが、浮浪人《ふろうにん》（口分田をすてた百姓）は居住が禁止された。

◆平安京の人口

平安京は、東西38町×南北32町、１２１６町に区画された。平安宮が80町をしめ、のこる１１３６町は左京と右京に５６８町ずつ。このうち６００町に貴族や官人が住み、五位以上の貴族・上級官人が２６０人、六位以下の下級官人が６００人、合計８６０人いた。１家族６人として人口約5200人になり、資人（従者）の7000人をくわえると1万2200人になる。

地方からきた役民《やくみん》（役所の労働力）が住む厨町《くりやまち》は41町で、人口1万5000人ほど。神泉苑《しんせんえん》（朝廷の庭園）や東西の市、鴻臚館《こうろかん》（迎賓館）や東寺《とうじ》、西寺《さいじ》など公的施設は42・5町。官人以外が住む452・5町は、四行八門制《しぎょうはちもんせい》で1町を32戸に区画するから合計1万4480戸。1家族6人だと人口8万6880人。

これらを合計した平安京の人口は11万4080人だが、人が住めない沼地が60町ほどあるので、10万人が目安になる。

33 平安宮の構成

平安宮と内裏のようす

平安宮の宮殿は、ひろい平安京と共に、東アジアの文明国家としての威信を示すため、必要不可欠な規模と姿であった。

◆平安宮の造営

造平安宮使の藤原小黒麻呂は、とにかく長岡宮の内裏（東宮）の移築を急ぎ、延暦13年（794）6月に完成を見とどけて翌月死去。和気清麻呂が2代目の造平安宮使となり、菅野真道《すがののまみち》と藤原葛野麻呂《ふじわらかどのまろ》（小黒麻呂の子）らと造営をすすめた。

平城京の頃の神亀元年（724）に太政官が聖武天皇へ「京師、帝王の居となし、万国朝す所、壮麗にあらざれば何をもって徳をあらわさん」と進言したように、外国使節に国家の威信を示せるのは平安京や平安宮の壮麗さ、そして立派さ。このため国費を注ぎこみ、巨木を集めて、巨大な宮殿群を造営した。

その建築は、官人の造営大工《ぞうえいだいく》らの担当だが、手元《てもと》（補助）として諸国《しょこく》匠丁《しょうてい》が集められ、入れかわるので番匠丁《ばんしょうてい》（大工をさす番匠《ばんしょう》の由来）とよばれた。特に腕がよかったのが飛騨国［岐阜県北部］の番匠丁、いわゆる飛騨匠《ひだのたくみ》である。

◆北闕型都城の平安宮

平安京は、東西4・5㌔×南北5・

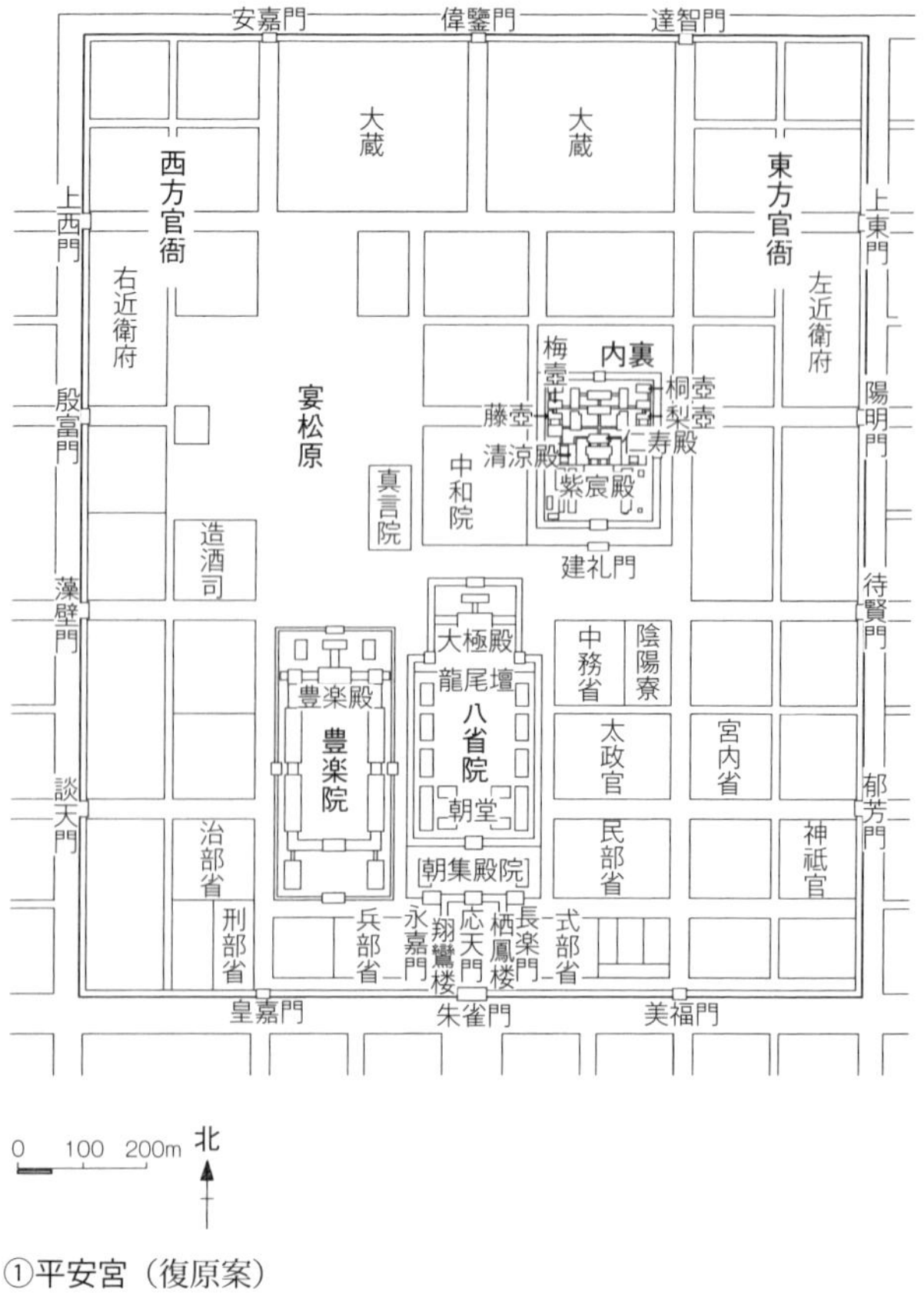

①平安宮（復原案）

④平安神宮境内（龍尾壇にたつ第３次平安京大極殿と東西の朝集堂１棟ずつを5/8サイズで模して明治28年建築）

2キロメートルの長方形で面積23・4平方キロメートル。北辺中央の平安宮は東西1・15キロメートル×南北1・38キロメートルで面積1・59平方キロメートルを築地塀の宮垣で囲み、大内《おおうち》ともよばれた（大内裏《だいだいり》という言葉は平安宮の宮殿が消えた平安時代末期の12世紀ごろから使われる）。

当初の平安宮は1・15キロメートル四方の正方形で、４辺に３門ずつ12門があった。これを後に北辺２町分を伸ばし（平安京全体も、37項①）、門も東西１門ずつ増えて14門になった（図①、増えた上東門と上西門は宮垣を切っただけで屋根なしの土御門《つちみかど》形式、ほかの12門で行う公式行事からも除かれた仮門）。

正門の朱雀門（図②）をくぐると八省院《はっしょういん》で、南辺３門の応天門《おうてんもん》（図③）の両脇から翔鸞楼《しょうらんろう》と栖鳳楼《せいほうろう》が伸びる。

門の中は東西１６７メートル×南北４６５メートルの空間で、南から朝集《ちょうしゅう》堂院《どういん》、朝堂院、大極殿院を置いた。朝集堂院は朝集堂を置き、北の会昌《かいしょう》門《もん》をくぐると朝堂院に12朝堂。北の一段高いところに古代宮殿最大級（東西柱間11間×南北柱間４間）の大極殿がそびえ、軒先と棟を緑釉《りょくゆう》瓦として遷都翌年（延暦14［７９５］）に完成した（同年中に朝堂院もできて八省院《はっしょういん》完成）。大極殿と朝堂院の間は、平城宮や長岡宮では閤門《こうもん》（大極殿院南門）と回廊で区切られていたが、平安宮は龍尾壇《りゅうびだん》（図④）だけで空間的につながった。

このような八省院の北が宮域の中心で、天皇が神事を行う中和院《ちゅうかいん》がはじめて常設された（国の安寧を祈る神官として役割が意識された）。

八省院の西は国家的宴会場の豊《ぶ》楽院《らくいん》で、これもはじめて置かれた。天皇が出御する豊《ぶ》楽殿《らくでん》（東西柱間９間×南北柱間４間、26項③）は、平城宮の第２次大極殿を移築し、延暦19年（８００）に完成。そのとき飛騨匠入魂の豊楽院諸堂も完成し、「微

②平安京復原模型（京都市歴史資料館所蔵、京都市平安京創生館展示、朱雀門の北に八省院、その左に豊楽院、右上に内裏、左上に宴松原）

③応天門（平安神宮、京都市左京区）

⑤紫宸殿（京都御所、安政２年［1855］再建、宮内庁京都事務所提供）

⑥清涼殿（京都御所、安政２年再建、宮内庁京都事務所提供）

妙（精妙《せいみょう》）」（『今昔物語集《こんじゃくものがたりしゅう》』）とたたえられた。

中和院の東は内裏で、天皇の私的空間として八省院から離して置いた。長岡宮の内裏と同様に政治の場となり、これをたすけるため、南に中務《なかつかさ》省（朝廷職務全般、陰陽寮）、太政官《だじょうかん》（八省統括・司法・立法・行政）、民部《みんぶ》省（租税・田畑・道）、式部《しきぶ》省（任官・叙位）をならべた。

ほかの宮域も治武《じぶ》省（戸籍・訴訟・使節応対・僧尼監督）、大蔵《おおくら》省（財務）、刑部《ぎょうぶ》省（司法・裁判・刑罰）、宮内《くない》省（営繕・医療・天皇資産管理）、兵部《ひょうぶ》省（軍事）の建物がうめたが、宮の中心軸から見て内裏と正対する場所に東西250《メートル》×南北430《メートル》の空地があった。ここは宴松原《えんのまつばら》とよばれたが、宴会記録はない。実は宮内《みやない》遷宮《せんぐう》（代がわりした天皇が内裏を新築する）のための用地であった。実際には遷宮はおこなわれず、承和《じょうわ》元年（834）に空海《くうかい》が宮中真言院《きゅうちゅうしんごんいん》（宮内修法道場）を建てる。それでもひろい空間は松林となり、人喰い鬼が出るという噂が絶えなかった。

◆内裏のようす

内裏の建物は、平城宮西院から長岡宮東宮をへて、平安宮へ移された。檜皮葺で無彩色のままだが、柱は礎石立に変えられた。中心は紫宸殿《ししんでん》（図⑤、南大殿《みなみおおとの》）で、当初はここで天皇が行政報告を受けた。それがやがて、八省を代表する太政官の報告を儀式的に聞くかたちにかわる。

南庭は桜（当初は梅）と橘がうえられ、警固の近衛府《このえふ》役人が待機するので左近《さこん》の桜、右近《うこん》の橘とよばれた。

紫宸殿の背後が、天皇がふだんいる仁寿殿《じじゅうでん》（北大殿《きたのおおとの》）で、伊勢神宮を遥拝する石灰壇《いしばいのだん》（土間がわりの白床《しろゆか》）がある（のちに天皇の居所は西の清涼殿《せいりょうでん》［図⑥］、さらに御常御殿《おつねごてん》へうつる）。

仁寿殿の北は皇后や東宮《とうぐう》（皇太子）、親王（皇太子以外の息子）、内親王（娘）の後宮《こうきゅう》（住まい）となる七殿《しちでん》五舎《ごしゃ》。飛香舎《ひぎょうしゃ》が藤壺《ふじつぼ》、凝花舎《ぎょうかしゃ》が梅壺《うめつぼ》、昭陽舎《しょうようしゃ》が梨壺《なしつぼ》、淑景舎《しげいしゃ》が桐壺《きりつぼ》とよばれたのは、壁が囲んで壺とよぶ前庭に、その樹が植えられたからである（後世の町家の坪庭《つぼにわ》の由来）。

34 平安京の景観

平安京の春は、柳桜をこきまぜて

国家の威信や天皇の権威を表す平安京は、まちなみも清浄に保つ必要があり、住人は植樹やそうじを義務付けられる。

◆平安京の街路樹

二条大路の北は上級官人の邸宅が多かったが、9世紀に右京の方では小さな家が現れ「皇親《こうしん》の居《きょ》と街衢《がいく》（小住宅街）相交わり卿相家《きょうそうのいえ》（上級官人住居）と坊里（畑が点在する下級官人住区）猥雑《まじわ》り」（『類聚三代格《るいじゅうさんだいきゃく》』）となる。それでも基本的には邸宅がならび、高さ5《メートル》の築地塀が続いていた。

①鴨川ぞいの柳と桜（長根亜希提供写真）

その築地塀ぞいに側溝があり、並木があった。美しいまちなみは国家の威信や天皇の権威を表すので、道ぞいの役所や住人は「道路あたりの樹、当司《つかさ》、当家これを栽《さい》す」（延喜式《えんぎしき》）とあるように植樹を義務付けられた。これが平安京の街路樹であり、その世話は左京職《しき》と右京職（京中の司法・民政・警察担当）の監視対象だった。

大同《だいどう》元年（８０６）に漆や果樹の植樹が命じられ（『日本後紀』）、柳も「浅緑や濃い縹《はなだ》、染めかけたりとも見るまでに、玉光る下光る、新京朱雀の枝垂《しだ》り柳《やなぎ》」（意味：浅緑色や濃い浅黄色に色付いた枝で朝露が玉のように光る、新京の朱雀大路の枝垂れ柳は）とうたわれた。平城京に多かった槐《えんじゅ》（20項③）も植えられたが、山桜《やまざくら》も多く、素性法師《すせいほうし》（三十六歌仙《さんじゅうろっかせん》のひとり）はのどかな平安京の春を「見わたせば、柳桜《やなぎさくら》をこきまぜて、都ぞ春の錦《にしき》なりける」（『古今和《こきんわ》歌集《かしゅう》』）とたたえた（図①）。

◆平安京のそうじ

まちなみを清浄に保つのがそうじ。藤原京や平城京を悩ませた樋殿《ひどの》（16項④）は、平安京では貞観《じょうがん》7年（８６５）に禁止された。溝さらいは京戸《きょうこ》（戸籍に記された住人）の分担とされたが、やがて道路の前の役所や家が、毎月1回の道路そうじと共に義務付けられた（図②）。

平安宮のまわりや朱雀大路は人足を雇ったが、朱雀大路ぞいの大学《だいがく》寮《りょう》（官人養成所）や穀倉院《こうそういん》（正規外の税保管所）、東西の鴻臚館、神泉苑などの公共施設は、京戸が分担した。

◆山なみの保護

平安京を囲む山野は、私有が禁止された。公地公民政策のひとつであると共に、山なみのながめをまもる意味もあった。大同元年（８０６）に朝廷が全国へ「山岳の体、あるいは国に於いて礼と為す」（『類聚三代格』）と触れたように、美しい山なみは国家の礼節とされたのである。

まして平安京は、遷都の詔に「山川麗《うるわし》く」、踏歌に「山河美を擅《せん》し、四周に連なる」とされたところ。北東の比叡山のもと、三山（東山、北山、西山）が緑の屏風になっており、このながめを守るのは首都の礼節であった。

◆郊外の埋葬地と無常観

奈良時代の喪葬令《もそうれい》は、平城京や街道ぞいの埋葬が京《みやこ》の穢《けが》れになると禁止した。平安京も同じで、延暦16年（７９７）に葛野郡や愛宕郡の百姓も家の近くでの埋葬が禁止された。

右京三条三坊十町で10世紀の木棺が出土したように邸内《ていない》埋葬もおこなわれたが、人目をはばかる行為であった（図③）。東の神楽岡《かぐらおか》（図④）、南東の鳥辺野《とりべの》（図⑤）、南の深草山《ふかくさやま》や木幡《こわた》、北の船岡山《ふなおかやま》や卒塔婆《そとば》がならぶ蓮台野《れんだいの》（図⑥）、西は宇多野《うたの》や嵯峨野奥の化野《あだしの》（図⑦）など、郊外に多くの埋葬地ができた。遺体はこれらの

②京都御所の築地塀と側溝（宮内庁京都事務所提供）

③繁昌神社《はんじょうじんじゃ》（京都市下京区、この場所に住んだ長門前司《ながとのせんじ》が娘の遺体を鳥辺野へ運んだが、戻ってくるので邸内埋葬すると塚ができたとの話が『宇治拾遺物語《うじしゅういものがたり》』にある）

④神楽岡《かぐらおか》（京都市左京区、通称吉田山《よしだやま》、奥に京都御苑）

⑤鳥辺野の墓石群（京都市東山区、西大谷墓地 17 区から）

⑥上品蓮台寺《じょうぼんれんだいじ》の仏師定朝《じょうちょう》墓（京都市北区）

山野や寺院で土葬や風葬にされ、火葬もおこなわれた。

埋葬地は無常観《むじょうかん》（永遠はないという世界観）をもつ歌に詠まれ、たとえば西行法師《さいぎょうほうし》は「誰とても留まるべきかは化野の、草の葉ごとにすがる白露」、「かぎりなく悲しかりけり鳥辺山、亡きをおくりて帰る心は」と詠んでいる。

⑦化野念仏寺の門前石仏
（京都市右京区）

35 平安京のくらし
寝殿造りから四行八門まで

朝廷庭園の神泉苑《しんせんえん》や、迎賓館の鴻臚館《こうろかん》がある平安京に、寝殿造りの原型が現れる。

◆寝殿造りの原型

遷都当初の上級官人の邸宅例に、右京一条三坊九町の邸宅がある（図①）。1町の敷地に築地塀をまわして南門を開き、東西柱間7間×南北柱間5間の正殿を置いた。この正殿は、モヤ部分が礎石立で、ヒサシ部分が掘立柱（図②上）。屋根の一部を高価な瓦葺にして、高い位階と経済力を誇っている。

正殿と東西の脇殿でコの字形に南庭を囲む配置は、飛鳥時代の宮や全国の国府政庁《こくふせいちょう》、内裏の後宮と同じ。平安時代後期に現れる寝殿造《しんでんづく》りにつながるが、寝殿造りは廊《ろう》で正殿と脇殿を結ぶ。この時期の邸宅は、その廊がまだなく、それぞれの建物で沓《くつ》をぬいだ。また寝殿造りは南に苑池を置くが、この邸宅にはない。

◆神泉苑の乾臨閣《けんりんかく》と寝殿造り

神泉苑《しんせんえん》は朝廷の自然庭園（図③④）。平安宮の近くに、東西2町×南北4町（11平方キロメートル）の敷地を持った。樹々が植えられ、弘仁《こうにん》3年（812）2月の花宴《かえん》の節会《せちえ》（花見）では、嵯峨《さが》天皇が「過半の青春（春なかば）、何のもよおす所ぞ（なにがそうさせるのか）、和風《わふう》（やわらかい風）しばしば重《しき》りて百花開く」と詠んでいる。

中央の池は龍が住むとされ、雨乞いの祈祷《きとう》がおこなわれた。池の北の乾臨閣《けんりんかく》は、東の左閣、西の右閣を廊で結び、両閣から池畔の東釣台《ひがしちょうだい》と西釣台にも廊が伸びる。これらでコの字に苑池を囲む構成は、冷然院《れいぜんいん》（冷泉院）や朱雀院《すざくいん》（離宮）に取り入れられ、寝殿造りにつながる。

◆京中の水運

堀川小路に東堀川《ひがしほりかわ》（現、堀川通、図⑤）、西堀川小路に西堀川《にしほりかわ》（現、紙屋川《かみやがわ》）が、それぞれ東西の市《いち》の中を流れていた。設計幅は12メートルだが、実際は6メートルほどで深さは2メートル。どちらも下流で葛野川とつながり、丹波国の木材を編んだ筏や、淀津や鳥羽津で物資をつみかえた小舟がこれで京中へ入って市で荷揚げした。

なお、「東堀川の川筋が旧鴨川で、平安京遷都のとき現在の鴨川流路に付け変えられた」という鴨川付けかえ説は、地質調査で否定された。

◆東寺・西寺

東寺（図⑥）は延暦15年（796）、西寺は弘仁6年（816）に朝廷が

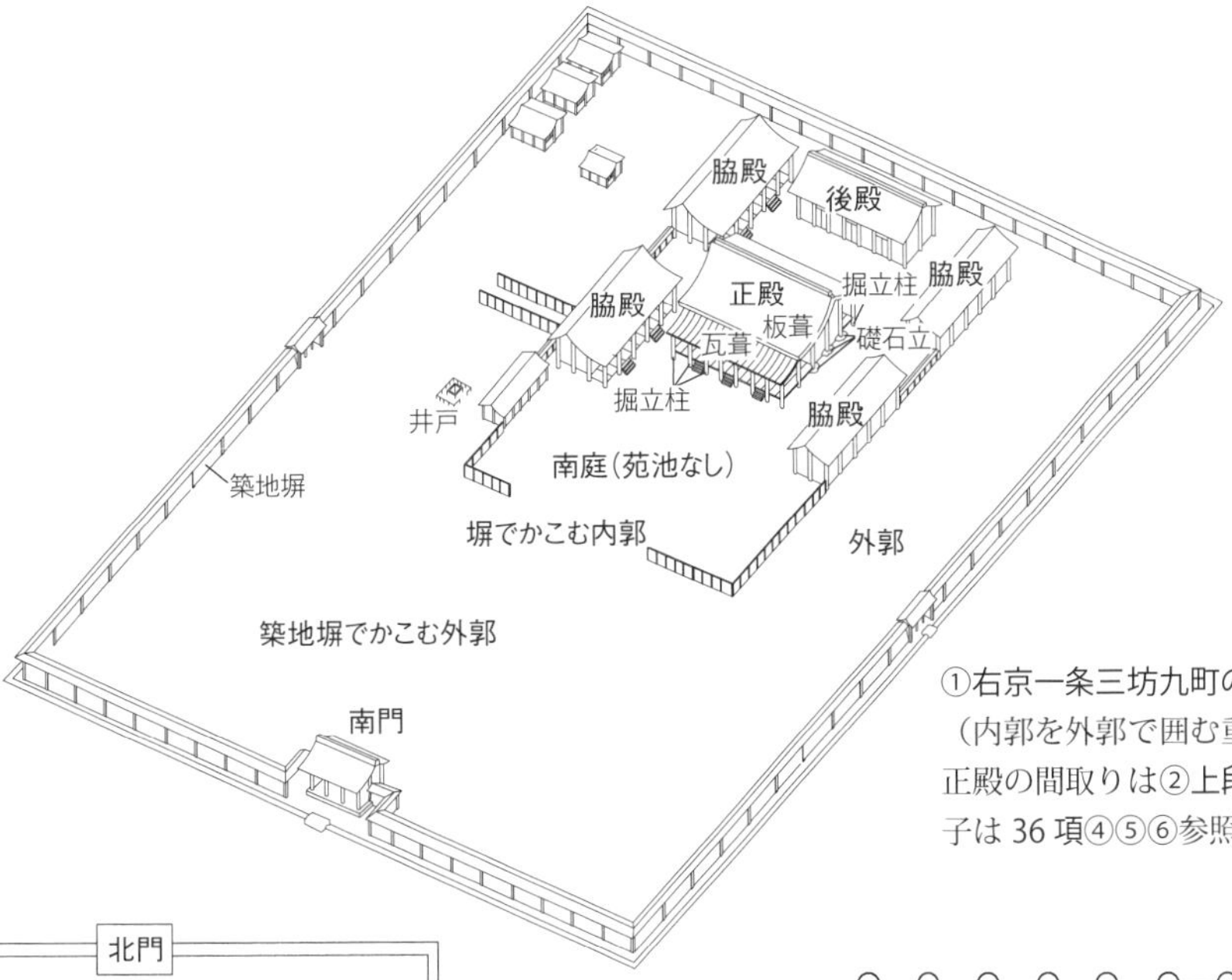

①右京一条三坊九町の邸宅
(内郭を外郭で囲む重郭の邸宅、正殿の間取りは②上段、建物の様子は 36 項④⑤⑥参照)

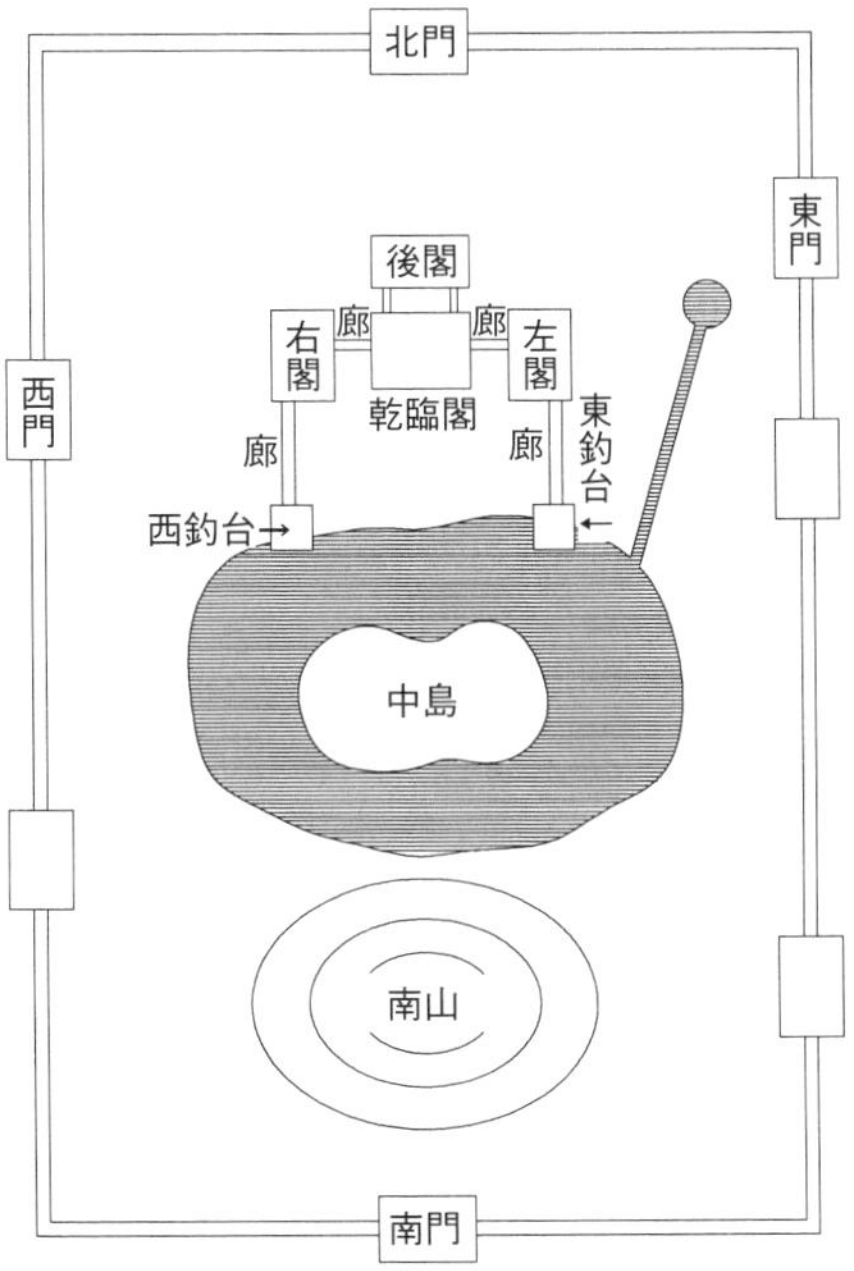

③神泉苑と乾臨閣

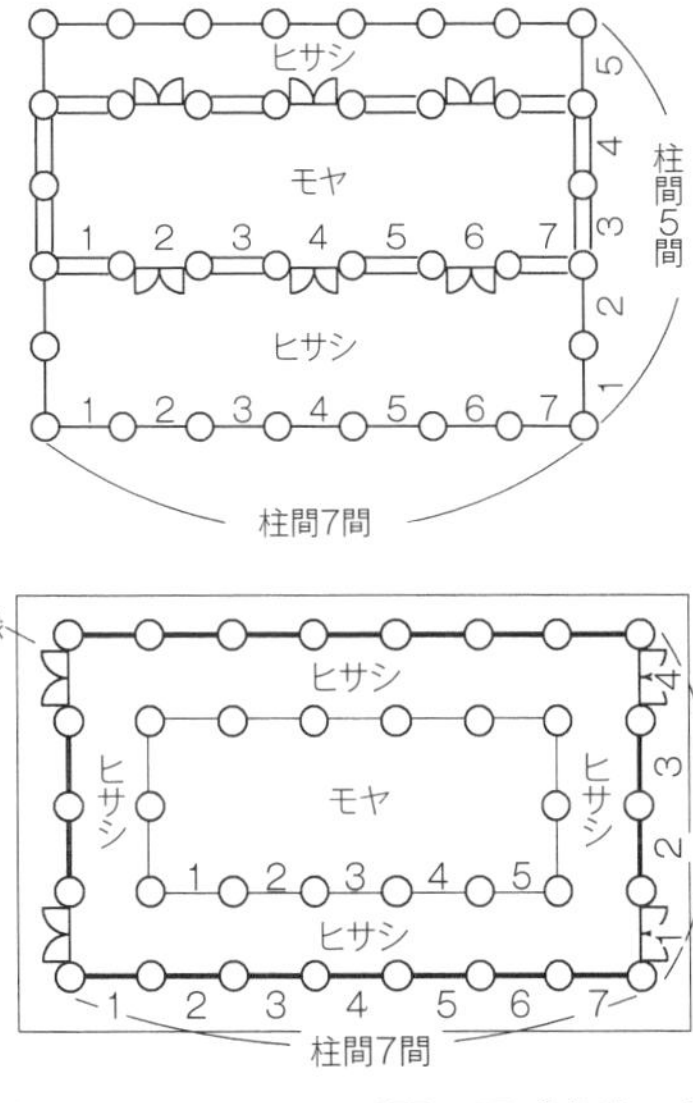

②上：7 間 2 面、下：5 間 4 面(当時の住宅の間取りは、モヤの長辺柱間数と、まわりのヒサシの面数でよぶ間面《けんめん》記法《きほう》)

⑤堀川水辺環境整備事業(平成 9 ～ 20 年)で復原された東堀川の流れ

④現在の神泉苑

建てた官寺《かんじ》である。平城京の寺院群がうつってくるのを許さなかった平安京で、国家鎮護のための学問寺として建てられた。

　共に木造薬師三尊が本尊で、南大門→金堂→講堂を南北にならべ、

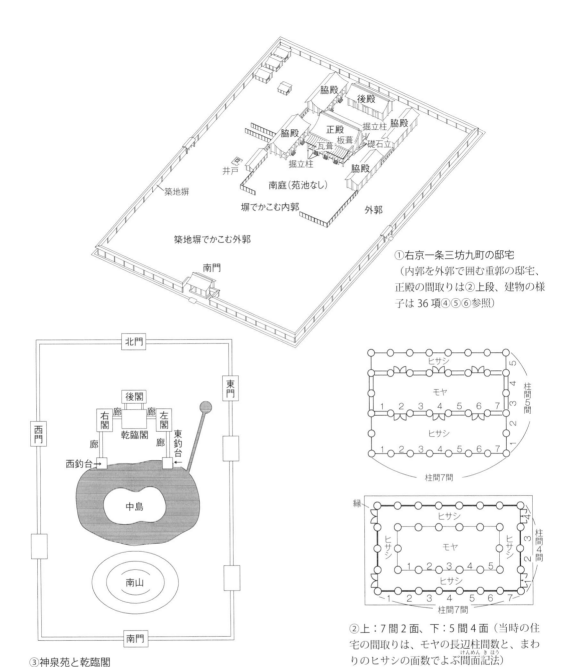

⑥平安京復原模型の東寺（京都市歴史資料館所蔵、京都市平安京創生館展示）

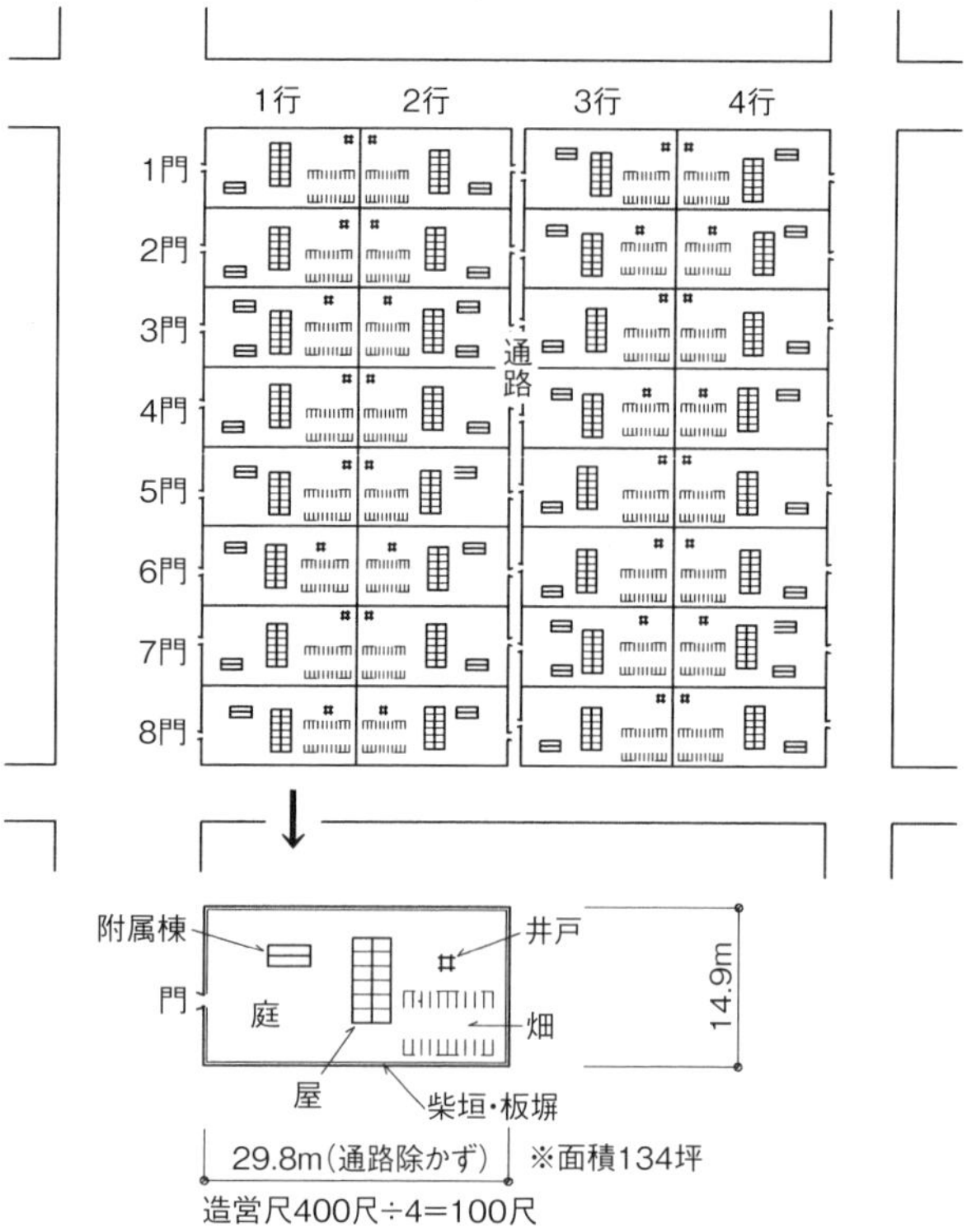

⑦四行八門（屋《いえ》の前に庭、背後に畑）

⑧桓武天皇

五重塔を置いた。朝廷はこの伽藍《がらん》を、平安京の体裁のため朱雀大路の東西の九条一坊に正対させた。

このうち東寺は弘仁14年（823）に、加持祈祷《かじきとう》で貴族の支持を得た真言僧《しんごんそう》空海にあたえられ、空海は仁王護国仏像をみずから刻んで密教《みっきょう》の教王護国寺《きょうおうごこくじ》とした。その後は「蓬窓《ほうそう》（庶民）・宮殿《くでん》（貴族）へだてなし」の布教方針により、西寺の廃絶後も繁栄する。

◆東西の鴻臚館

朱雀大路の東西の七条一坊に、外国使節が宿泊する東鴻臚館《ひがしこうろかん》と西鴻臚《にしこうろ》館《かん》があった。当初は桓武天皇（図⑧）が羅城門の両脇に置いたが、東寺と西寺を造営するため、うつされた。

鴻臚とは、大陸の宮廷で外国使節に応対した役名（鴻臚卿《こうろきょう》）に由来する。大宰府や難波にも置かれたが、2町の敷地をもつ平安京の鴻臚館は国家的な迎賓館であった。朝廷の官人と詩のやりとりや、珍品の密売も行われたとされ、『源氏物語』には光源氏が高麗人に手相をみてもらう場面がある。

よく泊まったのが渤海《ぼっかい》国（朝鮮半島北部からロシア東方沿岸の国）の朝貢使で、朝廷は朝貢の数倍の価値をもつ回賜《かいし》をあたえた。しかし財政が悪化した9世紀に東鴻臚館を廃止する。そして渤海国が滅んだ10世紀に西鴻臚館も機能停止した。

◆四行八門制

下級官人や百姓などが住む1／32町の小規模宅地（14・9メートル×29・8メートル、面積444平方メートル）は、一戸主《ひとへぬし》とよばれた（四行八門制《しこうはちもんせい》、図⑦）。住人は柴垣や柵で囲み、東か西に門を置いた。その中に8メートル×4メートルの屋《いえ》や6メートル×4メートルの付属棟を置き、ほかは井戸ぐらい。まわりを野菜畑にして、家族6人ほどで暮らしていた。

36

万代宮宣言

嵯峨《さが》天皇の万代宮《よろずよのみや》宣言、千年都《せんねんみやこ》の礎《いしずえ》

兄の平城《へいぜい》太上天皇が平城京還都を言いだすが、弟の嵯峨《さが》天皇は武力鎮圧。平安宮を万代《よろずよ》の宮と定め、遷都をくり返す時代を終わらせる。

◆律令政治の限界と徳政相論

平安時代初頭に口分田が不足。国司が常荒不用の田《じょうこうふようた》（耕作不能地）を百姓に押し付けたので、逃亡が増えた。桓武天皇は国司の不正を勘解由使《かげゆし》（監察官）に報告させる一方、浮浪人《ふろうにん》を集めて湿地を灌漑《かんがい》させ、口分田にするなどしたが、9世紀中ごろに班田収授はすたれていった。

一方、平安京では延暦19年（800）の豊楽院完成後も造営が終わらず、疑問を持った天皇は徳政《とくせい》（よい政治）とは何かを官人に質問。藤原緒嗣《ふじわらのおつぐ》（百川の子）が「天下の苦しむ所は軍事と造作、両事を停《や》むれば百姓安んぜん」（『日本後紀《にほんこうき》』）と答え、延暦24年（805）に平安京造営の中止が決まる（徳政相論《とくせいそうろん》）。その後は建築を木工寮《もっこうりょう》が、修理は修理《すり》職《しき》が担当したが、未着工の道は放置。平安京は未完成だった。

延暦25年（806）3月17日、桓武天皇崩御（図①）。2つの都城を造営した唯一の天皇は「当年の費《ついえ》といえども、後世の頼《たのみ》」（『日本後紀』）と記され、後世に役だつ出費と評価された。

①伏見桃山城運動公園からみる桓武天皇の柏原陵《かしわばらのみささぎ》樹林（京都市伏見区）

◆平城天皇と嵯峨天皇、薬子の乱

大同元年（806）5月18日、平城天皇《へいぜいてんのう》（図②、桓武長男）即位。妻の母親の藤原薬子《ふじわらのくすこ》（種継娘）を寵愛し、みかねた桓武天皇が追放しても即位後に連れもどしたような人物だが、六道観察使《りくどうかんさつし》に地方を監視させ冗官《じょうかん》を整理。山なみも保護した。しかし身体が弱く、在位わずか3年で神野皇子《かみのみこ》（桓武次男）へ譲位。大同4年（809）4月13日に嵯峨《さが》天皇（図③）が即位した。

②平城京東区画の北にみる平城天皇の楊梅陵《やまもものみささぎ》（奈良市、5世紀の前方後円墳を再利用）

一方、転地療養した平城太上天皇は、平城宮東区画の内裏（淳仁天皇の内裏）へ入る。11月に新平城宮を側近に計画させ、薬子の兄藤原仲成《ふじわらなかなり》が改作を開始。弘仁元年（810）9月6日に嵯峨天皇へ、平城京還都《へいじょうきょうかんと》を命じた。

かつて、孝謙太上天皇が淳仁天皇から権力を奪ったように、当時は、天皇は太上天皇にさからえないとされていた。このため嵯峨天皇も表だっては逆らわず、腹心の坂上田村麻呂《さかのうえたむらまろ》と藤原冬嗣《ふじわらのふゆつぐ》（藤原北家）を造平城宮使として送りこむ。その一方で10日に伊勢・美濃・近江国へ軍を出し、東国への道を封鎖した。それから藤原仲成を逮捕。平安宮右兵衛

③嵯峨野から嵯峨山上陵《さがのやまのえのみささぎ》をのぞむ（京都市右京区）

府の獄につないだ。そして同日に薬子・仲成兄妹を指弾する詔を出す。

……二所《ふたところ》の朝庭《みかど》、言をもへだち大乱おきるべし、先帝の万代宮《よろずよのみや》と定めたまいし平安京をも棄てたまい停めたまいて平城古宮に遷さんと（薬子が）勧め奉りて天下擾乱《じょうらん》、百姓亡弊《ぼうへい》、その兄仲成、妹の勢いを頼みて虚《そらごと》をもって事を詐《いつわ》る……

平安宮と平城宮は遠く、相手の考えがわからず争いになる、この混乱は薬子が太上天皇をそそのかしたのが原因で、仲成も妹をたのんで嘘をいうから兄妹を追放する、という意味である。

これを聞いた太上天皇は激怒。諸国へ天皇攻撃を命じ、自分も東国へ兵を集めに出ようとするが、すでに道はふさがれており、側近に引きとめられた。仲成は獄で斬られ、薬子は毒をのんで自殺。太上天皇は髪をそって反省を示した（薬子の乱）。

◆万世宮、嵯峨天皇の詔の意味

桓武天皇時代に平城京から長岡京、さらに平安京への遷都を経験した官人は、平城京がなつかしかった。聖武天皇の彷徨五年（25項参照）の例もあり、太上天皇の還都命令にも違和感はなかった。しかし結果は武力鎮圧。関係者は処断された。その理由を嵯峨天皇は、桓武天皇が万代宮《よろずよのみや》と決めた平安宮を遷そうとしたからとした。この万代宮の1語で、遷都をくり返した時代を終わらせ、平安宮を遷すのは罪と、官人に知らしめたのである。卑弥呼の宮室から歴代大王の宮、首都や陪都での経験をかさねた平安京は、日本の首都でありつづけるべき都市となった。そして千年都《せんねんみやこ》への道をあゆみはじめる。

なお、このような時代の建物の様子は、復原された伊勢神宮の斎宮《さいくう》（巫女《みこ》）の斎宮《いつきのみや》（図④⑤⑥）に見ることができる。

④伊勢神宮斎宮《いつきのみや》正殿
（三重県明和町、史跡斎宮《いつきのみや》跡、平安時代前期の東西柱間5間×南北柱間4間［間面記法（35項②）で3間4面］を復原）

⑤斎宮東脇殿
（史跡斎宮跡、正殿と南庭を囲む）

⑥斎宮西脇殿
（史跡斎宮跡、正殿と南庭を囲む）

37 右京は幽墟《ゆうきょ》
左京へうつる人びと

葛野《かどの》川に近い右京は湿潤で住みにくく、人びとが左京へうつる中、口分田不足で班田収授もうまくいかなくなり、中世の胎動がはじまる。

◆防鴨河使と防葛野河使

平安京遷都後、朝廷は防鴨河使《ぼうかし》と防葛野河使《ぼうかどのかわし》を定め、堤防を管理させた。貞観《じょうがん》3年（861）に廃止するが、左京の防鴨河使だけ復活。葛野川流域に近い右京は住みにくく（図①）、住人は左京にうつりはじめ、堤防を管理する必要が薄れていた。そのため貞観13年（871）の水害では、左京の被害は139人で右京は3995人。堤防が修理されない右京は住むのも危険になり、ますます左京への移動がすすんだ。10世紀にようやく排水技術が完成して、湿潤な道祖《さい》大路の西（図②）に先行条坊が通された。それでも北西部や南西部は湿潤すぎ、宅地の需要もなく結局田園になった。左京も東南部は鴨川の氾濫原（図③）で、条坊工事ができなかった。

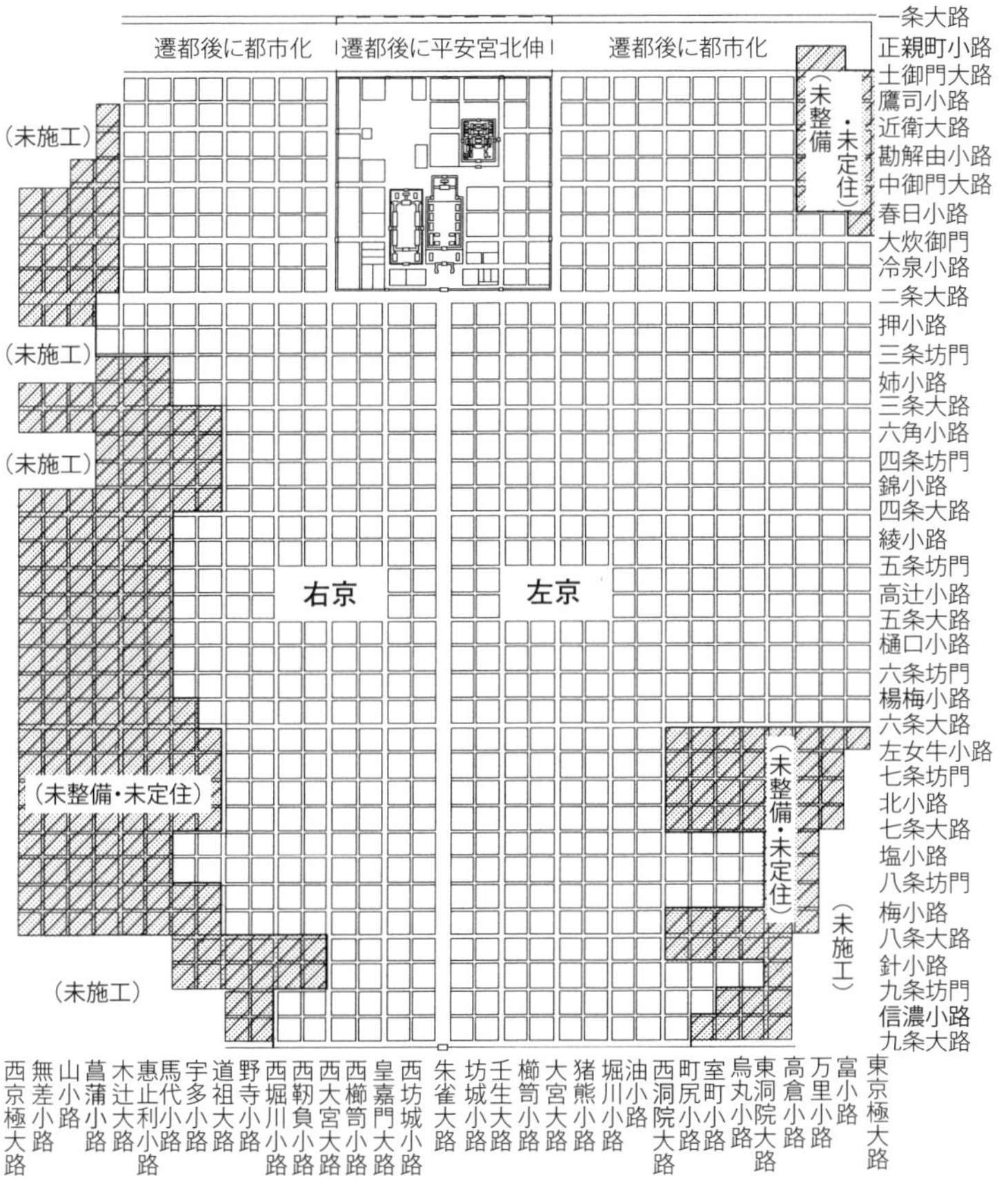

①９世紀の平安京の未完成［未施工］部分と未利用［未整備・未定住］地域）

◆10世紀末の平安京

天元《てんげん》5年（982）、慶滋《よししげの》保胤《やすたね》は『池亭記《ちていき》』に「西京（右京）は人家ようやく稀《まれ》にして、ほとんど幽墟《ゆうきょ》にちかし、人は去ること有りて、来ることなし、屋は壊《こわ》るること有りて、造《つく》ることなし」と記し、右京がさびれていく様子を伝えた。

一方、左京は「東京（左京）の四条以北、乾《いぬい》・艮《うしとら》の二方は、人々貴賤となく多く群衆する所、高家《こうか》は門をならべ堂を連《つら》ね、小屋《こいえ》は壁を隔《へだ》て簷《のき》（軒）を接《まじ》ふ、東隣に火災あれば西隣余炎を免れず、南阮《げん》（南辺）貧しく北阮（北辺）富めり」と記している。四条大路の北に人が集まり、身分の高い者は邸宅を構える、豊かでない人は棟割長屋《むねわりながや》に住むので、火事になればみな焼けてしまう、総じて南の人は貧しく北は金持ち、と伝えている。

②平安京の南西部分、手前が九条大路、中央左に道祖大路《さいおおじ》、右に西堀川小路（京都市歴史資料館所蔵、京都市平安京創生館展示、平安京復原模型）

③平安京の南東部分、鴨川の氾濫原（京都市歴史資料館所蔵、京都市平安京創生館展示、平安京復原模型）

◆地番表記の変化

このころ、口分田不足で班田収授

がてきず、諸国からの貢納がなくなった。朝廷の財政は悪化。給料がでない下級官人は四行八門の宅地を手放しはじめ、大宅地を切り売りする官人も現れた。これらを買い取ったのが、貴族や寺社、商人。律令時代の土地区画を消して、棟割長屋《むねわりながや》（保胤《やすたね》がいう小屋）を建てた（図④）。右京からうつってきた者に貸して、年貢を取るためである。

棟割長屋の地番は、それまでの条坊制の組みあわせでは表現できないので、「錦小路より北、西洞院より東」などと、通り名を組みあわせて表現した。11世紀末には「錦小路より北、西洞院より東、錦小路南頬《つら》中」というように、道路ぞいの壁面線を、面《めん》や頬《つら》とよぶようになる。

戸籍は作られなくなり、地主や建物所有者は、棟割長屋の住人を京戸ではなく在家《ざいけ》とよんだ。在家は集まって地域共同社会の在地《ざいち》をつくり、「町《ちょう》の長《おとな》しき人」、「町長者《まちのちょうじゃ》」とよぶ代表者を定めるようになっていく。自治の萌芽《ほうが》であった。

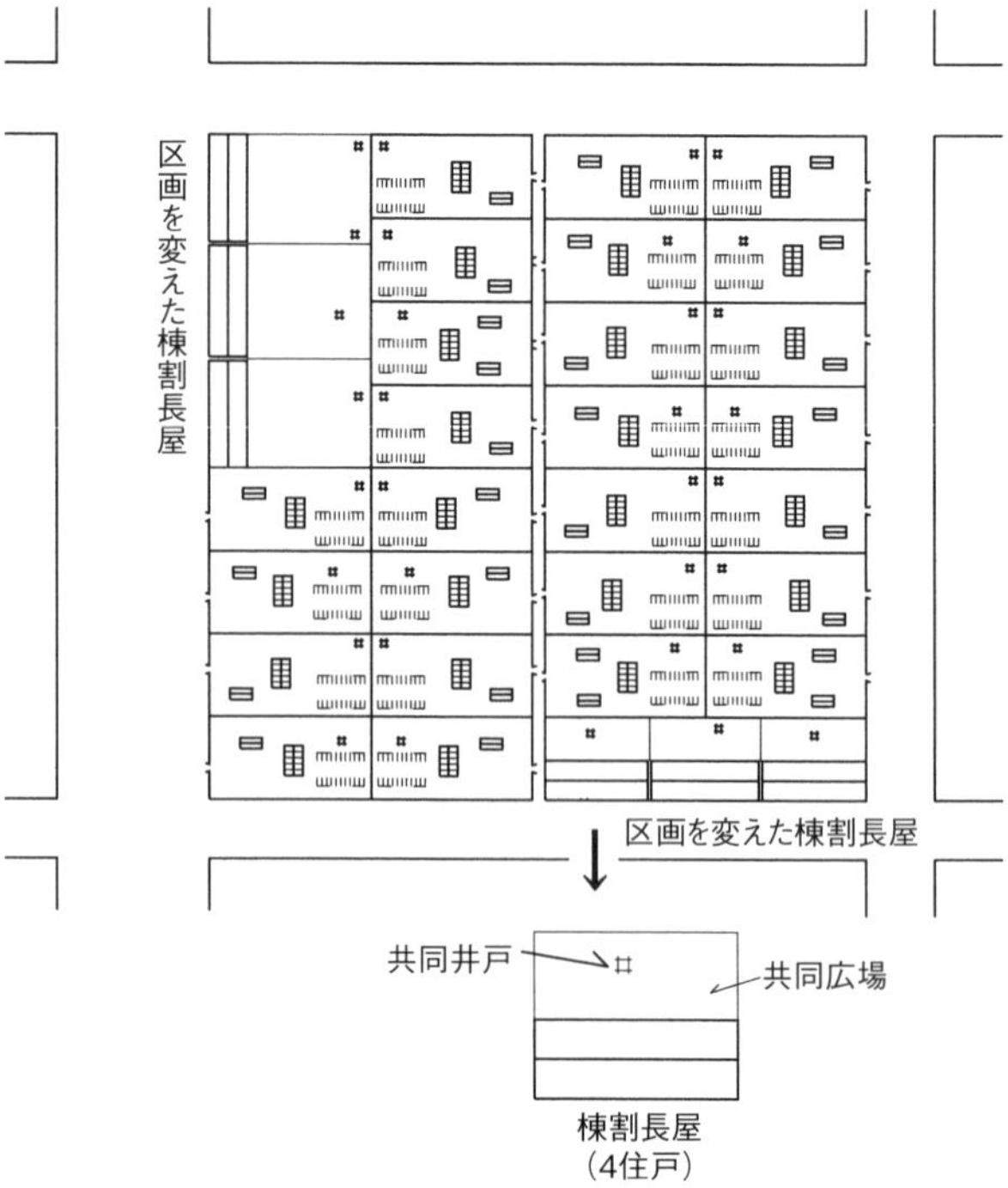

④四行八門の宅地が買い集められて棟割長屋に（住戸数はまちまち）

◆国家の威信を示す都城の必要性の消滅

延喜《えんぎ》7年（907）、唐が滅ぶ。その後、民間では大陸の南宋《なんそう》や朝鮮半島との私貿易《しぼうえき》がさかんに行われたが、朝廷が国家の威信や天皇の権威を、平安京で表現する必要はなくなった。鴻臚館は機能を停止。京中をそうじする意識も薄れた。

右京は、ほぼ全域が藤原家の荘園（小泉荘《こいずみのしょう》）になる。そして安元《あんげん》3年（1177）の大火（太郎焼亡《たろうしょうぼう》）と治承《じしょう》2年（1178）の大火（次郎《じろう》焼亡《しょうぼう》）の後は、「馬牛の闌巷《らんこう》」（牧場）状態の朱雀大路が、平安京の西端になった。また左京も、朝廷が葱《ねぎ》・芹《せり》・蓮《はす》の栽培を許し、違反行為だが鴨川堤防に穴をあけて水田も増えた。七条大路の南も、条坊が巷所《こうしょ》（路面耕作地）になっていった。

38 寝殿造り

平安時代後期に王朝文化の舞台が登場

地方で富をえた受領《ずりょう》（国司の長官）が平安京に建てた邸宅は、正殿（寝殿）と東西の対屋を廊《ろう》で結んで寝殿造り《しんでんづくり》になる。

◆新しい住宅様式

平安時代後期、新しい住宅様式がうまれた。この住宅様式は、江戸時代に澤田名垂《さわだなたり》が『家屋雑考《かおくざっこう》』で、寝殿造りとよんだことがしられている。

敷地は1町四方が基本（図①）。築地塀で囲み（外郭《がいかく》）、東西に四脚門《よつあしもん》を置く。敷地の中心に寝殿《しんでん》（図②）、東西に対屋《たいのや》を置き、渡廊《わたろう》・渡殿《わたどの》（屋根付廊下）で結んだ。対屋から南へ中門廊《ちゅうもんろう》を伸ばして玄関にしたり、床のない透廊《すきろう》として、その先に釣殿《つりどの》や持仏堂《じぶつどう》を置いた。

これら連続する床上空間で、南庭をコの字に囲むのが寝殿造りの特徴である（図③）。その内側を内郭《ないかく》とし、内郭の南側を儀礼空間のハレ、北側を生活・裏方空間のケとよんだ。

藤原宗忠《ふじわらむねただ》は『中右記《ちゅうゆうき》』に「東西対（対屋）、東西中門、法のごとき一町のつくり」、「法のごとき一町家、左右対、中門等相そなわる」と記している。

一方、外郭（築地塀と内郭の間）は、侍所《さむらいどころ》（警備詰所）や車宿《くるまやどり》（駐車場）、叉倉《あぜくら》（収蔵庫）や甲倉《かぶとぐら》（武器庫）、曹司町《ぞうしまち》（事務所）、御倉町《みくらちょう》（食器庫や工房）・大炊殿《おおいどの》（厨房）・御厩《みうまや》（馬小屋）を置いた。

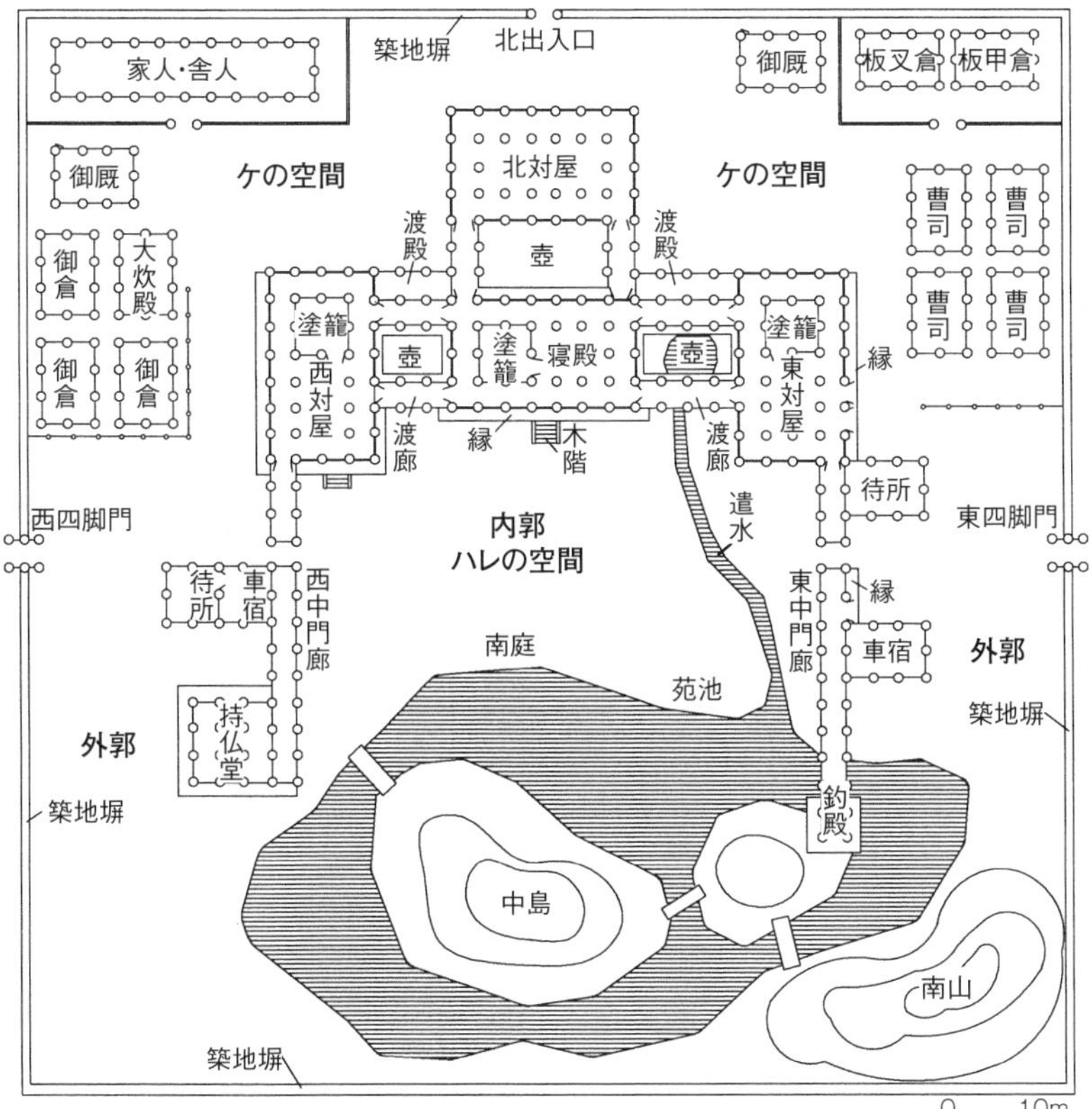

※29.8cm（造営尺）×400÷100＝119.2m四方…14208平方メートル（4305坪）→敷地1町

①寝殿造りの配置構成例

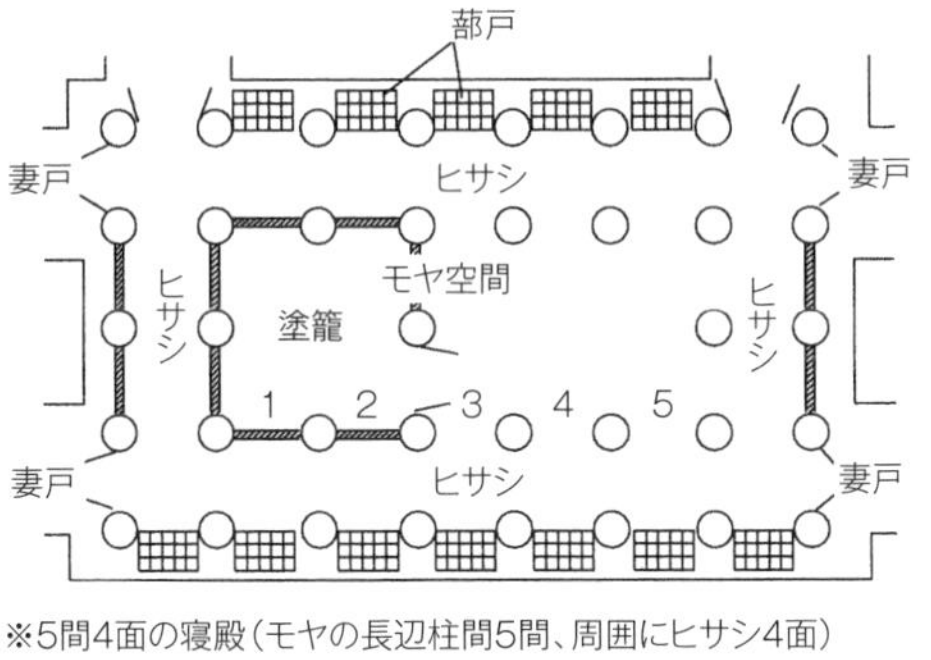

※5間4面の寝殿（モヤの長辺柱間5間、周囲にヒサシ4面）

②5間4面の寝殿（モヤ空間の長辺柱間数が5間［塗籠ふくむ］、まわりにヒサシ空間が4面、外郭とは妻戸と蔀戸《しとみど》［図④］で区切る）

④半蔀《はじとみ》（上が蔀戸で下がケンドン式）と建物にあがる木階《きざはし》（復原斎宮正殿《いつきのみやせいでん》、史跡斎宮跡、三重県明和町）

③再現寝殿造り
（『図説歴史公園えさし藤原の郷』碧水社、1994、転載）

◆寝殿造りがふえた時期とたてた人びと

平安時代後期、日本的情緒感のもののあはれが大切とされ、南庭に松島や天橋立など、海景模写《かいけいもしゃ》の苑池《えんち》が造られるようになった。側溝や井戸から遣水《やりみず》（水路）で水をひいたので、門は敷地の東西に置いた。門を入って中門廊で沓《くつ》をぬぎ、対屋から渡廊で寝殿、反対側の対屋へ渡るとき、苑池を目にしたのである。渡廊も屋根があるので、居住空間になることがあった。その近くで壁が囲む外部空間を壺《つぼ》（坪）とよび、前栽《せんざい》（植栽）をほどこした。南庭や前栽が映す四季に彩られる寝殿造りは、王朝時代ならではの住宅様式であった。

寝殿造りが増えた時期は、慶滋《よししげの》保胤《やすたね》の『池亭記《ちていき》』に「応和より以来、世人好みて豊屋峻宇《ほうおくしゅんう》」とあり、10世紀中ごろの応和《おうわ》年間（961～964）。建てたのは、受領《ずりょう》とよばれる国司の長官であった。「美作・丹波・伊予・但馬四ヶ国に吏（受領）として家おおいに豪富」（『続本朝往生伝《ぞくほんちょうおうじょうでん》』）などと記された彼らは、位階が六位以下だから、宅地は1／4町が身分相応だが、三位以上に班給される1町の敷地を買って寝殿造りを建てた。長元《ちょうげん》3年（1030）に朝廷がそのような土地売買を禁止しても、効果はなかった。

◆行事空間としての寝殿

江戸時代の『家屋雑考《かおくざっこう》』には、「正殿（寝殿）は主人常住のところ、対の屋は家内眷属《けんぞく》の居るところ」とある。しかし貴族の寝殿は、年中行事《ねんじゅうぎょうじ》の場としてこそ重要であった。行事に応じて、さまざまにしつらえる（セッティング）ので、寝殿の中は間仕切りがない（図⑤）。この開放的な空間に、行事ごとに調度《ちょうど》とよぶ家具類を置いた。調度には屏障具《へいしょうぐ》（図⑥）、座具《ざぐ》（図⑦）、収納具《しゅうのうぐ》などがあり、これらの設営を室礼《しつらい》・装束《しょうぞく》とよんだ。

◆寝殿造りの防災

寝殿造りは、搾取《さくしゅ》をうらむ百姓の放火などで火事が多く、築60～70年で「誠に旧宅」といわれ、遺構は限られる（図⑧）。近くで火事があれば、家政機関や中門廊をこわして寝殿への延焼をふせいだり、警固の武士を屋根にあげて火の粉を消させたり、近辺の棟割長屋《むねわりながや》をこわさせたりした。それは、貴族が路上の祭りを見物するため路上占拠した桟敷《さじき》（次39項）であり、ふだんは在家《ざいけ》に家として貸していた。持ち主は貴族だから、桟敷にはいる在家《ざいけ》はこわされても、文句は言えなかった。

⑤寝殿と同様にモヤとヒサシの境に壁や段差がない正殿内部（史跡斎宮跡）

⑥塀障具（いつきのみや歴史館）：左奥に御簾《みす》（すだれ）、右柱間に壁代《かべしろ》（カーテン）、手前に几帳《きちょう》（可動間仕切り）

⑦座具（京都御所清涼殿）：御簾の下に置畳《おきだたみ》と因《しとね》（座ぶとん）、奥に几帳《きちょう》で囲む帳台《ちょうだい》（中に置畳をすえる可動ベッド）

⑧東寺大師堂（京都市南区、5間4面の空海《くうかい》住房を14世紀に再建して仏堂に転用。同様の例は『源氏物語』にも。礎石に丸柱をたて檜皮葺、蔀戸《しとみど》と妻戸《つまど》［妻側の板戸］が寝殿の姿を伝える）

39 桟敷《さじき》と在家《ざいけ》

片土間・床上2室の桟敷は在家の家

平安時代後期に棟割長屋が増え、下級官人らが入る。貴族が祭り見物のため路上などに置いた桟敷《さじき》も、ふだんは在家《ざいけ》の家になる。

◆史料にみる官人や庶民のすまい

平城京の京戸の借金証文に「質物、家一区地三二分の一、板屋二間」(『正倉院文書』)とある。1/32町(四行八門)の宅地に板葺の家があり、居間・食事用室と寝室の2室があったとされ、火を炊く竈土《かまど》や流し、水がめを置く土間がついていた(片土間・床上2室)。

平安時代末期の『信貴山縁起絵《しぎさんえんぎえ》巻《まき》』(図①)に見る南都《なんと》(廃都後の平城京、おもに外京)の家も平入で板葺。間口《まぐち》と奥行は4間(約8メートルほど)の1戸建て。掘立柱に板葺で、商売の様子はなく寺院用人の家か。左側は、突き上げ窓から身を乗りだしており、内部は床張り。表が居間・食事用で、板戸の奥が寝室である。右側は蹴放《けはなし》(敷居)が高い門口《かどぐち》(入口)の中が土間。片土間・床上2室である。

①南都の家(『信貴山縁起絵巻』中央公論社、1987より転載)

平安時代末期(12世紀)の『伴《ばん》大納言絵詞《だいなごんえことば》』(図②)は、貞観8年(866)に大納言伴善男《とものよしお》が左大臣源信《みなもとのまこと》の失脚をねらい応天門へ放火したと説明する絵巻(応天門《おうてんもん》の変《へん》)。平安京の棟割長屋が描かれ、右手の網代張《あじろばり》(薄板を編み壁の割れを隠す)の住戸は下級官人の舎人《とねり》が住む。左手は伴大納言屋敷の家人《けにん》が住む。仕事がある彼らも、四行八門の1戸主ではなく、それらを買い集めて再開発した棟割長屋に住んでいる。

②棟割長屋の住戸(出光美術館所有『伴大納言絵詞』部分)

◆まちなみにあらわれた桟敷

藤原家が権力を握った平安時代後期(10世紀)、平安京の条坊に桟敷《さじき》が現れた。祭り行列を見物したい貴族が置いた、棟割長屋である。築地塀にはめこむならまだしも、築地塀の外を路上占拠する場合があった。持ち主の名前をとって「院の御桟敷」、「一条桟敷屋」とよばれ、「所どころの御桟敷、心々に尽くしたるしつらい」(『源氏物語』)とあるように祭のときは貴族や家族らが入ったが、ふだんは右京からうつってきた在家などに貸して、年貢を取った。

平安時代末期の『年中行事絵巻《ねんちゅうぎょうじえまき》』の「祇園御霊会《ぎおんごりょうえ》」図(図③)では、御霊会の馬長《うまおさ》を桟敷の中から見物する貴族がいる。板葺の棟割長屋に間口1間半から2間(約3~4メートル)の

③祇園御霊会
（『年中行事絵巻』中央公論社、1990より転載）

④稲荷祭（『年中行事絵巻』前掲書より転載）

住戸がならび、中は土間と床張り部分に分かれる。建築部材は丸柱などしっかり造ってあり、土壁はひび割れ隠しの網代を張る。また「稲荷祭」図（図④）では、伏見稲荷社の神輿《みこし》が行く七条通りに桟敷。間口3間半（約7メートル）の住戸がならび、片土間・床上2室。表室と土間との間は遣戸《やりど》（引き違い板戸）だが、奥室と土間の間は土壁で閉鎖的な寝室（ナンドとよぶ）である。土間の木臼《うす》（板を渡し見物中）は、当時の粉食《ふんしょく》（穀物や木の実を粉にして団子にまるめ、蒸したり煮たりする）の必需品で、ふだんは在家（庶民）の家であることを示す。このように桟敷の住戸の間取りも、片土間・床上2室である。そして「毬打《ぎっちょう》」図（図⑤）では、正月の通りで毬打《ぎっちょう》（柄のながい木槌《きづち》で木玉をうつ遊び）の最中。棟割長屋の桟敷は各住戸が表に門松を立てる。見世棚《みせだな》（商品をおく棚）をもつ店舗で、官製市がおとろえたとき（40項参照）、このような店が京中に増えた。このような桟敷や巷所《こうしょ》（農作地）が増えたことにより、条坊の道幅はせまくなっていった（30項⑤でも築地塀の前に桟敷が立つ）。

⑤毬打《ぎっちょう》（『年中行事絵巻』前掲書より転載）

◆材木の供給

平安京周辺の山は伐採を禁じられたので、寝殿造りや桟敷の材木は各地から運ばれた。近江材や吉野《よしの》・笠置《かさぎ》材、四国・中国材もあったが、丹波材が一番多い。丹波の山中からこれを運んだ保津《ほづ》川水運《がわすいうん》は、平安京の造営に始まり、筏を流して「嵯峨野の興宴《きょうえん》は鵜飼《うかい》、筏師《いかだし》、流れ紅葉《もみじ》」（『梁塵秘抄《りょうじんひしょう》』）と言われた。大堰津《おおいのつ》（嵯峨《さが》・梅津《うめつ》・桂《かつら》の三浜）で陸揚げして荷車に積み（葛野川・桂川をくだり東堀川を遡《さかのぼ》る場合もあった［図⑥］）、東へ運んだ先の四条堀川や五条堀川に堀川《ほりかわ》材木商人の座《ざ》（特権組織）管理の材木市があった。

⑥堀川風景
（『一遍聖絵』前掲書より転載、下が北）

もっとくわしく

丸山俊明『京都の町家と聚楽第』第1章「中世、町家と百姓家に同じ間取り」昭和堂、2014

40 官製市の終わり

官製の東西市から町へ

公地公民の律令政治がすたれた10世紀、官製市もおとろえる。代わって町尻小路《まちじりのこうじ》に店家《みせや》がならび、三条町や四条町がにぎわう。

◆東西の市

官製の東西の市《いち》は、当初は築地塀が囲む4町（内町《うちまち》）だったが、後に東西南北に2町（外町《そとまち》）ずつひろげて12町になる。内町と外町の間に堀川が流れ、船荷の積みおろしをした。市司が管理して毎月15日まで東市（図①）、16日から月末まで西市（図②）を開き、築地塀の中は畿内や七道に別に分けて四行八門に区画割りしたという。長岡京の市人がうつり住んで市町《いちまち》とよばれたが、10世紀前半には市人以外も住みついた。

門は正午にあけ、遷都当初は人が集まるのを「市をなす」というほどにぎわい、日没に太鼓を3回たたいて大門をしめた。代金は絹布《けんぷ》や米で、貨幣もあったが平安京しか流通せず、インフレ（物価高騰）をおこすうちに材質が劣化。工芸材料になって消えた（貨幣の全国流通は平清盛《たいらのきよもり》が宋銭を輸入する12世紀後半から）。

ところが、9世紀に右京から人がはなれ、西市もさびれはじめる。そこで一部商品を西市専売としたので、10世紀前半は肆《いちくら》・市座《いちくら》（店舗）が東市に51、西市にもまだ33あった。しかし10世紀末には、西市自体が開かれなくなる。

また東市も、口分田不足で班田収授がおこなわれず、諸国からの貢納がなくなって、商品や工芸材料が入らなくなった。市人はやむなく市を去り、荘園《しょうえん》（私有地）をもつ皇族や藤原家などの貴族、寺院の家政機関に仕えるようになる。

その後の市は、飢饉のときに朝廷が米を売ることもあったが、ふだんは刑場になった。

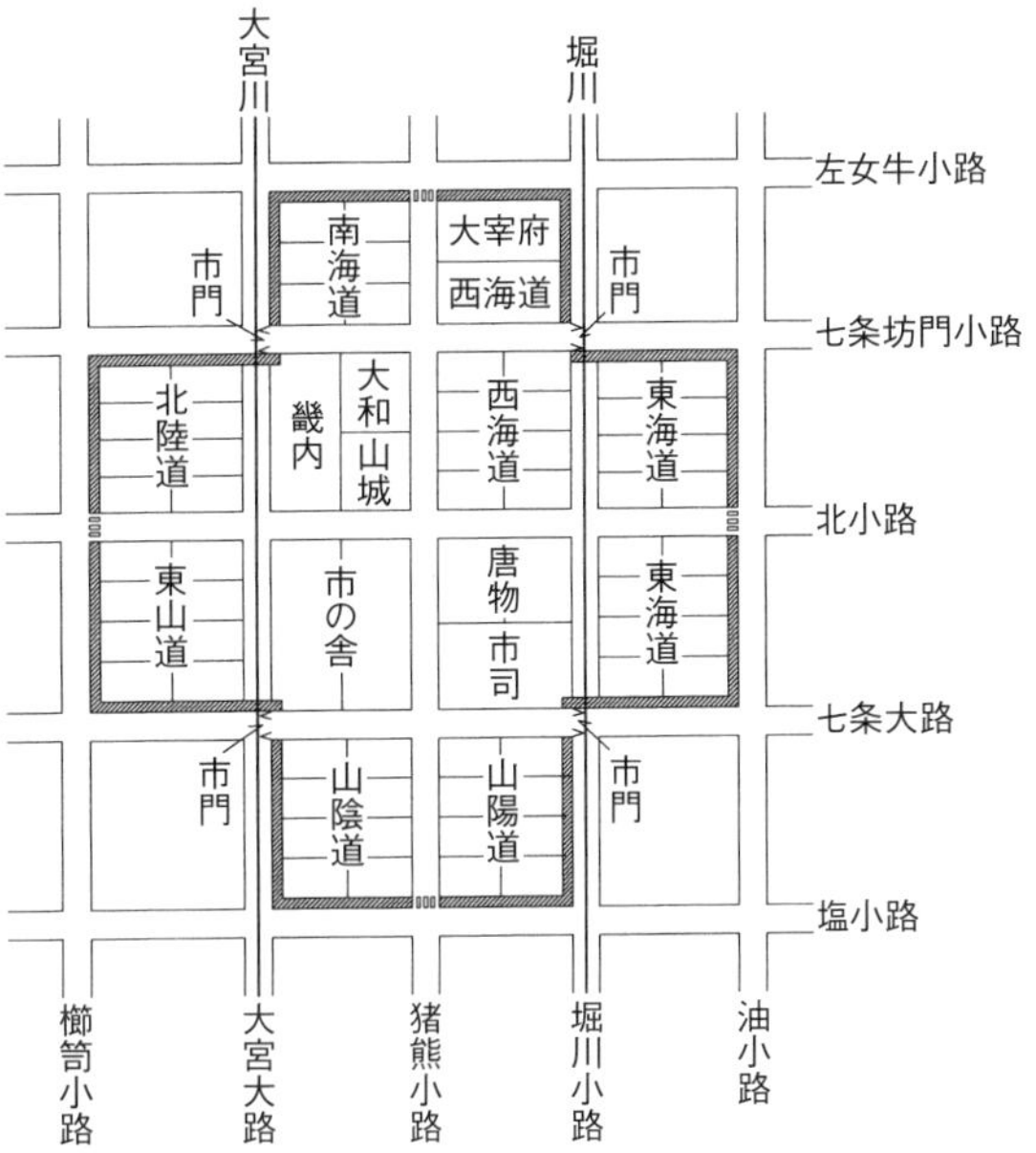

①東市
（江戸時代の『柳庵雑筆』に13世紀以前の模写とある図をリライト）

②南北棟の棟割長屋がならぶ西市
（京都市歴史資料館所蔵、京都市平安京創生館展示、平安京復原模型）

◆にぎわう町尻小路の町

官製市がおとろえると、町尻《まちじり》の小路《こうじ》（図③、現、新町通り）に民間の店舗がならんだ。この通りは左京のほぼ中央を南北に走るので、右京がさびれた平安京の、新しい中心軸になった。通りの北に修理職《すりしき》（平安宮の修理担当）、西に木工寮（建築担当）があるので、建築資材や関係者が行きかう。また二条大路の北は高級住宅街の上辺《かみのあたり》（上渡《かみのわたり》）だが、その南は下辺《しものあたり》（下渡《しものわたり》）とよばれて在家が多かった。

特に東海道とつながる三条大路や、祇園社とつながる四条大路、東市や堀川に近い七条大路との交差点はよく栄え、三条町《さんじょうちょう》、四条町《しじょうちょう》、七条町《しちじょうちょう》とよばれた。

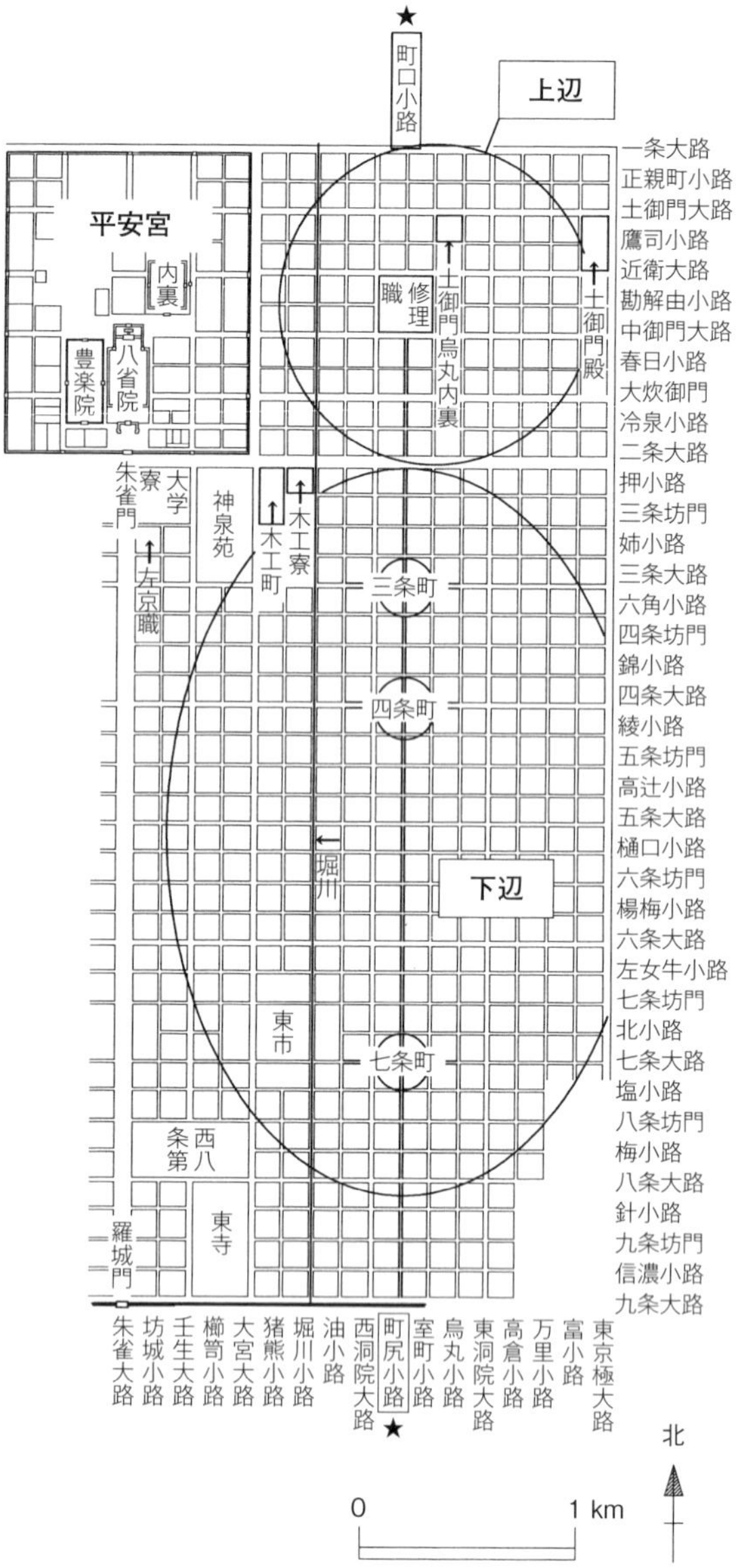

③町尻小路周辺
（藤原道綱母《みちつなのはは》は『蜻蛉日記《かげろうにっき》』に夫の愛人を「町之小路《まちのこうじ》之女《のおんな》」と記す）

④平安時代後期の在家の見世棚を持つ家、同じ構図で土壁の家と、土壁に網代張りの家（四天王寺所蔵『扇面法華経冊子模本』、中村修也『平安京の暮らしと行政』山川出版社、2001より転載）

◆商人の家の見世棚が「みせ」

源順《みなもとのしたごう》が辞書としてまとめた『倭名類聚抄《わみょうるいじゅしょう》』に、「店家、四聲字《しせいじ》苑《えん》はいう、店、と念ずれば俗にいう東西町これなり、座して物を売る舎《いえ》なり」とある。大陸の『四聲字苑《しせいじえん》』（現存せず）という辞書から店家は店という説明を引いて、東西の市ですわって物をうる建物を店家としたのだが（店家のよみは記していない）、当時は市の店舗は市座《いちくら》とよばれていた。市人が市で座って商売するからで、「店家」という言葉は、まだ大陸で使われている言葉であった。

やがて東西市がさびれたとき、町尻小路などの在家が家に棚を付け、商品を置いた（図④）。鎌倉時代の『名語記《みょうごき》』に「商人の家に様々な物の出しおき、沽却《こきゃく》（売買）するをみせとなづく」とあるように、これらの棚が世の人に商品を見せる「みせ、見世」となり、棚なので「見世棚・みせだな」ともよばれた。この言葉がやがて建物全体をさすようになり、「店《みせ》」や「お店《たな》」ともよばれた。

第五章

平安京から京都へ

復原町家・一乗谷朝倉氏遺跡（福井県福井市）

41 摂関政治《せっかんせいじ》

律令政治がくずれて藤原氏が全盛に

律令政治がくずれた10世紀は、藤原氏の摂関《せっかん》政治の時代になり、11～12世紀は上皇（太上天皇）の院政の時代になるが、武士が台頭する。

◆藤原北家の摂関政治

薬子の変で活躍した藤原冬嗣《ふゆつぐ》の子良房《よしふさ》は、有力貴族に罪をきせて追いはらっていった。また、娘が生んだ子を清和《せいわ》天皇とし、自分は代わりに政治をみる摂政《せっしょう》（本来は皇族の役職）となり実権をにぎった。良房の子基経《もとつね》は天皇を補佐する関白《かんぱく》になり、基経の死後もその子の時平《ときひら》が、宇多《うだ》天皇と醍醐《だいご》天皇の親政《しんせい》を支える菅原《すがわら》道真《みちざね》を大宰府へ左遷した。

10世紀を通して藤原氏（北家）は、天皇の母方ミウチ（外戚）として摂政・関白を世襲。国政をほしいままにした（摂関《せっかん》政治）。11世紀初頭の氏長者《うじちょうじゃ》（一族の長）の藤原道長《みちなが》は「この世をば、わが世とも思ふ、望月《もちづき》のかけたることもなしと思えば」と、てらいもなく栄華を誇っている。

そのころ平安宮では、紫式部《むらさきしきぶ》の『源氏物語』や和風の大和絵《やまとえ》、かな文字や『竹取物語』など、王朝文化が花開き、貴族の寝殿造りでは日本的情緒感のもののあはれが大切にされ続けていた。

京中では在家が「遊びをせんとや生まれけん」（『梁塵秘抄《りょうじんひしょう》』）と歌い、嘉保《かほう》3年（1096）に路上の集団踊りが大流行（永長《えいちょう》の大田楽《だいでんがく》）。多くの人が刹那《せつな》的無常観にひたった。

◆受領の強欲と武士の台頭

班田収授は口分田不足で延喜2年（902）が最後となる。墾田永世私財法で増えた初期荘園も、公民の逃亡で労働者を確保できなくなった。

そこで有力農民が荘官《しょうかん》になり、浮浪人を荘民《しょうみん》にして開墾をはじめる。これを見た朝廷は、受領《ずりょう》（国司の長官）に徴税など任地の支配をすべてまかせた。受領は何もおそれるものがなくなり、ひたすら百姓から奪い取る。それで得られる富は寝殿造りがたつほどだから、官人は受領任官をのぞみ、式神を使う法師陰陽師にも呪詛をたのんだ（山川道澤の宅地選定もこのときひろまる、30項参照）。

一方、荘官は武装して受領に対抗。10世紀後半には武士となり、清和源氏《せいわげんじ》や桓武平氏《かんむへいし》（平家）がうまれた。武士は、土地を貴族や寺社（領家《りょうけ》）に寄進《きしん》して保護を求め（寄進地系荘園《しょうえん》）、領家はさらに藤原氏（本家《ほんけ》）へ寄進して、不輸《ふゆ》（税免除）・不入《ふにゅう》（受領役人の検査拒否）権を得た。こうして全国が藤原氏や寺社の荘園になっていったが、すべて不輸・不入だから、朝廷の収入にはならない。官人の給料は出なくなり、市人と同様に貴族や寺社、また武士の家政機関に仕えるようになった。

◆摂関政治の終わりと院政の始まり

治暦《ちりゃく》4年（1068）、藤原北家に男子がうまれない中、藤原氏を外戚にしない後三条《ごさんじょう》天皇が即位。親政を始めて摂関政治は突然終わる。

後三条天皇の子の白河《しらかわ》天皇は、応徳《おうとく》3年（1086）に息子の堀河《ほりかわ》天皇へ譲位して白河太上天皇（上皇）になる（後に出家して白河法皇）。上皇《じょうこう》は「さながら遷都《みやこうつり》」の騒ぎで鳥羽離宮（鳥羽水閣《とばのすいかく》、図①）へうつり、治君《ちくん》の天《てん》（皇室の長）として院政《いんせい》を始めた。

その院政は43年間に及び、平安京の東の白河（図②）の別業（別荘）を法勝寺《ほっしょうじ》（図③）に改築。平安京の正方位とずれた方格地割で新寺院街の京白河《みやこしらかわ》（図④）を表現した（後の天皇が尊勝《そんしょう》・最勝《さいしょう》・円勝《えんしょう》・成勝《せいしょう》・延勝《えんしょう》の各寺を建て六勝寺《りくしょうじ》とよんだ）。崩御後も鳥羽《とば》上皇が27年、後白河《ごしらかわ》上皇が

34年院政を続けた。院政庁の院御所《いんのごしょ》に寄進地系荘園が集まり、全国に院《いん》分国《ぶんこく》（院の領国）ができた。院司《いんし》（役人）は「天下の政《せい》」をにぎる「夜《よ》の関白」（『中右記《ちゅうゆうき》』）となり、平家《へいけ》を親衛隊の北面《ほくめん》の武士《ぶし》にして、強訴《ごうそ》（暴力的要求）に来る比叡山や興福寺の僧兵《そうへい》に対抗した。

①鳥羽津《とばのつ》や鳥羽離宮《とばりきゅう》があった鳥羽《とば》（京都市歴史資料館所蔵、京都市平安京創生館展示、鳥羽離宮復原模型、羅城門へ向けて鳥羽作《つく》り道《みち》が伸びる）

③法勝寺《ほっしょうじ》復原模型（京都市歴史資料館所蔵、京都市平安京創生館展示、八角九重塔は京都市動物園に基壇石がのこる、初層[最下層]は瓦葺だった可能性が高い）

②東山の風化花崗岩が白川砂となって堆積するのが白河の由来（昭和33～40年代末に仁王門通の下流をせきとめ児童プールにしたので、梯子や板を落とし込んだせき跡が残る、近年の歩道改修までシャワー跡もあった）

④京白河《みやこしらかわ》（京都市歴史資料館所蔵、京都市平安京創生館展示、平安京復原模型、鎌倉時代に後鳥羽《ごとば》上皇が岡崎御所《おかざきのごしょ》を建てた後は岡崎とよばれる）

42 福原計画

平家の台頭と新たな陪都計画

院政時代の戦乱を勝ち抜いた平家が台頭、日宋貿易で富を得た平清盛は、新しい交易拠点として新陪都を計画する。

◆保元・平治の乱

保元《ほうげん》元年（１１５６）の鳥羽法皇崩御の後、崇徳《すとく》上皇（鳥羽長男）と後白河《ごしらかわ》天皇（鳥羽四男）が対立。関白の藤原忠通《ただみち》は後白河天皇に、弟の藤原頼長《よりなが》は崇徳上皇に味方した。武士の源為義《ためよし》と弟の為朝《ためとも》、平忠正《ただまさ》は上皇側に、為義の子の源義朝《よしとも》と忠正の甥の平清盛《きよもり》は天皇側につく。天皇側は武士の源義朝が指揮し、上皇側は貴族が仕切って為朝が「戦《いくさ》の道をば武士にこそ」（『保元《ほうげん》物語』）と嘆く中、天皇側が圧勝した（保元《ほうげん》の乱《らん》）。

骨肉の争いで権力を得た後白河天皇を、平清盛と藤原通憲《みちのり》（信西《しんぜい》入道《にゅうどう》）が支えたが、これが不満な義朝と藤原信頼は、平治《へいじ》元年の年末（１１６０）に乱をおこす（平治《へいじ》の乱《らん》）。これに勝った平清盛が権力をにぎり、ついに武士の政治を始めた。

◆平家にあらずんば人にあらず

仁安《にんなん》2年（１１６７）、清盛は臣下最高位の太政大臣《だじょうだいじん》になる。娘を高倉天皇と結婚させ、子の安徳《あんとく》天皇を3歳で即位させた。その権力で平家一門を取りたて、知行国《ちぎょうこく》（受領を任命し収入を独占する国）は全国66ケ国の半分に及んだ。その栄華は『平家《へいけ》物語』が「この一門にあらざらんものは人非人」と記すほどだったが、序文には「おごれる人も久しからず、ただ春の夜の夢のごとし」とある。

◆平家の拠点、六波羅館と法住寺殿

安徳天皇がうまれたとき、清盛は六波羅蜜寺《ろくはらみつじ》（図①）へ地蔵堂を寄進。一帯を平家の拠点とした（図②）。鴨川東岸（鴨東《おうとう》）の五条大路（松原通り）と六条大路の間の0・5キロメートル四方を柵で囲み、清盛の泉殿《いずみどの》など、寝殿造りより小ぶりな武家屋敷を数多く建て「軒騎群集《けんきぐんしゅう》して門前《もんぜん》市《いち》をなす」（『平家物語』）となる（六《ろく》波羅館《はらやかた》）。さらに清盛は、この一帯の南に10町の敷地をもつ法住寺殿《ほうじゅうじどの》を建て、後白河法皇の院御所とした。長寛《ちょうかん》元年（1163）には、蓮華《れんげ》王院《おういん》（三十三間堂《さんじゅうさんげんどう》）や鎮守の新日吉《いまひえ》神宮《じんぐう》と新熊野本宮《いまくまのほんぐう》を置いた。

◆福原行幸と陪都計画のとん挫

安元3年（1177）の太郎焼亡《たろうしょうぼう》で、左京の1／3が焼ける。治承2年（1178）の次郎焼亡《じろうしょうぼう》でも左京の南半分が焼けた。それから2年後の治承4年（1180）6月、清盛は自分の別業がある摂津国福原《ふくはら》（兵庫県神戸市）へ、安徳天皇・高倉上皇・後白河法皇を行幸させた。大陸の宋との貿易の拠点とするため、和田岬に和田京《わだきょう》（図③、神戸市）を計画したのである。岬の東には平安時代前期に開かれた港（大輪田泊《おおわだのとまり》、図④）があり、清盛は大陸の宋《そう》との貿易港にするため、風よけの経ケ島《きょうがしま》を築くなど整備していた。

貴族や平家一門は「家々は賀茂川、桂川へ壊《こぼ》ちいれ、筏に組み浮かべ、資材雑具を舟に積み福原へと運び」、京中は「まれに残る家は門前の草深く」（『平家物語』）になってしまう。

一方、和田岬は遷都状態になるが、貴族は完全な都城の造営を主張した。用地がないのは明らかでも、そもそも万代宮（平安宮）を動くべきではないと考える貴族は、都城制を理由に抵抗した。やむなく清盛は7月に福原別業を内裏に改築。11月に完成し、さらに条坊制を持つ福原京《ふくはらきょう》（図⑤）を計画した。

ところが関東で源義朝の子源《みなもとの》頼朝《よりとも》が挙兵。鎮圧に向かった平維盛《これもり》が富士川合戦《ふじがわかっせん》で敗れたので、清盛は急きょ平安京へもどる。この5ケ月間に遷都の詔はなく、結局ただの行

①六波羅密寺（京都市東山区）

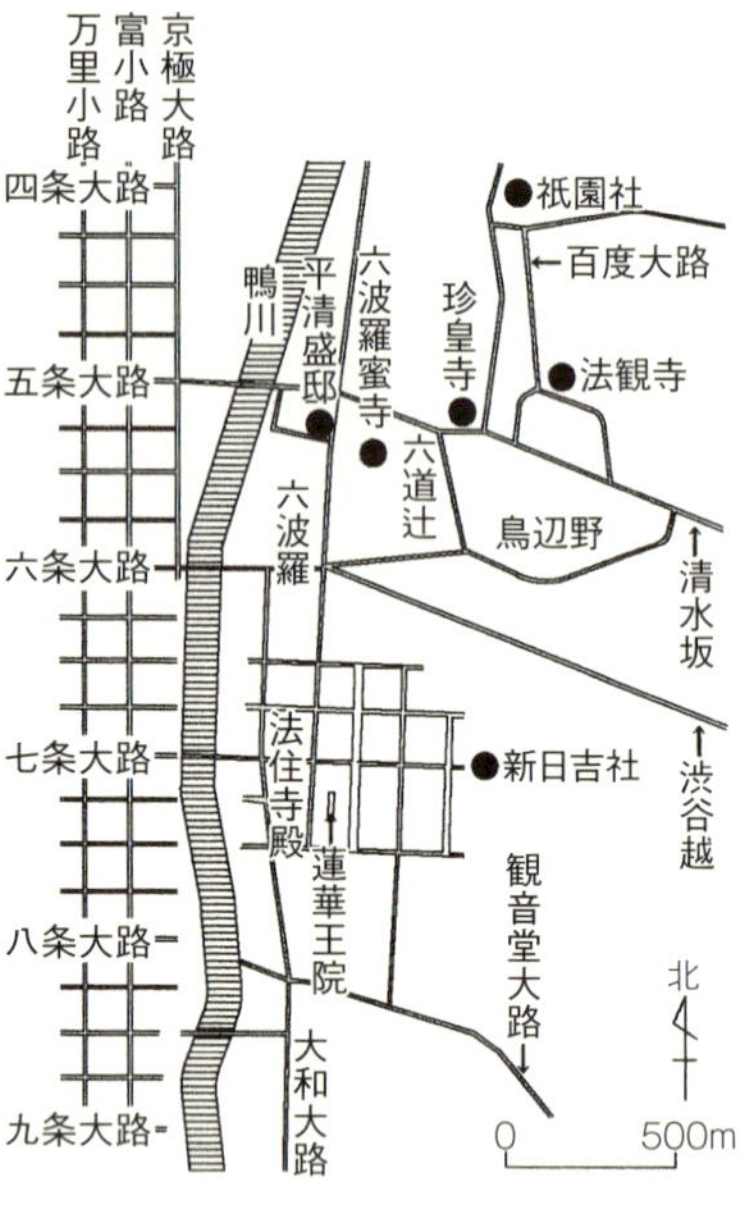

②六波羅（復原案）

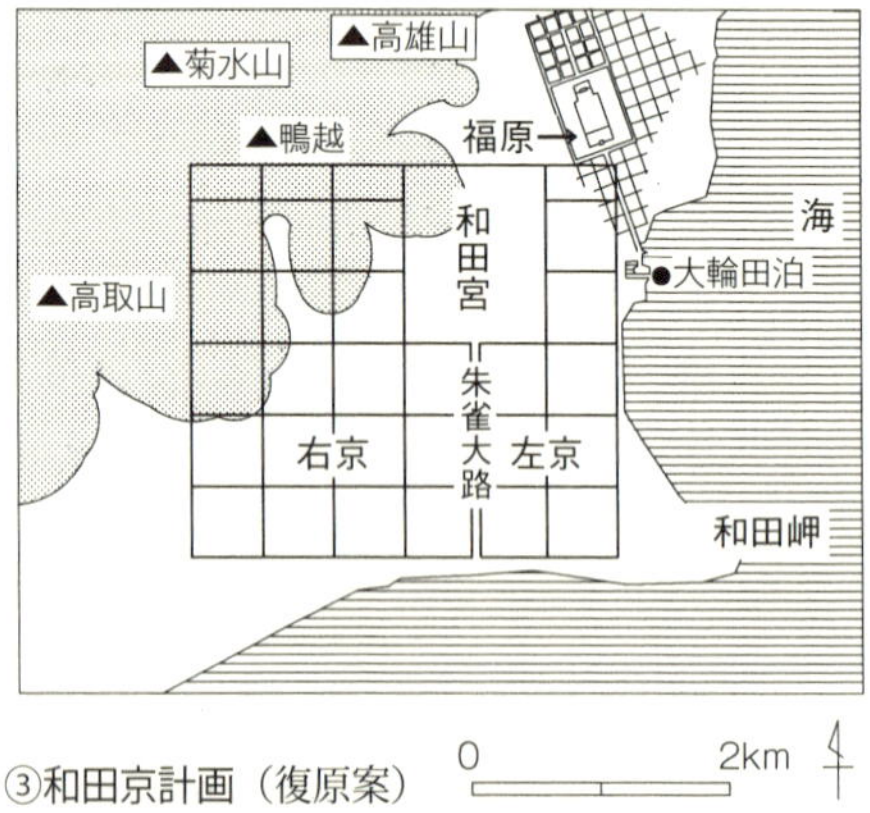

③和田京計画（復原案）

④大輪田泊の石椋《いわくら》（防波堤の基礎として2～3段積んだ石、神戸市兵庫区、五十嵐麻那提供写真）

⑤福原京計画（復原案）

⑥清盛塚
（神戸市兵庫区、弘安9年［1286］建立の供養塔、澤浦貴一提供写真）

幸に終わった。

　そして清盛が死んだ（図⑥）治承5年（養和元［1181］）と翌年が大飢饉（養和《ようわ》の大飢饉《だいききん》）。平安京は、在家や浮浪人の遺体であふれ、人びとは末法《まっぽう》の世《よ》（釈迦の教えが滅んで世の中が乱れる時代、永承《えいしょう》7年［1052］が初年とされた）の到来を感じた。

43 平安宮廃絶

建物はなくても、内野《うちの》は神聖空間

「祇園精舎《ぎおんしょうじゃ》の鐘の音、諸行《しょぎょう》無常《むじょう》の響きあり」（『平家物語』）、不滅と思われた平安宮は消えるが、跡地の内野《うちの》は神聖空間として意識されていく。

◆内裏の火事と里内裏

　遷都から166年後の天徳《てんとく》4年（960）、内裏が初めて焼けた。生活空間の内裏はその後も火事が多く、平安時代を通じて17回も焼けたが、政治の場なので再建がくり返された。

　再建中の天皇は、貴族の邸宅や院御所を里内裏《さとだいり》にした。仮住まいでも「一条の院は今内裏、おはします殿は清涼殿」（『枕草子』）とあるようにしっかり改築し、住人は引っ越した。ところが康平《こうへい》元年（1058）の内裏焼失後、再建に14年もかかった。その間に里内裏での政治・儀式が定着。内裏の必要性は薄れ、天皇はふだんから里内裏にいるようになった。

　延久《えんきゅう》4年（1072）に朝堂院と大極殿が再建されてから10年間が、平安宮らしい最後の姿となる。永保《えいほう》2年（1082）にまたも内裏が焼け、大極殿院の回廊も倒れた。

　保元2年（1157）に信西入道《しんぜいにゅうどう》が平清盛の援助で金色鴟尾《しび》の大極殿など八省院や朱雀門を建て直し、朱雀大路も修理するが、これまた安元3年（1177）の太郎焼亡で焼ける（図①）。残った内裏は後白河法皇が関東の源頼朝《よりとも》に修理させたが、そのころ大内裏《だいだいり》とよばれるようになった平安宮は荒れていき、朝集堂院を東西にぬける内野通《うちのどおり》が自然発生した。

役所も焼失や倒壊が続き、重要役所以外は放置された。美しかった神泉苑も「死骸充満、糞尿で汚穢《おい》」（『玉葉《ぎょくよう》』）になっていた。

①大極殿跡遺阯碑《いしひ》（京都市上京区小山町、実際の大極殿遺構は90m南東の千本丸太町交差点付近で出土）

◆鎌倉幕府の成立と承久の乱

元暦《げんりゃく》2年（1185）3月、源義経《よしつね》が壇《だん》ノ浦《うら》で平家を滅ぼす（治承《じしょう》・寿永《じゅえい》の乱）。この功績で後白河法皇から叙位されたが、源氏棟梁の源頼朝には無断だった。そこで頼朝は、11月に義経追討を命じ、その名目で平家没官領《へいけもっかんりょう》に守護《しゅご》（地方長官）と地頭《じとう》（税徴収・治安維持官）を置く権利を朝廷に認めさせ、実質的に鎌倉幕府《かまくらばくふ》を開いた。さらに建久《けんきゅう》3年（1192）に征夷大将軍《せいいたいしょうぐん》となり、新しい武家政権がうまれる。

頼朝が置いた地頭たちは「月花に心をすまして歌をよみ、管絃を習いて何の戦果あらん」（『男衾三郎《おぶすまさぶろう》絵詞《えことば》』）と考え、領地を奪う者こそ「器量よし」であった。特に東日本では、地頭が朝廷の国司（受領）にさからい、荘園領主の貴族や院御所へ年貢を納めず、話し合いで土地を折半《せっぱん》する下地中分《したじちゅうぶん》をくり返した。

貴族の不満は高まり、これをうけた後鳥羽上皇は、承久《じょうきゅう》3年（1221）5月に幕府執権《しっけん》北条《ほうじょう》義時《よしとき》（頼朝妻政子《まさこ》の弟）を討てと命じる。幕府は朝敵《ちょうてき》になったが、北条政子《まさこ》（頼朝妻）は鎌倉《かまくら》御恩《ごおん》（頼朝の恩）をおもえと御家人《ごけにん》を鼓舞。翌月に19万の軍勢が瀬田川で朝廷軍を撃破した。そのまま京都になだれこんで六波羅探題《ろくはらたんだい》（幕府の出先機関）を置き、後高倉《ごたかくら》上皇に幕府の意にそった院政を行わせ、西国武士の領地は御家人へ恩給。全国支配が完成した（承久《じょうきゅう》の乱《らん》）。

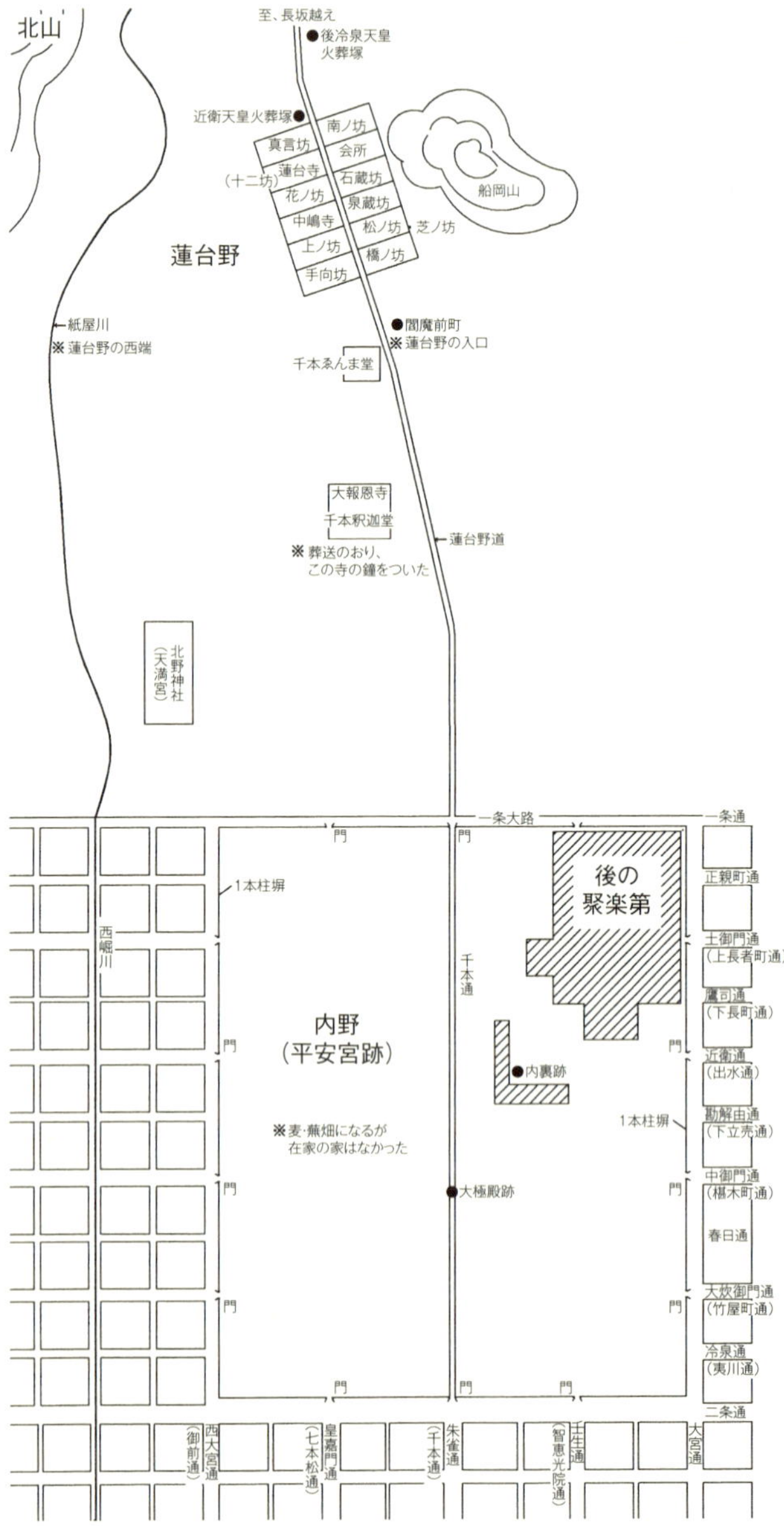

②内野から蓮台野

◆平安宮の終わりと官人のゆくえ

嘉禄《かろく》3年（安貞《あんてい》元年［1227］）、朝廷は内裏の再建を始めるが、工事現場が火事になり、ついに里内裏が正式な天皇御在所と定まった。

残った宮の建物や朱雀門も、13世紀後半に消滅。平安宮跡は南北の道ができ、千本通（図②）とよばれた。名前の由来は、その先に葬送地の蓮台野（図③）があって卒塔婆が立ちならんでいたから（図④⑤）、あるいは桜千本の並木があったからとされる。

その後、官人は里内裏や院御所、貴族の家政機関に入るが、鎌倉幕府にも多く仕えた。幕府の事務体制は北条氏の家政機関しかなく、全国支配を行うには、律令を知り、院政の経験を持つ官人が不可欠だったのである。

◆内野は神聖空間

天福《てんぷく》元年（1233）、鎌倉幕府は「大内《おおうち》旧蹟をはばからず内野をもって馬場に用いる事」（『吾妻鏡《あづまかがみ》』）を禁止。藤原宮や平城宮は田畑に変わったが、平安宮（大内《おおうち》・大内裏《だいだいり》）跡の内野《うちの》は宮垣や宮門の修理がくり返され、神聖空間と意識されていた。

そこで朝廷は儀式をおこない、建武《けんむ》2年（1335）には後醍醐《ごだいご》天皇《てんのう》が平安宮再建を計画（天皇暗殺未遂で中止）。戦国時代も「広き内野」（『応仁記《おうにんき》』）といわれ、庶民の家がたちならぶことはなかった。京都の人びとは、はるかな平安宮の復活を、待ちのぞんでいたのである。

③蓮台野にある上品蓮台寺《じょうぼんれんだいじ》の墓地（子院と共に十二坊とよばれた。京都市北区）

④朱雀大路の北端（頭《かしら》）で蓮台野入口にあたる千本ゑんま堂（引接寺《いんじょうじ》、京都市上京区）

⑤葬送のとき鐘をついた大報恩寺（千本釈迦堂、京都市上京区）

44 平安京から京都へ

平安宮は内野に、平安京は京都に

平安宮の宮殿が消えて都城の要件は失われたが、条坊制のまちなみに天皇が住む首都だから京都・京・京師であることに変わりはない。

◆京都という言葉

『魏志』倭人伝には、卑弥呼の使者がみた洛陽が京都とある（1項①）。京都・京・京師は、大陸の首都や副都（陪都）の代名詞であった。それが倭国に伝わり、大王（天皇）の宮がある場所＝宮処《みやこ》の代名詞とされた。はやく倭国に伝わった呉音で

①上賀茂神社渉渓園
（王朝文化を伝える曲水《ごくすい》の宴《えん》の場所）

②下鴨神社糺《ただす》の森
（下鴨神社の社叢《しゃそう》、12万4000㎡の原生林）

はケイツ・ケイ・ケイシ、遣隋使や遣唐使が持ち帰った漢音ではキョウト・キョウ・ケイシと発音し、ミヤコという発音と併用した。

もっとも大陸の京都・京・京師は都城だから、羅城や条坊制がある。倭国は防衛装置の羅城が不要だが、条坊制もない大王の宮は『日本書紀』も『続日本紀』も〇〇京と記さない。条坊制がない近江大津宮や甲賀宮も〇〇京ではないが、天皇御座所の宮があるうちは宮処《みやこ》なので、首都の代名詞である京都・京・京師の表記やミヤコの発音はありえた。

一方、条坊制を持ち、宮を中央に置く中央宮闕型都城が新益京（藤原京）。北辺中央に置く北闕型都城が難波京、平城京、恭仁京であった。

◆平安京から京都へ

上下賀茂社（図①②）を鎮守とする平安京も、南辺の羅城や条坊制をもつ。北辺中央に平安宮を置き、壮麗な宮殿がならんだ。唐と国交を持つ東アジアの中央集権国家として必要な体裁であり、そこに天皇がすむ都城だから平安京。そして首都の代名詞の京都・京・京師でもあった。

ところが、鎌倉時代に平安宮の宮殿が廃絶。平安京の北辺中央に、中央集権国家では存在するはずの役所群がなくなった。律令体制がくずれた国の首都は都城としての要件もみたさなくなり、この時点で平安京ではなくなった。

しかし天皇は京中にいるから、首都であるのはかわらない。その代名詞は京都・京・京師だから、平安京の呼び名はこれらやミヤコに変わった。その後、中世から近世に遷都がない中で、これらは地名として扱われるようになる。そして明治時代に、京都が地名として制度化された。

◆平安京の面影

嵯峨天皇が万代宮と定め、遷《うつ》すのは罪とした平安宮は、宮殿が失われても宮門や塀が修理され、神聖空間の内野《うちの》であり続けた。条坊制のまちなみに暮らす人びとは、内野に敬意をはらい、開発をひかえた。安土桃山時代に豊臣秀吉《とよとみひでよし》が内野に聚楽第《じゅらくてい》を建て、京都に御土居《おどい》という枠をはめるが、それでも条坊制の根本は残った。その意味で京都は、平安京の面影を失っていない。

45 寝殿造りの変化

武士の時代、寝殿造りも変わっていく

幕府の御家人《ごけにん》に荘園を奪われた貴族は、小さい寝殿造りに住むようになり、敷地のまわりには棟割長屋や小屋《こいえ》が張りつくようになる。

◆左右対称がくずれ、小さくなる寝殿造り

平安時代末期、寝殿造りの左右対称がくずれはじめる。開放的だった寝殿も、モヤの一角に塗籠《ぬりごめ》（帳台を造《つく》りつけた寝室・収納）が現れた。

鎌倉時代には、せまい敷地に対屋《たいのや》がなく渡廊と中門廊だけの寝殿（図

③藤原俊盛邸（宮内庁三の丸尚蔵館所蔵『春日権現験記絵』、中門廊の屋根には正式な入口となる沓脱《くつぬぎ》の場所を示す唐破風《からはふ》がある）

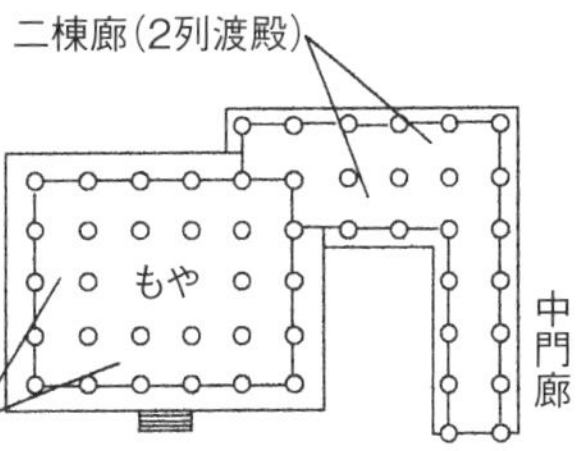

①藤原基房《もとふさ》邸　平面図

④釈迦堂、右端に篝屋《かがりや》
（『一遍聖絵』、中央公論社、1988より転載）

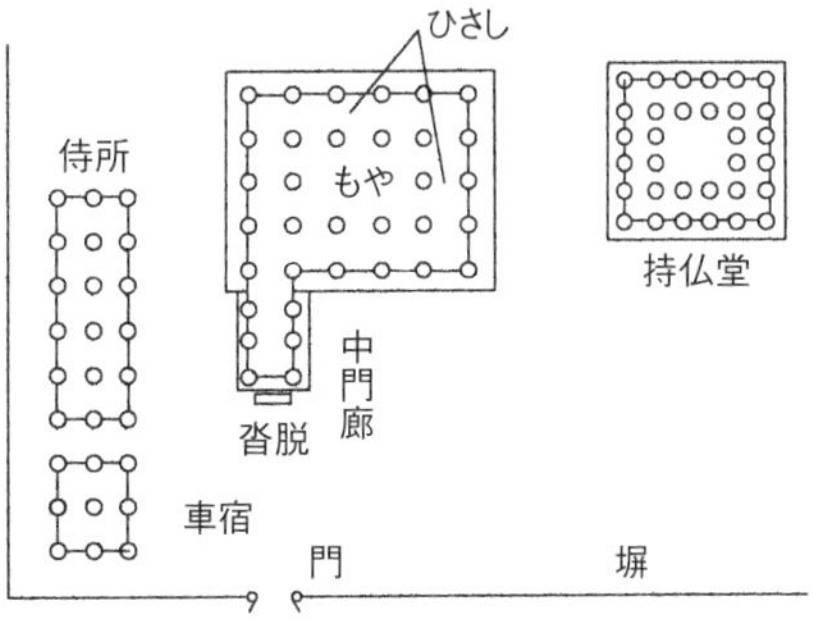

②藤原定家邸　平面図

①）、渡廊もなく中門廊をのばすだけの寝殿（図②）が増えて、「透《すき》（殿）・渡殿《わたどの》なし、毎事いうに及ばず」（『玉葉《ぎょくよう》』）になる。正慶2年（1333）の『春日権現験記絵《かすがごんげんげんきえ》』を見ても、藤原俊盛《としもり》邸は寝殿から中門廊が伸びている（図③）。

この状況を鴨長明《かものちょうめい》は「大家《たいか》滅びて小家《しょうか》」（『方丈記《ほうじょうき》』）と伝え、正二位権中納言《ごんちゅうなごん》という高位で『新古今和歌《しんこきんわか》集《しゅう》』をまとめた藤原定家《ていか》も「京中たまたま一町家のこるところなり、万事ただ世の滅亡」と記した。その定家が平安京北東隅（一条・東京極）に4年かけた邸宅も、袋小路の南門を入って沓脱《くつぬぎ》で中門廊にあがると、寝殿であった（図②）。寝殿の西ひさしが客座《きゃくざ》（応接間）、北ひさしが居所《きょしょ》（居間・食事）。もやは儀式用で、南ひさし前の南庭の前栽《せんざい》には、山ザクラや梅など20数種の草木があった。

◆貴族の困窮とこわれていく寝殿造り

承久の乱後、地頭の横暴は全国にひろがる。朝廷に泣きつかれた幕府は、貞永《じょうえい》元年（1232）の『御《ご》成敗式目《せいばいしきもく》』で守護の命令にしたがえと命じた。京都の治安も六波羅探題《ろくはらたんだい》が武力で回復。暦仁《りゃくにん》元年（1238）に京中48ヶ所の篝屋《かがりや》（夜間監視台、図④）を置き、大番役《おおばんやく》武士があがった。寛元《かんげん》4年（1246）に廃止するが、朝廷の要望で西国武士の任務として復活する。

それでも『今昔物語集《こんじゃくものがたりしゅう》』には、地頭に領地や年貢を奪われた貴族が困窮し、寝殿造りが無残にこわれていく様子が記されている。

……築地《ついじ》（塀）崩れながら有しは、皆小屋《こいえ》（周囲の棟割長屋）居《い》にけり、四脚門有しも跡形なし、寝殿の対（対屋）有しも一つも見えず、政所屋《まんどころや》（家政機関）有し板屋も喎々《ゆがむゆがむ》ぞ残たる、池は水もなく、葱《ねぎ》というもの作りて池見えず……寝殿は殿内の人の焼物（薪）になりて壊れ候ひにしかば、倒れ候にや……対も道行く人の壊《こぼ》ち物になりてひととせの大風に倒れ候……

⑤地方にもひろがった武士の寝殿造り（『法然上人絵伝』、中央公論社、1990、より転載、中門廊先端の屋根の唐破風が沓脱場所を示す、角柱・蔀戸・明《あ》かり障子・板戸で密閉性を高め、畳を敷きつめる座敷も中世の気温低下で普及した）

◆寝殿造りの跡地にたつ寺院

源氏の血統が絶えた鎌倉幕府は、京都から新将軍九条頼経《くじょうよりつね》をむかえ、嘉禄《かろく》元年（1225）に礎石立に檜皮葺《ひわだぶき》の寝殿造り（宇都宮辻子《うつのみやづしの》御所《ごしょ》）を建てた。それから武家屋敷も寝殿造りになっていく（図⑤）。そこに京風の過差《かさ》（ぜいたく）が持ちこまれ、借金で領地を手ばなす御家人が増えた。

そんなときに蒙古《もうこ》（モンゴル帝国、大元《だいげん》ウルス）と高麗《こうらい》の連合軍が襲来（元寇《げんこう》）。集団戦法や破裂弾、毒矢で攻撃してきた。1万5000の兵が900隻で襲来して、対馬《つしま》や壱岐《いき》、肥前《ひぜん》の住人に暴虐の限りを尽くした文永《ぶんえい》11年（1274）は、剽悍《ひょうかん》な筑前国の御家人が激闘の末、射程の長い弓矢で押し返し、撤退時の大風で船団は潰滅する（文永《ぶんえい》の役《えき》）。

弘安《こうあん》4年（1281）5月に15万の兵が4400隻で九州や山口沿岸を襲ったときも、各地から集まった御家人《ごけにん》が2ヶ月以上戦闘を続け、陸上に陣地をつくらせなかった。そして船の食料がつきた7月末に例年どおり台風がきて、船団の主力はほぼ潰滅した（弘安《こうあん》の役《えき》）。

国難をのぞいた御家人は、恩賞を求めたが、幕府は新領地を得ていない。永仁《えいにん》5年（1297）に困窮する武士のため徳政令《とくせいれい》（借金帳消し）を出すが、発達した流通経済はこれを無視。武士の不満はたかまり、悪党《あくとう》（無法集団）がうごめき治安は悪化した。厭世観から踊念仏《おどりねんぶつ》も大流行。ひろめたのは一遍《いっぺん》という遊行僧《ゆぎょうそう》で、その生涯を描く『一遍聖絵《いっぺんひじりえ》』に当時の京都を見ると、四条・東京極辻の寝殿造りが釈迦堂に変わっている（図④）。築地塀の一部が在家の家となって見世棚をつけ、『今昔物語集』に「築地《ついじ》崩れながら有しは皆小屋《こいえ》」と記された状況がある。

もっとくわしく

丸山俊明『京都の町家と聚楽第』第1章「中世、町家と百姓家に同じ間取り」昭和堂、2014

46 町人の登場

南北朝時代の京都に町人登場

鎌倉幕府を倒した後醍醐《ごだいご》天皇だが、建武新政《けんむしんせい》に失敗。足利《あしかが》尊氏《たかうじ》が室町幕府を開き、皇統《こうとう》が南北朝に分かれる混乱の中から町人が現れる。

◆栄える京都の町

平清盛が輸入した宋銭《そうせん》は、「天下銭病《ぜにのやまい》」（『百錬抄《ひゃくれんしょう》』）といわれるほど流通。鎌倉時代に全国都市へ広がり、流通の起点となった京都は「土倉《どそう》員数《いんずう》を知らず、商賈《しょうこ》充満し海内《かいだい》の財貨その中（多くの高利貸しは土壁の蔵をもち、商売で得た天下の財宝が中にある)」(『明月記《めいげつき》』)になる。

寺社や土倉酒屋《どそうさかや》(質屋や高利貸しで得た金で米を買い、酒をつくって売る業者、延暦寺僧が多い)は、生活に苦しむ貴族や家人《けにん》の宅地を買いとり、再開発を行って古い土地区画を消し、棟割長屋を建てた。そして本所《ほんじょ》(領主)となり、棟割長屋の住戸《じゅうこ》を在家に貸して年貢を取った。

◆建武新政と二条河原落書

文保《ぶんぽう》2年(1318)に即位した後醍醐《ごだいご》天皇は、元弘《げんこう》3年(1333)に御家人の足利高氏《あしかがたかうじ》や悪党《あくとう》(地方武装集団)の楠木正成《くすのきまさしげ》と手を組み、御家人の信頼を失った鎌倉幕府を倒す。建武新政《けんむしんせい》をはじめるが、建武元年(1334)に武士だけに平安宮再建を命じるなど(計画段階でとん挫)、貴族を優遇した。武士は「奴婢《ぬひ》・雑人《ぞうにん》(奴隷)」(『太平記《たいへいき》』)同様の扱いと感じ、朝廷への反感を強める。

このころ京童《きょうわらべ》(噂好きな京都の人びと)が二条富小路の建武政庁《けんむせいちょう》近くの二条河原に張り出した落書には、次のように記されていた。

……近頃都《みやこ》にはやる物、夜討《ようち》・強盗・偽綸旨《にせりんじ》(架空の天皇命令)……町ごとにたつ篝屋《かがりや》は荒涼五間・板三間、幕引き廻す役所ども(仮設役所)その数しらず満ちにけり、諸人の敷地定まらず半作《はんさく》(つくりかけ)の家多し、去年火災の空地ども、くそ福(人糞肥料を使う畑)にこそなりにけれ……

◆南北朝時代と町人の登場

建武3年(1336)、足利尊氏《たかうじ》(改名)は武力で光明《こうみょう》天皇を擁立(北朝《ほくちょう》・持明院統《じみょういんとう》)。天皇と光厳上皇は、左京北辺四坊二町の土御門《つちみかど》東洞院殿《ひがしとういんどの》(正親町《おおぎまち》殿)を皇居と定める(32項①)。

吉野へ逃げた後醍醐天皇は、吉野朝廷(南朝《なんちょう》、大覚寺統《だいかくじとう》)が正統と主張するが(南北朝時代《なんぼくちょうじだい》)、尊氏は「建武式目《けんむしきもく》」を出し、北朝重視の施政方針を明確にする。さらに建武4年(延元2[1337])に足利将軍となり、暦応《りゃくおう》3年(1340)に二条高倉に幕府を開いた(その後、3代将軍義満が北小路室町に花の御所を置くので室町幕府とよぶ)。

武士の時代となった京都は、バサラ大名の佐々木道誉《ささきどうよ》が妙法院《みょうほういん》を焼きうちしたり、豪族の土岐頼遠《ときよりとお》が光厳《こうごん》上皇(院)に「院か、犬か」とののしり矢を射たり、「自由狼藉《じゆうろうぜき》ノ世界(二条河原落書)」となった。

その中で、三条町や四条町の在家商人は、幕府に対して、近郊農村の散在里商人《さんざいさとしょうにん》が京都で売り歩くのをやめさせろとかけあう。このとき主張した身分が町人《ちょうにん》であった。町人身分を主張できる条件は、京都に店舗を持つこと。史料では『祇園《ぎおん》執行日記《しゅぎょうにっき》』の康永《こうえい》2年(興国《こうこく》4・1343)の記述に町人が初登場し、酒麹座《さけこうじざ》が同年に北野神社へ出した文書にも、町人身分が記されている。

◆室町時代と土御門御所

永和《えいわ》4年(天授《てんじゅ》4[1378])、3代将軍足利義満《よしみつ》は、土御門東洞院殿の北西に花の御所(図①)をたて、ここを拠点に守護大名を押さえこみ、明徳《めいとく》3年(元中《げんちゅう》9[1392])に南北朝《なんぼくちょう》を合体《がったい》させる(室町《むろまち》時代)。

応永《おうえい》8年(1401)に土御門東洞院殿が火事になったのを機に、南

①花の御所跡
(京都市上京区、大聖寺境内)

②土御門東洞院殿(土御門御所)の系譜をひく京都御所(宮内庁京都事務所提供)

③紫宸殿前（旧禁裏御所の中心施設）を回廊で囲む白砂敷の南庭《だんてい》
（裏松固禅《うらまつこぜん》の『大内裏図考証《だいだいりずこうしょう》』を元に安政2年［1855］再建、京都御所）

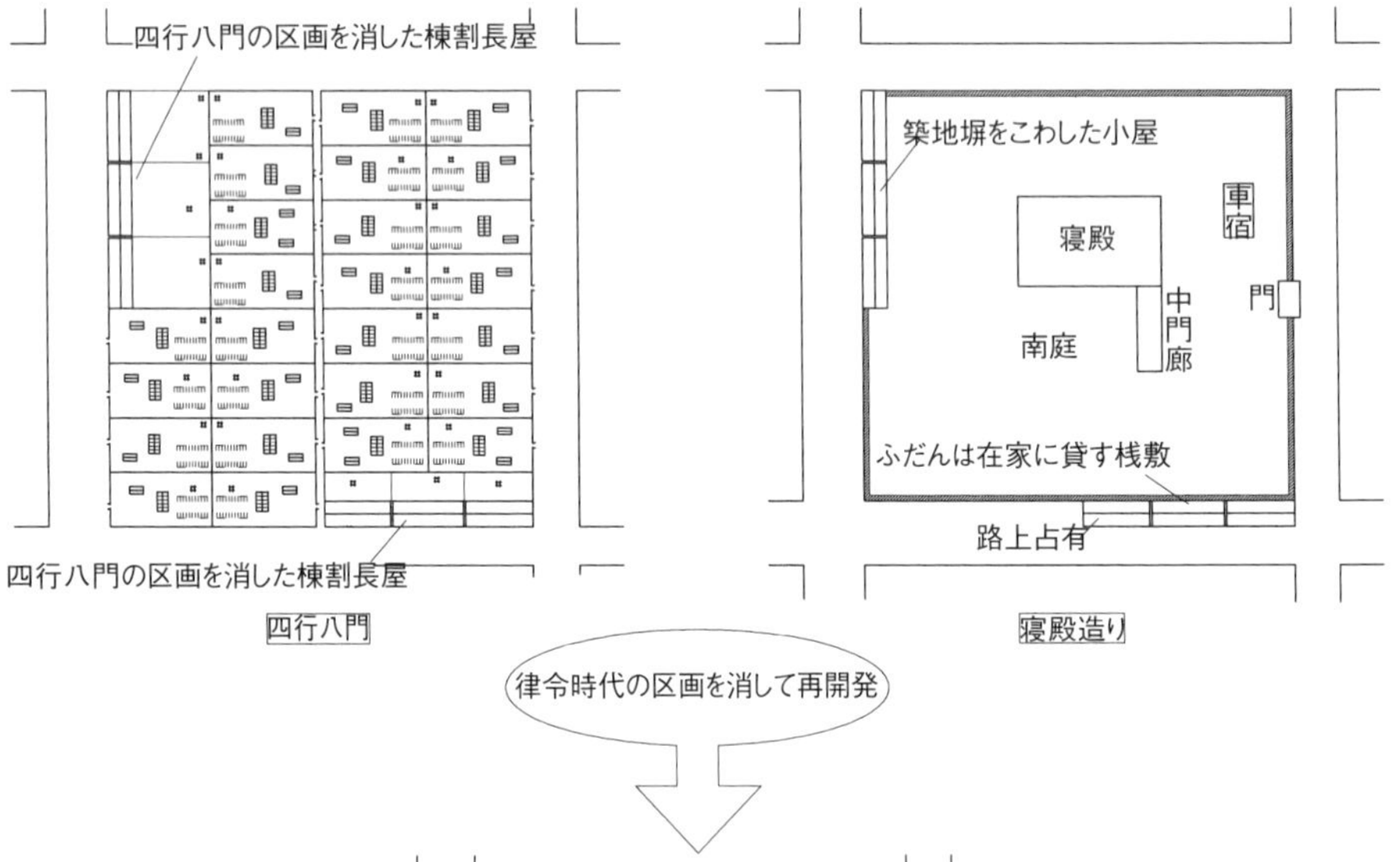

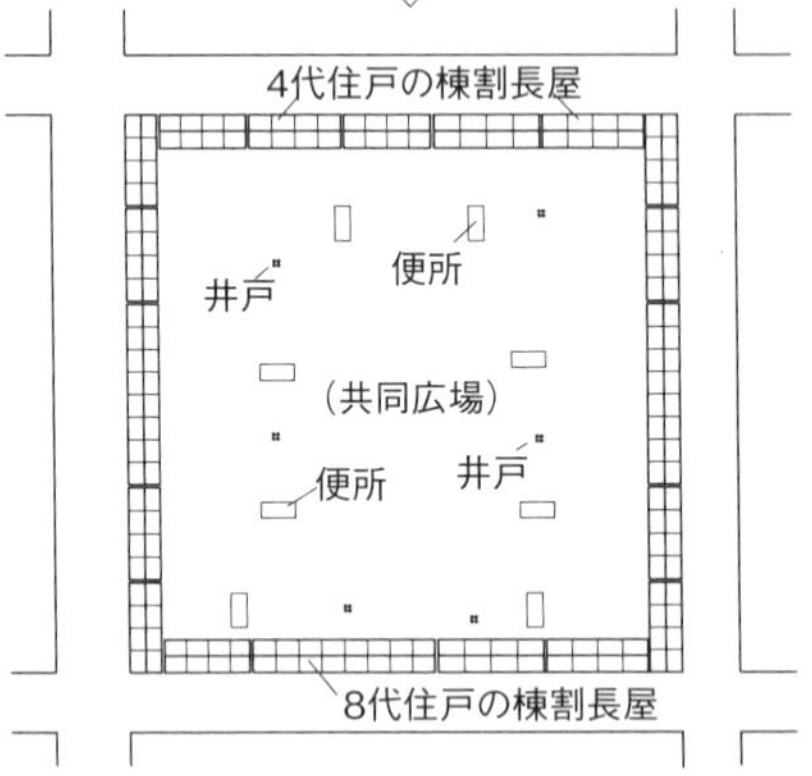

④1町街区の4辺に棟割長屋のモデル図（律令時代の四行八門は鰻の寝床との直接的関係はない）

⑤素木を使った在家の店
（『長谷雄草子／絵師草子』中央公論社、1988より転載）

北半町であった敷地を、南北は正親町と土御門の間、東西は高倉と東洞院の間の1町四方にひろげ、平安宮にならった本格的な内裏とした（土《つち》御門御所《みかどごしょ》）。周囲に築地塀をまわし、さらに周囲の半町（面積3町分）を陣中《じんちゅう》とよんで、牛車や騎乗を禁じる歩行空間にした。のちにこれが豊臣《とよとみ》秀吉《ひでよし》らの周辺整備や改修をへて、江戸時代に天皇の禁裏御所《きんりごしょ》になる（図②③）。

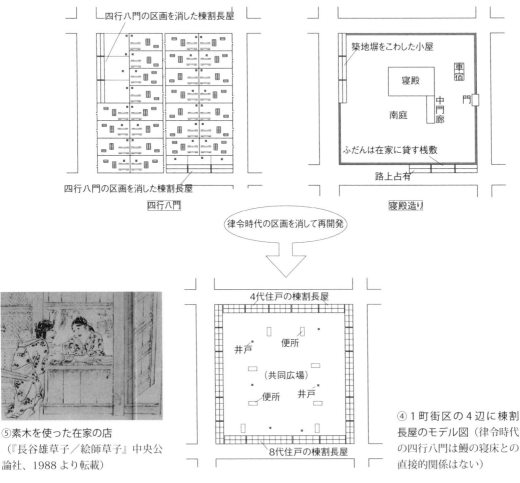

◆宅地をあつめて棟割長屋

室町幕府に庇護された寺院や土倉酒屋は、遣明貿易《けんみんぼうえき》（大陸の明《みん》との貿易）で巨利を得る。その富で、たとえば東寺は備中国《びっちゅうのくに》（岡山県）で市座《いちくら》10代《だい》（10店舗）の棟割長屋を14棟も一度に建てた。京都でも、律令時代に区画された宅地や、それを部分開発した棟割長屋を大規模に買い集めた。そして1町四方の街区全体を更地《さらち》にし、4辺に棟割長屋を建てた（図④）。長屋の各住戸の間口は3〜6メートルほどで、間取りは片土間・床上2室が多い。この住戸に入って見世棚で商売する町人は、年貢（農業生産物や銭の屋地子《やぢし》・実労働の雑公事《ぞうくじ》など）を納めた。建築材は、地方では黒木《くろき》（皮付材）が多かったが、京都では製材した素木《しらき》の角柱が使われた（図⑤）。

◆京中と洛中洛外《らくちゅうらくがい》

南北朝時代の動乱を記録した『太平記《たいへいき》』は、かつての平安京の範囲を「京中《きょうちゅう》」と記す。洛陽城とよばれた左京の範囲は「洛中」と記し、対比させるかたちで周辺部を「洛外」と記した。北へ行くのを上《あが》ル、南へ行くのを下《さが》ル、東入《い》ルや西入《い》ルという言葉もこの時期から使われた。

もっとくわしく

丸山俊明『京都の町家と聚楽第』第1章「中世、町家と百姓家に同じ間取り」昭和堂、2014

47 応仁《おうにん》・文明《ぶんめい》の乱

惣村《そうそん》の土一揆《つちいっき》と自衛する町人

足利幕府は内部対立が激化。京都の通りにならぶ町家の町人は、構《かまえ》をつくって自衛するが、ついに応仁・文明の大乱がおきる。

◆上京と下京 土倉酒屋と土一揆

京都の北の花の御所（将軍御所）や土御門御所（内裏）のまわりは、守護大名の屋敷が集まり上京《かみぎょう》とよばれた。一方、京都の南は宿屋や物産問屋、酒屋が集まり、下京《しもぎょう》となる。

このような京都に、幕府が公認して税をとる土倉酒屋が350軒も散在し、多くは三条から五条で営業した。柳屋《やなぎや》の銘酒柳《やなぎ》などが利益をあげ、これを高利で貸した。生活が苦しい貴族は宅地や荘園を質草《しちぐさ》（担保）としたため、土倉酒屋は、荘園からも年貢を取るようになる。

①惣村の構《かまえ》（米沢市上杉博物館所蔵、上杉本「洛中洛外図」屏風、惣村も土倉酒屋の反撃に備えて構［のぞき穴の狭間《さま》をあけた土塀・門］で自衛していた）

一方、荘園では惣村《そうそん》がうまれた。百姓自身で年貢を集めて本所（領主）へ納める（地下請《ぢげうけ》）かわりに、検断権《けんだんけん》（自治・警察権）を認めさせて、武力で自衛する農村である（図①）。不作で年貢が納められなくなると、この武力を背景に、年貢免除や借金棒引き、質草の返却をもとめ、惣村全体で土倉酒屋や幕府に押しかけた（土一揆《つちいっき》）。正長元年（1428）の正長《しょうちょう》の土一揆《つちいっき》が最初で、15世紀中ごろまで続いた。

これに対し土倉酒屋は、近くの町人と協力。通りの両側にならぶ家々で団結した（両側町《りょうがわちょう》）。町の中心に防衛拠点の番屋《ばんや》を置き、両端の交差点に土塀《どべい》と釘貫《くぎぬき》（木戸門《きどもん》）からなる構《かまえ》をつくって自衛した（図②）。両側町は月交代の月行事《がちぎょうじ》（世話役）を定め、町式目《ちょうしきもく》や町儀定《ちょうぎじょう》（町掟）も決めた。

やがて固有の町名も持つようになり、この町名に衆の字をつけて六角町衆《ちょうしゅう》などとよんだ。ただし、この○○町衆はあくまで町単位の呼称であり、上中文書などに記す身分は町人《ちょうにん》であった。また町人の家は町家と記し、マチヤ、チョウカとよんだ。

◆年貢から屋地子の変化

15世紀になると、本所（領主）は棟割長屋（図③）の町人から、住戸面積に応じた地子、屋地子や農業生産物、雑公事を取りたてるのをやめ、住戸の間口長さに応じた地子《ぢし》・屋地子《し》を取った。

その一方で、棟割長屋の町人が裏地（街区の内側）を勝手に使うのは許さなかった。このため町家は、奥に伸びることができなかった。富裕町人は裏地を買ったが、ごく一部のことであった。

◆長禄・寛正の大飢饉と応仁・文明の乱

15世紀前半に、京都の人口は20万をこえた。しかし長禄《ちょうろく》3年（1459）に鴨川大洪水。寛正《かんしょう》2年（1461）は飢饉で「世上三分の二餓死」（『長禄寛正記《ちょうろくかんしょうき》』）となり、8万の死骸が鴨川をとめた。あまりの惨状に御朝廷は年号を応仁《おうにん》（天下和平の意味）に変えるが、8代将軍足利義政《よしまさ》は「天下は破れよ」とうそぶき、その言葉通りになる。

応仁《おうにん》元年（1467）、将軍家や畠山《はたけやま》氏ら守護大名のあとつぎ問題がこじれ、細川勝元《ほそかわかつもと》ら東軍16万と、山名宗全《やまなそうぜん》ら西軍9万が京都でにらみあう事態となった。東軍は室町の将軍御所付近、西軍はその西側一帯（西陣《にしじん》）に陣をおき、文明《ぶんめい》9年（1477）まで11年間も小ぜりあいを続け（図④）「京中並びに東山、西山、ことごとくもって広野」になった（応仁・文明の乱）。

◆生ける屍《しかばね》、足利将軍

そのころ将軍足利義政《あしかがよしまさ》は、乱で

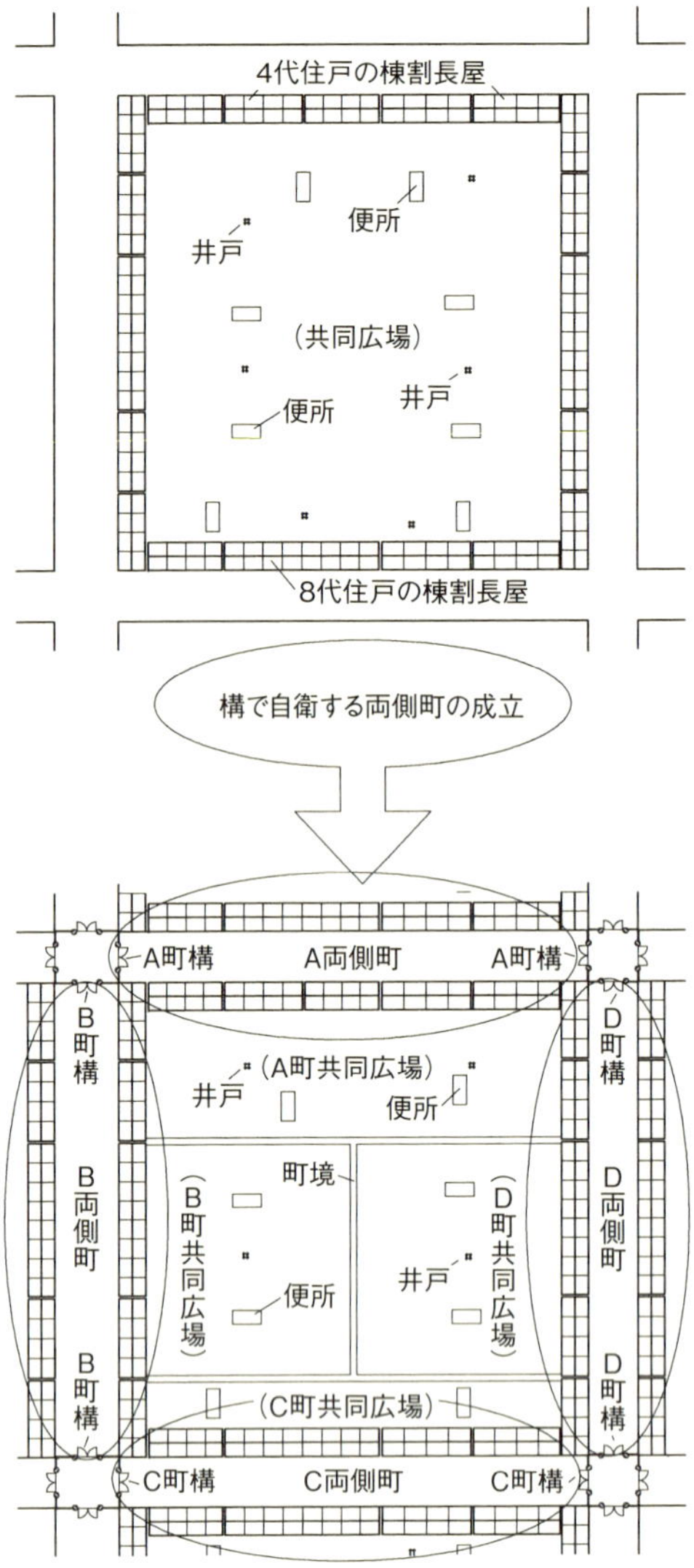

②両側町の構え、番屋は町中の１軒においた

③『見世棚古図《みせだなこず》』に見る石置板葺《いしおきいたぶき》の棟割長屋と見世棚付きの住戸（山東京伝『骨董集』日本随筆大成　第Ⅰ期15　吉川弘文館、1976、当時の狂言に「なにがしのあたりとは違うて家建ちまでも格別じゃ、あれからつうぅとあれまで軒と軒、棟と棟、仲よさそうにひっしりと建て並んでいるほどに」とある、住戸それぞれが当時の町家）

④百々橋《どどばし》の橋脚礎石（京都市上京区、応仁の乱の激戦地であった小川《こかわ》の板橋跡）

焼けた浄土寺《じょうどじ》跡で、東山殿《ひがしやまどの》（義政の遺命で慈照寺《じしょうじ》）の造営に夢中になっていた。隠居所なので公式対面用の寝殿はなく、常御所《つねのごしょ》（日常空間）や会所《かいしょ》、持仏堂の東求堂《とうぐどう》、観音堂（銀閣《ぎんかく》）を置いた。

東求堂の4帖半座敷は付書院《つけしょいん》と棚《たな》をもつ書院《しょいん》（書斎）で、同仁斎《どうじんさい》とよばれる。会所は唐物《からもの》（輸入品）で室礼《しつらい》し、猿楽《さるがく》や田楽《でんがく》、狂言、大がかりな立華《りっか》を座敷用にした生花《いけばな》、茶の産地をあてる闘茶《とうちゃ》に禅寺《ぜんでら》茶礼《されい》を取りいれた茶会《ちゃかい》、香の種類をあてる闘香《とうこう》などの遊びや発酵酒《はっこうしゅ》に興じた。特に連歌《れんが》は「冷え枯るる」境地を大切にし、「侘びる、寂びる」の言葉から「侘び・寂び」の文化思想をうむ。

これら日本文化のゆりかごをつくった義政は、無能ではなく大乱を終わらせる努力もした。しかし時代が結果を出すことをゆるさず、飢饉や大乱の中でも遊興に耽《ふけ》り続ける将軍をつくった。

⑤江戸時代の慈照寺［銀閣寺］の様子
（新修京都叢書第11巻『京都名所図会』光彩社、1968年より転載）

もっとくわしく
丸山俊明『京都の町家と聚楽第』第1章「中世、町家と百姓家に同じ間取り」昭和堂、2014

48 天文法華《てんもんほっけ》の乱

ちぢむ京都の中で町人は自信をつける

応仁・文明の乱の後、戦国時代になった京都は歴史上もっとも小さくなる。その中で町人は生きぬくため、家族を守るために武器をとる。

◆大乱と京都の戦国時代

応仁文明の乱の中、守護代《しゅごだい》などが下剋上《げこくじょう》で戦国大名《せんごくだいみょう》に成長し、荘園の年貢をすべて奪うようになった（乱の間に東西両軍の総大将が許した）。

年貢収入が完全になくなった貴族は、家屋敷を雑兵《ぞうひょう》に襲われ、質草も土倉酒屋に取られた。蹴鞠《けまり》や薬の製法など、教える技術があればよかったが、なければ着のみ着のまま、知り合いを頼るしかない。中納言正三位の勧修寺《かんじゅうじ》経茂《つねしげ》が物ごいしながら奈良の寺院についたとき、その哀れな姿をみた僧は、世の乱れを「言語《ごんご》道断《どうだん》」と憤《いきどお》った。

文明9年（1477）、大乱は終わる。そのころ足利幕府は、統一政権としての権威も機能も失っていた。そして京都は戦国時代になる。

町々は自力救済《じりきぎゅうさい》（自衛生存）のため、立売室町《たちうりむろまち》の辻《つじ》（上立売・室町交差点）中心の上京と、四条町《しじょうまち》の辻《つじ》（四条・新町交差点）中心の下京に分かれて自衛。京都は歴史上もっとも小さくなった。それぞれの両側町も、町の両端の四辻に構《かまえ》を置き、番屋に集まって意志を確認した。ときには女子供まで、武器を取って戦う。口先だけではない、本当に命がけの町人自治であった。

◆焼けあとに増える法華寺院

戦国時代の京都の町人は、法華《ほっけ》

②九条家拾翠亭《しゅうすいてい》の露地空間（右手の建物に茶室、左手に待合、京都御苑）

①内野《うちの》の風景（国立歴史民俗博物館所蔵、歴博甲本『洛中洛外図』屏風）

③焼かれる前の頂名寺《ちょうみょうじ》（国立歴史民俗博物館所蔵、歴博甲本『洛中洛外図』屏風、法華寺院 21 ヶ寺のひとつ）

④革堂《こうどう》（京都市中京区、行願寺《ぎょうがんじ》、一条《いちじょう》小《こ》川《かわ》から秀吉の京都改造と宝永大火をへて現在地）

⑤六角堂（京都市中京区、頂法寺《ちょうほうじ》）

宗《しゅう》を信仰した。法華宗は圧政を否定し、現世利益の追求を認めるので、自分の稼ぎで生きる町人は大いに共感。上京に多くの法華寺院がうまれた。これが気に入らないのが比叡山延暦寺や奈良の興福寺で、僧兵が大挙して攻撃してきた。特に大永《だいえい》4年（1524）の攻撃は激しく、法華衆となった京都の町人は武器を手に、法華僧と共に懸命に戦った。

◆乱世を彩る町人文化

大永6年（1526）に上洛した連歌師宗長《そうちょう》は「京を見渡せば、上下（上京と下京）の家、昔の十が一もなし、ただ民屋耕作の躰《てい》、内裏（内野、図①）は五月《さつき》の麦の中」（『宗長《そうちょう》日記《にっき》』）と詠んだ。ところが直後に「下京茶湯とて、このごろ数寄などいひて、四畳半敷・六畳敷おのおの興行、宗珠《そうじゅ》さし入、門に大なる松有、杉有、垣のうち清く、蔦《つた》落葉五葉六葉」とも詠む。宗珠とは、わび茶を始めた村田珠光《むらたしゅこう》の後継とされた町人の奈良屋宗珠《ならやそうしゅ》で、四条室町の家（午《ご》松庵《しょうあん》）の奥に庭園や離れ座敷を持ち、おとずれた貴族の鷲尾隆康《わしおたかやす》は「山居の躰、もっとも感あり、誠に市中《しちゅう》の隠《いん》」（『二水記《にすいき》』）とほめた。本所領主が占有を許さない街区内側の一角を、買い取れるほどの富裕町人だったのである。

ほかにも、土倉酒屋だった延暦寺僧が大乱から復興した下京で還俗《げんぞく》（僧籍をすてる）し、富裕町人になった。彼らが裏地に置いた数寄《すき》空間（茶室《ちゃしつ》、図②）でわび茶が大流行し、『閑吟集《かんぎんしゅう》』にも当時の京都が「面白《おもしろ》の花の都」とある。

◆自信をつける町人と天文法華の乱

天文《てんもん》元年（1532）、京都の町人は幕府の細川・六角・木沢氏と手を組み、各地の本願寺の一向宗門徒と戦う。山科本願寺も焼いた。

翌天文2年（1533）に八坂祇園社が乱世を理由に祇園会を中止したときも、下京66町を代表する月行事《がちぎょうじ》は「神事これなくとも、山鉾渡したき事じゃけに候」と祇園社にねじこんだ。戦国乱世を生きる町人は、5〜12町が集まって町組《ちょうぐみ》をつくり、町組—町—町人の自治組織を成立させて自信をつけ、ついに本所領主へ屋地子を納入するのを、拒否するまでになっていた。

ところが天文5年（1536）、本願寺の一向宗門徒と比叡山延暦寺の僧兵は、南近江の守護大名の六角氏を味方に引きいれ、京都の法華寺院21ヶ寺を焼いた（図③）。上京全域と下京の1／3の町々も焼きはらい（天文法華《てんもんほっけ》の乱《らん》）、戦いに敗れた京都の町人は地子納入を再開する。

その後、上京の5町組（立売組《たちうりぐみ》・一条組《いちじょうぐみ》・中筋組《なかすじぐみ》・小川組《おがわぐみ》・川《かわ》より西組《にしぐみ》）は革堂《こうどう》（図④）に集まり上京《かみぎょう》惣町《そうちょう》を、下京の5町組（中組《なかぐみ》・西組《にしぐみ》・巽組《たつみぐみ》・艮組《うしとらぐみ》・七町半組《しちちょうはんぐみ》）は六角堂《ろっかくどう》（図⑤）に集まり下京惣町《しもぎょうそうちょう》をつくった。それぞれ洛中惣構《らくちゅうそうかまえ》と洛中惣堀《らくちゅうそうぼり》でまわりを囲んで自衛し、室町幕府や本所領主に町人としての権利の主張を続けた。

もっとくわしく

丸山俊明『京都の町家と聚楽第』第2章「戦国時代の間取りが、町家にもなり百姓家にもなり」昭和堂、2014

49 戦国時代の町家

戦国時代の京都の町家は、片土間・床上2室

戦国時代の京都は本所領主が建てた簡単な棟割長屋がならび、住戸は桟敷と同じ片土間・床上2室が基本。百姓家にも見られた。

①棟割長屋（国立歴史民俗博物館所蔵、歴博甲本『洛中洛外図』屏風、絵画表現上の都合で棟割長屋の数を減らして描く）

◆歴博甲本《れきはくこうほん》『洛中洛外図《らくちゅうらくがいず》』屏風《びょうぶ》の棟割長屋

『洛中洛外図』屏風は、洛中（当時の京都）と周辺の洛外を、左隻《させき》と右隻《うせき》の一対《いっつい》に描いた。

応仁・文明の乱から半世紀後の大永5年（1525）を描く歴博甲本が最古で、街区のまわりを棟割長屋が囲む（図①）。屋根が分かれているので1戸建てに見えるが、住戸境の柱は一本なので棟割長屋。住戸数で四軒《よんけん》ノ屋《や》《いえ》や五軒《ごけん》ノ屋《や》《いえ》とよばれた（図②、図は三軒ノ屋）。これを建てた本所領主は、建築費を安くするため、屋根を支える垂木《たるき》を省いた。安定しない屋根板はすぐ傷み、「私の家は

③建築中の町家（国立歴史民俗博物館所蔵、歴博甲本『洛中洛外図』屏風）

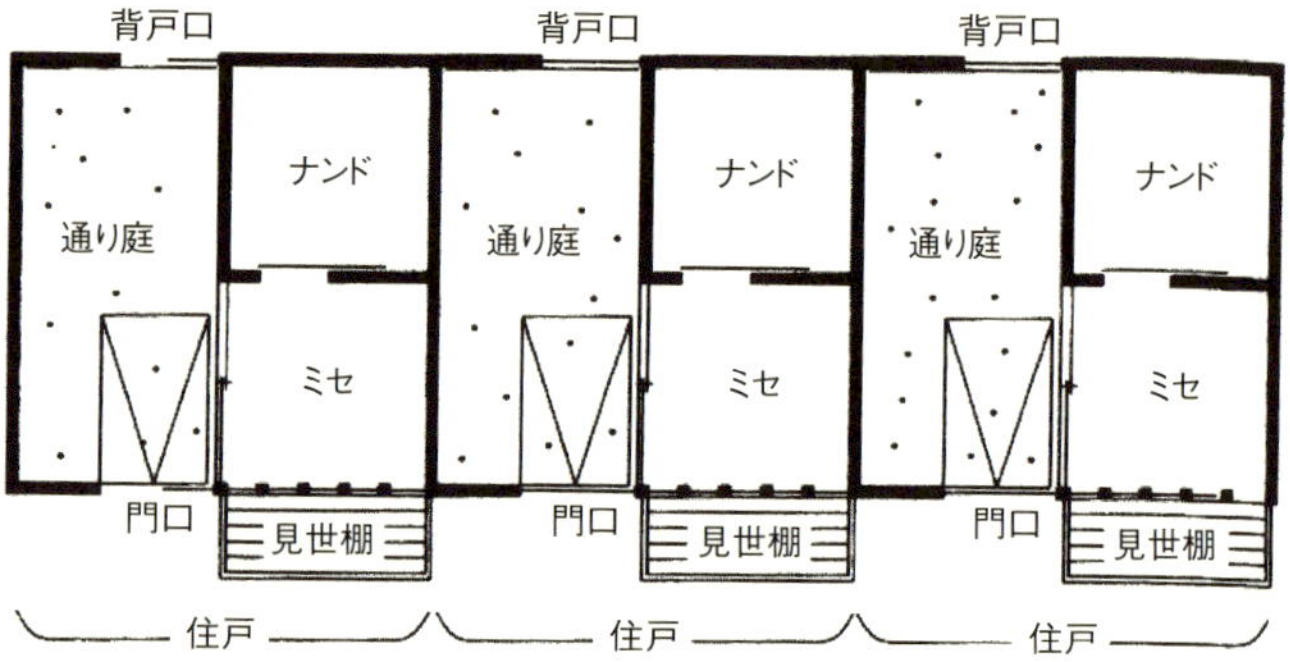

②３住戸の棟割長屋（三軒ノ屋）の間取り

外に雨が三つ降ると内には十降りまする」（狂言本『太子《たいし》の手鉾《てぼこ》』）になってしまう。それを住人それぞれが葺きかえるから、分かれて見えた。

◆垂木がない棟割長屋と桁がない町家

板葺は、垂木《たるき》に板をうつ方法と、垂木を省く方法があった。垂木があると屋根が安定するが、手間がかかるので費用が高い。それでも平安時代末期の『年中行事絵巻』では、桟敷でさえ垂木がある。鎌倉時代の『一遍聖絵』でも垂木がある家がほとんど。垂木なしの店舗は少なく、あれば建物自体が非常に簡素である。

ところが室町時代の『見世棚古図』（47項③）や戦国時代の歴博甲本では、棟割長屋に垂木がない。戦乱の時代は何度も焼けるので、建てなおす本所領主は安くするため、垂木を省いたのである。

ただし、歴博甲本の中に、1戸建ての建築現場がある（図③）。大工が垂木を打つ最中で、当時は珍しい1戸建てや垂木を書きとめた。もっともこの町家でさえ、桁《けた》がない。桁は、柱や梁と箱型構造をつくる部材だから、ないと構造は弱いのだが安い。それはまず、地面で壁の骨組を組んで建て起こす。掘立柱で自立させ、両隣と隙間のない外壁にする。桁は省き、母屋《もや》をのせて垂木を打つか、あるいは垂木も省いて屋根板を打った（図④）。一番簡単で安いが、丈夫な構造とはとてもいえない。

◆棟割長屋の住戸の間取り

戦国時代に入る前の15世紀初頭、富裕な土倉酒屋は、片土間・床上3室やそれ以上の間取りの町家を建てていた。しかし戦国時代の15世紀後半になると、上京や下京の惣構の中

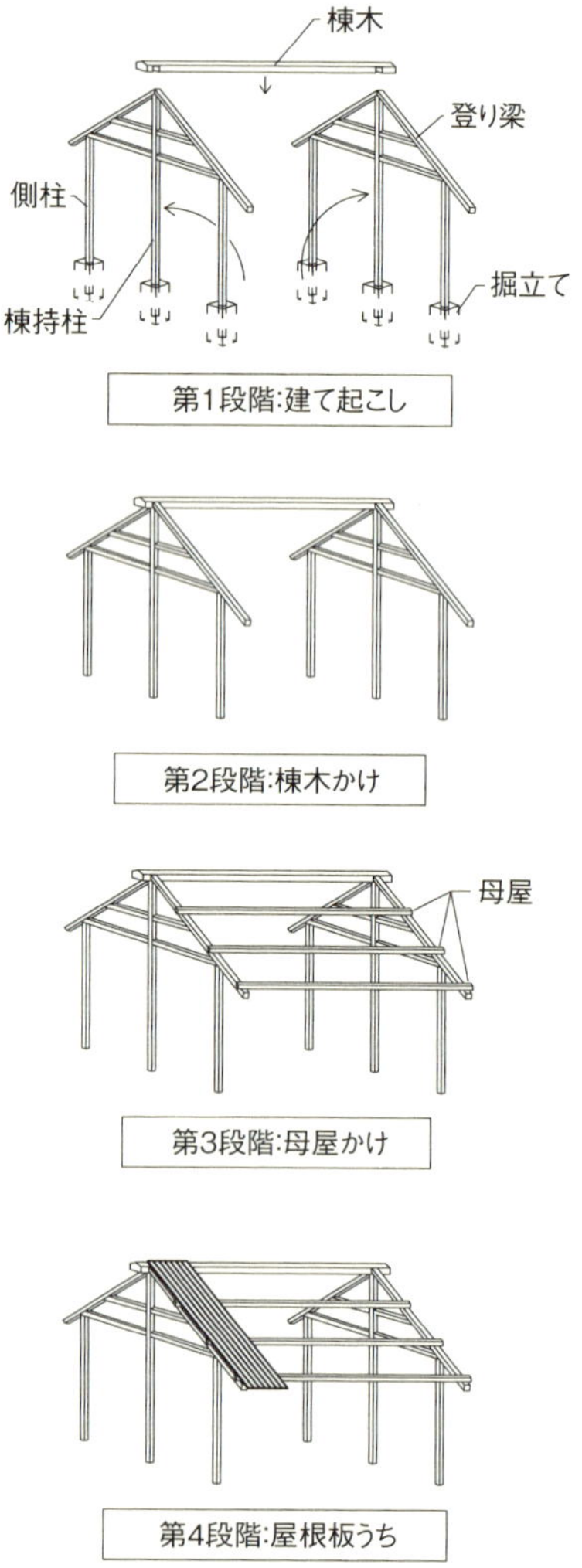

④桁なし・垂木なし構造の説明図

は住戸不足になり、余裕のある間取りは減る。当時を描く歴博甲本の棟割長屋の住戸は、間口2～3間×奥行2間（間口4～6㍍×奥行4㍍）ほど。間取りは片土間・床上2室である。

住戸の多くは見世棚を持ち、台《だい》格子《ごうし》（ふとい格子）越しに対面販売する。この表室をミセとよぶが、居間・食事機能もあった。一方、見世棚がない住戸は仕舞屋《しもたや》（専用住宅、商売は終《しま》いましたという意味）とよぶ。工房や貴族などの家人の家や百姓家で、この場合の表室は居間・食事用のみのダイドコ（キッチンの意味ではない）とよんだ。また奥室は、隣の住戸との境、街区内側に向く背面、片土間との境の3方を壁にする閉鎖的寝室。これをナンドとよび、前室との境も納戸構《なんどがま》え（敷居がたかい板戸）にして寝室側から樞《ころろ》（小栓）で鍵をかけ、家族全員で寝た（図⑤⑥）。

それが永禄8年（1565、織田《おだ》信長《のぶなが》の上洛で京都の戦国時代が終わる3年前）の上杉本《うえすぎほん》『洛中洛外図』屏風では、住戸背面の壁に窓が増える。これで通風や採光がよくなった奥室は、冠婚葬祭に使うザシキに変わった。ザシキは作業にも使えるし、布団を敷けば寝室になる。カマドの煙を避けて土間境に残った壁が、閉鎖的なナンドの名残りになった。

その土間は門口から背戸口に続く片土間で、カマド（お竈土《くど》さん）や水ガメを置くキッチンになったが、表の門口《かどぐち》から裏の背戸口《せとぐち》へ抜ける通路でもあり、通《とお》り庭とよぶ。街区内側の広場の共同井戸や共同便所へ行くのに、ここを通った。

◆保津川水運による町家の規格化

長さ6尺3寸の京間畳を敷きつめる座敷は、15世紀（室町時代）に広まる。そのとき建築規格も、京間《きょうま》・

⑤片土間から見るミセとナンド
（特別史跡一乗谷朝倉氏遺跡、天正元年時点に復原された城下町の町家）

⑥ナンドが閉鎖的なので背戸口がならぶ背面（特別史跡一乗谷朝倉氏遺跡）

⑦差鴨居《さしがもい》（町家では太い部材）

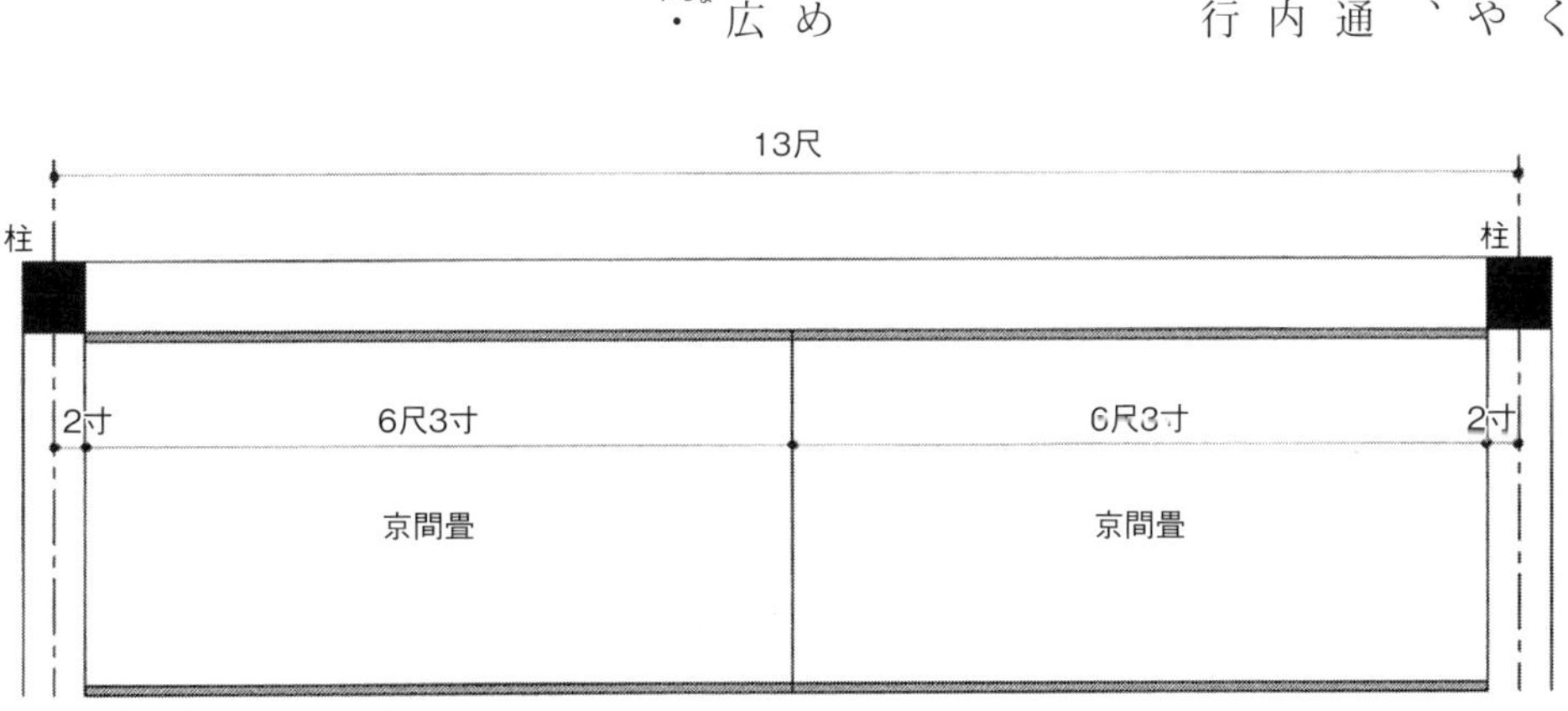

⑧京間２間の説明図

本間《ほんけん》とよぶ1間＝6尺5寸にかわる。この京間2間分の13尺材を差鴨居《さしかもい》（図⑦）にして、両端2寸ずつを柱（12センチ角）に差し込むと、柱と柱の間は12尺6寸となり、6尺3寸の京間畳（建築規格の京間とは別）が2枚おさまる（図⑧）。この京間2間の建築規格は、江戸時代の町家の座敷に受け継がれる。

一方、京都に丹波材を運ぶ保津川水運は、平安時代から1間＝6尺を単位にして、2間材＝12尺から4間材＝24尺を運んでいたが、京間の建築規格の登場にあわせて太い良材に丈間《じょうま》＝14尺という単位をもうけた。丈間を筏に編むため両端にマンサクの若木（ネソ）を通すネソ穴を開けると、製材時に穴部分を切ることで13尺の京間材になる。それが丹波地方の人工植林規格の一つになった。

もっとくわしく

丸山俊明『京都の町家と聚楽第』第3章「洛中洛外図の謎・桁なし町家は本当にあったのか」昭和堂、2014

50 厨《つ》子《し》2階

町家にくみこまれた厨子《つし》2階

全国を統一した豊臣政権は、流通経済を整備して京都の工芸品を行きわたらせ、おなじ経路を代価が逆流して京都に繁栄をもたらす。

◆惣構の中の住宅需要

上京や下京の惣構の中は、人口密度が高まった。たとえば戦国時代になって半世紀後の歴博甲本では、飛鳥井《あすかい》邸（現、白峯神宮《しらみねじんぐう》）の南の街区は棟割長屋が囲む中に共同広場だが（図①）、戦国時代末期の上杉本では辻子《づし》（細い道）が通り、町家が張りつき広場はない（図②）。室町時代の『庭訓往来《ていきんおうらい》』に「辻子《づし》・小路を通し見世棚」と記された状況である。京都全体で見れば一部の変化だが、（ほとんどの共同広場は豊臣秀吉の京都改造以降に消える）、画中には川の上に材（土台《どだい》）をわたした町家もあるほか、土間の両側に住戸を置く中土間式《なかどましき》住戸も現れていた。

①蹴鞠《けまり》指南中の飛鳥井邸（右上）と南の街区（左側）
（国立歴史民俗博物館所蔵、歴博甲本『洛中洛外図』屏風）

②飛鳥井邸と変化した南の街区（国立歴史民俗博物館所蔵、上杉本『洛中洛外図』屏風、右下に小川の上にたつ町家）

◆文献史料と絵画史料にみる２階建て

鰻の寝床とよばれる細長い町家を

③畠山辻子
（歴博甲本『洛中洛外図』屏風）

④高さに差がない外観平屋と外観２階
（国立歴史民俗博物館所蔵、上杉本『洛中洛外図』屏風）

町人が建てるのは、豊臣政権の京都改造で短冊形敷地を得て以降がほとんど。それまでは、本所領主の許しがなければ、裏地（棟割長屋が囲む街区内側の広場）を使うことはできなかった。この時代に収納などの空間を求めると、2階になる。

庶民の2階建ては鎌倉時代から記録があり、京都は南北朝時代に2階建ての宿屋があったとされる。

室町時代は一休《いっきゅう》さんが「街坊《まちぼう》の間、十家に四五は娼楼《しょうろう》（遊女のいる楼閣）」（『狂雲集《きょううんしゅう》』）となげき、宣教師が『耶《や》蘇会士通信《そかいしつうしん》』に天文18年（1549）の京都を「家屋は皆木造にして、我が家屋と同じく数階」と記している。

ところが大永5年（1525）の歴博甲本では、描かれた380の家（棟割長屋の住戸を別々にかぞえて）の中に、外観が2階建ての家は6軒しかない。永禄8年（1565）の上杉本では300の家の中に13軒。文献史料ではもっと多い。そこで遊女は「娼楼」にいるという一休さんの言葉を参考に、歴博甲本や上杉本の畠山辻子《はたけやまのづし》（図③、応仁・文明の乱で焼けた畠山邸跡の遊郭街、豊臣期に六条三筋町《ろくじょうみすじまち》、徳川期に西新屋敷《にししんやしき》・通称島原《しまばら》へ移る）を見ると、ここも外観が2階建ての町家はない。他の街区と同様に平屋《ひらや》（1階建て）に見える町家がならぶ。実はこれが、2階建てであった。天井が低く、窓もない2階座敷が、遊女の営業場所だったのである。このような2階をもつ建物を、厨子《つし》2階《かい》とよぶ（厨子は収納箱の厨子《づし》に由来、中《ちゅう》2階とも）。

歴博甲本や上杉本で、外観平屋と外観2階建ての町家に高低差がないのは、外観は平屋に見えても実は厨子2階という町家が多かったからである（図④）。

◆領主の2階建て規制

厨子2階は、高く大きな窓から見渡したいとの人間感情からすると不自然である。なのにそれが多かった理由は、本所領主の建築規制だった。

応永《おうえい》18年（1411）に大和国八木《やぎ》（奈良県橿原市）の土倉酒屋が、本所領主の興福寺の許しなく2階屋を建てて処罰されている。堺《さかい》（大阪府堺市）では大永5年（1525）に領主の常楽寺が、通りに面した2階建てを、通りぞいに肥桶《こえおけ》を置くのと一緒に禁止した。平屋の棟割長屋を建てる領主にとって2階建ては、悪臭をはなつ肥桶なみのものだったのである。

このため一部の富裕町人だけが権利を買い、外観2階建ての町家を建てることができた。そういった富裕町人は、街区内側の一角も買いとって占有し、庭園や離れ座敷、茶室を置いた（48項参照）。

◆平屋にくみこんだ2階が厨子

保津川水運《ほづがわすいうん》は、平安京造営時から筏で丹波材を運んだ。平安時代の『延喜式《えんぎしき》』が定める1間《けん》＝6尺を単位とし、2間材＝12尺から4間材＝24尺（江戸時代の保津川改良以前は最長）で筏を編んだ。三浜《さんはま》（嵯峨、桂、梅津）で陸揚げし、筏を編むためのネソ穴を切ると11尺～23尺になる。

片土間・床上2室（奥行4間）の棟割長屋で、棟をささえる柱として筏規格3間＝18尺をネソ穴切りした17尺を使うと、軒を支える軒柱には筏規格2間＝12尺が使える。軒先の高さは3メートルほどになり、厨子2階の天井高さは0・5メートルから2メートルになるから、一部は立って歩けた（図⑤）。

ただし、お竈土《くど》さん（カマド）がある土間空間は煙が充満するので、天井板を張らず2階も置かず、吹き抜けにして火袋《ひぶくろ》とよんだ。

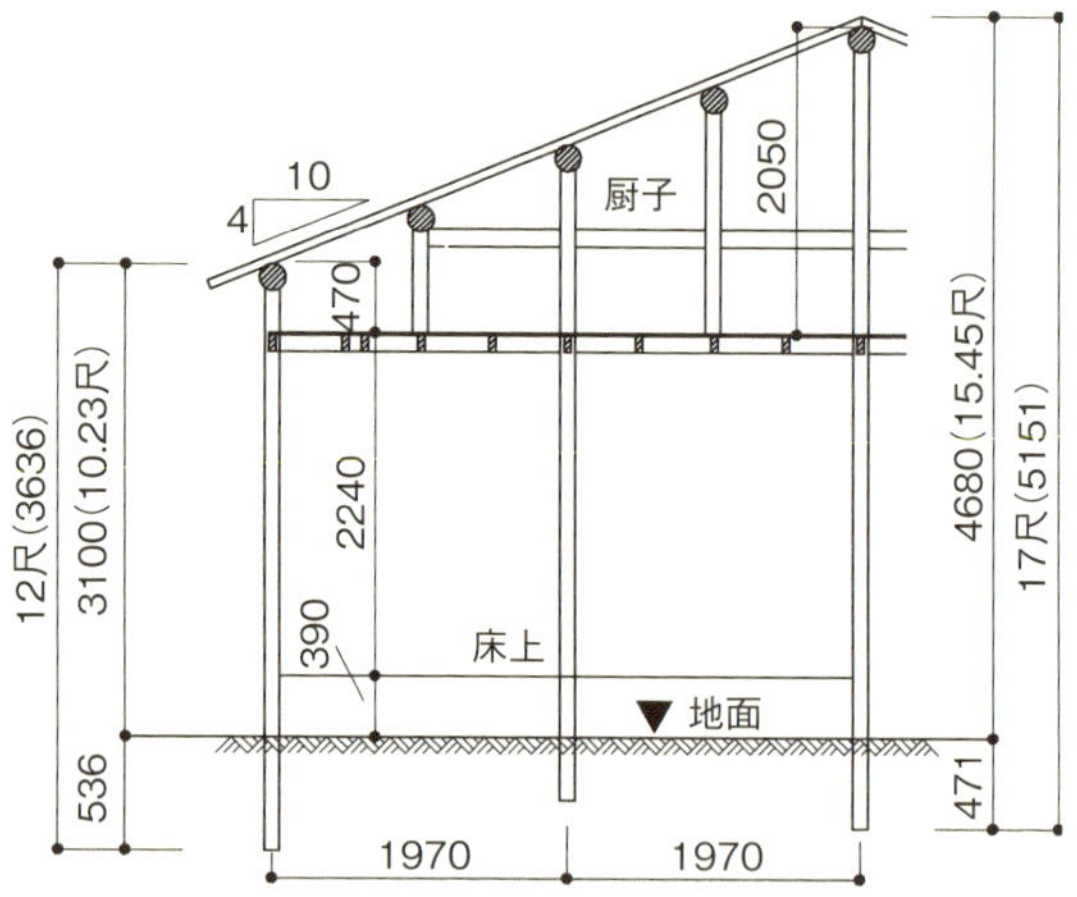

⑤厨子２階の高さの説明図（数字だけの単位はミリ）

◆京都にあこがれる城下町

戦国時代、街道ぞいの集落や漁村、門前町が都市に成長し、城下町も各地にうまれた。そこは百姓家のような草葺の町家が多かったが、『北条《ほうじょう》五代記《ごだいき》』に「京都町作り、板葺にして軒をならべ、さすが都の風流……小田原《おだわら》作り草の庵にて都人の見る目も恥ずかしく、しかれども皆板葺になすこと叶《かな》いがたし、まず街道町づらの庇ばかりを一様に板葺に」とある。戦国大名の北条氏規《ほうじょううじのり》は、京都の板葺を見て、小田原の町家も庇だけでも板葺にと命じたというのである。

このような京都の板葺のまちなみへのあこがれから、京都外縁部（図⑥）や地方の草葺町家にも板葺が増えていった。

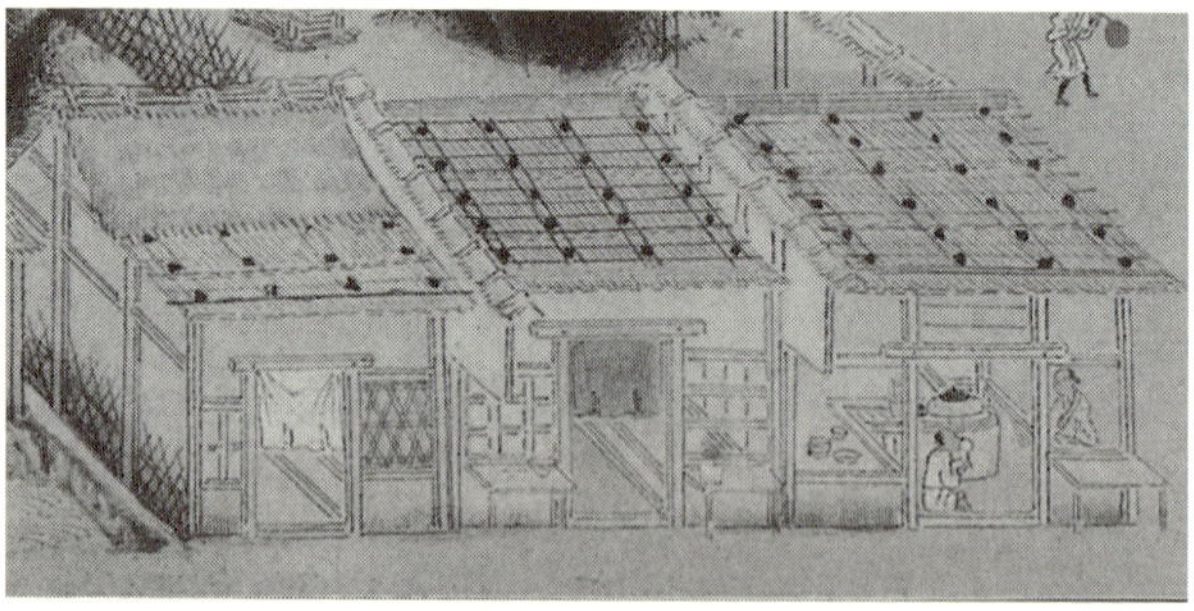
⑥屋根先を板葺にした京都外縁部の草葺町家
（京都国立博物館所蔵『釈迦堂春景図』屏風、草葺の大屋根とは別に板葺庇を付ける例も）

⑦広間《ひろま》造り：寝殿造りに続く支配層の住宅様式
（45項③のような寝殿の中に対面・接客用の広間《ひろま》を組みこみ、座敷飾《ざしきかざ》り［床《とこ》の間・押板《おしいた》・付書院《つけしょいん》・違い棚・納戸構《なんどがまえ》］を造りつけた建物の広間《ひろま》を中心とする住宅様式が支配層に増加）

もっとくわしく

丸山俊明『京都の町家と聚楽第』第7章「保津川水運の筏と、厨子二階の低い軒高」昭和堂、2014

第六章

秀吉の京都改造

満足稲荷神社（京都市左京区、秀吉が伏見稲荷神社から伏見城へ勧請、徳川綱吉が現地へうつす）

51 織田信長

近世支配者、織田政権の登場

織田信長の全国統一政権が登場し、京都の戦国時代は終わる。町人の自治組織は織田政権に組みこまれ、まちなみも変わりはじめる。

◆織田信長の入京と上京焼きうち

永禄11年（1568）9月28日、織田信長が上洛。武力で京都の戦国時代を終わらせ、足利義昭《よしあき》を15代将軍とした。翌永禄12年（1569）には、武衛陣《ぶえいじん》（13代将軍の義輝《よしてる》居館）跡に将軍の居城を建てる（旧二《きゅうに》条城《じょうじょう》、現、平安女学院中高部）。二重の堀をめぐらし、石垣（図①）にのった3重の天守閣がそびえる城は、京都の町人に新時代の到来を示した。

①旧二条城石垣（京都御苑内に復原、石仏や礎石の転用もある）

◆室町幕府の滅亡

貴人である義昭は感謝の心が薄く、やがて将軍の自分に指図する信長を憎みはじめ、反信長行動がとまらなくなった。元亀《げんき》2年（1571）に比叡山延暦寺《ひえいざんえんりゃくじ》や湖東の天台寺院を焼きうちした信長は、義昭の追放を決意。元亀4年（1573）4月に京都へむかう。そのとき京都の町人は将軍に味方したので、信長は洛外を焼いて降伏をせまった。それでもさからった上京は、「上の都は日本全国の都」（『耶蘇会士《やそかいし》日本通信』）とたたえられたまちなみを、焼きはらわれてしまう（上京焼きうち）。

②史跡安土城址の大手道跡（滋賀県近江八幡市）

抵抗をあきらめた下京も、1町につき銀13枚の賠償金を支払うことになり、分担できない町人は「暴力をもって貧家からおわれ、その家の売却代金の内より」（『耶蘇会士日本通信』）取りたてられた。

同年7月、足利義昭追放。室町幕府は滅んだ（旧二条城は解体して安土城《あづちじょう》［図②③］に再利用）。

③史跡安土城址の羽柴秀吉屋敷跡

④吉田神社斎場所大元宮《さいじょうしょだいげんぐう》（吉田神道の根本殿堂、神官の吉田兼見《よしだかねみ》と交流があった信長はこの吉田山の松を東海道に移植）

◆まちなみの復興と町人自治の変化

信長は街道を整備（図④）する一方、焼きうちした上京に「前々のごとく還住せしむべき事」と命じ、税

⑤手前に突出内蔵、通りの反対側に本２階建て（福岡市博物館蔵本『洛中洛外図』屏風）

⑥信長が城郭化する前の本能寺
（法能寺、米沢市上杉博物館所蔵、上杉本『洛中洛外図』屏風）

の屋地子を一時猶予して、帰住と、まちなみの再建をうながした。賠償金の関係で貧しい町人はいなくなっており、「はなはだ富みたる人」が復興をすすめた。

また、上京惣中《かみぎょうそうちゅう》と下京惣中《しもぎょうそうちゅう》の自治組織（惣町―町組―町）を、織田政権の京都支配機構に組みこみ、京都支配を代行させた。町人が武力で自衛する戦国時代の自治は終わり、信長の命令順守をうたう町式目《ちょうしきもく》の制定が、町ごとに命じられた。各町の防衛拠点の番屋《ばんや》は町会所《ちょうかいしょ》にかわり、町人は御汁《おしる》（飲食付の寄合）をはじめる。その名前は、会所《かいしょ》（中世の武家・公家屋敷で連歌《れんが》や闘茶《とうちゃ》、立華《りっか》、闘香《とうこう》、猿楽《さるがく》などで客をもてなした建物）や会食の汁講《しるこう》に由来した（江戸時代は毎月二日の寄合となり、町汁《ちょうじる》とよばれる）。

◆本2階だての出現

宣教師ジョアン・ロドリーゲスは、復興したまちなみを「都市や集落の道路に面した家々で、通常それらはすべて商店」（『日本教会史《にほんきょうかいし》』）と記した。狩野孝信《かのうたかのぶ》（永徳の子）の福岡市立博物館本『洛中洛外図《らくちゅうらくがいず》』屏風に天正10年（1582、上杉本から約20年後）ごろの京都をみると（図⑤）、棟割長屋もあるが、上京も下京も1戸建てが増えている。これらの1戸建ては棟割長屋を割るかたちで現れたので、屋根は平入《ひらいり》。礎石や土台《どだい》（地面によこたえた角材）に柱をたてる厨子2階や、本《ほん》2階建て（2階が高い建物）で、2階表（2階の表通り側）に大窓を持つ町家も現れた。その大窓の板戸（雨戸）を開けはなつと、はるかにまちなみを見わたせた。

◆富の表現、突出内蔵

土一揆が襲ってくる戦国時代の『洛中洛外図』屏風には、富を誇示する土蔵《どぞう》（分厚く壁土をぬり重ねた保管蔵）は見当たらなかった。大事な質草や財産は、内蔵《うちぐら》（町家内部の蔵）に隠していたのである。ところが、織田政権が治安を安定させると、石置板葺の町家の屋根から突きだす突出内蔵《つきだしうちぐら》（図⑤）や、裏地に庭蔵《にわぐら》が現れた。白漆喰《しっくい》塗りの壁と高価な本瓦葺は、防火性能を持つと共に、住人の富を表す富裕表現になった。

◆城郭になった法華寺院

天文法華の乱の後に再建された法華寺院は、堀をほって土塁を廻し、櫓《やぐら》をたてる城になった。このうち本能寺城《ほんのうじじょう》（四条西洞院、図⑥）や妙覚寺城《みょうかくじじょう》（衣棚御池上ル）に信長はよく泊まり、妙覚寺城の東隣の二条家邸宅（両替町御池上ル、ここの龍躍池《たつやくいけ》が御池《おいけ》通りの由来）を気に入って、天正5年（1577）に京都居城の二条御新造《にじょうごしんぞう》（二条御池城）に改築した。もっとも2年後の天正7年（1579）に安土城が完成したので、この城は誠仁《さねひと》親王へ献上された（二条新御所《にじょうしんごしょ》）。

そして天正10年（1582）、赤気《せっき》（オーロラ）や部分日食、彗星や流星雨が観測されたこの年の6月2日、明智光秀が信長を本能寺城で、長男信忠を二条新御所で討ちとる（本能寺の変、図⑦）。その光秀を、毛利《もうり》攻めから大返しした羽柴秀吉が倒し、これも法華寺院の妙顕寺《みょうけんじ》城（小川押小路）に天守閣を置いて、豊臣政権の京都政庁とした（二条第《にじょうてい》）。

⑦建勲《たけいさお》神社（京都市北区、船岡山東麓で織田信長と長男信忠を祀る）

もっとくわしく

丸山俊明『京都の町家と聚楽第』第5章「前に主屋、奥に土蔵の屋敷構成の成立」昭和堂、2014

52 聚楽第

聚楽第行幸と豊臣秀吉の天下統一

京都の人びとが守ってきた聖なる内野に、豊臣秀吉は聚楽第《じゅらくてい》を造営。そこに天皇が行幸して天下統一がはたされる。

◆織田政権から豊臣政権へ

明智光秀《あけちみつひで》を討った羽柴秀吉《はしばひでよし》は、天正11年（1583）4月に柴田勝家《しばたかついえ》ら、反秀吉の織田家重臣も倒す。

そして同年6月、難波宮跡で大坂《おおざか》城《じょう》（金城・錦城）の築城を開始（慶長3年［1598］完成）。まわりに大名屋敷をたてさせた。

ところが天正12年（1584）、小牧《こまき》・長久手《ながくて》の合戦で徳川家康を討ちとれず、信長式の天下布武《てんかふぶ》（武力統一）を、朝廷の権威利用に方針転換した。天正13年（1585）7月に秀吉は関白《かんぱく》となり、翌14年（1586）9月に豊臣《とよとみ》姓《せい》と五七《ごしち》桐紋《きりもん》を拝領。11月に後陽成《ごようぜい》天皇を即位させ、12月に臣下最高の太政大臣《だじょうだいじん》になる。大名も官位《かんい》を受けさせ、秀吉を棟梁とする武家官位制《ぶけかんいせい》に取りこみ、信長の死後3年で豊臣政権ができた。

◆太閤検地と身分統制

豊臣政権は、天正10年（1582）に太閤検地《たいこうけんち》を開始。村を支配単位にして荘園制《しょうえんせい》を消す。統一基準で年貢を課す一方、天正16年（1588）に刀狩りで武士以外の武器所有を禁止。さらに三箇条《さんかじょう》（身分統制令《みぶんとうせいれい》）で武士・百姓・町人の身分を分け、村の商人や職人は都市へうつらせた。

秀吉の蔵入地《くらいりち》（直轄地）は、全国1850万石のうち、摂津・河内・和泉など200万石しかなかったが、各地の城下町を結ぶ街道の関所をとりのぞき、流通網をつくった。これにより各地に産業がおこり、流通起点の京都や大坂に流れこんだ富が豊臣政権を支えた。おなじころ、佐渡金山や石見《いわみ》・生野《いくの》銀山など、鉱山開発にも成功し、豊臣政権の経済力は全国大名を圧倒した。

◆聖なる内野に聚楽第を

天正14年（1586）2月、豊臣政権は京都の新居城に着工。場所は、安貞元年（1227）に内裏（平安宮）再建工事が中止されてから神聖空間とされてきた内野《うちの》の北東部（43項②）で、造営中は内野御構《うちののおんかまえ》とよばれた。

また、内裏にも手を加える。嘉吉3年（1443）造営の土御門御所が焼け、応仁・文明の乱後に朝廷が再建した内裏は貧弱だったので、永禄12年（1569）に信長が修理した。そのまわりに秀吉は、後陽成天皇の聚楽第行幸《じゅらくていぎょうこう》にあわせて貴族屋敷を集めて公家町《くげまち》とする。行幸後の天正17年（1589）9月には、紫宸殿や清涼殿、小御所、御常御殿を建て直した。こうして公家町の中心となる禁裏御所《きんりごしょ》をととのえた（図①）。

◆聚楽第のようす

大村由己《おおむらゆうこ》（秀吉御側衆）は『聚楽《じゅらく》第行幸記《ていぎょうこうき》』に「聚楽と号して里第《りてい》をかまえ、四方三千歩の石の築垣《ついがき》山のごとし、楼門のかためは鉄の柱・鉄の扉、遥閣《ようかく》は星を摘《つ》みて高く瓊殿《ぎょうでん》は天に連《つら》ねてそびえたり」と記した。豊臣御大工《おだいく》の中井孫太夫正吉《なかいまごたゆうまさよし》が建てた聚楽第《じゅらくてい》（楽しみを聚《あつ》めた平城《ひらじろ》、図②）は、本丸に曲輪《くるわ》の西之丸と南二之丸がつき（のちに秀吉の甥の秀次《ひでつぐ》が北之丸を置く、図③）、御殿群は檜皮葺で、櫓《やぐら》や3層の天守閣は瓦葺。軒先や棟に金箔瓦《きんぱくがわら》をふいた。

石垣（図④）にのる本丸の白壁だけで1㌖、曲輪《くるわ》を囲む柵は約2㌖、堀の幅は40㍍もあった。城壁の内側には豊臣大納言秀長《だいなごんひでなが》（秀吉弟）など信頼できる大名の屋敷を、城壁の外は諸大名に屋敷を建てさせた。

◆後陽成天皇の聚楽第行幸

天正15年（1587）9月、秀吉は大坂城を出て聚楽第へ入る。天正16年（1588）正月、後陽成天皇へ行幸の支度料《したくりょう》をおくり、4月14日に聚楽第行幸《じゅらくていぎょうこう》。徳川家康ら29人の大名衆も官位を持つので、天皇が出御《しゅつぎょ》した聚楽第大広間《おおひろま》（図⑤）に供奉《ぐぶ》昇殿《しょうでん》した。そして天皇の前で、関白秀吉の命令に従うと誓約するはめになった（天下統一）。

◆聚楽第の破城

天正18年（1590）、北条氏を小田原で討った秀吉は、翌19年（1591）12月に秀次《ひでつぐ》（秀吉の甥が養子に）へ聚楽第と関白職を譲る。しかし、文禄《ぶんろく》2年（1593）に

①右下が禁裏御所の門、右上が公家屋敷、通りぞいに町家（聚楽第行幸図、上越市個人所蔵）

②聚楽第（三井記念美術館所蔵『聚楽第図』屏風）

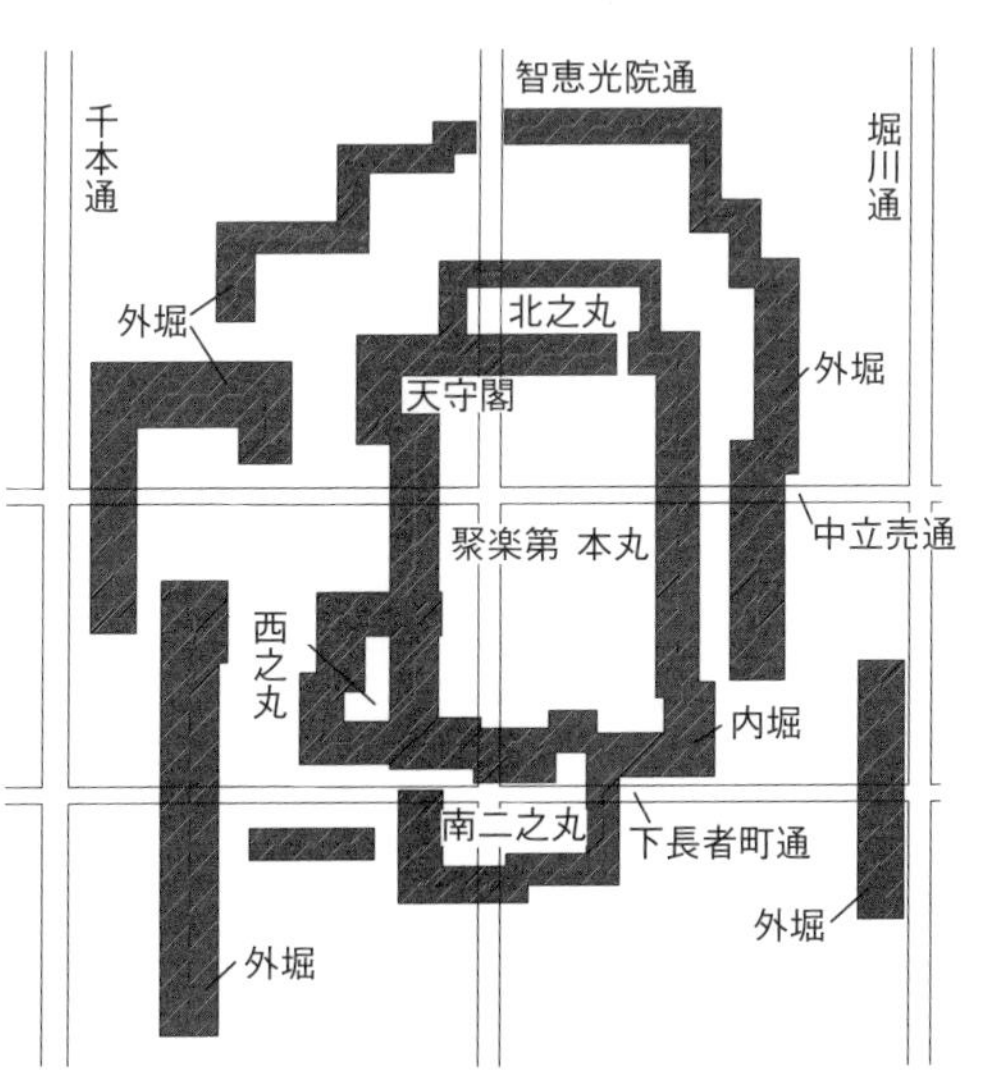

③秀次聚楽第の堀跡（秀次時代に北之丸と三方の外堀を構築、これが秀吉の疑念を生んだ可能性もある）

④聚楽第の野面積《のづらづみ》石垣（平成24年出土。首都の居城らしく自然石がなめらかに加工されており、寺院礎石や石臼が混じる豊臣大坂城の石垣とは異なる）

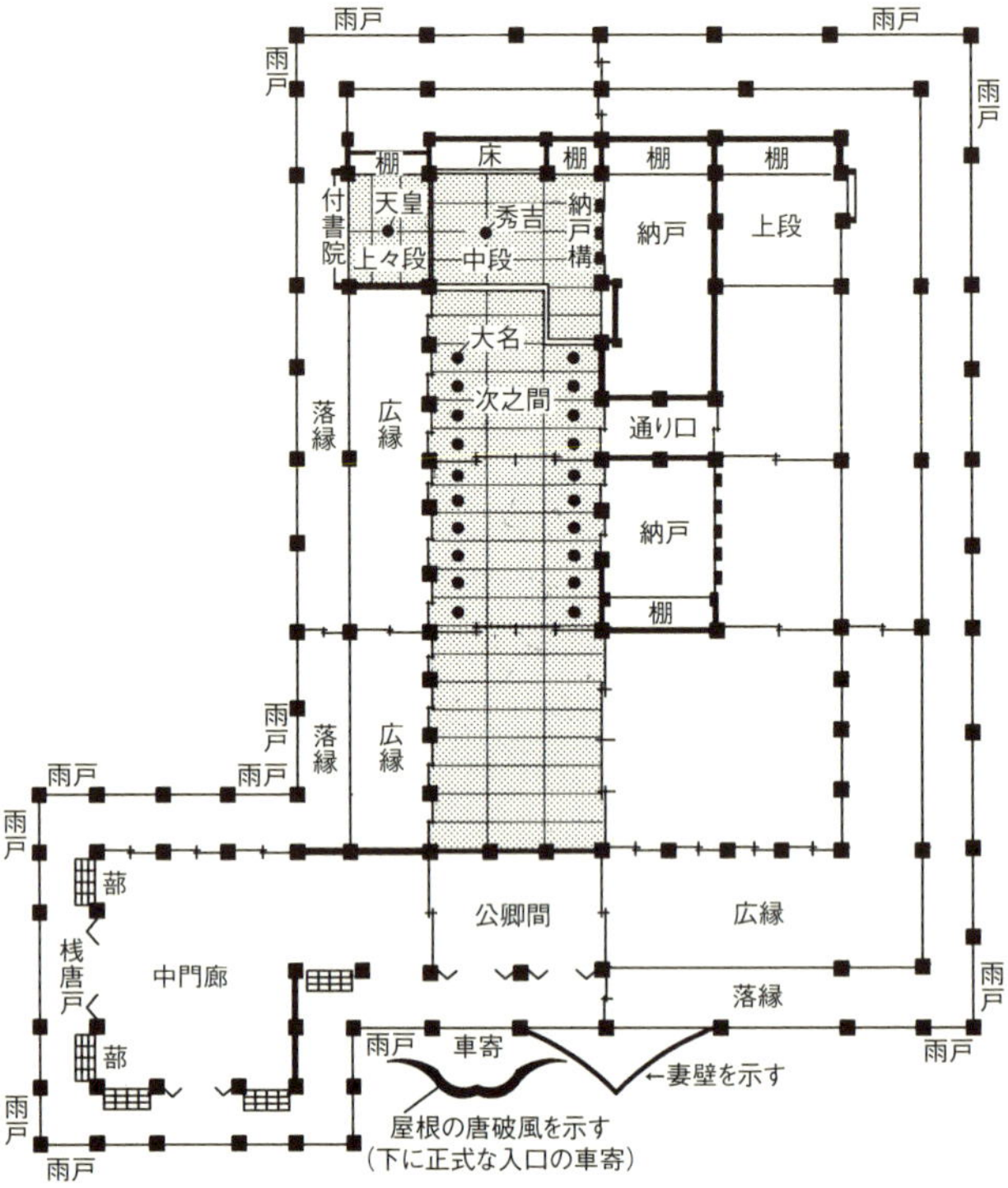

⑤広間造り（50項⑦）の聚楽第大広間
（内部に接客・対面用の大広間［網掛け部分］をもつ）

⑥秀次の首を運んだ石櫃《いしびつ》を組みこんだ供養塔（京都市中京区、瑞泉寺《ずいせんじ》境内）

側室の淀君《よどぎみ》が秀頼《ひでより》を産むと、2年後の文禄4年（1595）7月に秀次は謀反を疑われて聚楽第を追われ、高野山で切腹。三条河原にさらされた首の前で、秀次の側室となるため東国から上洛したばかりの駒姫《こまひめ》（15歳）ら妻子39人が惨殺された（図⑥）。遺体はすべてその場に掘った穴に投げこまれ、「畜生塚《ちくしょうづか》」と刻んだ石碑がたてられた。これが政権に動揺と亀裂をうみ、人びとが「因果はめぐる」と噂する中、翌8月に聚楽第は「一宇《いちう》も残さず、基礎にいたるまでことごとく毀《こぼ》たしめ」（『日本《にほん》西教史《せいきょうし》』）の破城《はじょう》になる。内野と違い、聚楽第跡を守る者はなく、踊り興行などがおこなわれた。それから1世紀、宝永大火《ほうえいたいか》（1708）後に公家町からうつされた町家が建てられて、空地は消えた。

もっとくわしく

丸山俊明『京都の町家と聚楽第』第6章「本二階建ての町なみ、太閤様御成りの筋をいく」昭和堂、2014

53 2階建て命令

豊臣政権のまちなみ整備

豊臣政権が聚楽町《じゅらくちょう》の町人に本2階建ての町家を建てさせ、まちなみの模範としたとき、京都に庇を付けた厨子2階が現れる。

◆聚楽第の城下町、聚楽町《じゅらくちょう》

天正16年（1588）2月、宣教師オルガンティーノは「堺や都の市民で、多少とも裕福そうに見える者に（関白秀吉は）都のはずれに立った新宮殿（聚楽第）のかたわらに新たな住宅を建てるように（命じた）」と記した（フロイス『日本史』）。豊

①下長者町通りに立つ戸澤町（後の紹巴町）の棟割長屋、敷地奥に庭蔵がある（三井記念美術館所蔵『聚楽第図』屏風）

②本２階建てのまちなみ、左端や右側の２階表は墨絵の押障子《おししょうじ》（はめこみ襖）で行幸の見下しを遠慮している（『御所参内・聚楽第行幸図』屏風、上越市個人所蔵）

③本２階建て（橋弁慶山《はしべんけいやま》の町会所）

④２階表の大窓を開け放った姿（会所飾り）

臣政権は、後陽成天皇の聚楽第行幸までに城下町をつくろうと、京都や堺の富裕町人を集めて町家を建てさせたのである。

行幸後の天正17年（1589）2月にも、宣教師ガスパル・コエリョが「（秀吉は）新しい都（聚楽町）を造るよう命じている……都や堺のあらゆる富裕な住民や人士に彼は同じことを命じている」（『イエズス会日本報告集』）と記しており、京都初の城下町建設は続いていた。

同年中に町々が集まる聚楽町《じゅらくちょう》ができ、上京・下京・六丁《ろくちょう》（禁裏六町《きんりろくちょう》）と共に、惣町《そうちょう》（町の集合体）として豊臣政権から認められた。

◆絵画史料にみるまちなみ

聚楽第の完成直後に制作された『聚楽第図』屏風では、東櫓門（黒門）から東へ伸びる下長者町《しもちょうじゃまち》通りぞいの戸澤町《とざわちょう》（現、紹巴町《しょうはちょう》）に、本2階建ての町家がならぶ（図①）。2階の大窓の中は畳の座敷。屋根はウダツが分けるが、住戸境の柱は1本なので、棟割長屋と分かる。

『御所参内《ごしょさんだい》・聚楽第行幸図』屏風（江戸時代初期）でも、行幸の沿道は、本2階建ての棟割長屋がならんで2階に大窓を開けている（図②）。

豊臣政権が富裕町人に建てさせたのは、本2階建ての町家（図③④）であった。これにより京都の町人は、豊臣政権が求めるのが、本2階建てが高さをそろえたまちなみであることを知ったのである。

◆京都改造における2階建て命令

天正18年（1590）、豊臣政権は1町四方の街区に、突抜《つきぬけ》とよぶ新しい南北通りを通す。翌19年（1591）2月には、突抜ぞいに町人を張りつける京都改造（次項）を実施。立ちのかされた町人や、農村からうつってきた商人や職人が新町人として住みついた。それを「多くの通りに新住民が増加」と記した宣教師ジョアン・ロドリーゲスは、「全市民が二階づきの家の正面を杉（檜か）の貴重な木材で造るように命じられ、皆がすぐに実行した」（『日本教会史』）と記している。宣教師ルイス・フロイスも、「平屋の家が一軒として存在するを許さず、すべての家屋が二階建てとされるように命じた」と記録する（豊臣政権の2階建て命令）。このほか、伏見城から禁裏御所へ向かう秀吉が通る京極通り（寺町通り）の町人が、政権から「奥はいかにもあれ、まず表は二階造にして角柱に作るべし、屋並高下なきよう」と命じられたと記録されている（『長刀鉾町文書『京都屋《や》造《づくり》之初《のはじめ》』）。

◆豊臣大名の2階だて命令

秀吉の猶子《ゆうし》宇喜多秀家《うきたひでいえ》は、朝鮮《ちょうせん》出兵《しゅっぺい》中に領国の岡山城下へ「悪《あ》しき家を壊させ遣すべし、ただし二階造りたるべき事」（『岡山県通史』）と命じた。「悪しき家」とは草葺のことで、板葺の2階建てへの改築を命じた。慶長《けいちょう》大地震（慶長元年［1596］）の後、豊臣政権が大坂城下に置いた町家地の船場《せんば》も、宣教師フランシスコ・パシオが「家屋は軒の高さが同じになるように、また檜（日本における最良の木）材を用いるようにと命令」（フロイス『日本史』）と記し、慶長14年（1609）に訪れたスペイン貴族ドン・ロドリゴは「家は普通、二階建て」（『ドン・ロドリゴ日本見聞録《けんぶんろく》』）と伝えている。

◆庇《ひさし》を付けた厨子2階の登場

本2階建ての町家は、織田政権時代の福岡市立博物館本『洛中洛外図』屏風に見えるので（51項⑤）、天正19年（1591）の豊臣政権の2階建て命令は、その増加を加速させるものだった。

その後、豊臣政権末期の舟木本《ふなきぼん》『洛中洛外図』屏風では、下京のまちなみに厨子2階と本2階建てが両方ある。棟の高さはそろっていないが、庇は連なっている（通庇《とおりひさし》）。

戦国時代の厨子2階は、庇がなく外観は平屋《ひらや》のようだったが（50項参照）、豊臣政権が2階建て命令を出したとき、庇を付けて2階建てを強調する厨子2階が増えた。通りから見れば、通庇が連なる2階建てのまちなみ（棟の高低差は見えにくい）になったのである。

⑤オーストリア・エッゲンベルグ城所蔵の『豊臣期大坂図』屏風（この部分は大坂城極楽橋、滋賀県長浜市竹生島《ちくぶじま》の宝厳寺《ほうごんじ》唐門が遺構）

◆ルネサンスの花

戦国時代の本所領主や後の徳川政権は、低いまちなみを命じた。一方、豊臣政権は本2階建てのまちなみを示した。

高さが違うのだが、当時ヨーロッパでは、調和を重んじるイタリア・ルネサンスの影響で、2階建てや3階建ての居館《パラッツオ》がまちなみをそろえていた（図⑥）。そこに日本は屏風を輸出する関係にあったので（図⑤）、逆にポルトガルやスペインからルネサンスのまちなみを描く絵画や織物を輸入して、この知識が秀吉の2階

⑥城壁が囲む16世紀初頭のリスボン（Cronica de Dom Afonso Henriques by Duarte Gaivao）

建て命令につながった可能性がある。それに町人は庇を付けた厨子2階で応えたが、御土居《おどい》で京都を囲む構想がヨーロッパの城塞都市に通じるように（55項参照）、本2階建てがそろった聚楽町は、極東に咲いたルネサンスの花であったのかもしれない。

もっとくわしく

丸山俊明『京都の町家と聚楽第』第6章「本二階建ての町なみ、太閤様御成りの筋をいく」昭和堂、2014

54 京都改造

豊臣政権と短冊形の街区・敷地

本所領主は平安京時代の区画を消し、棟割長屋で1町四方の街区を囲んだが、豊臣政権は根本的に改造する。

◆豊臣政権の京都改造計画

天正15年（1587）と同17年、豊臣政権は洛中検地《らくちゅうけんち》を実施。本所領主と町人の関係を把握した。そして丸太町通りの南を町人地《ちょうにんち》、北は東を公家町《くげまち》、西を武家町《ぶけまち》にと計画する。

そして天正18年（1590）、1町四方の街区の中央に突抜《つきぬけ》（天正《てんしょう》突抜《つきぬけ》）を南北に通した（御幸町《ごこうまち》・富小路《とみのこうじ》・堺町《さかいまち》・間之町《あいのまち》・車屋町《くるまやまち》・両替町《りょうがえまち》・衣棚《ころもだな》・釜座《かまんざ》・小川《おがわ》・醒ケ井《さめがい》・葭屋町《よしやまち》・黒門《くろもん》の各通り）。おおよそ北は丸太町通から南は五条通まで、町人地予定の1町四方の街区は2つの短冊形街区《たんざくがたがいく》に分かれた（図①-4、洛中町割《らくちゅうまちわり》）。

ただし、下京の四条室町や四条烏丸の周辺（高倉西、西洞院東、三条南、高辻北）は、すでに辻子《ずし》（細道）が通って町家が埋めていたので、対象からはずした。突抜を通す目的は、街区内側の共同広場を再開発して都市人口を増やし、活発な経済活動をうながすことだった。

◆六丁《ろくちょう》のひっこしと京中方々屋敷かへ

天正19年（1591）閏正月、豊臣政権は、北条《ほうじょう》や伊達《だて》など関東以北の大名屋敷を置くため、禁裏御所と聚楽第を結ぶ正親町《おおぎまち》の通り（中立売《なかだちうり》通）の聚楽町や六丁の町々を引っ越しさせる。このうち六丁は、禁裏御所の仕事を引きうける関係があったので、御所の西の東西方向の突抜（中長者町通）にうつして、突抜町（東長者町）や長者町（仲之町）、中橋詰町になった。

2月、豊臣政権はすべての突抜ぞいに町人を張り付ける（「京中方々《きょうちゅうほうぼう》屋敷《やしき》かへ」）。見物した貴族の勧修寺《かんしゅうじ》晴豊《はるとよ》が「町人あさましき様体なり」と記したように、立ちのかされた町人は町家をほどいて荷車にのせ、指定されたひっこし先へ急いだ。

身分統制令で農村から切りはなされた商人や職人もくるので、宣教師ルイス・フロイスは「諸国から移動してくる人々の動きに伴って建物、殿舎、居宅が数を増し、その変貌ぶりは以前にこの町をみた者でなければ信じられないほど」（『フロイス日本史』）と記した。こうして織田政権時代は130だった京都の町は、江戸時代初頭に1300町になる。

◆豊臣政権の町割り水路

ひっこし先では、なによりまず水。

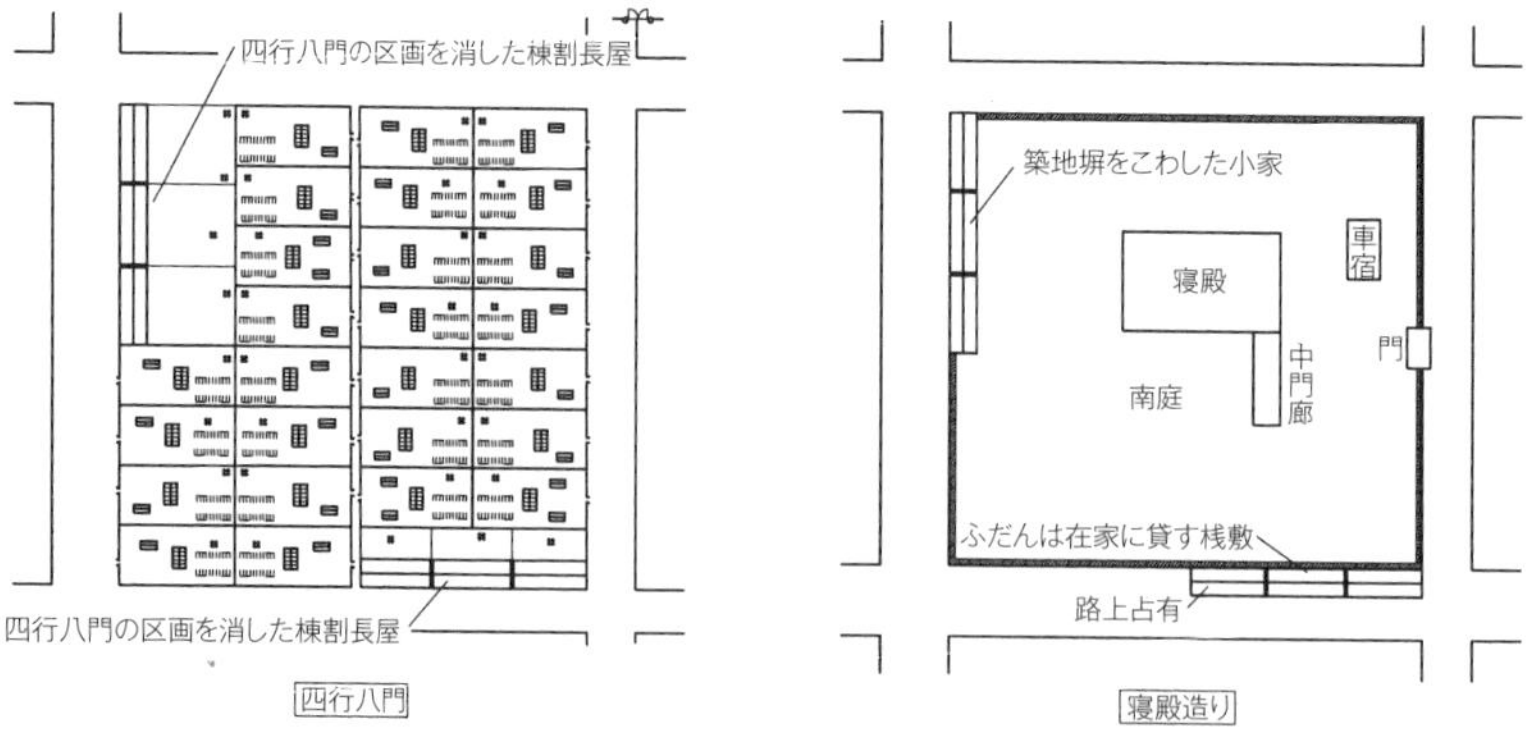

1：平安時代末期〜鎌倉時代

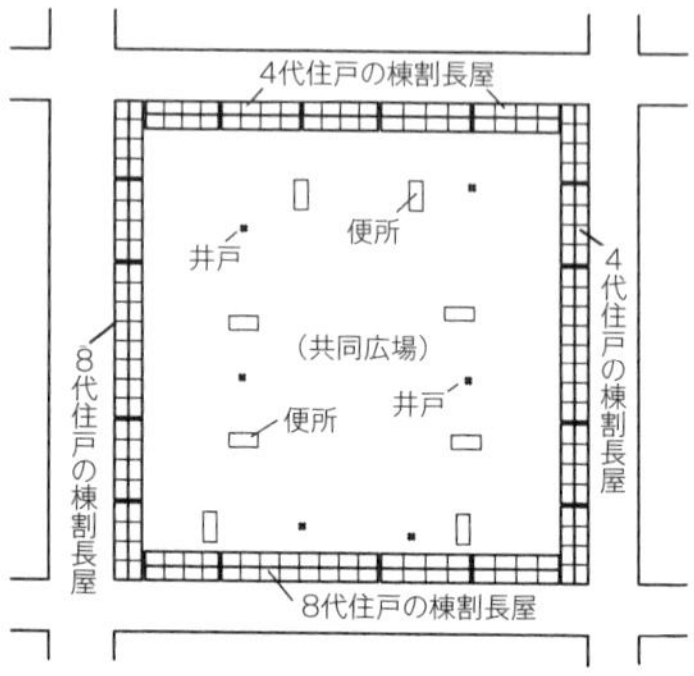

2：南北朝時代〜室町時代
(平安京時代の区画を消して再開発)

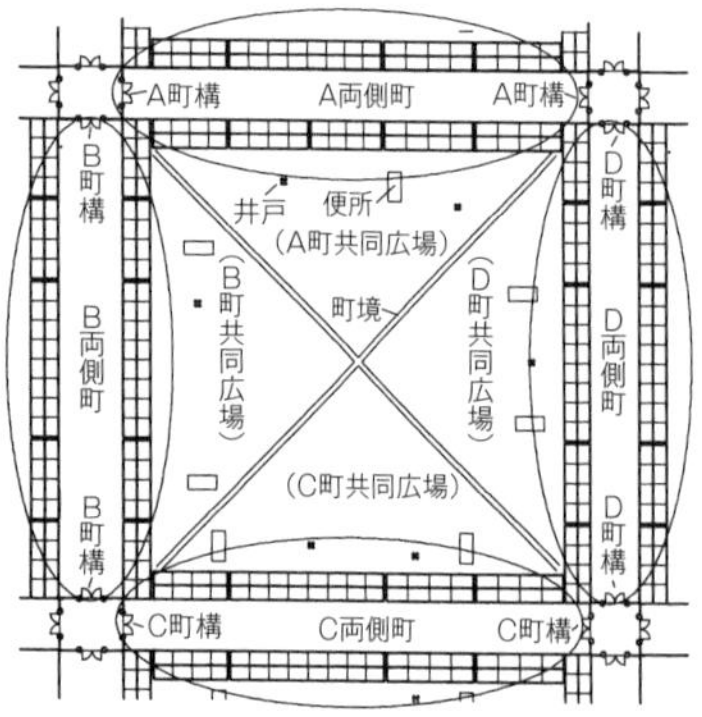

3：戦国時代
(構の中で自衛する両側町成立)

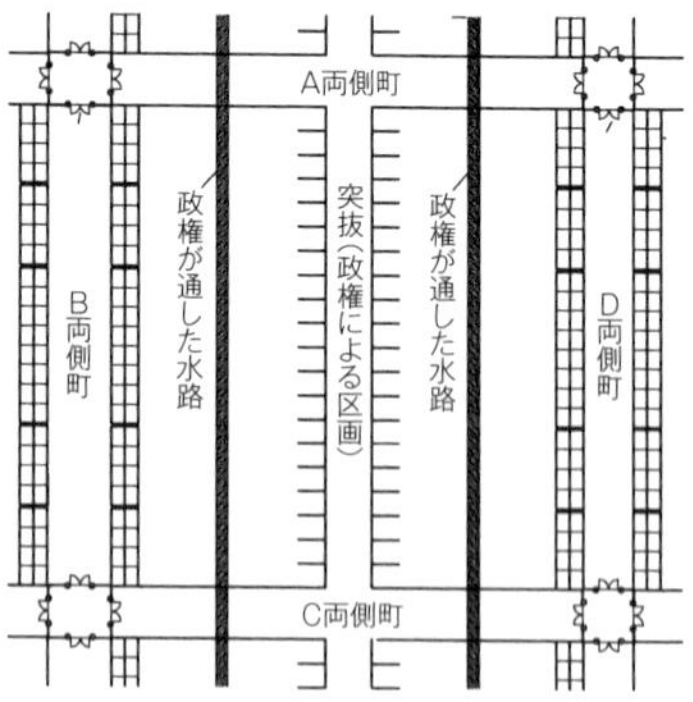

4：安土桃山時代
(豊臣政権の京都改造直後)

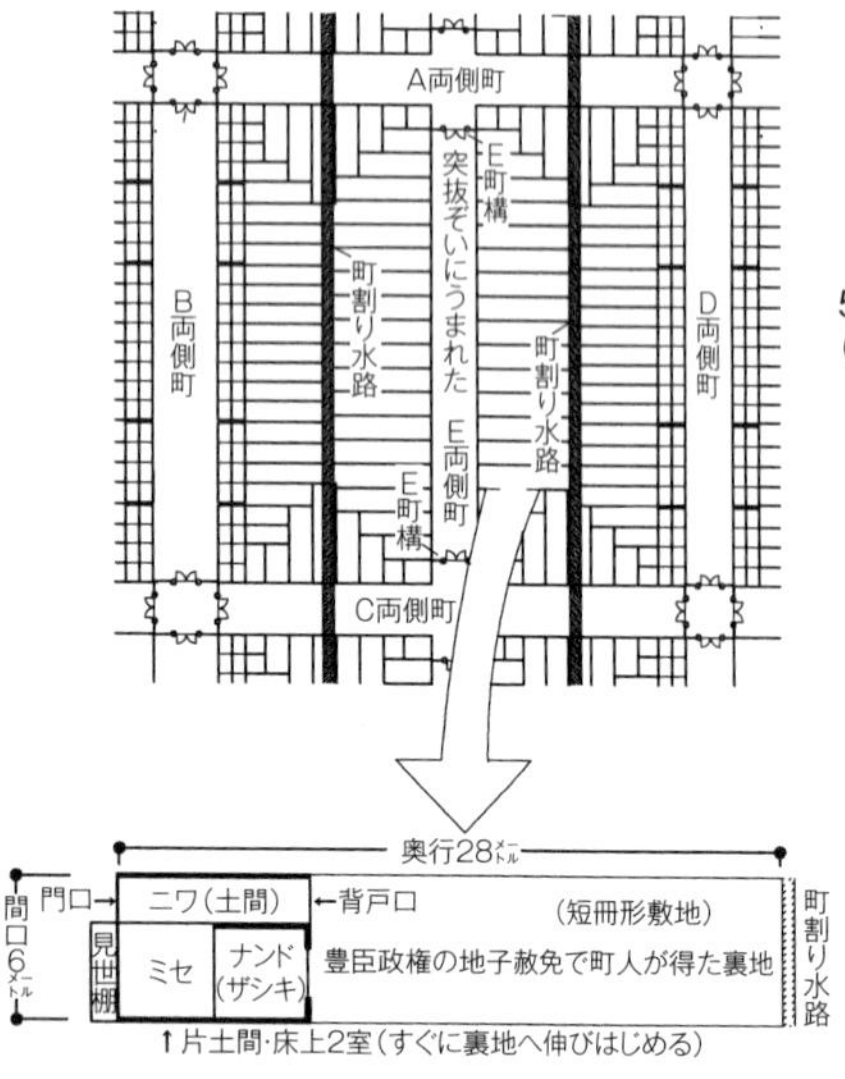

5：安土桃山時代
(地子免除後)

①区画モデル図
1：平安時代末期〜鎌倉時代（小規模寝殿造・再開発が始まった四行八門）
2：南北朝時代〜室町時代（平安時代の区画を消して再開発）
3：戦国時代（構で自衛する両側町成立、街区内側の町境の形は多様）
4：安土桃山時代（豊臣政権の京都改造直後）
5：同時代（豊臣政権の地子免除後）

共同井戸は突抜でなくなり、町人もすぐには掘れない。そこで豊臣政権は、東西の町境に水路を通した（図①-4、町割《まちわ》り水路）。大坂城下の船《せん》場《ば》でも水路を通しており、さかのぼって戦国大名の朝倉氏も城下町の一乗谷に溝をほって川水を流し、井戸ができるまで飲み水にした。そして京都は北が高く南が低いから、南北方向に杭をうち、間を掘った溝に水を流したのである。

やがて各町家が井戸を掘ると、水路は排水路になる（背割《せわ》り下水《げすい》、船場では太閤下水《たいこうげすい》とよぶ）。ただし、下水といっても汚水路ではなく、主に雨水を流した（人糞は肥料にするため、定期的に百姓が買いとりにくる）。

②町家１軒分の路地
（京都市中京区小結棚町《こゆいだなちょう》、川北家《かわきたけ》住宅）

◆京中の屋地子を免除

天正19年（１５９１）９月、豊臣政権は惣町の上京、下京、六丁《ろくちょう》、聚楽廻《じゅらくまわり》（聚楽町）に「京中、屋地子の事、御免許なされおわんぬ、永代相違あるべからざるの条、その旨を存ずべきものなり」と触れた。町人が本所領主へ納める屋地子を、政権が免除したのである（京中屋地子《きょうちゅうやぢし》免除《めんじょ》）。本所領主には葛野郡西院《さいいん》村や紀伊郡吉祥院《きっしょういん》村など、洛外にかわりの土地をあたえた。

本所から土地を買いとる費用を政権が肩代わりしたわけだが、それを町人個々ではなく、惣町（上京、下京、六丁、聚楽町）に地子免除《ぢしめんじょ》として触れた。実態は町人の個人所有でも、原則的には、京都の土地は惣町の所有となったのである。大恩をうけた惣町は、惣町—町組—町—町人の自治組織で、豊臣政権の京都支配を代行・補完した（この体制は江戸時代に受けつがれる）。

◆短冊形敷地の成立

町人は、引っ越し先で旧地とおなじ間口（隣地と隣地の間）長さをあたえられ、よそからきた町人はおよそ間口３間（６メートル）をあたえられた。そして街区内側は、本所領主にかわった豊臣政権が屋地子を免除したから、それぞれの町家は間口幅で、表通りから裏地の町割り水路まで、街区内側を占有することができた。こうして短冊形敷地を手にしたのである（図①-５）。このため新町人が多い突抜ぞいは、間口６メートル（３間）×奥行28メートル程度が、ひとつの基準になった（図①-５下図）。

なお、当初の裏地は、町割り水路へ水をくみにいく以外に利用法がなく、ごみを埋めたりしていた。やがて各町家が井戸を持つと、座敷からながめる庭（座敷庭）にしたり、庭蔵《にわぐら》（独立した土蔵）や工房、茶室などを置くようになる。主屋から付属棟をのばし、便所や風呂、味噌部屋などを設ける町家も増えていった。

もっとくわしく
丸山俊明『京都の町家と聚楽第』第４章「鰻の寝床が現れた本当のわけ」昭和堂、２０１４

55

御土居と寺町

洛中惣構と都市防御施設

豊臣政権は洛中惣構（御土居）を京都の外郭とする。さらに寺院群を内郭とし、手薄なところは寺ノ内と寺町で補強する。

◆御土居の築造

天正19年（1591）閏正月、豊臣政権は御土居《おどい》の築造をはじめる。

京都の町々と、周辺の農村（北：大宮村・上野村・小山村・大門村・紫竹村・蓮台野村、西：西京村・三条台村・中堂寺村・壬生村、南：八条村・西九条村・東塩小路村）を、土塁と堀で囲む計画で、奉行は滝川忠征《ただゆき》（滝川一益《かずます》旧臣）がつとめて4月に完成する。

当時、巨大とされた北条氏の小田原城惣構《おだわらじょうそうかまえ》（外郭）でも9キロメートルだったが、御土居は東西3・5キロメートルで南北8・5キロメートル。総延長は22・5キロメートルに及んだ。工期はわずか4ヶ月だが、天正10年（1582）の備中高松城《たかまつじょう》（岡山県）攻めでは、城を水没させる堤《つつみ》を12日間で造っていた。その底辺は24メートル、頂部12メートル、高さ8メートル、総延長4キロメートル。御土居は底辺10〜20メートル、頂部4〜5メートル、高さ5メートルだから、ひとまわり小さい。総延長は6倍でも工期は10倍あり、数万人を動員（『兼見卿記《かねみきょうき》』）して幅6〜10メートルに深さ4メートルの堀をほり、その土を積んで土塁にしていけば可能だった（東側は鴨川、西側は紙屋川［図①］を利用）。

さらに「大きくてよく繁った竹を各地から移植」（『日本教会史』）して崩落をとめたので、竹がしげって視覚的に内側と外側を分けた。このため御土居の内側を洛中、外側を洛外とよぶようになる。

①御土居と紙屋川《かみやがわ》
（京都市上京区、北野天満宮境内）

◆御土居の口

御土居は、街道の出入り口として、①鞍馬口《くらまぐち》（鞍馬街道）、②大原口（若狭街道・鯖街道）、③荒神口《こうじんぐち》（白川口とも、白川越）、④粟田口《あわたぐち》（三条口とも、東海道・中山道）、⑤伏見口《ふしみぐち》（五条口《ごじょうぐち》とも、伏見街道）、⑥竹田口（竹田街道）、⑦東寺口《とうじぐち》（鳥羽口とも、西国街道・鳥羽街道）、⑧丹波口《たんばぐち》（山陰街道）、⑨長坂口《ながさかぐち》（長坂越から周山街道）を開けた。

京都へ出入りする場所は、南北朝時代は京都七口関《きょうとななくちのせき》が知られ、その関銭《せきせん》が内裏の修理や神事費用になっていた。しかし口の数や場所は、歴史的に変化し、七口《ななくち》も口の数ではない。律令時代の七道（東海、東山、北陸、山陽、山陰、西海、南海の各道）につながる街道の出入り口であることを、象徴的に表現していた。

◆御土居の影響と役割

工事中の御土居は「堤」「京廻ノ堤」「京中惣ほり」とよばれ、京都を囲む土塁や堀と認識された。ところが完成すると、戦国時代からの上京惣構と下京惣構が壊され、御土居が洛中惣構《らくちゅうそうがまえ》とよばれた。

この洛中惣構（都市壁）は、平安京では南辺だけだった羅城の完成形と評価されることもあるが、ヨーロッパでも13世紀から城壁が都市を囲む本格的な城塞（城郭）都市が生まれているので（53項参照）、その影響をうけた可能性もある。

◆内郭としての寺町や寺ノ内

豊臣政権は御土居築造と同時に、

下京に点在する法華寺院を上京北東の安居院《あぐい》に集め、寺ノ内《てらのうち》（図②）とした。また法華宗以外の寺院は、東側御土居ぞいの鞍馬口から六条に約5キロならべて寺町《てらまち》とした（図③④）。

洛中の町々からみると、寺ノ内の北は小山村で、その先に御土居がある。東は寺町が続き、さらに東は御土居が鴨川ぞいにある。南は本圀寺《ほんこくじ》で、その南の七城堀川に本願寺が大坂からうつされ（慶長8年に烏丸六条へ東本願寺が分かれて西本願寺）、さらに南が御土居。西は北の大徳寺から南の教王護国寺（東寺）まで寺院群が続き、蓮台野村や三条台村、中堂寺村をはさんだ西に御土居がある（80項②）。

このように御土居の内側では、寺院群が洛中を四方から囲んでいる。これら寺院の境内や墓地は、いくさのおりは陣地にできる。御土居が外郭なら、寺院群は内郭であり、内郭の手薄な部分を補強したのが寺町と寺ノ内であった。西側御土居の東西0・2キロ×南北0・5キロの突き出し（御土居の袖《そで》）も、下長者町通ぞいの寺院群を取り込んだ結果である。

御土居は鴨川や紙屋川の洪水対策にもなったが、豊臣政権の意図は、首都である京都を、都市壁の御土居と、防御施設の寺院群で二重に囲む城塞都市とすることにあった。

◆その後の御土居

豊臣政権は、御土居で四条通を閉じ、四条橋も外した。五条橋（現、松原橋）も外し、2町南の五条口（伏見街道へぬける六条坊門小路）に五条橋（現、五条橋）をかけ、これと三条橋を石造の公儀橋《こうぎばし》とした。ところが秀吉が死去し、徳川家康が実権をにぎった慶長6年（1601）に、東側御土居の一部がこわされ再び四条通が通る。

慶長19年（1614）に角倉了以《すみのくらりょうい》によって高瀬川《たかせがわ》が通され、寛文9〜10年（1669〜70）には、鴨川東岸の二条から五条、西岸の今出川から五条に堤防となる石垣（図⑤、寛文新堤《かんぶんしんてい》、西岸は上賀茂まで土塁堤防がのびた）が完成。これにより洪水の心配がなくなった一帯は御土居がこわされ材木屋がならび、木屋町《きやまち》とよばれるようになる。

その後、西側御土居も出入り口が増えるが、御土居そのものは徳川政権が管理した。竹や雑木がしげる緑の壁は、洛中と洛外を視覚的に分け続けた。

②寺之内の妙覚寺《みょうかくじ》（京都市上京区）

③寺町の天性寺《てんしょうじ》
（天正15［1587］年に寺町三条へうつる、鴨川氾濫原だった境内は低い）

④寺町の常念寺《じょうねんじ》跡（平成27年京都府立鴨沂《おうき》高校現場説明会、天性寺と同じ高さに西向き本堂を置き、東に250の墓、宝永大火後に二条川東《にじょうかわひがし》へ移転した跡）

⑤寛文新堤《かんぶんしんてい》（荒神橋《こうじんばし》たもと）

56 鰻の寝床

片土間・床上3室と表屋造り

豊臣政権の京都改造で短冊形敷地を得た町人は、長い敷地にあった住宅建築様式をうみだす。それは鰻の寝床や鰻ずまいとよばれる。

◆短冊形敷地以前の町家の間取り

戦国時代の京都では、棟割長屋の住戸やわずかな1戸建ての町家に、片土間・床上2室の間取りが多かった。その表室は、見世棚をもつ商業空間のミセと居間・食事空間のダイドコを兼ねた。奥室は、閉鎖的寝室のナンドであったが、背面に窓を開けて冠婚葬祭に使うザシキになりつつあった。本所領主が裏地の共同広場（街区内側）に勝手な建築を許さない中、厨子2階を収納とし、内蔵も町家の中に隠れていた。

◆鰻の寝床に2種類

豊臣政権の京都改造で、表通りから町境の町割り水路まで、間口幅の短冊形敷地を得た町人は、長細い敷地に合った間取りをうみだす。

①片土間・床上3室は、床上2室だった間取りの表室を2室に分けたもの（図①）。表は見世棚を持つ商業空間のミセ。奥は居間・食事空間のダイドコとした。さらに奥のナンドは閉鎖性を取りさり、寝室と仏間を兼ね冠婚葬祭に使うザシキとなる。裏地は座敷庭《ざしきにわ》とし、ザシキにエンをつけた。これら床上のミセ、ダイドコ、ザシキの3室にそって、門口から背戸口まで土間が伸びた。ミセ前はミセニワ、ダイドコとザシキの前は通りニワとよび、境界部分に中戸《なかど》をたてる。通りニワにはお竈士《くど》さん（かまど）やハシリ（流し）、井戸や鼠《ねずみ》イラズ（収納）を置いた。

この主屋《おもや》から裏地へ付属棟が伸び、便所や風呂、味噌部屋を置いた。便所の人糞は百姓が肥料にするため肥桶《こえおけ》にくみ、土間を通って表へ運び出した。お竈士さんの灰も、灰汁にして洗剤や漂白剤、食品のあくぬきにつかうため、定期的に業者が買いとりに来るサイクルがあった。

このような片土間・床上3室が京都改造後の基本的な間取りになるが、平入の大屋根をかけるので、採光が不十分な点が問題であった。

②表屋造《おもてやづく》りは、ミセとミセニワを独立した表屋とし、ダイドコ・ザシキ・通りニワも主屋《おもや》として独立させて、両者をゲンカンとよぶ応接空間でつなぐもの（図②）。ミセニワと通りニワの間は露天のゲンカンニワ、ミセとダイドコの間も露天の坪ニワとするので、採光や通風はよくなった（坪は内裏や寝殿造りの壺に由来する、38項参照）。

短冊形敷地に適した細長い間取りとして図①と図②が基本形となり、鰻《うなぎ》の寝床《ねどこ》や鰻ずまいとよばれ、京都以外の都市にもふえていった。

◆表蔵と庭蔵、裏地の茶室と数寄屋風意匠

戦国時代は隠れていた内蔵が、織田政権時代に屋根から突き出し、突出内蔵《つきだしうちぐら》（51項⑤）になった。そして豊臣政権時代になると、短冊形式の裏地に庭蔵（53項①）、また表通りに面して立つ表蔵《おもてぐら》も現れた。

裏地の座敷庭は前栽《せんざい》（植栽）がほどこされ、茶室が好《この》まれる（建てられる）こともあった。戦国時代から一部貴族や富裕町人は街区内側を占有し、「都の中の松の下庵《したあん》」（『雪玉集《せつぎょくしゅう》』）、「山居《さんきょ》の体《てい》」や「市中《しちゅう》の隠《いん》」（『二水記《にすいき》』）といわれる草庵風の茶室《ちゃしつ》を置いたが、短冊形敷地を得た町人にも好む者が現れ、座敷庭に中潜《なかくぐ》りや腰掛待合《こしかけまちあい》、露地門《ろじもん》やつくばいなどの露地《ろじ》をしつらえた（地下水が豊富な京都は飛石《とびいし》や短冊石《たんざくいし》に自然に苔がつき風情《ふぜい》がうまれる）。

茶室は数寄屋《すきや》ともよばれ、草葺や

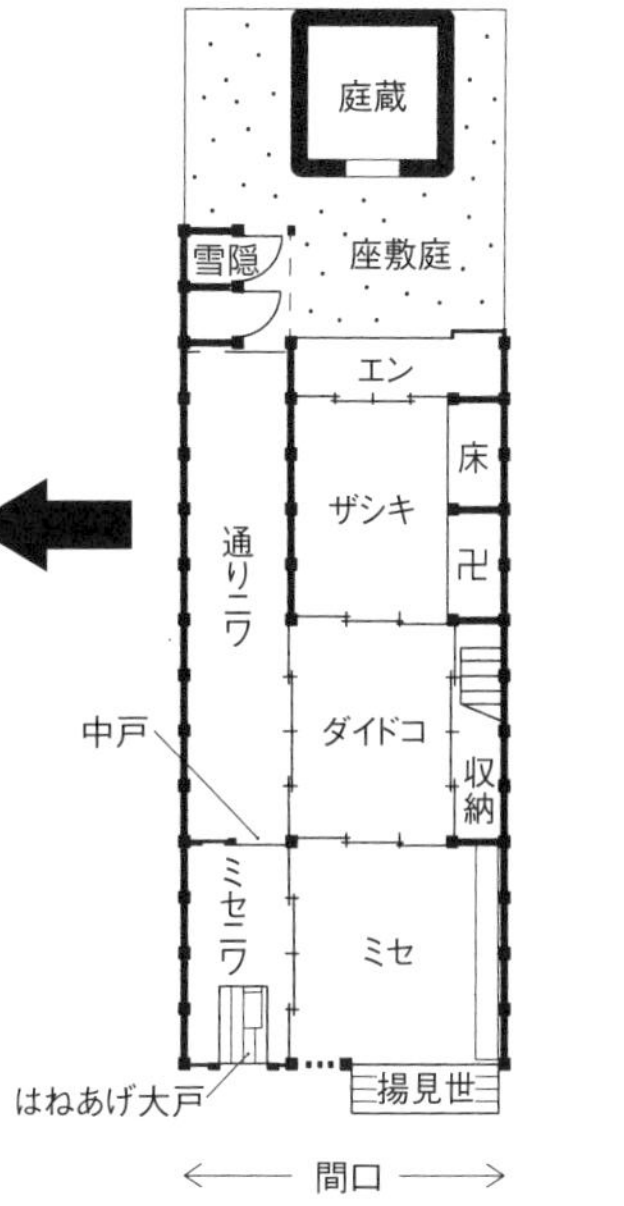

町家(片土間・床上三室)

①片土間・床上3室の間取り

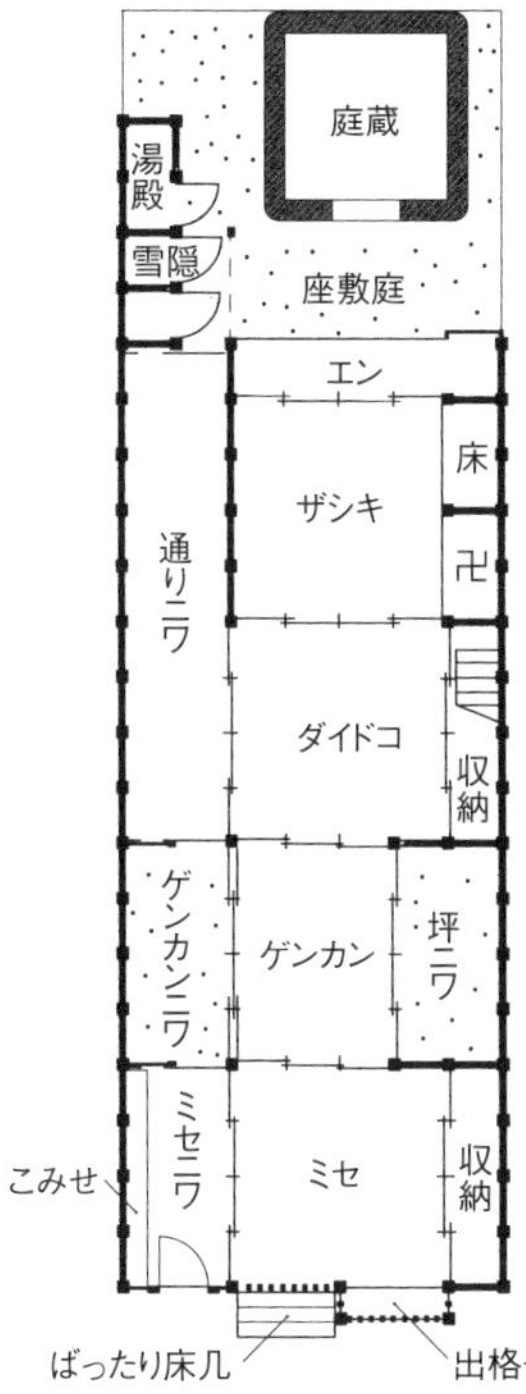

町家(表屋造り)

②表屋造りの間取り

③表屋造りの川北家住宅（京都市中京区小結棚町、代表的な京都の町家、非公開）

④ダイドコ・ザシキ境の建具替え（川北家住宅、90項参照）

面皮柱《めんかわばしら》（4隅に肌皮をのこす柱）など一見素朴（図⑤）。躙《にじ》り口《ぐち》の戸板は拾った戸板の使える部分、下地窓《したぢまど》は壁土が落ちた状態などと見たて（図⑥）、全体も山居（草庵）に見たてた意匠（デザイン）だが、実は数寄屋《すきや》大工《だいく》が吟味し抜いた材料に超絶技巧をほどこす富裕表現（数寄屋風《すきやふう》意匠《いしょう》）である。町家のザシキや宿屋、料亭に使われ（数寄屋《すきや》建築）、京都らしいもてなし空間を演出した。

◆清潔な都市環境を維持したリサイクル

平安京を悩ませた人糞は、南北朝時代に肥料として利用されはじめる。農村では、3月ごろ田を掘りかえし、田植え直前に1反《たん》（300坪）あたり肥桶《こえおけ》40〜50杯の肥料をまく。百姓家では足りないから、京都の町家から集めた。これを町家で金肥《きんぴ》とよんだのは、年末に百姓がお礼を届けたから（昭和時代の愛宕郡《おたぎぐん》岩倉村はもち米2升と漬物大根3束を届けた）。岩倉村など京都近郊農村は、大八車に肥桶と薪を積んで京都へ行き、薪を売った後で町家をまわった（図⑦）。土間を通って運びだすとき、失敗しても三和土《たたき》（赤土・砂利・消石灰・苦汁《にがり》を練ってたたきかためた土間）だから洗い流せる。集めたものは、田

⑤千利休《せんのりきゅう》がカトリックのミサを参考にしたとされる点前《てまえ》（茶の湯の作法）に則った狭小空間（拾翠亭茶室内部、京都御苑）

⑥左に躙《にじ》り口《ぐち》、右に下地窓（九条家拾翠亭《しゅうすいてい》の茶室、京都御苑）

に掘った野壺《のつぼ》で発酵させて、肥料にした。

一方、南山城の村々は、高瀬川ぞいの浜に肥桶を保管する細長い小屋を建て、回収後に高瀬船で運んだ。

このような生産サイクルが京都の都市的環境の維持に果たした役割は、とても大きかった。

⑦昭和30年代の岩倉村のようす（京都市左京区、馬がひく荷車に肥桶と薪を積んで出発）

もっとくわしく

丸山俊明『京都の町家と聚楽第』序章「京都府の町家と百姓家に七つの型式」昭和堂、2014

57 支配の境界

釘貫《くぎぬき》（木戸門）がしめす支配の範囲

御土居ができて上京惣構や下京惣構はこわされたが、町々の釘貫（木戸門）は必要とされ、新たに通った突抜ぞいにも置かれる。

◆戦国時代の釘貫

戦国時代の両側町は、不審者や土一揆にそなえて、通りの両端に土塀や柵を置いた。それらを町の構《かまえ》とよび、構に開けた門を釘貫《くぎぬき》とよんだのである（図①）。

本来、町と町の境界は接しており、地面の境界とよぶ。これに対し釘貫は、支配の境界を示した（76項①）。内側がその町の支配、つまり自治自衛の範囲であり、外側は町の支配の外である。

①4町の釘貫が向き合う四辻
（奈良県立美術館所蔵、『洛中洛外図』図帖）

このため4町の釘貫が向きあう四辻の中は、地面はどこかの町域に属していても、支配は空白になった。そこで行き倒れや捨て子があれば、向きあう4町で話しあって、対応したのである。

◆織田政権時代の町々の釘貫

織田信長は、元亀《げんき》4年（1573）4月の上京《かみぎょう》焼きうちのあと、復興をいそがせた。洛中の地子免除や再建中の町家の人足《にんそく》（労働力提供）義務の免除など復興策をすすめたが、その中でも治安は強化するため、町々に早急に釘貫を置くことを徹底させた。これは、天正《てんしょう》2年（1574）に宣教師ジョアン・ロドリーゲスが「すべて都市を警戒するために毎夜閉ざされていたのであって、それぞれの門には不寝番がいて火がたかれており、用事のある人がそこを通り、通る者は調べられる」（『日本教会史』）と記したように、ほかの都市でも同じであった。

◆豊臣政権時代の釘貫

天正10年（1582）の本能寺の変で信長が死ぬ。跡目争いに勝った羽柴秀吉は天正13年（1585）に豊臣秀吉となり、翌天正14年（1586）に聚楽第と東山の大仏造営に着手した。そのとき豊臣政権の所司代前田玄以《まえだげんい》は、町々に「町の夜番《よばん》の儀、両方釘貫、寝ずにこれありて、往還の人を相改め油断なく相勤めるべき事」と命じる。両方とは、両側町の両端の町口を指す。そこに釘貫があり、夜番を一晩中立たせて、通行人を確認させたのである。

◆京都改造時の釘貫撤去は本当か

天正18〜19年（1590〜91）の京都改造中に上洛した宣教師フロイスは「町の他の町と区分けする二つの門は、夜間は閉鎖することになっているが、関白はそれらの門を一つ残らず、すべて撤去させた、こうしてすべての町は昼夜開放されることになった」（『日本史』）と記した。ところが冷泉町《れいせんちょう》（室町夷川下ル）は、慶長《けいちょう》2年（1597）に「十もんめ、釘貫建て申」、同3年（1598）に「北の釘貫の根継入用」と記録している。フロイスのいう撤去が事実なら、ほどなくしてまた建てたことになる。徳川政権も町々の釘貫（江戸時代は木戸門《きどもん》とよぶ）を京都の治安維持装置とみなすので、撤去されたとしても、その期間は短かった。

◆突抜で2種類になった四辻

戦国時代の京都の四辻は、4町の地面が接し、4町の釘貫が向きあっていた（図②）。ところが豊臣政権が新南北通りの突抜《つきぬけ》を通したので、突抜ぞいに新しい両側町がうまれた（図③）。新両側町の地面は、両端が突抜に貫通された東西方向の町の地面なので、この地面の境界に釘貫を置く。一方、突抜を通された東西方向の町は、町の真中に新しい四辻ができたわけだが、この四辻は町域の中であり支配の中だから釘貫は置かない。このため新しい四辻は、南北には釘貫があるが東西はない状態になった。こうして京都の四辻は、4町の釘貫が向きあう四辻と、南北にだけ釘貫がたつ四辻の2種類になったのである。

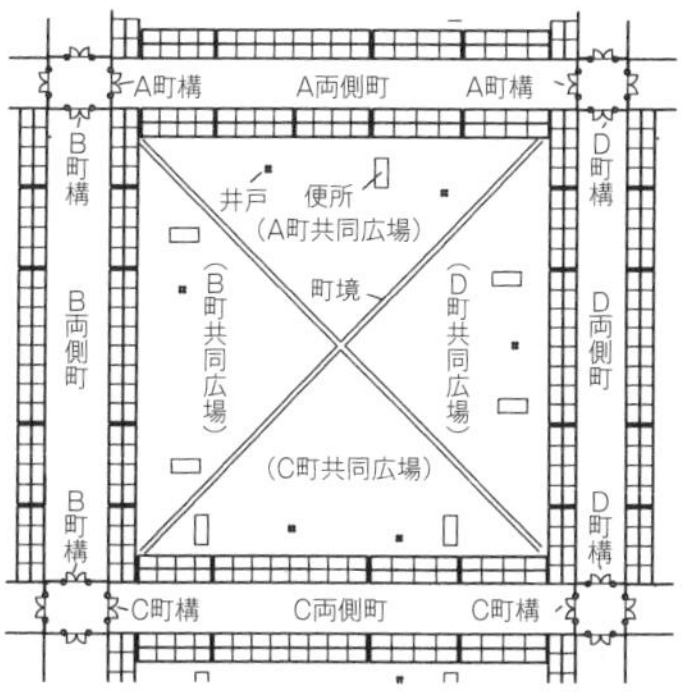

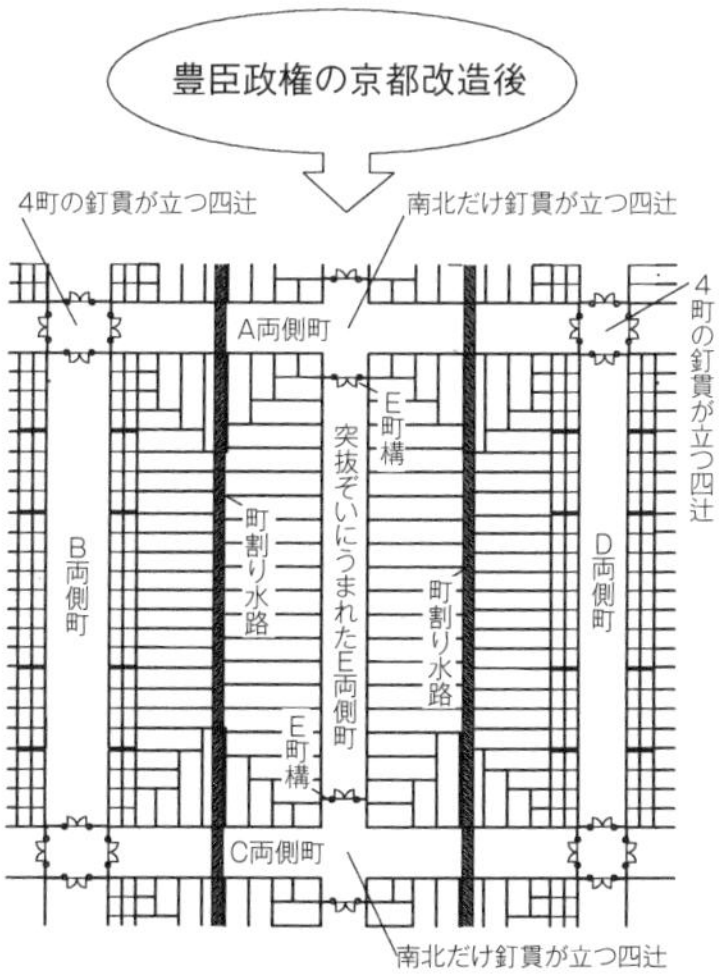

②（上）戦国時代の両側町の構と四辻（街区内側の町境の形は多様）
③（下）京都改造後の両側町の構と四辻

もっとくわしく

丸山俊明『京都の町家と火消衆』第11章「木戸門の場所は、町域の境界ではなく支配の境界」昭和堂、2011

◆国と日本人を守る治安政策

金銀山を手中にした信長や秀吉をのぞき、多くの戦国大名はいくさでとらえた人間をポルトガル商人に奴隷として売り（図④）、鉄砲を買った。天正10年に九州大名がローマへ送った天正遣欧使節《てんしょうけんおうしせつ》の少年も「ポルトガル人の教会や神父が硝石と交換

④『南蛮屏風』
（松岡美術館所蔵、『九州御動座記』に「南蛮舟着くごとに……日本人を数百男女によらず買取、手足に鉄の鎖をつけ、舟底に追いやり、地獄の呵責《かしゃく》」とある）

し、証文を付けて（日本人奴隷を）売っている」のを目撃。「駄獣のごとく」扱われる同胞をみた千々和《ちぢわ》ミゲルは、「表に後世菩提《ぼだい》の理（キリスト教の教え）を伝えるといえど、実は国を奪うなり（植民地化）」（『天正《てんしょう》遣欧使節見聞対話録《けんおうしせつけんぶんたいわろく》』）と指弾して棄教した。

宣教師ガスパル・コエリョが天下統一を終えた秀吉に砲艦を見せて脅したのも、いくさになれた日本人を中国制圧に使う予定だったから。ところが逆に秀吉から、禁教とバテレン追放令11ケ条（一〇条で日本人奴隷売買禁止）を突き付けられた。そこで長崎に武器を集め、九州大名に反乱をそそのかし、フィリピン総督にスペイン艦隊の派遣を求める。

しかし総督は「日本の民は勇敢で軍事訓練をうけており征服は不可能」（『ヴァリニャーノ書簡』）と判断。派遣を見送り、大名も動かない。日本人も、殉教する宣教師や純真な日本人キリシタン（図⑤）を見捨てて逃げまわりながら、神社仏閣を悪魔とよんで冒とくする人買い宣教師を嫌悪しはじめた。

慶長5年（1600）の関ケ原合戦後、徳川政権は一時キリスト教の布教を許すが、慶長17年（1616）に弾圧へ転換（図⑥）。寛永《かんえい》14年（1637）には九州の天草・島原でキリスト教を拠り所とした百姓一揆がおきたが、これも容赦なく徹底的に処断した。その一方でオランダや李氏朝鮮とだけ国交を結び（鎖国《さこく》・海禁政策）、ヨーロッパによる植民地化目的の侵略から、日本を守る体制をととのえた。

⑤一条戻り橋
（慶長元年［1597］、ここで宣教師とキリシタン24名が豊臣政権に耳を切られ、徒歩で長崎へ向かわされる。道中2名増え26人が殉教。ローマ・カトリックから二十六聖人に列せられた）

⑥慶長天主堂《てんしゅどう》跡
（徳川政権公認後、油小路元誓願寺に教会堂が建ったが慶長17年破却。徳川政権の弾圧で殉教したペトロ岐部《きべ》〔エルサレムやローマを訪れた日本人司祭〕やメルキオル熊谷元直《くまがいもとなお》〔行き場を失ったキリシタンを庇護した毛利家武将、徳川をおそれた輝元に無実の罪で討たれた〕ら188人は福者《ふくしゃ》に列せられた）

58 町家の多層・多様化

建築自由のとき

豊臣政権が滅びてから、徳川政権が建築規制を始めるまで、京都の町家は自由に建築できたので、多層・多様になっていく。

◆豊臣政権の崩壊と江戸時代

文禄《ぶんろく》元年（1592）3月、秀吉は李氏朝鮮《りしちょうせん》を攻撃。7月には大陸の明《みん》へ侵攻するが、補給がもたず講和になる（文禄《ぶんろく》の役《えき》）。文禄5年（1596）7月の慶長伏見大地震《けいちょうふしみだいじしん》で指月《しづき》伏見城や東山方広寺《ほうこうじ》（図①②）の大仏が倒壊した後、明との交渉が決裂。慶長2年（1597）2月に再出兵した（慶長《けいちょう》の役《えき》）。そして同年5月に木幡山《こわたやま》伏見城が完成（図③）。7月に東山大仏跡へ信濃国（長野県）善光寺《ぜんこうじ》の如来像を運びこむが、慶長3年（1598）に秀吉が発病。

①方広寺《ほうこうじ》大仏殿石垣
（京都市東山区、豊国《とよくに》神社）

②方広寺大仏殿跡緑地
（大仏跡を塚状に整備）

如来像の仏罰との噂が流れ、元に戻すことに決まった8月18日、秀吉は往生《おうじょう》した。

その後の豊臣政権は、石田三成ら文知派《ぶんちは》と加藤清正ら武断派《ぶだんは》が対立。文知派は毛利輝元、武断派は徳川家康《とくがわいえやす》と手を組み、慶長5年（1600）9月15日に激突。家康らが圧勝した（関ヶ原合戦《せきがはらのかっせん》）。

慶長8年（1603）2月12日、再建された伏見城で徳川家康は征夷《せいい》大将軍《たいしょうぐん》になる（江戸時代）。豊臣大名を改易《かいえき》（領地没収）し、豊臣恩顧《おんこ》（恩をうけた）の大名も転封《てんぷう》（左遷）。豊臣一族は、慶長19～20年（1614

③伝、伏見城遺構唐門
（豊国神社、二条城から南禅寺金地院《こんちいん》をへて現在地と伝承）

～15）に大坂城もろとも根絶やしにした（大坂の陣）。

◆二条城の築城と徳川和子の入内

慶長7年（1602）、家康は2代京都所司代板倉勝重《いたくらかつしげ》を奉行とし、幕府《ばくふ》御大工《おだいく》中井大和守正清《なかいやまとのかみまさきよ》を棟梁《とうりょう》に天下普請《てんかふしん》（全国大名に工事わりあて）で二条城《にじょうじょう》に着工（図④）。神泉苑から堀へ水をひき、翌慶長8年（1603）3月に御殿群が完成。

④二条城東櫓門《ひがしやぐらもん》（大手門）

慶長11年（1606）に天守閣が完成した。

元和《げんな》6年（1620）6月18日には、2代将軍秀忠の娘和子《まさこ》が後水尾《ごみずのお》天皇へ入内《じゅだい》（東福門院《とうふくもんいん》）。御付武家《おつきぶけ》が天皇の禁裏《きんり》御所や上皇の仙洞《せんとう》御所に入り、幕府の朝廷監視が始まる。

◆京都のまちなみの多層・多様化

豊臣政権時代から徳川政権時代へうつる激動期、町人の建築に規制はなかった。そして町人は不穏な政情

⑤多層・多様のまちなみ
（林原美術館所蔵、池田本『洛中洛外図』屏風）

⑥左に竹の軒樋《のきとい》、右に銅のたて・軒樋
（京都国立博物館所蔵、『祇園祭礼図』）

⑦江戸の町家、通庇を軒柱で支える点は京都の町家と違う（国立歴史民俗博物館所蔵、『江戸図』屏風）

にめげることなく、富を誇示する町家を建て続けた。自由にまかされたとき、町家の姿は多層・多様化したのである。町人みずから低層・均質化に向かうことはなかった。

当時のまちなみは『洛中洛外図』屏風群に見える（図⑤）。その構図は徳川の二条城を左隻、豊臣の大仏（方広寺）右隻とし、第二定型とよばれる。

画中の町家は棟割長屋が減り、1戸建てが増える。揚見世《あげみせ》（回転軸で壁ぎわに収納できる見世棚）や台格子を持つ本2階建てが多くなり、通庇に2階を張り出す出梁造《でばりづく》りも現れた。2階表は手すり付の大窓や土塗格子のムシコ、半円形の櫛型窓《くしがたまど》、出格子や菱格子など多様かつ繊細で、戦国時代に登場した台《だい》がんなで加工した。

壁は、柱より薄い真壁《しんかべ》が多い。2階を分厚い土壁で塗りこむ塗家《ぬりや》もあるが、1階は真壁。この塗家は中世『洛中洛外図』屏風にないもので、多くは高価な本瓦葺だから防火性能が高いが、それ以上に富裕表現であった。また真壁の町家も、それまでの石置板葺《いしおきいたぶき》からこけら葺（薄く細かい板葺）に変わりはじめ、軽い板が飛ばないように風よけのウダツ（78項参照）をあげた。一方、塗家は瓦が重いのでウダツが少ない。このほか四阿《あずまや》をのせた楼閣《ろうかく》、3階や4階建ての土蔵を通りぞいに建てた表蔵《おもてぐら》、庭蔵に座敷をのせた蔵座敷《くらざしき》など、まちなみは多層多様になった。

なお、竹や木、銅製の雨樋《あまどい》も現れる（図⑥）。寺社の木製の樋は奈良時代から例があり、絵画資料に見る京都の町家では江戸時代初頭からあるが、数は少ない（町家に瓦葺が普及する19世紀に一般化）。

◆江戸の町家

江戸は、天正18年（1590）8月1日（八朔《はっさく》）に家康が入ってから、神田山《かんだやま》を削った土で日比谷入江《ひびやいりえ》を埋めて平地を広げた。江戸幕府の成立後に増えた町家は、京都の建築様式が持ち込まれたので、『江戸図』屏風にみるまちなみも多層・多様（図⑦）。その中には「表を三階家にいたし、二階三階には黒ぬりにしたる串《くし》(櫛)形窓ならべ殊の外目立たり」（『嬉遊笑覧《きゆうしょうらん》』）という町家もあったという。

もっとくわしく

丸山俊明『京都の町家と町なみ』第1章「京都の町なみをととのえたのは」昭和堂、2007

59 百姓家①

京都近郊農村の百姓家《ひゃくしょうや》と民家型式

京都に鰻の寝床が登場したころ、近郊農村でも片土間・床上2室に座敷をつけた百姓家が現れた。その特徴から民家型式がうまれる。

◆町人と百姓、町家と百姓家の区別

安土・桃山時代の町人は、商人や職人、賃貸業など、多様な生業につく町の住人の身分であった。そして彼らの家は、生業に関わりなく町家である。職住一致の家も、専用住宅の仕舞屋《しもたや》も、借家も、人が住まない空き家でさえも、町の家は町家であった。

一方、町以外で農業、林業、漁業、運送業など、さまざまな仕事につく人びとの身分は百姓である。そして百姓の家は、どのような生業でも百姓家《ひゃくしょうや》であった。町家と百姓家の違いは、町にあるかどうかという点だけであり、建物の姿も、住人の生業も関係なかった。そして、庶民の家すべてをさす言葉が民家《みんか》であり、町家と百姓家がふくまれた。

◆丹波街道ぞいの片土間・床上3室

かつての片土間・床上2室から、片土間・床上3室や表屋造りになった（図③）京都の町家は、屋根は街区を囲んでいた棟割長屋の伝統で、平入であった。

おなじころ、丹波街道ぞいの城下町や農村にも、片土間・床上3室が現れる。このうち城下町は、表からミセ→ダイドコ→ザシキをならべる間取りで、京都の町家と変わらない。一方、農村の百姓家は、土間のニワに沿って接客・仏間兼座敷のオモテ→居間食事のダイドコ→閉鎖的寝室のナンドをならべた（図④左）。そして、これらの町家や百姓家は妻入であった（図①）。

天正6年（1578）、明智光秀が亀山（現、亀岡）城を築いたとき、「御城廻りの在々を町屋になすと仰せらる」と『亀山町方覚《かめやままちかたおぼえ》』（天和3・1683年）とあるように、城下の百姓家（草葺入母屋）をそのまま町家扱いにしたのである。このため丹波街道の城下町は、妻入で草葺入母屋という、百姓家の姿をした町家がまちなみをつくっていった。

◆町家と摂丹型という民家型式

民家研究では、地域的な特徴をもつ間取りに、民家型式が設定される（図②）。外観ではなく間取りが型式を分けるので、京都でも丹波街道の城下町でも、片土間・床上3室にミセ→ダイドコ→ザシキを置く間取りは町家である。他方、百姓家

①亀山の妻入町家、左は妻壁に破風を入れ、右は棒木を立てる（個人蔵、渡辺始興《わたなべしこう》筆『四季耕作図』屏風）

②京都府の民家型式の分布（岩倉は京都に北隣する小盆地で北山型分布域の中、京都以外でも街道ぞいは町家が分布する）

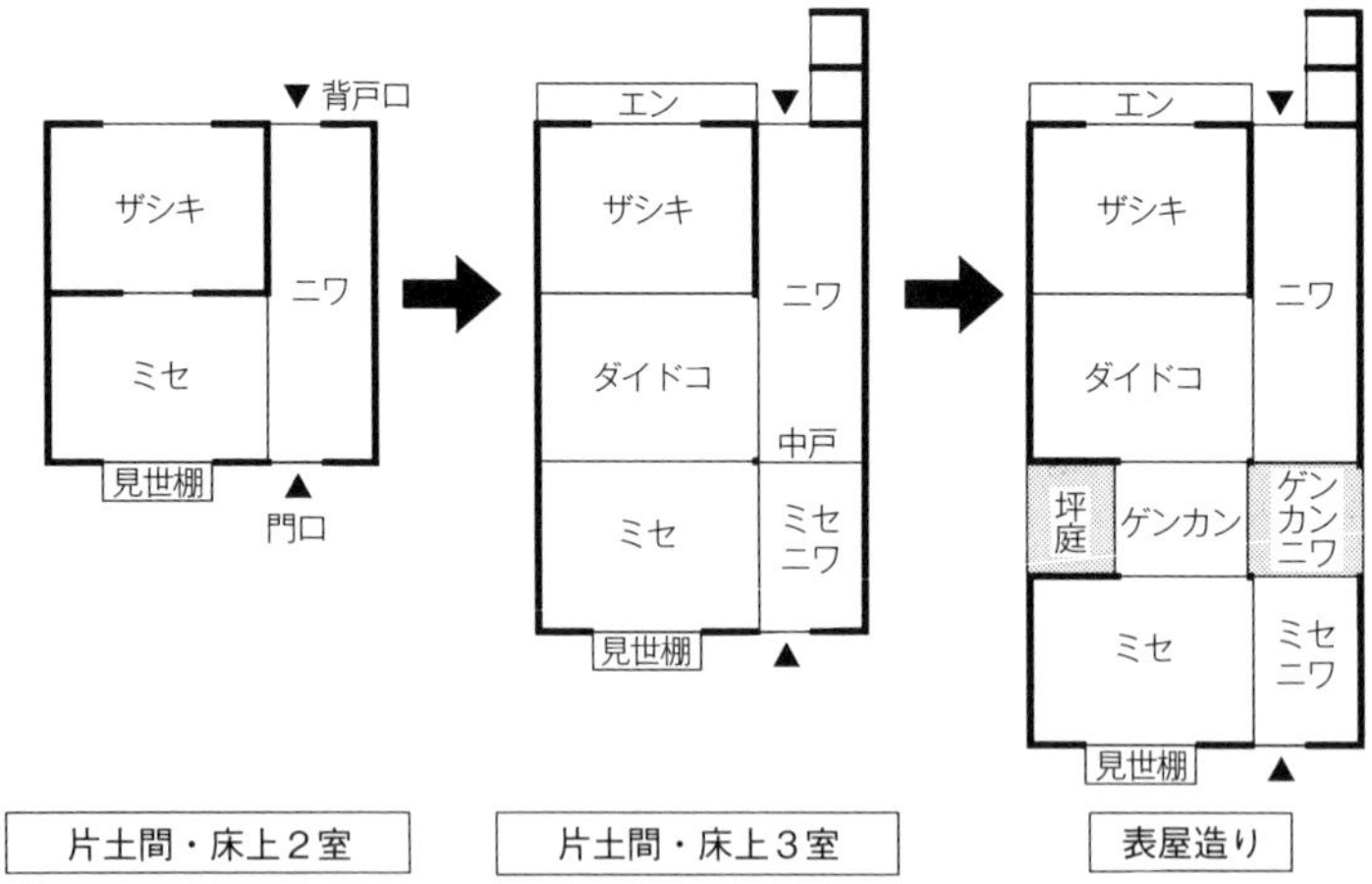

③町家の変化：
片土間・床上２室
→片土間・床上３室
→表屋造り

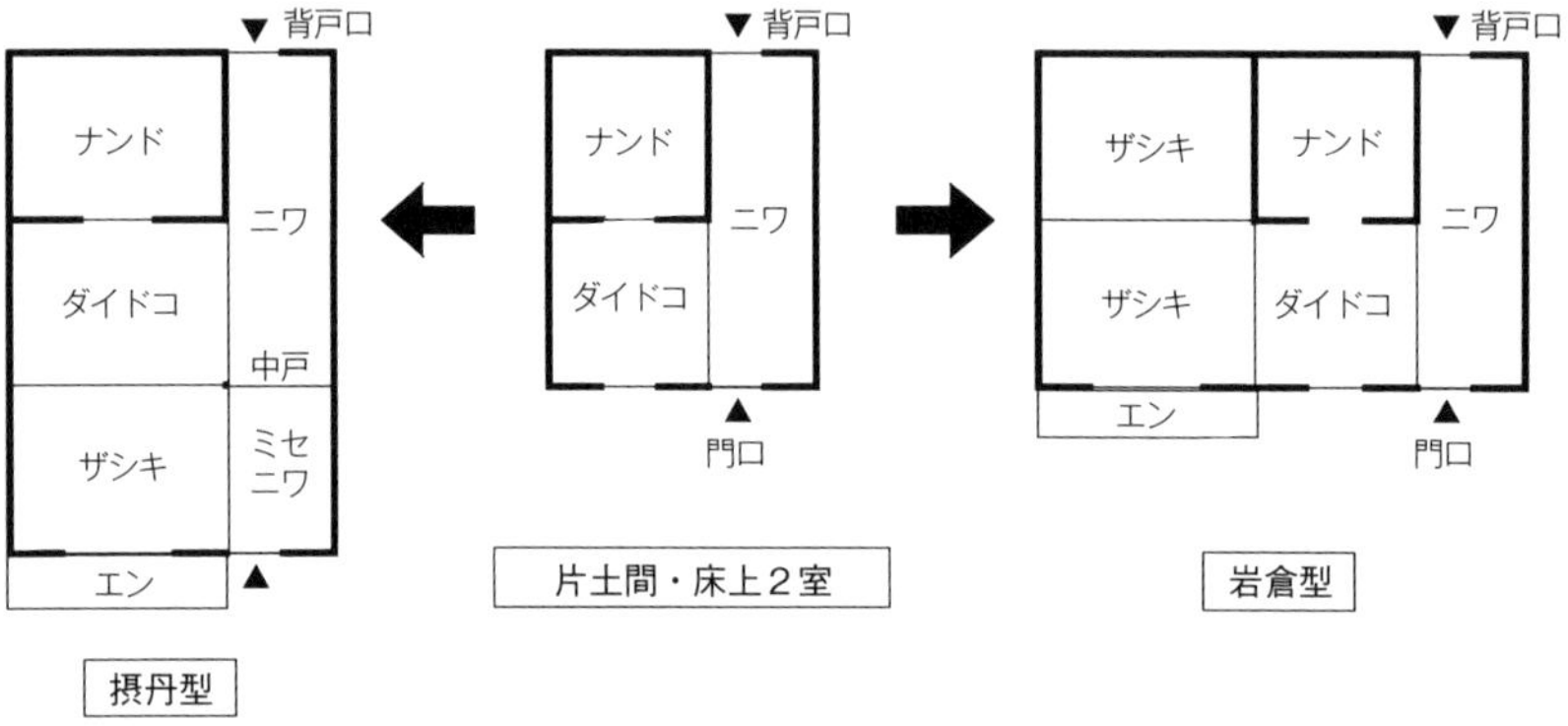

④片土間・床上２室
の百姓家
→摂丹型・岩倉型

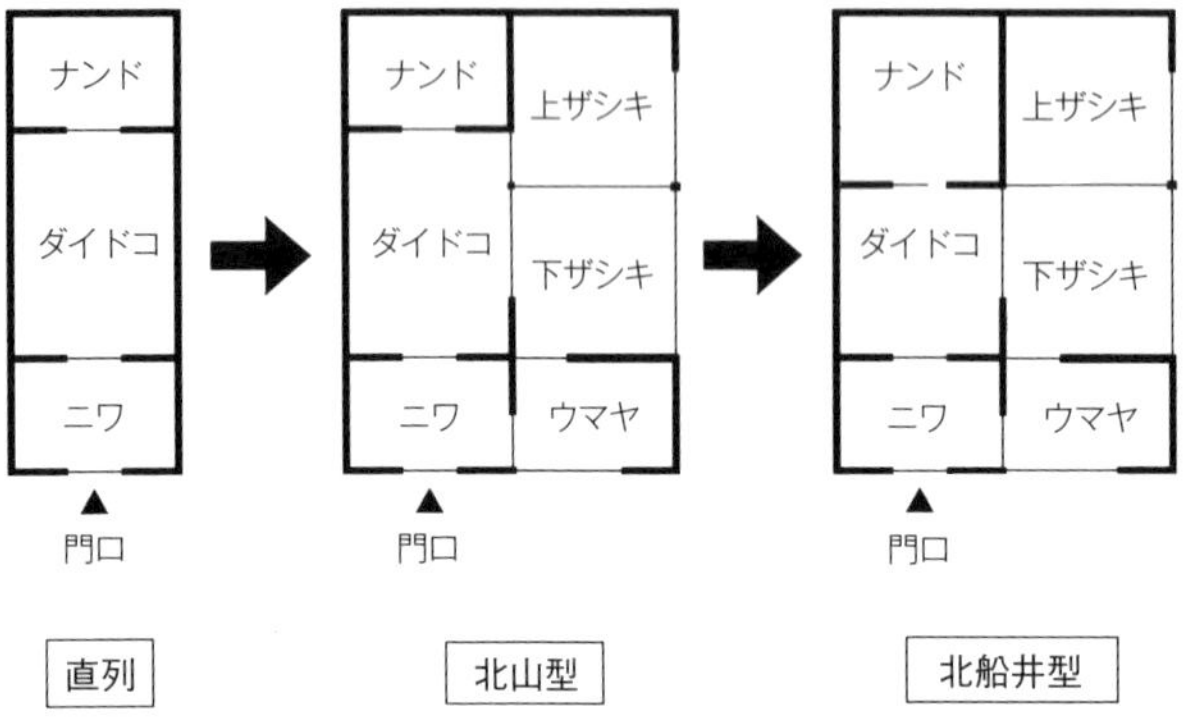

⑤直列の百姓家→北山型→北船井型

にも片土間・床上3室があるが、表からザシキ→ダイドコ→ナンドを置くので、町家とは違う間取りとして摂丹型《せったんがた》（摂津丹波の略、京都府中部・兵庫県北東部・大阪府北中部）という民家型式が設定された（図④左）。

摂丹型分布域では、室町時代から戦国時代は、室町幕府から認められた土豪や地侍が、草葺入母屋の屋根の妻に破風《はふ》（板）をあげた。彼らの間取りは、一般の百姓家に先がけて片土間・床上3室の摂丹型になっており、妻入の草葺入母屋になっていた。これにあこがれる百姓も、戦国時代が終わると、片土間・床上3室の摂丹型で草葺入母屋の百姓家をたてるようになる。そして領主の許しがあれば、破風をあげた（なければ竹や棒をたてる）。もちろん町家も草葺入母屋なので、妻側の中央に破風（図①左）をのぞんだ（京都の町家にはない欲求）。

◆岩倉型という民家型式

豊臣政権が全国を統一し、身分統

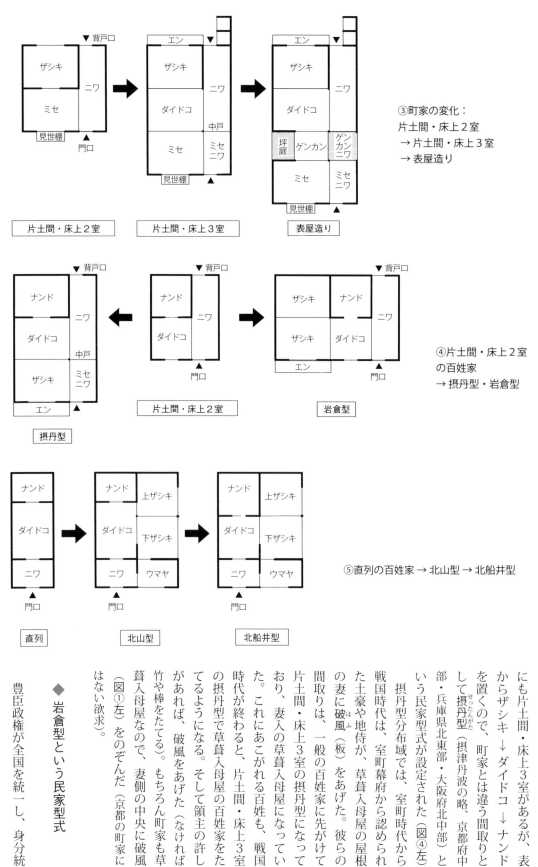

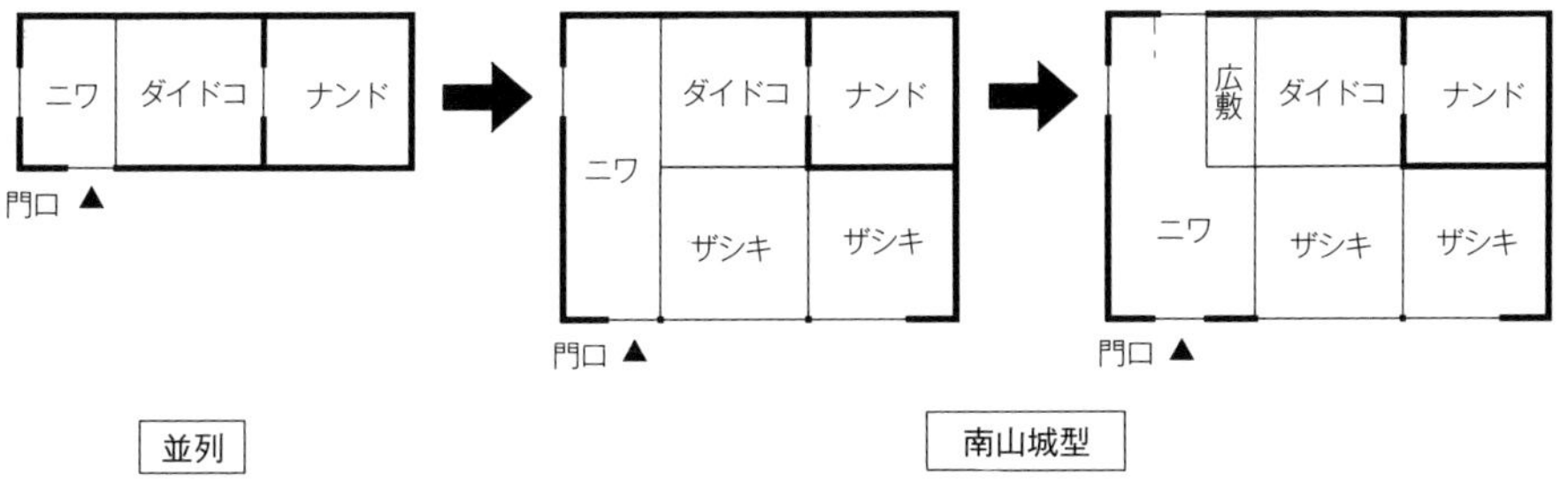

⑥並列の百姓家 → 南山城型

制令で政権にしたがう者だけを武士としたとき、各地の地侍《ぢざむらい》は帰農して上層農民になった。その家は接客機能のザシキをつけており、民家型式とよべる特徴をもっていた。一般の百姓は、江戸時代前期を通じて、この間取りをまねていったのである。それらの百姓家と町家との大きな違いは、寝室のナンドに閉鎖性をのこす点であった。

戦国時代まで、百姓家の間取りの基本も片土間・床上2室であったが、続きザシキの2室をつけると四間取《よつまど》りになる。この間取りは京都盆地の北の岩倉盆地（京都市左京区）に多く、岩倉型《いわくらかた》とよばれる（図④右）。

戦国時代の岩倉盆地は、地侍の山本氏が支配していたが、細川氏や三好氏、織田氏（明智光秀）の攻撃をうけ没落。豊臣政権時代に帰農して上層農民になり、そのすまいがまず岩倉型になった。当時、一般の百姓家は片土間・床上2室だったが、江戸時代中期に岩倉型になっていく。

◆北山型という民家型式

京都の北の山間部は、せまい敷地にニワ（土間）→ダイドコ→ナンドを直列におく妻入の百姓家があった（図⑤左）。これに上層農民がウマヤ（内厩）→下ザシキ→上ザシキをつけ、喰い違いのある四間取りがうまれた。北山杉の生産でしられる地域なので、北山型《きたやまがた》とよぶ（図⑤中）。

林業地帯らしく板壁だったが、江戸時代初期に農業がひろがると、土壁が増えた。そのとき、床上の4室を田《た》の字形にととのえた整形四間取《せいけいよつまど》りがうまれ、こちらは北船井型《きたふないがた》とよぶ（図⑤右）。

◆南山城型という民家型式

京都の南から大阪平野までの農村は、先進的な農業地帯であった。ふるくは前庭に向かってニワ→ダイドコ→ナンドを並列に置く平入の家があったが（図⑥左）、戦国時代に続きのザシキをつけ、4室を田の字形におく整形四間取りが現れる（図⑥右）。さらに土間に板間をおいて広敷《ひろしき》とよび、ダイドコの居間・食事機能をひろげた。これらを南山城型《みなみやましろかた》とよぶ。

もっとくわしく

丸山俊明『京都の町家と聚楽第』序章「京都府の町家と百姓家に七つの型式」昭和堂、2011

60 京都の社家

かつては百姓家と同じ間取り

京都の社家《しゃけ》（神官住宅）は、かつては百姓家と同じ間取りや姿であったが、江戸時代後期に社家らしい姿をととのえる。

◆社家の特徴

神社に奉仕する神官の家を、社家《しゃけ》とよぶ。現在は上賀茂神社に多く残り、土塀と表門の奥に、妻入で白漆喰の妻壁を見せている（図①）。屋根は切妻の瓦葺。このような社家は江戸時代後期にうまれ、下鴨神社や北野神社（天満宮）、吉田神社など各地にあった。ところが江戸時代中期までは、それぞれの地域の百姓家と同じ姿だったのである。

①上賀茂神社の社家遺構（京都市北区）

◆北野神社（天満宮）の社家

北野神社《きたのじんじゃ》（京都市上京区）は、天暦《てんりゃく》元年（947）に菅原道真《すがわらみちざね》の御霊を祀って始まる。永延《えいえん》元年（987）に朝廷から北野天満宮天神《きたのてんまんぐうてんじん》の称号をおくられたが、江戸時代の史料には北野神社とある（北野天満宮の名前は近代から）。当時の社家は現存しないが、一帯は摂丹型分布域で、正徳2年（1712）に社家の目代《もくだい》（社領管理者）が京都町奉行所へ申請した建築許可申請書（『荒木田《あらきだ》家文書』）の図面は、摂丹型の百姓家と変わらない。それを寛延《かんえん》2年（1749）に改築して部屋数をふやした。瓦葺の下地《したじ》となる土居葺《どいぶき》（板葺）とし、さらに後に切妻の瓦葺として、白漆喰《しっくい》の妻壁を土塀ごしに見せるようになったのである。

また、北野神社境内の西側の御土居ぞいの紙屋川対岸（洛外）が平野《ひらの》村。その北の平野宮北町《ひらのみやきたちょう》には、平野巫子《ひらののみこ》が住んでいた。そのまちなみは大正時代まで妻入で、草葺の入母屋（図②）。摂丹型の百姓家（59項①）と同じ姿であり、北野神社の社家も江戸時代前期はこの姿だった。

②摂丹型の姿が続く大正期の平野大宮町
（岩井武俊『京郊民家譜』大阪毎日新聞、1931より転載）

◆上賀茂社家の岩佐家

上賀茂《かみがも》神社は、境内南域に社家町《しゃけまち》が現存し、水路ぞいに土塀が続く（図①）。土塀ごしに見る主屋は妻入で白漆喰の妻壁。屋根は切妻で瓦葺。社家らしいまちなみだが、享保《きょうほう》4年（1719）の『社領絵図《しゃりょうえず》』を見ると、草葺の建物が集まっている。遺構では岩佐家住宅が18世紀前半の建築で、京都市内では最古の社家。当初は草葺で、平入の整形四間取り（田の字型）であった。当時の北船井型や北山型の間取り（82項②）と同じである。それを、明和《めいわ》9年（1772）に部屋数を増やし、文政《ぶんせい》7年（1824）には妻入の瓦葺にして、社家らしい姿になった。

◆下鴨神社の社家

下鴨《しもがも》神社の社家遺構は残らないが、かつては水路ぞいに土塀と表門をならべていた。文化《ぶんか》5年（1808）に下鴨神社の神官が京都町奉行所へ申請した建築許可申請書（『鴨脚《いちょう》家文書』）では、片土間に床上６室の社家を９室にして、湯殿や便所も増やす内容があり、豪壮な社家にかわるようすが読みとれる。

③生身天満宮の宮司宅（南丹市園部町、非公開）

⑤生身天満宮の宮司宅のおだち・とりい組

◆生身天満宮の宮司宅

明治４年（１８７１）の神職世襲《しんしょくせしゅう》制《せい》廃止で、社家は受け継がれなくなった。都市化で多くの遺構が失われる中、上賀茂の岩佐家が京都府下最古とされてきたが、南丹市園部の生身天満宮《いきみてんまんぐう》の宮司宅《ぐうじたく》（図③④）がさらに古いと判明した。北山型・北船井型分布域の同天満宮は、菅原道真の家人《けにん》武部源蔵《たけべげんぞう》が、道真の子を育てながら存世中の道真を祀ってはじまったとされる（歌舞伎《かぶき》・浄瑠璃《じょうるり》演目『菅原伝授手習鑑《すがわらでんじゅてならいかがみ》』のモデル）。

宮司宅の棟札によると、寛文９年（１６６９）に２代園部藩主が建築。その後大破して延享元年（１７７４）に４代藩主が再建とあり、小屋組材の放射性炭素年代測定と整合した。部材調査では、片土間・床上２室ほどの当初建物を、一部残しながら再建時に部屋数を増やしたことがわかった。妻側入口の左右に接客機能と生活機能を分ける間取りは、古い北山型や北船井型（59項⑤）と同じ。草葺入母屋の屋根（現在は鉄板葺をかぶせる）を支える小屋組も、北山型や北船井型の特徴とされるおだち・とりい組（図⑤）である。

土塀と表門の奥に百姓家の姿をみせる現役の社家は京都府下唯一であり、さらに、明治時代の神仏分離まで神宮寺（神社境内の寺）の福量寺《ふくりょうじ》でもあった。宮司の武部家当主は、福量寺の僧でもあったのである。神仏習合《しんぶつしゅうごう》を示す例であり、この点でも重要である。

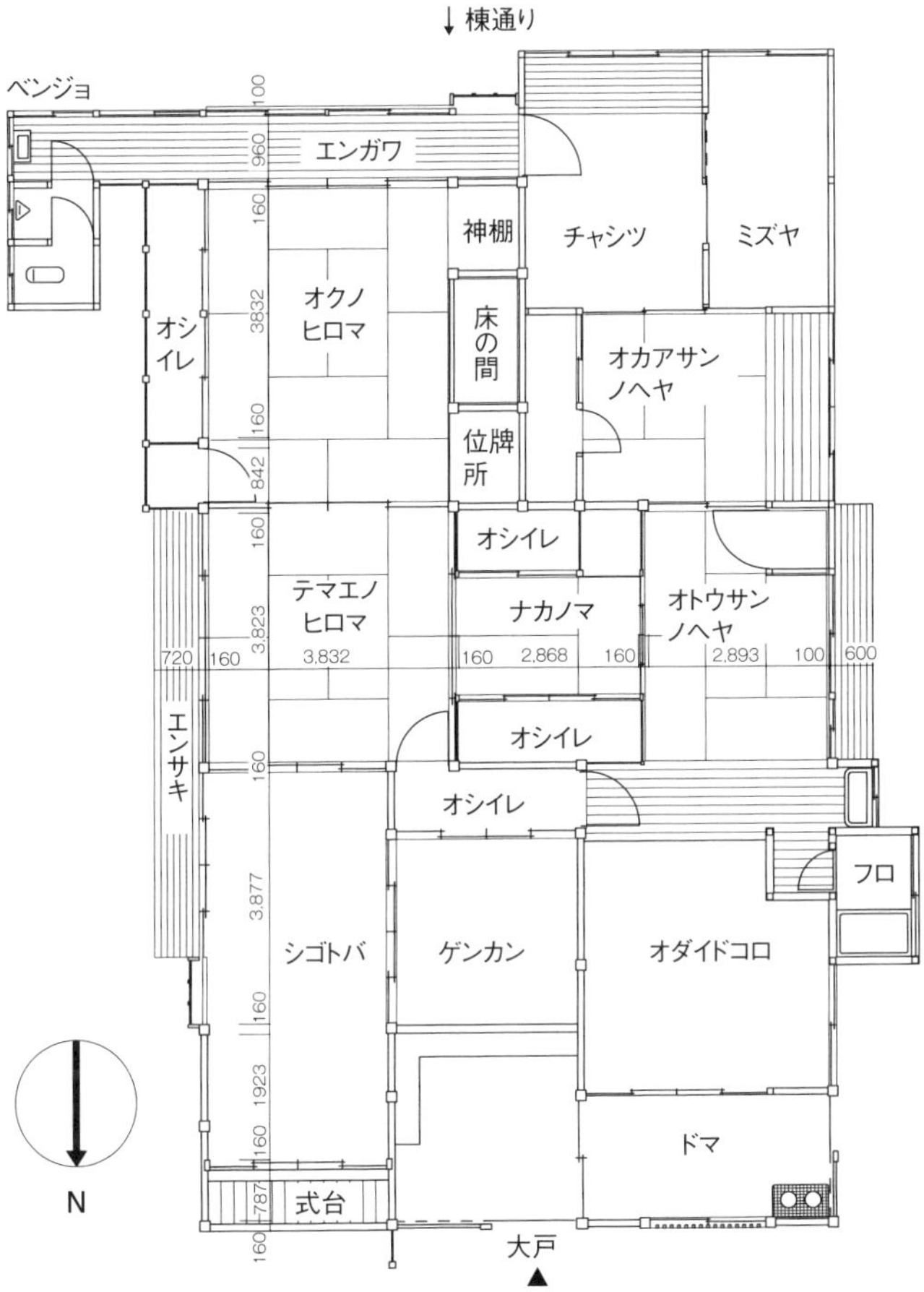

④生身天満宮の宮司宅（棟通りの東側が接客機能で西側が生活機能）

丸山俊明『京都の町家と聚楽第』第１３章「京都の社家は、妻入町家のかたち」昭和堂、２０１４

第七章

徳川政権の建築規制

柏原藩陣屋の長屋門（兵庫県丹波市）

61 建築規制①

徳川政権の政治方針は、ぜいたく禁止

徳川政権の支配の方針は倹約第一、ぜいたく禁止。そのとき京都の町家の自由建築時代は、終わりをつげる。

◆徳川政権の大名支配

元和《げんな》元年（1615）7月、徳川政権は大名に武家諸法度《ぶけしょはっと》を示し、城の修理や結婚に許可を得るように命じた。参勤交代《さんきんこうたい》も定め、西国大名は朝廷との関係を疑われないように、鴨東の伏見街道を通って中心部をう回した（家祖が官人の毛利家だけ少人数で御所へ天機《てんき》うかがいした）。

大名の中で、徳川を名乗る御三家《ごさんけ》と、松平を名乗る御家門《ごかもん》が親藩《しんぱん》だが、川柳《せんりゅう》に「松は皆もらえど徳は許されず」とあるように御三家は別格。関ケ原合戦前からの家臣が譜代《ふだい》、以降が外様《とざま》。譜代までが政治に関わったが、13回も転封された譜代藩があったように、すべては将軍家優先。荻生徂徠《おぎゅうそらい》は「武士は鉢うえ（根をはらせない）」と評した。

◆徳川政権の朝廷支配

幕府は、朝廷にも慶長18年（1613）に公家衆諸法度《くげしゅうしょはっと》、元和元年（1615）の禁中《きんちゅう》并《ならびに》公家諸法度《くげしょはっと》を示す。後水尾《ごみずのお》天皇が僧にあたえた紫衣《しえ》や上人《しょうにん》の称号は無効とした（紫衣事件《しえじけん》）。さらに3代将軍家光《いえみつ》の乳母に春日局《かすがのつぼね》の称号をあたえさせられた天皇は「とても道ある世《よ》にあらばこそ」と不満もあらわに退位。しかし禁裏御料《きんりごりょう》7千石だった天皇領地を、譜代大名なみの10万石（朝廷全体）に加増したのも幕府であった。

◆徳川政権の支配体制と政治方針

家康が「上見れば及ばぬことの多かりき、笠きてくらせ、おのが心に」と詠んだように、徳川政権の発想は農村的横ならびであった。支配体制も三河《みかわ》地方（家康出身地）の庄屋《しょうや》仕立て（庄屋・名主・年寄）が根本で、老中《ろうじゅう》・年寄《としより》・大目付《おおめつけ》・三奉行《さんぶぎょう》（寺社《じしゃ》・町・勘定《かんじょう》）が幕閣《ばっかく》。「国取りも、知行を取るも家持ちも、身のほどを知り分《ぶん》にしたがへ」（『和歌論語《わかろんご》』）の言葉の通り、分相応の倹約とぜいたくの禁止を基本方針とした。

開幕から続けた大名の改易《かいえき》（とりつぶし）で全国の1／4（700万石）を天領《てんりょう》（幕府直轄地）とし、京都・大坂・長崎・奈良・山田などの都市や、金山・銀山も幕府の直轄とした。

◆寛永19年の建築規制

幕府直轄都市の京都では、寛永19年（1642）8月20日に3代所司代板倉周防守重宗《いたくらすおうのかみしげむね》が「町人衣類……結構なる衣類着すべからず」、「町人作事《さくじ》（建築）、自今以後、結構《けっこう》につかまつるまじき事」（『京都町触《きょうとちょうぶれ》集成《しゅうせい》』）と触れ、町人のぜいたくや町家の結構（立派、高価な仕様）を禁止した。衣類は元和8年（1622）8月と11月の『京都市中法度《きょうとしちゅうはっと》』でも規制していたが、町家の建築規制は初めてのこと。多層・多様化を許さない方針を打ちだした。

また、寛文8年（1668）に設置された京都町奉行所は、「京都町中」に次のように触れている（『京都町触集成』）。

①町人の屋作《やさく》ならびに衣類、諸事相守、倹約なるほど軽く仕《つかまつ》るべき事

②町人の屋作軽少、長押《なげし》・付書院《つけしょいん》・櫛形《くしがた》（窓）・彫物・組物無用、床縁《とこぶち》（床框《とこがまち》）、栈框《さんがまち》（障子枠・ふすま枠）塗り候事ならびに唐紙《からかみ》張付、停止の事

③附けたり、遊山舟《ゆさんぶね》・金銀の紋、座敷の内、絵、書き申すまじき事

②建築規制前の福井藩松平氏屋敷（左の将軍専用の御成門は黒漆に金箔張、華麗な彫物は１日見てもあきず日暮門《ひぐらしもん》とよばれた、この絢爛豪華さは明暦３年[1657]の大火後に江戸のまちなみから消える、国立歴史民俗博物館所蔵『江戸図』屏風）

①唐紙を張る弓師家（喜多院本『職人尽絵』屏風、東出版、1979より転載）

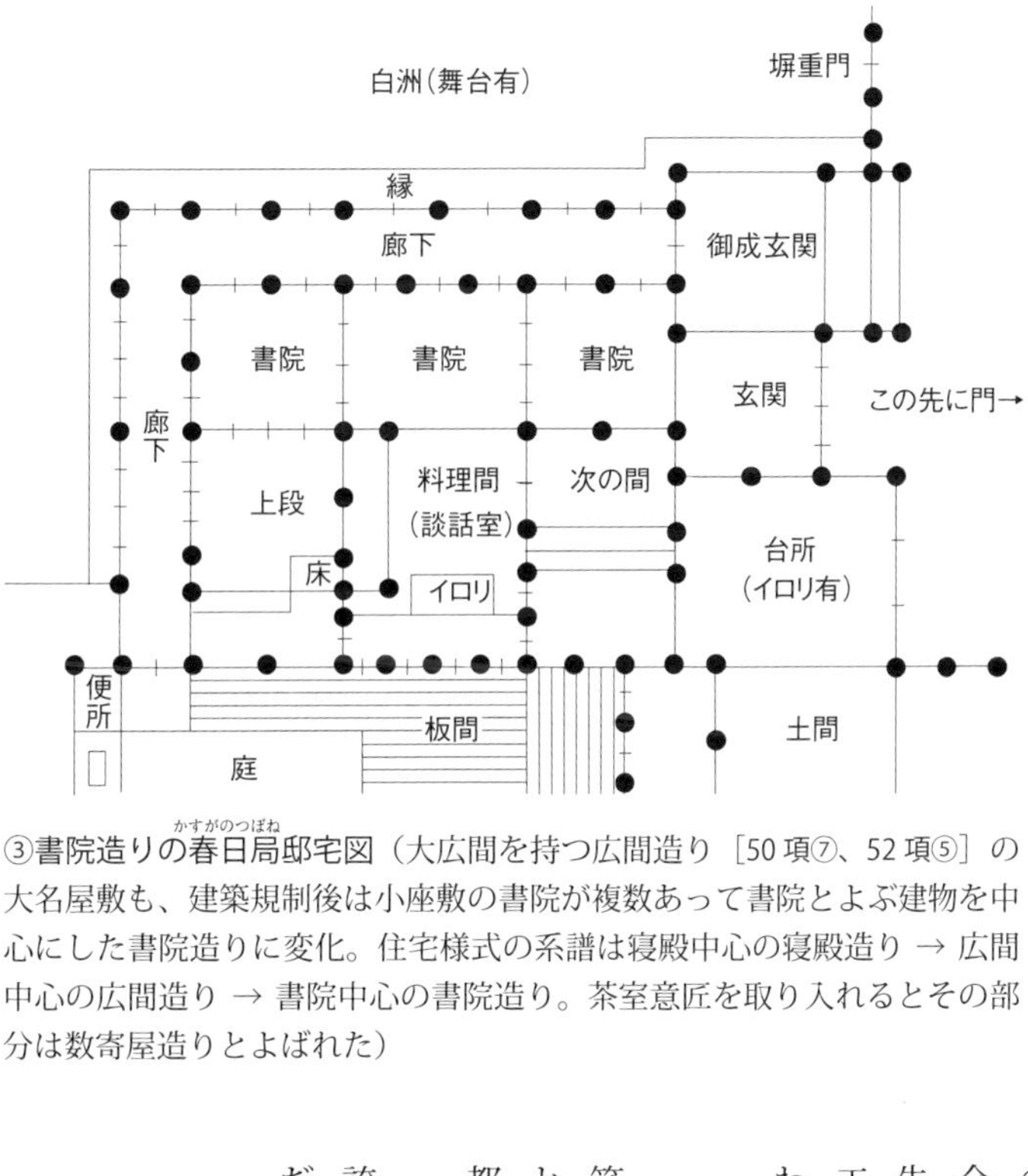

③書院造りの春日局《かすがのつぼね》邸宅図（大広間を持つ広間造り［50項⑦、52項⑤］の大名屋敷も、建築規制後は小座敷の書院が複数あって書院とよぶ建物を中心にした書院造りに変化。住宅様式の系譜は寝殿中心の寝殿造り → 広間中心の広間造り → 書院中心の書院造り。茶室意匠を取り入れるとその部分は数寄屋造りとよばれた）

徳川政権は、②や③がない建築を「軽い」と表現し、好ましいものとしたのである。

天和2年（1682）には、町家の看板に金箔・銀箔張や手のこんだ金物を付けるのを禁止。見世棚や店先の屏風に唐紙張（図①）や金銀細工も禁止した。これもまちなみが変わる一因になった。

ちなみに江戸でも、慶安2年（1649）に「町人作事に金銀の箔、付けまじき事」（『徳川禁令考《とくがわきんれいこう》』）と命じており、建築規制は幕府直轄都市で共通した。

そしてこの影響はそれまで威容を誇った大名屋敷（図②）にもおよんだ（図③）。

もっとくわしく

丸山俊明『京都の町家と町なみ』第1章「京都の町なみを整えたのは」昭和堂、2007

62 建築規制②

まちなみを整える徳川政権

徳川政権の建築規制がはじまり、江戸時代初期に多層・多様化したまちなみは低層・均質化へむかう。

◆寛永19年に記録された建築規制

所司代が町家の結構を規制した寛永19年(1642)、下京の菊屋町《きくやちょう》は、「御公儀様《おんこうぎさま》(当時は徳川政権の京都所司代)よりたびたびの御触《おふれ》」として「作事《さくじ》致し申し候さだめ」を次のように決める。

①地形《ぢぎょう》つき(建築前の整地)申し候時に両隣いずれも町中へ断わり申し、相対仕《あいたいつかまつ》り、いずれも合点《がてん》(納得)なられ候はば地形つき有るべく候……いずれも町なみ見合い仕るべき事

②蔵御立て候時、三階無用となすべく候

③右に御公儀より御触まわりにて御座候、二階にても、その上に座敷を作り、いずれの方《ほう》を見申す様《よう》に作る事、堅く仕るまじき事(図①読み下し)

菊屋町衆は、①では、整地前に隣や町内の了承を得て、まちなみにあわせることを定めた(まちなみ均質化命令)。②は、3階建ての土蔵を禁止(3階蔵禁止)。③は、①②を徳川政権の命令とした上で、町家の2階に周辺を見渡せる座敷を禁止した(周辺眺望禁止・2階座敷禁止)。

◆まちなみ均質化命令

上京の三丁目町《さんちょうめちょう》も明暦2年(1656)の『中立売式目《なかだちうりしきもく》』にまちなみ均質化命令を定め、さらに「出入《でいり》候はば、町中として裁判仕られるべき事」として、もめごとは町内で解決することを決めた。

上京の清和院町《せいわいんちょう》は、同年5月の『御公儀町帳《おんこうぎまちちょう》』に「表蔵立て申す事、法度《はっと》也」とし(表蔵《おもてぐら》禁止)、万治2年(1659)5月の『御公儀様ならびに町儀定帳《ちょうぎじょうちょう》』では「家作事(町家の建築)仕り候はば、地形つき申す節、町中相談仕、上下むかふを見合い、町なみよきように仕るべく候」とした。南北の両隣や反対側の町家にあわせてよくなる「町なみ」とは、高さや壁面がそろった状態をさす。菊屋町の①と同じまちなみ均質化命令であり、徳川政権が求めるまちなみであった。

◆幕府直轄都市の建築規制

寛文8年(1668)3月23日、京都町奉行所は、老中の命令として、長押《なげし》や付書院《つけしょいん》を規制した(61項参照)。それと同じ触書が、江戸では3日前にでている。実は、幕府直轄都市の京都、大坂、奈良、堺、伏見、長崎、駿府、山田にも出すことになっており、これらのまちなみは同じ建築規制でそろう方向にあった。

そのような中で、江戸で出された建築規制は『徳川禁令考《とくがわきんれいこう》』や『御触書寛保集成《おふれがきかんぽしゅうせい》』に集められている。

①慶安2年(1649)2月
・町人(の町家の)作事《さくじ》に金銀の箔付けまじき事
・三階仕《つかまつ》るまじき事

②明暦3年(1657)2月
・瓦葺家屋、向後、国持大名が為《な》すといえどもこれを停止と為すべし、ただし土蔵は苦しからず

③同年3月
・町中作事仕り候みぎり、地形つき(整地)候とも、両頬《りょうつら》(両隣)高下これ無き様に申し合い、並よく地形築《ぢぎょうつき》申すべく候、海道(街道)隣町のうつりよき様につき

申すべく候、むざとわがままにつき申すまじく候

④同年4月

・作事つかまつり候とも長屋は申すに及ばず、裏店・居間の分も三間梁《さんけんばり》より大きに作り申すまじく候

⑤同年8月

・町中作事仕り候はば、御定めの外、街道へ少しも作り出申すまじく候

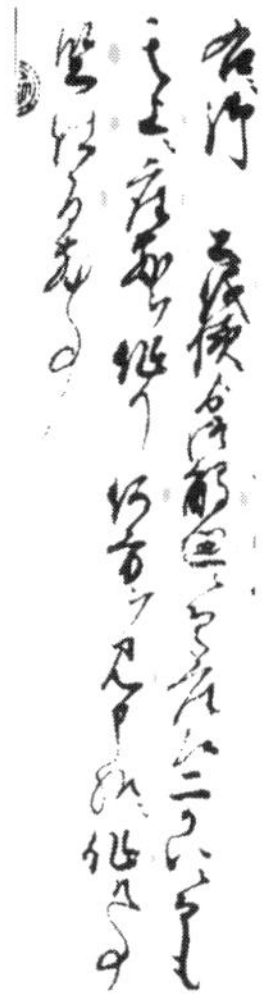

①菊屋町の建築規制（京都市歴史資料館架蔵写真）

②明暦大火に出動する大名火消（日本随筆大成第3期3巻『むさしあぶみ』1929より転載）

④建築規制前に建てられた方広寺門前の大仏餅屋、豪壮な本瓦葺は規制前のものとして許された。18世紀の瓦葺規制解除後の京都の町家では少ない（岩井武俊『京郊民家譜』大阪毎日新聞、1931より転載）

③明暦大火の消防風景（『むさしあぶみ』日本随筆大成第3期3巻『むさしあぶみ』1929より転載）

⑤大仏餅屋の内部（岩井武俊『京郊民家譜』大阪毎日新聞、1931より転載）

まず①は、金銀箔張と、町家の3階建てを禁止（3階建て禁止）。②〜⑤は、明暦3年1月に江戸の2／3を焼いた明暦大火《めいれきのたいか》（図②③）の後、江戸改造のため命じられたもので、②は土蔵以外の瓦葺を禁止（瓦葺禁止）。③は、隣町や街道ぞいのまちなみも意識した均質化を定める（まちなみ均質化命令）。④は、3間（約6メートル）以上の梁の使用を禁止。⑤は、街道に出張《でば》らない建築を命じた（壁面線統一命令）。

このほか、草葺も防火上の理由で禁止。瓦葺も既存（図④⑤）以外は禁止だから、町家は板葺しかなくなった。板葺はぜいたくでなく、草葺よりも防火性能ありと思われていたのである。

これらの建築規制は、同じ幕府直轄都市の京都にも出された可能性が高い。こうして徳川政権は、江戸時代初期に多層・多様化が進んだまちなみを、低層・均質化に向かわせた。

もっとくわしく

丸山俊明『京都の町家と町なみ』第1章「京都の町なみを整えたのは」昭和堂、2007

63

建築規制③

まちなみが低層・均質化した理由

徳川政権の京都所司代は周辺眺望や2階座敷を禁止。町中の風俗営業も禁じた。そのとき厨子2階にムシコや出格子をもつ町家が増えるようになった。

◆京都における風俗営業の禁止

寛永19年（1642）に所司代が町家の結構を規制したとき、「傾城《けいせい》（遊女）、京中の町へ一切出し申すまじき事」とも命じ、翌寛永20年（1643）には次のように触れた。

……町中にて傾城屋（風俗営業）、揚屋《あげや》（遊女をよぶ店）、出合屋《であいや》（逢引《あいびき》場所）、遊女のたぐいは勿論《もちろん》、人の女子並びに下女に至るまで町にて傾城の売買御法度《ごはっと》の旨承《う》けとどけ申し、向後組中互いに度々詮索《せんさく》つかまつり、少しも相背《あいそむ》き申すまじく候、もし訴人御座候においては町中曲事《くせごと》……

町なかの風俗営業を禁じ（市中風俗営業禁止）、告発があれば町内全員を連帯処分としている。

その後の絵画史料では、京都のまちなみに厨子2階の町家がならび、2階表に人はいない。ただ島原《しまばら》だけ本2階建てがあり、周辺を見渡せる大窓が開いた2階座敷に人が多い（図①）。寛永18年（1641）に洛中の遊郭を集めた西新屋敷《にししんやしき》は、引っ越しの様子が島原《しまばら》・天草《あまくさ》の乱（宗教色をもつ百姓一揆）のようであったとして島原とよばれた。土塀と大門がかこむ風俗営業の傾城町《けいせいまち》なので、特別扱いで建築規制が免除されたのである。街道筋の宿屋にも、これと同じ扱いがあった。

◆風呂屋の風俗営業禁止

元禄10年（1697）6月、町奉行所は京都の風呂屋へ、次のように触れた。

①風呂屋、垢掻《あかか》き女の事、前々相定の通り、三人に過ぐべからざる事

②二階座敷を構え候儀、遊所にまぎらわしく相聞へ候、二階座敷無用に為すべく候、ただし勝手物置の儀は苦しからず

③つけたり、向後作事いたし直し候節は、絵図差し出す事

まず①は、風呂屋に置く女性の数を制限し、②は、2階ザシキは遊所とまぎらわしいと禁止した。元禄16年（1703）の『五ケ津余情男《ごかのつよせいおとこ》』に「京の町の風呂風呂も、昔よりのお猿さま（風呂屋の女性）も、今は板の間へ出て垢《あか》かくなど古めかしい事はとんとやめて、下着は白むくに墨絵の近江八景《おうみはっけい》、信濃八丈《しなのはちじょう》の紅裏」とあるように、当時の風呂屋では垢かき女が遊女になっていた（図②）。その営業場所が2階座敷なので、禁止したのである。そして③は、建築のとき図面を付けて申請するように命じ、直接確認するとした。ただし②で2階でも物置ならよいとしている。

◆町家が低層・均質化した理由

遊女遊びする者が「二階座鋪の尊きに通ず」（寛延2年『跖《せき》婦人伝』）といわれた当時、市中風俗営業禁止や2階座敷禁止、周辺眺望禁止に従った町家は、2階を物置として大窓を開けない姿になった。まともな座敷にできないほど天井が低い厨子《つし》2階で、2階表をムシコ（土塗格子）や出格子、壁で閉鎖的にする町家である（図③④）。そのような町家が増える中、次のような町式目《ちょうしきもく》（町のきまり）もうまれた。

……二階へ火を灯《とも》す事、用所（用事）ある時は格別、用所をかなえ候は消され申すべく候、夜番の者見付け候はば咎め申すべく候、その時、人なく候か、または寝入り候て一言二言の内に返答つかまつ

①島原の本2階建て（新修京都叢書第11巻『都名所図会』光彩堂、1968）

②建築規制前の江戸の風呂屋に垢かき女と遊女（出光美術館所蔵『江戸名所図』屏風）

③厨子2階（川北家住宅、京都市中京区小結棚町）

④内部の低い天井（川北家住宅）

⑤見下ろし可能だが（左）見渡し不可能なムシコ（右）（川北家住宅）

らず候はば、過銭《かせん》（罰金）……

2階表の灯火は番人《ばんにん》（夜まわりの木戸門わきの番小屋につめる町の用人）の監視対象となり、声をかけても返事がなければ罰金。火の用心の決まりだが、建築規制で2階が物置程度になって、ふだんは人がいないのが当たり前になった。

◆武士を見下ろしてはいけなかったか？

2階を物置にする厨子2階は戦国時代からあったが（50項参照）、本所領主が2階建てを規制したので、外観は平屋のようだった。そこに豊臣政権が2階建て命令を出したとき、庇を付け、2階建てを強調する厨子2階がうまれた（53項参照）。その豊臣政権の滅亡後、町家は多層・多層化したが、徳川政権の建築規制でふたたび通庇を付けた厨子2階が増える。まちなみは低層・均質化。2階表は閉鎖的になった。

ただし、祇園祭などの祭礼時は、2階表の出格子の格子戸を外すことが許された。正徳元年（1711）に朝鮮通信使の行列が上洛したときも、町奉行所は「見世棚ならびに二階にて見物仕候とも作法よく……物静かに物仕るべく」と2階からの見物を許している。皇族や幕閣の行列は見下ろしを禁じたが、ふだんは所司代をふくめて武士を見下ろしてはいけないということはない。したがって2階表が閉鎖的になった原因でもなかった。それは、徳川政権の周辺眺望禁止や風俗営業禁止の影響であった（図⑤）。

⑥本２階建ての主屋《おもや》（川北家住宅）

なお、裏地側や表屋の奥は、本2階建て（図⑥）も問題にされず、大窓も開けられた。豊臣政権の地子赦免で短冊形敷地を得た町人は、徳川政権から建築許可申請も免除され、完成検査も受けなかった。徳川政権の建築規制は、通りからみえる表構えや、屋根仕様が主な対象であったので、裏地側は自由度が高かったのである（65項参照）。

丸山俊明『京都の町家と町なみ』第7章「武士を見下ろしてはいけなかったのか」昭和堂、2007

64 建築規制④

絵画史料にみる京都の低層・均質化

徳川政権が建築規制をはじめたところ、絵画史料の京都のまちなみも低層・均質化していく。

◆進む低層・均質化

徳川政権の建築規制は、寛永19年（1642）に始まる。その23年後、浅井了意《あさいりょうい》は寛文5年（1665）の京都案内書『京雀《きょうすずめ》』に、「京にのぼりて人を訪ねはべらんには、紛れたる町の名、同じようなる家つくり、方角を忘れ……」と記した。

ところがさし絵は1階と屋根だけなので（図①②）、了意が寛文2年（1662）の京畿《けいき》大地震《だいじしん》を記録した『かなめ石』のさし絵を見ると（図③）、1階や屋根は『京雀』と同じ。そして厨子2階がならび、2階表は真壁《しんかべ》に土塗格子のムシコである。つまり「同じようなる家つくり」とは、ウダツをあげる板葺の厨子2階で、1階は台格子や揚見世で開放的、2階表は閉鎖的な町家であった。

もっとも『かなめ石』は、別のさし絵で、通りに出張った表蔵を描く。まちなみは低層・均質化の方向にあったが、完全ではなかった。

◆京都の繁華街、四条通のまちなみ

延宝《えんぽう》4年（1676）に八坂神社へ献納された『祇園社《ぎおんしゃ》 井《ならびに》 旅所《たびしょ》之《の》図《ず》』には、八坂神社西門から四条大橋・小橋の先の御旅所まで描かれている（図④）。当時の繁華街だが、ここも、こけら葺の厨子2階がならぶ。1階は開放的だが、ウダツをあげる2階は格子窓かムシコ、壁で閉鎖的である。

◆ケンペルがみた17世紀末のまちなみ

元禄《げんろく》3年と同4年（1690、91）に上洛したドイツ人博物学者エンゲルト・ケンペルは、当時の京都のまちなみを次のように記した。

①京は日本における工芸や手工業や商業の中心地である。何かを売ったり、作ったりしていない家はほとんど見あたらない。大通りには商家以外はほとんどなく、こんなにたくさんの商品や小売の品物に買手が集まってくるのかと、われわれは驚くほかない……

②庶民の家は狭く二階建てで、木と粘土と漆喰で、この国の様式で建てられている。木の薄板で葺く屋根の上には水を入れた大桶が、たくさんの火消し道具と一緒に置いてある……

まず①の、「何かを売ったり」、「作ったり」を観察できたのは、1階が開放的だからである（図⑤）。②の「木の薄板」は、こけら葺のことで、その上の「火消し道具」や「桶」は消防用の道具や消防用水入れである（図②③屋根上）。

そしてケンペルは、「国が法令を出して低い家屋を建てるように命じている」と記し、このまちなみに徳川政権の建築規制の影響が大きいことを、はっきりと伝えた。

◆徳川政権の建築規制の影響と注意点

17世紀の京都のまちなみは、厨子2階の町家が増え、2階表はムシコか出格子、あるいは壁（図④⑤⑥）で閉鎖的になった。京都で確認できる建築規制（まちなみ均質化命令・表蔵禁止・3階蔵禁止・周辺眺望禁止・2階座敷禁止）に従っており、江戸で確認できる建築規制（3階建て禁止・土蔵以外の瓦葺禁止・壁面線統一命令・3間以上の梁禁止）にも違反はない。瓦葺も、許された土蔵や風雨をうける棟・ウダツだけにある。

◆京都の徳川政権の支配体制と町人

徳川政権は、元和3年（1617）に下京の地子赦免地をひろげ、寛永

①手前の大屋根も、向こう側の通庇もこけら葺（『京雀』）

②こけら葺の大屋根にのる天水（『京雀』）

③地震直後の京都のまちなみ（『かなめ石』）

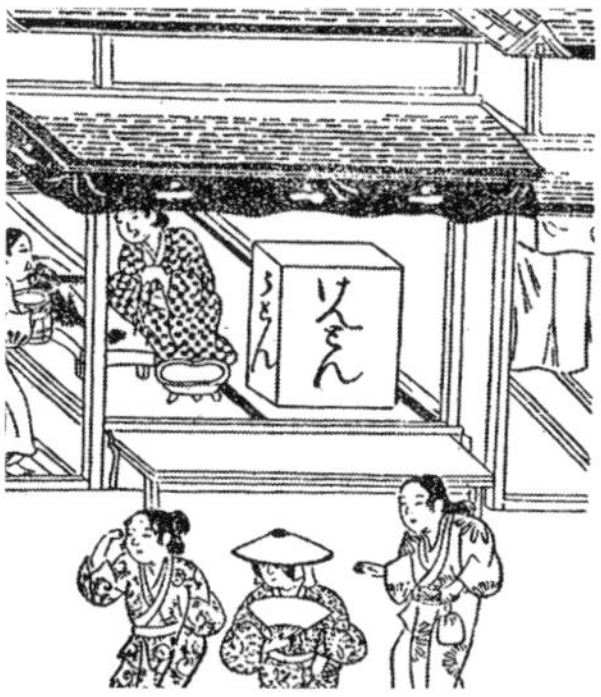

⑤四条通のけんどん屋（蕎麦きり屋、『京都四条川原画巻』）

④四条通（『祇園社并旅所之図』、新修京都叢書第8巻、臨川書店、1968より転載）

⑥2階表が壁の厨子2階（京都市中京区）

11年（1634）には洛外町続きも地子赦免にした。洛中と洛外の町々が地子赦免となり、洛中洛外町続きという言葉がうまれた（赦免後に開発された新地《しんち》は別扱い）。

洛中洛外町続きは、1670町に町家4万5千戸、町人35万人。これに公家町や武家町、寺社をあわせたのが、江戸時代の京都である。

京都を支配する徳川政権は、譜代大名の所司代が頂点にたち、与力《よりき》50騎・同心《どうしん》100人をしたがえ、町奉行・代官・伏見奉行を指図。西国33大名を見張った。大和・山城・河内・摂津・和泉の五畿内と丹波・播磨・近江の8ヶ国の天領（幕府直轄領）の公事訴訟《くじそしょう》（裁判）も担当したが、禁裏御所の天皇警衛が最重要である。

東西の町奉行は旗本がつとめ、与力20騎・同心50人をしたがえ京都の民政や治安を月番交代で担当し、幕府御大工《ばくふおだいく》の中井家役所《なかいけやくしょ》（大和・山城、河内・摂津・近江国の大工や杣人《そまびと》、木挽《こびき》、そして京都に20ある大工仲間の京・二十組《みやこにじゅうぐみ》を統率）も監督した。

この所司代－町奉行所体制は数百人なので、支配の末端に町役人を組みこんだ。間をつなぐのが町代《ちょうだい》で、町組から給金をもらい、町奉行所で12人が働き、洛中の約1460町（地子赦免は1333町、ほかは新地《しんち》）の町家4万戸、町人30万人を担当。洛外は雑色《ぞうしき》4人（四座雑色《よんざぞうしき》）が約210町の町家5千戸にすむ町人5万人を担当し（洛外町々）、370村も巡回した。

洛中と洛外は、視覚的には御土居の竹藪が分けたが、行政上は町代《ちょうだい》が担当するのが洛中町々で、雑色《ぞうしき》担当が洛外町々だったのである。

丸山俊明『京都の町家と町なみ』第1章「京都の町なみを整えたのは」昭和堂、2007

65 建築規制⑤

建築規制の効果と町の役割

京都の町々は所司代－町奉行所の支配体制に組み込まれ、町人に徳川政権の建築規制を守らせることも、町役人の仕事になる。

◆江戸時代初期の建築規制のきまめ

慶長14年（1609）、2代所司代板倉勝重《いたくらかつしげ》は、京都のかぶき者（無法者）集団の荊組《いばらぐみ》と皮袴組《かわはかまぐみ》を成敗《せいばい》した。元和元年（1615）には豊臣側の「京都町人、上下（上京と下京）四十人ばかり東寺の前ではりつけにし、「火つけの者隠しおく九兵衛夫婦……十人組とも御成敗《ごせいばい》」（『東寺《とうじ》雑日記《ぞうにっき》』）にした。

これらの処刑は、西は御土居近くの三条台村、東は東海道筋の粟田口《あわたぐち》で通行人に見せしめにすることが多く、首は獄門台《ごくもんだい》にさらし、胴体は重ねて刀の様切《ためし》りに使った。

こんな武断《ぶだん》政治の時代に、京都の町人が徳川政権の命令をないがしろにすることはなかった。特にまちなみに関わる建築規制は違反が誰の目にも明らかなので、守るのはあたり前だった。

◆建築規制にしたがう機会

寛文8年（1668）3月、江戸の幕府役人も、結構な建築を禁止された。その中に「ありきたり家はそのまま差し置き、重ねて作直し候節この箇条の趣き守り候様に」（『御触書寛保集成《おふれがきかんぽしゅうせい》』）とあり、規制違反でもすぐ外したり、こわしたりする必要はなかった。建てなおしや修理のとき、対応すればよかったのである。建築規制が出た時と影響が出る時期がずれるのはこのためで、「回禄《かいろく》（大火）のたび家作り変る」（『嬉遊笑覧《きゆうしょうらん》』）といわれたのは、復興時の建築にそれまでの建築規制が徹底されたからであった。

◆地子赦免と建築許可申請の免除

元禄3年（1690）8月、京都町奉行所の触書《ふれがき》（布告）の『新家《しんや》改《あらため》』（建築申請手続きの変更）に、「地子赦免の町家は、古来の通、申し来たるに及ばず」とある。京都の8割をしめる地子赦免の町々は、建築許可申請も免除されていたのである。それは、町家を建てなおしても、町奉行所の検査を受けないことを意味した。通りから見える表構えだけ、建築規制に従っておけば、奥を本2階建てにしても、大窓を付けても、ザシキに唐紙張りや絵をかいた襖絵をいれても、座敷庭に結構な茶室を好んでも、町内の付きあいの中で、だまっていればよかったのである。

一方で、新地《しんち》の町々は、建築許可申請が必要。地子赦免ではないから領主がいる。その領主の許可を得てから、町奉行所へ申請した。完成すれば報告し、検査を受ける。検査に来るのは東西町奉行所の与力と同心、町代か雑色、中座（牢役人）、筆工（筆記係）、中井家役人。その接待や、たばこ代（こづかい銭）が大変であった。そのため元文3年（1738）に町奉行所へ申請免除を願い出たが、認められなかった。

◆町による建築規制の代行

京都の地子赦免の町家は、町奉行所への建築許可申請を免除されたが、町の確認は受けた。町には年寄《としより》・五人組《ごにんぐみ》とよぶ町役人がいて、毎月2日に町会所《ちょうかいしょ》（図①②③）でおこなう寄合を仕切り、さまざまな決めごとは町式目《ちょうしきもく》（町のきまり）に記録。違反者には罰金や家屋敷の没収、追放まで定めることがあった。

町家の建築にも、上京の下柳原《しもやなぎはら》南半町《みなみはんちょう》は「町中普請（建築）等の儀、一統相談の上致し申すべく候……いささかの義は年寄（町役人）取りはからい」（『条目書《じょうもくしょ》』）と定め、上京の冷泉町《れいせんちょう》は「新造家立儀は町分へ前もって絵図相見せ、その上にて普請致されるべき事」とする。町頭町《まちがしらちょう》は「家屋鋪ならびに土蔵等の造作かつ店の格好修復つかまつり候節は隣家・近辺へも相断り、相互に他の障《さわ》りに相成らず候様、熟談納得の上普請致すべし」（『毎月二日連判状《れんぱんじょう》』）とし、西亀屋町《にしかめやちょう》も「普請其外、表事は何によらず年寄方へ相届け申すべく候事」（『万歳帳《ばんざいちょう》』）と定めた。

町家建築は、町役人へ届けて町内に説明し、了承を得たのである。その町役人は、所司代・町奉行所の支

①小結棚町放下鉾《こゆいだなちょうほうかぼこ》の町会所
（非公開、京都市中京区）

②2階座敷の会所飾り

③巡行準備のため、放下鉾を納める土蔵と町会所2階に架ける橋

配体制に組みこまれているから、徳川政権の建築規制を守らせる役割もあった。同じ町内だから、裏地や内部には目をつぶるが、表構えや屋根葺材など、通りから見える違反は町内にも迷惑がかかるので、許さなかった。

◆町の自主規制

まちなみ均質化命令をうけた町に、自主規制も現れた。たとえば、大塀《だいべい》造《づく》り(図④)は通りぞいに板壁をたて、内側を前庭にして奥に町家を置くもので、徳川政権は規制していない。ところが、昔からのものではないとして禁止する町があった。

また、町家を他町へ売ることや、交換を禁じる町も多く、違う価値観が持ちこまれるのを用心した。3軒を1軒にまとめる開発を禁止する町は、町人の数がへることを警戒した。

このほか、井原《いはら》西鶴《さいかく》が『世間《せけん》胸算用《むなざんよう》』に「万事の商売うちばにかまへ表向は格子作りにしまふた屋と見せて」と記したように、格子戸をたてる仕舞屋《しもたや》(商売を終《しま》うた、専用住宅)風の町家が17世紀後半に増えたときも、自主規制の対象になった。

しかし、これら自主規制の効果は、徳川政権の建築規制(特に外観規制)と違って絶対ではなく、まちなみは仕舞屋化によって徐々に変わっていった。

④大正時代の大塀造り(京都市中京区、紫織庵、旧川﨑家住宅)

もっとくわしく

丸山俊明『京都の町家と町なみ』第1章「京都の町なみを整えたのは」昭和堂、2007

66 保津川水運

厨子2階と水運の関係

厨子2階の町家の軒柱には、丈四や丈五とよぶ規格があり、それは保津川水運の規格と京都の建築規格の間でうまれた。

◆庇をつけた厨子2階と丈四や丈五

徳川政権の建築規制は、高さ寸法までは決めていないが、江戸時代の町家の軒高(軒桁の高さ)を決めた軒柱(軒桁をささえる柱)には、丈四《じょうし》(14尺=4242ミリ)と丈五《じょうご》(15尺=4545ミリ)という流通規格があった(1丈は10尺)。

これらを軒柱に使うと、2階表の壁ぎわの天井高さは、丈四が約1・2メートル。丈五は1・5メートルになる(図①)。屋根の勾配(かたむき)は大きく変えないので、丈四と丈五は、町家全体の高さを1尺(0・3メートル)かえたときの建築費用をくらべるための規格となっていた。

町家の見積書では、軒柱以外は間《けん》が単位だが、軒柱だけは尺をもとにする丈五や丈四であった。

◆京間・本間の1間長さは6尺5寸

京都の建築規格は、畳を敷きつめるようになった15世紀から、1間の長さが6尺5寸の京間《きょうま》になった。安土桃山時代から町家建築に城郭大工を使うことも増えたが、『長宗我部《ちょうそかべ》元親《もとちか》百箇条《ひゃくかじょう》』には「城普請その他何によらず本間《ほんけん》六尺五寸間」とある。豊臣や徳川の城に関わった平内《へいのうち》政信《まさのぶ》も、木割書《きわりしょ》(大工の参考書)の『匠明《しょうめい》』に城郭建築は1間6尺5寸

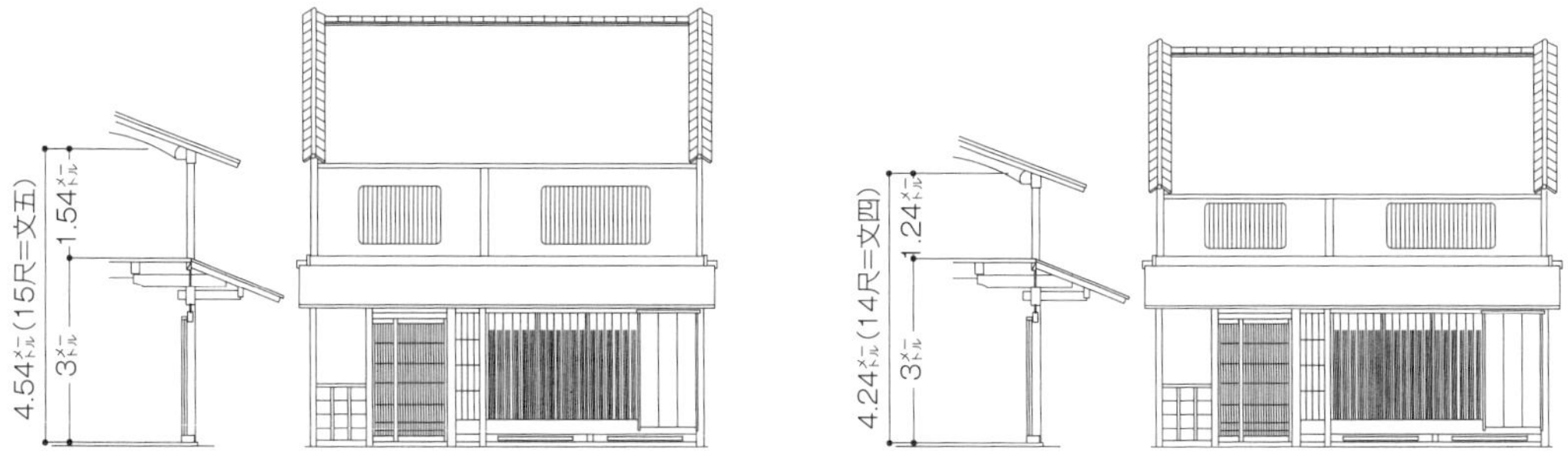

①丈四と丈五の町家（通りから見るとこれほど高低差の印象はない）

と記している。これらの影響で町家の1間も6尺5寸になった。

◆保津川水運の1間長さは6尺、丈間登場

平安京の造営時から丹波材を筏（図②）で運んだ保津川水運は、1間長さを6尺（1818ミリ）としていた。京間座敷がひろまる15世紀にも、保津川水運はこの単位をかえず、2間材は12尺、2間半材は15尺、3間材は18尺、3間半材は21尺、4間材は24尺としていた。

ただし保津川水運は、丈間《じょうま》＝14尺という規格をもうけた。丈間を筏に編むとき、両端にネソを通す。ネソとはマンサクの若木で、足でもんでやわらかくする。これで部材どうしを結ぶのだが、陸揚げして穴あき部分を切ると、京間2間分の13尺になる。これを差鴨居《さしがもい》（49項⑦）に加工して両端2寸ずつ4寸角の柱にさしこむと、柱と柱の間が12尺6寸になり、長さ6尺3寸の京間畳が2枚おさまる（49項⑧）。この京間2間の座敷幅が、町家の基本的な建築規格になった。これを間口長さから引いた残りが、片土間の幅である。このため片土間の間口幅は、敷地により異なった。

一方、木材生産地の丹波国では、江戸時代初頭に丈間が人工植林規格の一つとして定着した。

◆丹波材木と保津川水運

慶長11年（1606）に角倉了以《すみのくらりょうい》が保津川の流路を整備し、丹波国の世木《せぎ》から三浜《さんはま》（嵯峨・梅津・桂）まで、筏を流しやすくなった（図③）。

保津川水運は、木材産地の丹波国

③筏流し写真（黒川翠山撮影写真、京都府立京都学・歴彩館所蔵）

④筏荷主となった村々のうち旧丹波国桑田郡知井《くわたぐんちい》村《むら》（南丹市美山町北《きた》、美山かやぶきの里）

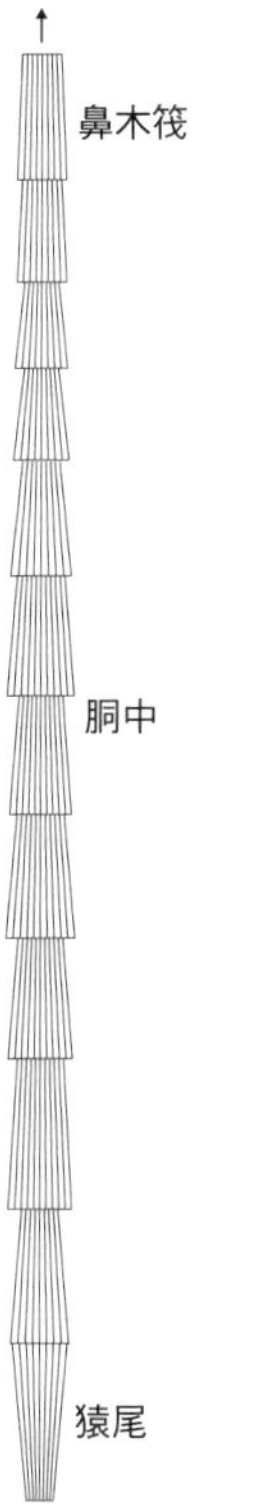

②筏絵図（五苗財団所蔵）を元にした筏図

の村々が筏荷主《いかだにぬし》（図④）で、筏流し《いかだながし》の筏師は中継地の筏問屋《いかだとんや》が流域の百姓を雇った。大坂へ行く筏もあったが、多くは嵯峨・梅津・桂の三ヶ所《さんかしょ》浜材木問屋《はまざいもくどんや》で陸揚げしたので嵯峨《さが》丸太《まるた》とよぶ。製材場でネソ穴を切り、多用途の板材にすることも多かったが、良材は建築用材として市中《しちゅう》一五ヶ所材木屋へ売った。

◆京都市中材木屋の単位変換

三ヶ所浜材木問屋や市中一五ヶ所材木屋は、1間6尺を単位とする保津川水運の材木を、建築規格の1間6尺5寸に変えるため製材した。

たとえば丈四は、保津川水運の2間半材（15尺）の両端のネソ穴を切って製材した14尺材である。丈五は、保津川水運の3間材（18尺）のネソ穴を切った17尺材を、さらに2尺切り縮めた。このため丈四と丈五は、長さの違いは7%しかないが、値段は20%も違ったのである。

なお、保津川水運の2間半材（15尺）を、軒柱に使うことは増えたのは戦国時代から。これを軒柱にすると、外観は平屋のようで、中は厨子2階になる（当時は掘立柱なので、軒高はさらにひくい）。そして安土・桃山時代に京間が建築規格になったとき、取り違えないため丈四という規格がうまれ、比較のために丈五がうまれた。

◆消える丈五や丈四

明治時代になると、まちなみ均質化命令は効力を失い、町内の相互規制対象でもなくなった。

生活様式が変化し、2階を子供部屋などにするようになると、大きなガラス窓を入れた本2階建てが増え、丈五や丈四の規格も消える。

保津川水運も、幕末は1500乗の筏で丹波材70万本を運んだが、明治時代から鉄道やトラック輸送が増え、太平洋戦争直後の昭和21年（1946）に筏流しを廃止。船輸送は続いたが、昭和26年（1951）に世木《せぎ》ダムが完成して流路が遮られ、保津川水運は消滅した（図⑤）。

⑤保津川くだり（現在は亀岡から嵯峨まで観光船が渓谷の急流をくだる）

『京都の町家と聚楽第』第7章「保津川水運の筏と、厨子二階の低い軒高」昭和堂、2014

67 軒役

町家の税は軒役《のきやく》、鰻の寝床と関係なし

京都の町人は、1軒あたりいくらと割りあてる軒役で、税をとられた。間口長さは税とは関係なく、鰻の寝床がうまれた理由でもない。

◆地子赦免後の税

豊臣政権の京都改造と地子赦免で、町人は屋地子を払う必要がない短冊形敷地を手にした。

ただし、家持町人《いえもちちょうにん》（借家人のぞく）は税を負担する義務があった。まず、政権が命じる公役《こうやく》（鴨川さらい人足代、御土居藪払い人足代、御所関係行事代など）がある。それはまず総額が町々を代表する町年寄《ちょうどしより》に命じられ、町年寄は大割勘定《おおわりかんじょう》で各町組に割りあてる。町組は各町に分け、町役人が家持町人に割りふった。最終的に町家1軒ずつが負担するので軒役《のきやく》とよび、戦国時代から例があった。また町役《まちやく》（木戸門建直しの積立金など町の運営経費）も、この軒役で集めた。

◆1軒役に間口3間が多い理由

豊臣政権の京都改造では、立ち退き先として、旧地と同じ間口長さをあたえた。その一方で、農村から入り込んだ新町人には、棟割長屋の住戸の間口長さをふまえて間口長さ3間（約6メートル）をあたえた。これで間口長さ3間の町家が増えたところに軒役が設定されたので、1軒役の町家は間口長さ3間が多くなった。

しかし、間口3間が1軒役の単位となったわけではない。

なお、徳川政権も、宝永大火（1708）後の替地で「二間五尺五寸九分」のような半端な間口長さをあたえた記録がある。これも、立ち退き前と同じ間口長さをあたえた結果と考えられる。

◆豊臣政権時代の軒役の変動

京都の鶏鉾町《にわとりぼこちょう》は、文禄3年（1594）に、「家二軒を一軒につかまつり候共、前々のごとく二軒役……家一軒を二軒につかまつり候は二軒間」と定めた。三条衣棚町も、慶長10年（1605）に「一軒の家を二軒に割り候わば二軒役、三間に割り候わば三軒役」と定めている。

豊臣政権時代から徳川政権時代の初期は、町家を買い集めれば、その軒役も合算されて負担は増えることになっていた。逆に1軒を2分割した場合は、それぞれ軒役がつき、合計2軒役に増えるように定められていた。

◆家光土産銀と棟別の分配

寛永11年（1634）、3代将軍家光が30万の兵をしたがえて上洛。大坂・奈良・堺の地子を赦免し、京都でも洛外町々の地子を赦免した。これで洛中町々と洛外町々を同じ扱いとし、土産銀《みやげぎん》5千貫《がん》あたえた。その分配方法は、『冷泉町文書』の『家光上洛につき銀子拝領覚帳』に「銀子、家一間に付、百三十四匁……棟別なる故に……家数二十六間に分け取り」とある。「一間」は長さ単位の1間（約2メートル）とまぎらわしいが、「棟別」とあるので町家1軒《けん》ずつの意味である。豊臣政権時代から棟別《むねべつ》賦課《ふか》の1軒役を負担している家持町人が、分配をうけたのである。

◆町家売買紛争と沽券改

江戸時代前期になると、町家売買のもめごとがふえた。そこで町奉行所は、延宝3年（1675）と同5年（1677）、町家に間口長さと奥行長さを報告させ（延宝期間《えんぽうきかん》尺改《しゃくあらため》）、軒役数と共に、売券《ばいけん》（町が保証する町家売買証明書）に記させた。偽造や多重担保への対応だったが、効果がない。このため元禄12年（1699）に町家売買は町奉行所への報告を義務付け、宝暦13年（1763）には売券の偽造者の町家を没収すると脅したが、偽造や違法行為が続いた。

そこで明和4年（1767）、切れ者の東町奉行石河政武《いしこまさたけ》は一計を案じる。まず町人に沽券状《こけんじょう》（内容は売券とおなじ）を用意させ、町奉行所の割印を押した。それまでの売券は回収（沽券改《こけんあらため》）。その後の町家売買は申請させ、売買の前後で、軒役の合計数が変わらないことを確認したのである。公役を負担する軒役数が変わらなければいいので、1軒役の町家を2軒に割って半軒役ずつにしてもいいし、片方が1軒役で片方なし（無軒役）にもできた。このほかにも、さまざまなかたちの町家の分割・集積と軒役の取り扱いがおこなわれた（図①②、町役の扱いは町ごとに別に定める）。そのような中から、幅1間半という間口の町家も現れた（図③）。

もっとも町家の買いしめがすすむと、町内で順番につとめる町役人や、町火消へ出動する火消人足（次項）

③間口１間に町家として完成された姿（京都市中京区）

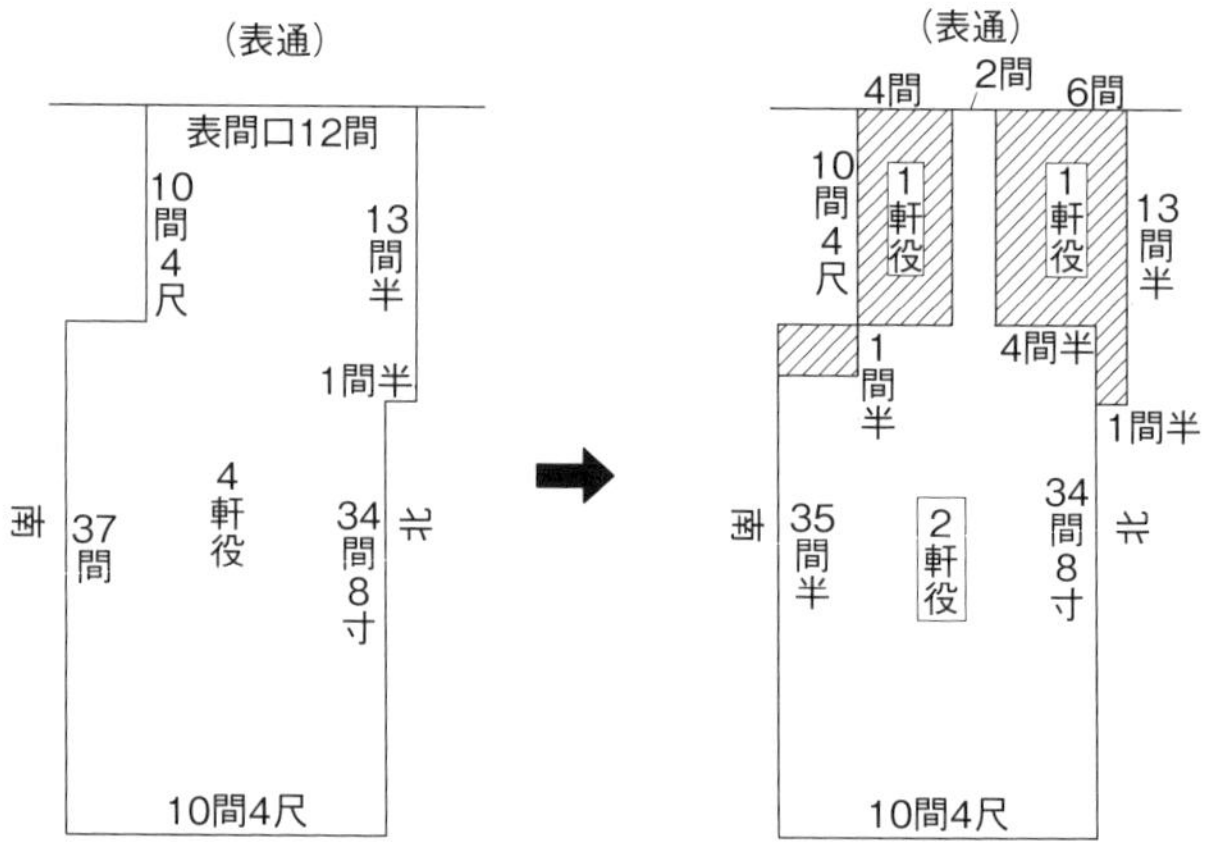

①沽券改《こけんあらため》以降の町家売買例１（間口12間で４軒役の土地からハッチ部分２ヶ所に１軒役ずつ付けて売却）

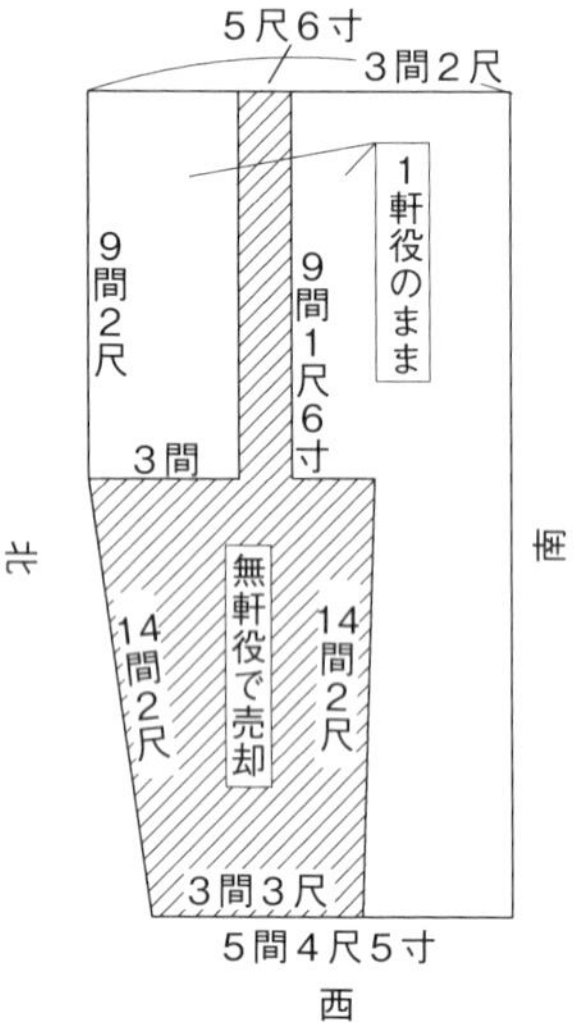

②沽券改以降の町家売買例２（間口３間２尺で１軒役の土地からハッチ部分を、軒役を付けずに売却）

のなり手がなくなるので（下京の六角町は三井越後屋による買いしめが問題化）、３軒以上の買いしめは禁止する町が多かった。

◆京都の町家の間口長さに課税した例

天明６年（１７８６）、町奉行所が「間口壱間に付銀三匁ずつ……取立」を命じたことがある。これは確かに間口長さに関わる税だが、京都ではこのとき以外に例がない。実は、江戸の老中《ろうじゅう》が全国に「町人、間口に付、地主より銀三匁」と命じたことによる特例であった。間口長さに応じた税の取りたては、江戸や宿場町ではよくおこなわれたが、京都は江戸時代を通じて1軒いくらの軒役が基本。そして鰻の寝床とよばれる住宅形式は、豊臣政権の京都改造でうまれたものであった（56項参照）。

丸山俊明『京都の町家と聚楽第』第４章「鰻の寝床があらわれた本当のわけ」昭和堂、２０１４

68 京都の火消

京都の消防指揮官は、所司代－町奉行所体制

江戸時代の京都のまちなみを火事から守った火消《ひけし》の最高指揮官は、町人にも出動を命じる。

◆あいつぐ放火で多層・多様化

大坂の陣のまっ最中の元和元年（１６１５）、京都の情勢も不穏になった。５月に豊臣が滅ぶと、報復の放火が翌年まで続き、多くの町家が焼けた。元和６年（１６２０）２月には、２代将軍秀忠の娘、和子《まさこ》の入内《じゅだい》に反対する勢力が、二条城と禁裏御所の間で放火を繰り返して、町家数千軒が焼けた。徳川政権の建築規制が始まる前、これらの火事からの復興が、まちなみが多層・多様化していく機会になった。

◆所司代と町火消のはじまり

専門的な消防人足が、まだいなかった天正13年（1585）。宣教師フロイスは「日本人は屋根にあがり、箕《み》であおぎ、風が立ち去るよう絶叫する」（『日欧文化比較《にちおうぶんかひかく》』）と記した。町人が屋根に上り、濡らした蓑《みの》（雨具）で火の粉をあおぎ返し、叩き消していた。そんな町人を見た3代所司代の板倉重宗《しげむね》は、元和8年（1622）8月に、火事場への水の持参と出動を命じた（『板倉周防守《すおうのかみ》定めおかれ候二十一ケ条』）。

消防は、武士には平常時の軍役。そして所司代は京都の消防に責任をもつ京都火消御番《きょうとひけしごばん》。そこで所司代役所の与力と同心が、火事場で、町々から出動した町人を指揮する消防体制をつくったのである。

寛永11年（1634）2月には、二条通より北の火事は上京の町々。南の火事は下京の町々に、水くみ用の手桶持参の出動を命じ、来なければ罰金をとるとした。徳川政権が地域を定めて町人に出動を命じる消防制度は、町火消《まちびけし》である。

火事場へ出動した町人は、所司代配下の奉行衆へ町名をかいた紙札を渡し、確認をうけた。

◆譜代の大名火消の登場

所司代が町家の結構を禁止した寛永19年（1642）、下京の菊屋町は町火消へ出動する町人に「不参《ふさん》」は「過代《かだい》」（罰金）と決めた。所司代の命令は町の義務になったのである。

承応2年（1653）6月も京都は放火が続き、重要な禁裏御所が焼けた（江戸時代1回目）。そこで所司代は各町に、毎晩10時に木戸門を閉めさせ、日中も昼番2名に見はらせる一方、譜代大名の淀《よど》藩や高槻《たかつき》藩、膳所《ぜぜ》藩に、臨時に京都の消防のため在地から出動させた。

明暦元年（1655）11月には4代所司代が、脅迫のため放火を予告する火之札《ひのふだ》を立てた者や、その脅しに屈した側を処刑とする一方、寝返った者に放火犯の財産をあたえると触れた（『牧野佐渡守定めおかれ候条目』）。

◆町火消の見なおし

万治2年（1659）正月、上京で18町の町家600軒を焼く火事があった。その翌月、所司代は町人へ火事場への水持参の徹底を命じる。それでも万治4年（寛文元［1661］）正月、またも上京が大火になり、最重要の禁裏御所がふたたび焼けおちた（江戸時代2回目）。

そこで寛文2年（1662）4月、所司代は最初の町火消改革をおこなう。各町に町名を書いた大うちわと鳶口《とびぐち》1本を火事場へ持参させ、出動を証明することや、町の消防道具として火叩き5本とむしろ5枚（濡らして火にかける）の常備を義務付けた。そのうえで町火消へ出動する町々を、火事場周辺の2町四方（火事場を起点に周囲へ2町＝2丁＝250メートルほどのばした範囲）と定めた。

寛文8年（1668）に町奉行所が設置されると、出火した町は町奉行所への報告が命じられる。町火消も所司代－町奉行所体制が指揮することになり、火事場を仕切る指揮権を持った。

町々でも、寛文9年（1669）に塩屋町が、火事場へ水や火消道具を持って出動し、屋根の下は老人、屋根の上は若者が消防すると決めた。さらに町火消や隣町への出動から逃げた場合は、町から追放して家屋没収とまで定めている。

◆建築規制後の火事で低層・均質化

寛文13年（延宝元［1673］）5月8日の火事は、公家町や町家500軒を焼き、禁裏御所も焼けた（江戸時代3回目）。再建された禁裏御所のまわりに公家屋敷が集められ、御所附の幕府役人の武家屋敷も置か

③路地奥の愛宕灯籠《とうろう》とお地蔵さん
（町は愛宕講《あたんこう》を結び毎月愛宕山山頂の愛宕大神《あたごのおおかみ》へ代参を出し、いただいた樒《しきみ》の葉を毎日１枚ずつ竈土にくべて火伏せを願った。愛宕大神の本地仏《ほんちぶつ》［本当の姿］は勝軍地蔵《しょうぐんじぞう》とされ、町は地蔵さんを祀り火難除けを願うと共に、子供の守り神にした）

①火鎮めの布袋《ほてい》さんと愛宕《あたご》神社（上）と秋葉《あきば》神社（下）の火伏せのお札、下に樒《しきみ》（川北家住宅の通りニワ）

④愛宕参詣路の一《いち》の鳥居に近い将軍地蔵堂
（京都市右京区嵯峨鳥居本《さがとりいもと》）

②竈土《かまど》の神である荒神さんを祀る護浄院 清 三宝《ごじょういんきよしさんぼう》荒神《こうじん》（京都市上京区）

れた。この再建中の延宝２～５年（１６７４～７７）、膳所藩が火消番《ひけしばん》（火事警戒）をつとめたが、延宝３年（１６７５）や同４年（１６７６）も大火。禁裏御所は無事だったが、町家には大きな被害があった。

この復興では、それまで出された徳川政権の建築規制が徹底され、まちなみの低層・均質化がはじまる。天和《てんわ》２年（１６８２）８月の町奉行所の触書に「子供、つぶて打・なげ火（放火）つかまつり候儀、その親・主人ならびに町中ゆだんゆえに候」とあるように、放火が子供の遊びになっているような時代なので、まちなみが低層・均質化する機会には、こと欠かなかった。

やがて時代が安定してくると放火による火事は減少するが、それでも火の不始末による火事はさけられず、火伏せの神が信仰された（図①②③）。

丸山俊明『京都の町家と火消衆』第１章「京都の消防指揮権」昭和堂、２０１１

京都火消
69
畿内の外様小藩による代行はじまる

京都火消御番の任務に耐えられない所司代を代行して、畿内小藩の京都火消がはじまる。ただし御所の消防が最重要であった。

◆京都の大名火消のはじまり

京都の大名消防は、承応２年（１６５３）に淀藩や高槻藩、膳所藩の臨時出動にはじまる。

延宝２～５年（１６７４～７７）の禁裏御所の再建中は、膳所藩が火消番をつとめた。延宝６年（１６７８）６月に泉涌寺《せんにゅうじ》と般舟院《はんじゅういん》で東福門院和子の法要があったときは、泉涌寺は丹波園部藩と大和柳本《やなぎもと》藩、般舟院は大和新庄《しんじょう》藩と大和小泉《こいずみ》藩が火消番をつとめた。これら畿内の譜代藩や外様の小藩は、のちに京都の消防制度に加わる。

◆所司代の出動範囲の変更

9代所司代土屋政直《つちやまさなお》（駿河田中藩）が在任中の貞享《じょうきょう》2年（1685）、京都火消御番として所司代が出動する地域を、築地之内《ついじのうち》（禁裏御所などの御所群を築地塀と門で囲む重要区画）や、周囲の公家町、二条城周辺に限ることになった。そのほかは町奉行所と町火消の担当である。

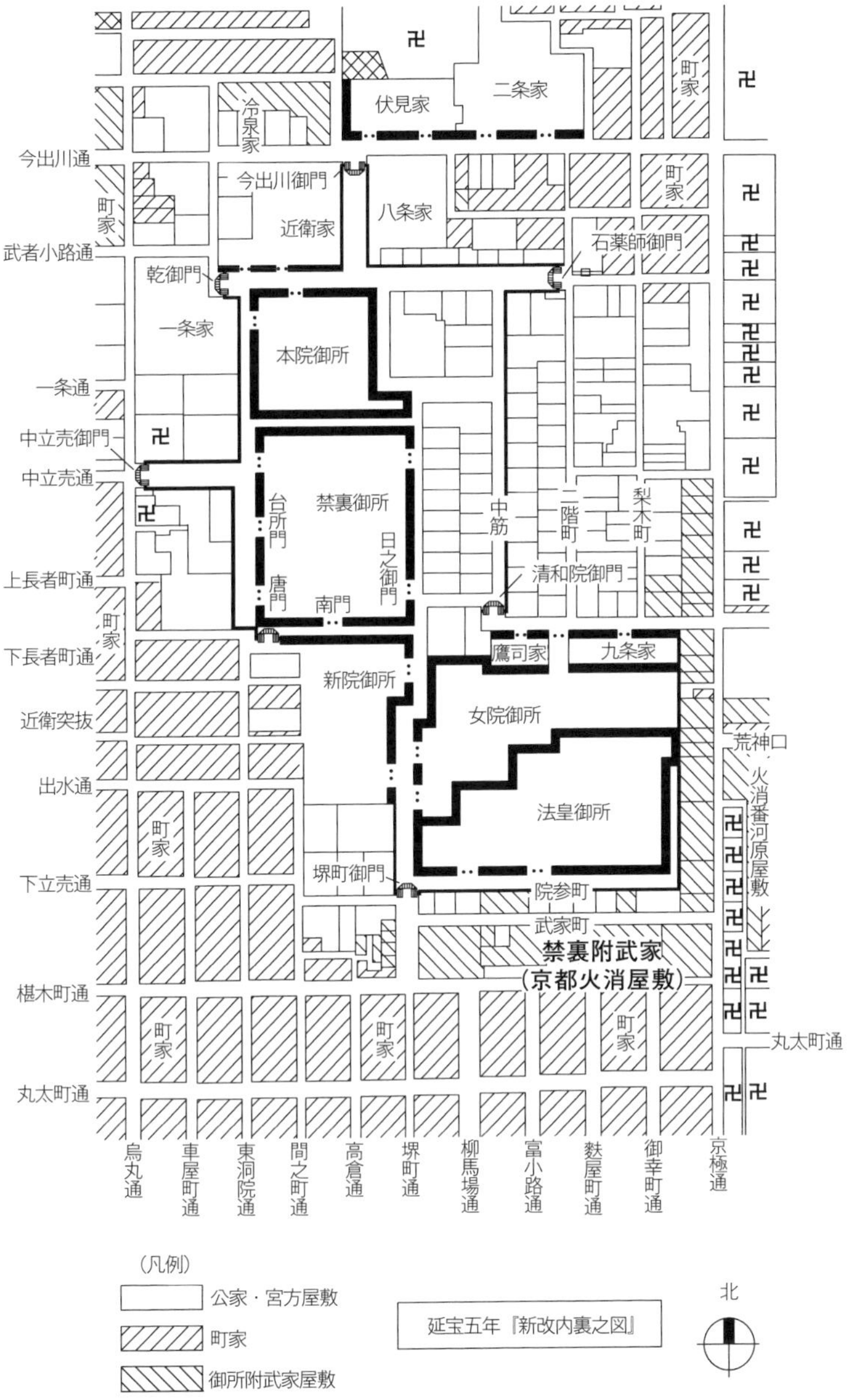

①延宝5年（1677）の公家町、南の2800坪に京都火消屋敷

◆徳川政権の京都改造命令

元禄3年（1690）、下立売《しもだちうり》の大火で町家千軒が焼けた。そのとき江戸の老中が、所司代‐町奉行所体制に「京都は町小路狭く、町なみ悪《あ》しく候間、火事などこれあり候、道幅広げ町なみ直すこと」、「火事これあり候町内に、明地をいたし……」と通達してきた。出火した町に道をひろげさせ、火よけ地（延焼をとめる空地）を確保せよと命じてきたのであるが、実施は宝永大火（1708）後になる。

◆畿内小藩の京都火消

同じ元禄3年11月、10代所司代内藤重頼《ないとうしげより》（摂津河内藩）が急死。12月に11代所司代松平信興《のぶおき》（摂津河内国）が上洛したが、これも体調がよくない。そこで老中は、大みそかに外様の園部藩へ、京都火消御番の代行を命じる。畿内小藩による消防制度（京都火消《きょうとひけし》）の始まりであった。

翌元禄4年（1691）正月元日、

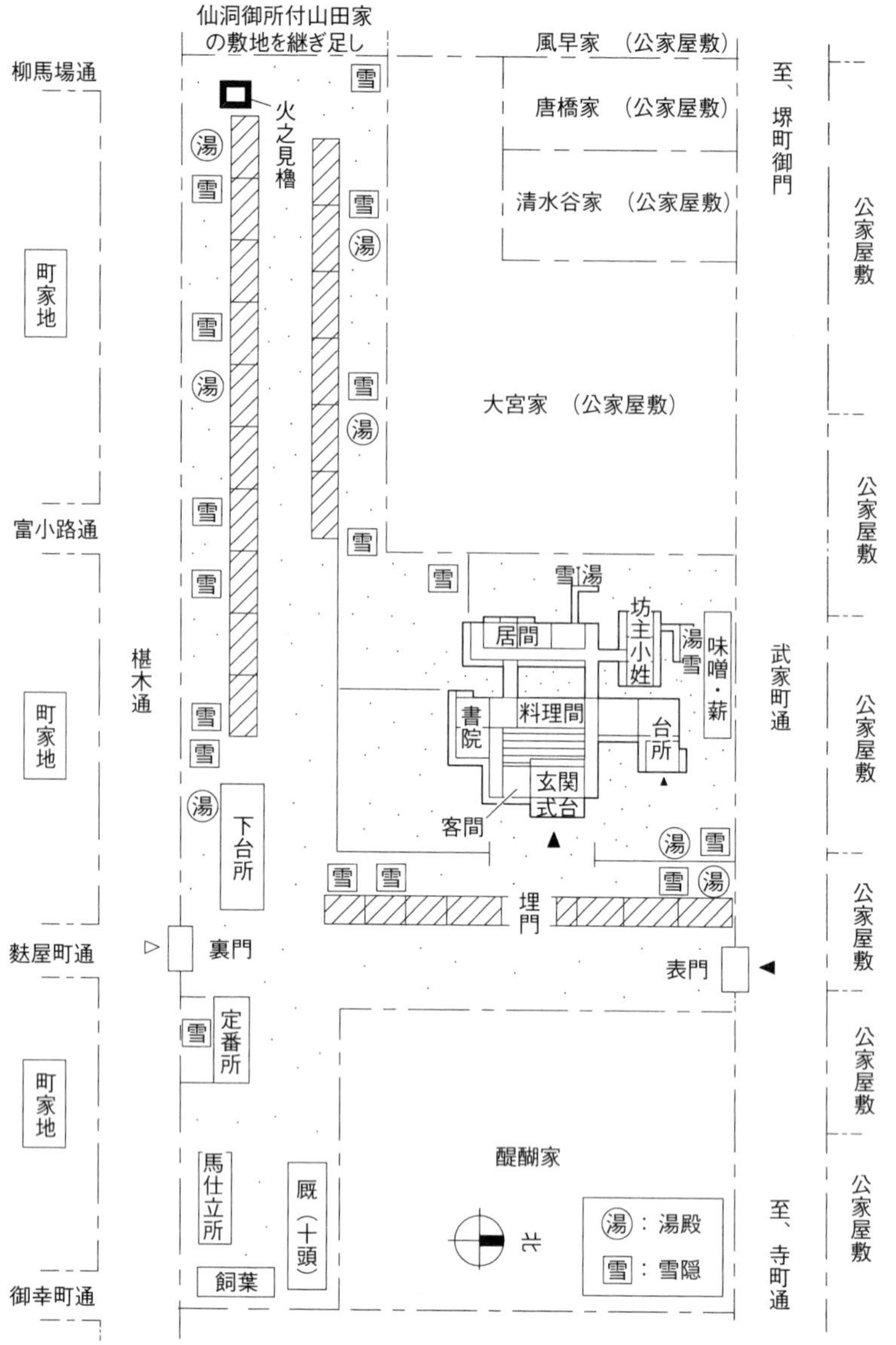

②京都火消屋敷（町側が裏門、築地之内側が表門。ハッチ部分の長屋に火消人足がいて１人２帖半を使う。地面に丸竹を敷きむしろ敷き。湯殿・雪隠・井戸は共同利用。藩主が入る屋敷の表構えは大名陣屋［図④］に似ていた）

町奉行所は公家町の南に京都火消《きょうとひけし》屋敷《やしき》の用地を確認。京都幕府御大工《きょうとばくふおだいく》の中井家役所の手による設計図を、老中へ送る。2月下旬に許可がおり、5月に着工。4ヶ月で完成した。園部藩の京都火消は3月に終了しており、9月に次の任藩が入った。

◆京都火消と町火消の関係

京都火消がはじまる前、所司代の出動範囲は築地之内や公家町、二条城周辺になっていたが、代行する京都火消は２４０人ほどの体制で、9月から翌年3月まで、冬の京都の消防を担当した。

もっとも火消屋敷は公家町の南にあり（図①）、火之見櫓《ひのみやぐら》も屋敷の西端（図②③）。そこから見える禁裏御所や公家町の消防こそ最重要とする任務であった。

元禄4年8月、11代所司代が死去。12代所司代小笠原良重《おがさわらよししげ》（摂津河内国）が着任するが、4代将軍家綱《いえつな》が進める有栖川宮幸子《ありすがわのみやさちこ》の婚儀にいそがしく、京都の消防は町奉行所と町火消、畿内小藩の京都火消が続けた。

その後、元禄５年（１６９２）12月に町奉行所は、町々へ迅速な町火消の出動を命じる。元禄７年（１６９４）12月には、町火消や近隣の町人へ、火事場で畿内小藩の京都火消と行きあったときは場所をあけ、町奉行所役人の指揮で水くみをするように命じた。ただし京都火消の到着が遅れたら、町火消の町人が火中へ突入するのである。

◆京都火消の廃止と所司代の火消兼役

元禄10年（１６９７）、13代所司代として松平信庸《のぶつね》（丹波篠山藩）が着任する。それから9年後の宝永３

年（1706）10月10日、16年目となった京都火消をつとめる最中の丹波柏原藩《かいばら》に、江戸の老中が京都火消は廃止すると連絡してきた。任務中の柏原藩主は故郷の陣屋《じんや》（図④）へ帰還を命じられ、その出発直後に、15年間公家町の南にあった京都火消屋敷は火之見櫓ごと破却された（図⑤）。

このあと13代所司代が火消御兼役《ひけしごけんやく》になり、京都火消の御役料の1万俵を受けることになった。

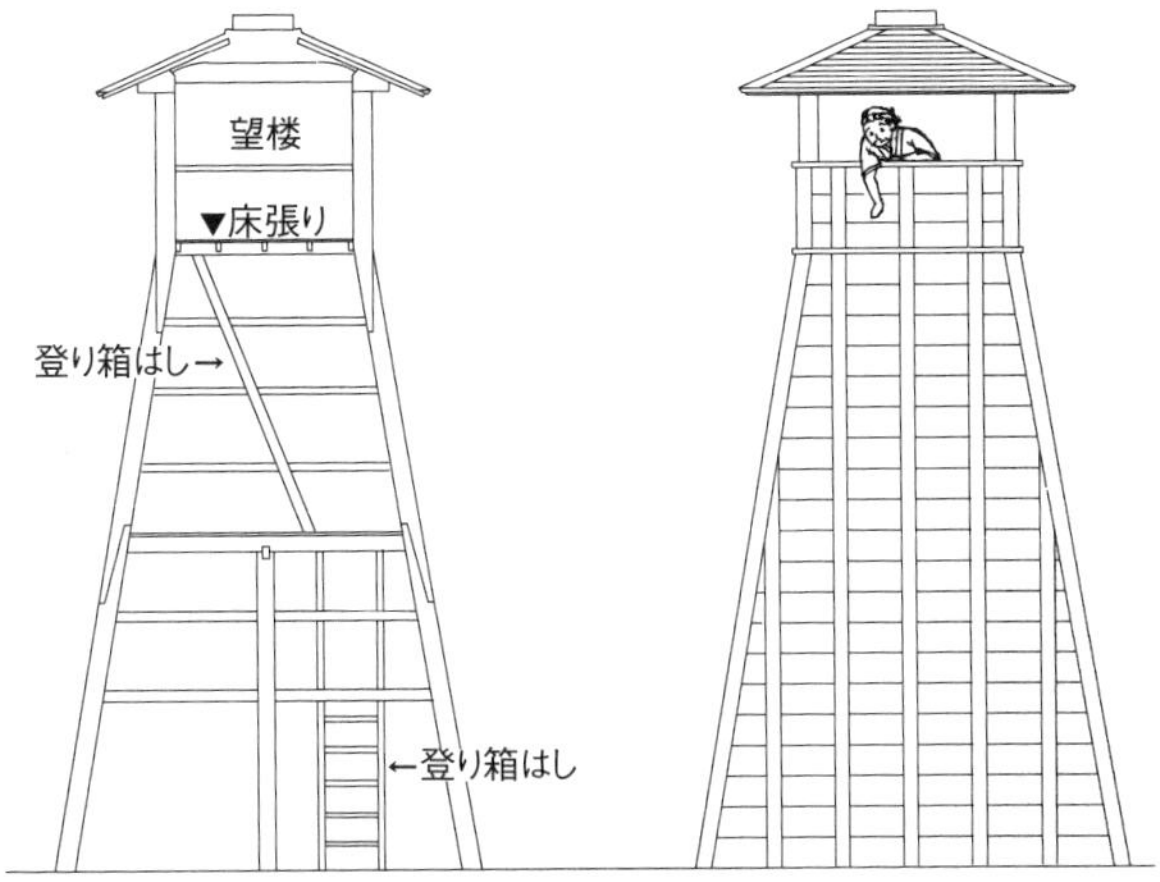

③火の見櫓の構造と外観（掘立柱で底面は 4m 四方、高さ 7.6m）

⑤京都火消屋敷跡
（京都御苑、富小路グラウンド）

④柏原藩陣屋《かいばらはんじんや》の藩庁
（兵庫県丹波市）

◆町火消の指弾のはじまり

宝永4年（1707）4月、町奉行所は、町火消に出動しても隠れて消防しない者がいる、今後は捕まえると触れた。町奉行所による最初の町火消の指弾である。これに対し町々は、消防しない者は出さない、かならず町奉行所役人に出動確認を受ける、と誓約書を提出した。

ところが5月にも、町奉行所は火事場へ来ない町がある、今回は許すが今後は捕まえると脅す。ただし町奉行所は具体的な町名や事例を記さない。そして町々の方も、やがて正面から反論することになる。

もっとくわしく

丸山俊明『京都の町家と火消衆』第5章「畿内小藩の京都火消、京都常火消」昭和堂、2011

70 軒先の板

京都の町家だけ、軒先に火消おことわりの柵

京都には、軒先に板を立てる町家があった。朝廷が許した諸役免除の権利により、火消が屋根にあがるのを断る柵で、他の都市にはなかった。

◆軒先の板の意味

町家の軒先の板は、京都の町家だけのものだった（図①）。絵画史料では、江戸時代前期に現れ、やがて見えなくなるが、実は近代の大正期でも下京の六角町の三井家などに残っていた（図②）。

この板は、朝廷から諸役《しょやく》免除とさ

れた家が、火消人足に屋根を提供する義務も免除されているとして立てた柵であった。

京都の町人は、公役《こうやく》（鴨川さらい人足代、御土居藪払い人足代、御所関係行事代など）と町役《ちょうやく》（町費や木戸門建直しの積立金など）を負担する義務があったが、朝廷があたえる諸役免除は公役を免除した。

軒先の板は、諸役免除の家が、火消人足の消防へ屋根を提供する義務も免除されていると主張すると共に、朝廷との関係を誇示したのである。

◆諸役免除のはじまりと諸役免除札

享保2年（1717）ごろ、町奉行所が行政例をまとめた『京都《きょうと》御役所向大概覚書《おやくしょむけたいがいおぼえがき》』には、諸役免除を受けた者が、①京都に住む朝廷役人、②貴族屋敷の女中の家、③御所の御用をつとめる医者や町人（本物の御所御用達《ごようたし》）、④朝廷行事に役割をもつ町人とあり、総数298人。諸役免除のはじまりは「後陽成院御治世より」とあり、豊臣政権の後押しで後陽成天皇が即位した天正14年（1586）以降と記している。

町代の古久保勘左衛門《ふるくぼかんざえもん》が諸役免除札の拝領者を記録した『御免除覚帳《ごめんじょおぼえちょう》』にも「生間《いかま》出雲守、右は天正十六年、聚楽第において太閤様（豊臣秀吉）行幸の時めしだされ……諸役御赦免」とある。式包丁《しきぼうちょう》の儀典係で桂宮家《かつらのみやけ》料理人の生間家《いかまけ》も、同時期に諸役免除された。「御粽御用《おちまきごよう》」の川端道喜《かわばたどうき》家や三井越後屋《みついえちごや》の京都両替本店も、諸役免除されている。その中に、京都以外に住む者はいない。

彼らが拝領した諸役免除札は、高さ約27㌢、底辺幅約20㌢の5角形（厚み不明）。建物の場所と免除する軒役（67項参照）の数、そして「諸役御免除」と書きこまれ、朝廷の地下《ぢげ》官人《かんじん》（参内できない公家）が6人で記入内容を証明した（図③）。

その威力は絶大で、淀藩のまとい奉行（現場隊長）も「中見（火事場へむかう途中、町家にはしごをかけて確認する作業）、公家衆御居宅・御大名様方御屋敷は申すに及ばず、御大名様方御留守居の宅これあり候共、その町内をよけ申すべきをはじめ、侍の居宅ならびに諸役免除札これある家をよけ」（『京都火消詰纏奉行《ひけしづめまといぶぎょう》勤方覚書《つとめかたおぼえがき》』（享保7年［1722］以降）と記している。

◆軒先の板があらわれた経緯

絵画史料の軒先の板は、朝廷が諸役免除札をあたえはじめて約40年後、寛永期中ごろ現れる。このずれは、町家の屋根仕様に関係した。

寛永期中ごろの町家は、戦国時代からの石置板葺（取葺）にかわって、こけら葺が増えていた。石置板葺は、薄いそぎ板を重ねて押《お》さえ・襲《おそ》いとよぶ石を置き、竹や木を組んで石が落ちないようにする。このため、火消人足は歩きにくい。一方、こけら葺は、小板を重ねて竹釘で打つから歩きやすい。足でかきならせば、足場はもっとよくなるが、それをやると住人は修理代が高くなる。そもそも石置板葺より高価なので、40年前から京都に増えていた諸役免除の家は、屋根提供の義務も免除されているとして、柵となる板を立てはじめたのである。

◆二重行政への徳川政権の対応

消防を拒否する柵は、京都以外にはなかった。その理由は朝廷の存在である。徳川政権が義務付ける公役を、朝廷が免除する構図は、徳川政権の上位に朝廷を位置づける。政権がのぞむものではなく、火消を拒否する柵も許しがたい。そこで徳川政権は、諸役免除札を減らす方向にうごいた。

まず元禄15年（1702）、13代所司代の松平信庸《のぶつね》と町奉行所は、諸役免除札の拝領・返上・相続のすべての機会に町奉行所への申請を義務付け、知らずに相続を報告しなかった者から取りあげた。宝永大火（1708）で多くの町家が焼けると、朝廷に御札改《おふだあらため》をおこなわせ、書面の不足があれば取りあげた。

その後も、諸役免除の町人が何かの理由でやめたとき、町人が欠員を

①軒先の板（喜多《きた》一裕所蔵『洛中洛外図』屏風）

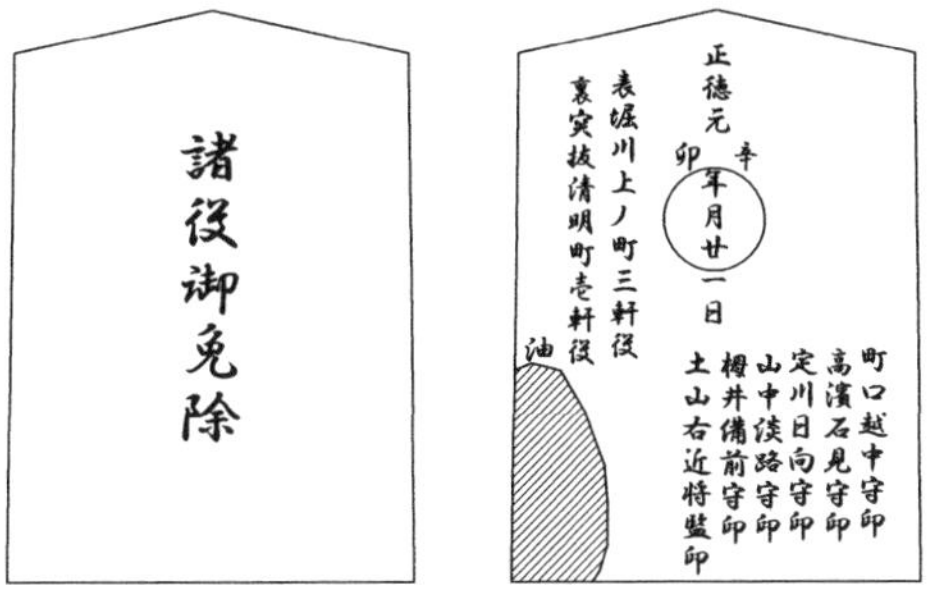

③諸役免除札写リライト
（京都府立京都学・歴彩館所蔵『古久保《ふるくぼ》家文書』所収）

②軒先の板がある大正時代の三井家住宅（岩井武俊『京郊民家譜』大阪毎日新聞、1931より転載）

うめても、諸役免除札ではなく菊紋の高張提灯をあたえさせた。この提灯を門口にたてれば、朝廷と関係をもつ家格は示せる。しかし諸役免除札ではないから、火消人足を拒否する軒先の板は置けず、中見も断れないのである。

◆諸役免除札の消滅

諸役免除札は、明治元年（1868）に朝廷へ返納がはじまる。そして明治7年（1874）に地券《ちけん》が発行され、軒役制度が廃止されたとき失効した。その後、三井家など一部の家が軒先の板をのこした理由は、朝廷との関係誇示であったが、これらもやがて消えていった。

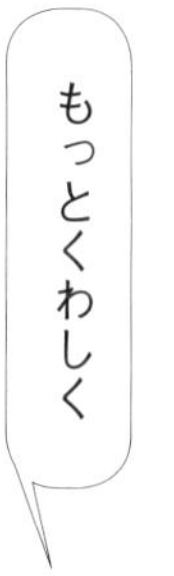

丸山俊明『京都の町家と火消衆』第8章「町家の軒先の板、京都にだけあった火消拒否のしるし」昭和堂、2007

第八章 ◉ 徳川政権の京都改造

大正時代の瀬川家住宅（岩井武俊『京郊民家譜』大阪毎日新聞、1931より転載）

71 大火前夜

宝永大火直前の瀬川家住宅

徳川政権の建築規制で低層・均質化していく江戸時代前期の京都。そのころの町家遺構《いこう》が、西ノ京の瀬川家住宅である。

◆これまでと最新の調査方法

高度経済成長期の昭和44年（1969）、減少が続く京都の町家《まちや》遺構《いこう》が緊急調査された。間取りや工法、部材の風食を確認。棟札《むなふだ》（建築時の記録）や祈祷《きとう》札、部材の墨書《ぼくしょ》を解読し、居住者へのヒアリングから建築年代を判定していった。しかし実際は、調査した個人の経験にたよる目視判断が多く、後世の検証が課題とされた。その技術として登場したのが、理化学的年代判定である。

まず年輪年代測定法は、気候で変わる年輪幅から材木の伐採年代を判断する手法で、杉・檜・ヒバ・高野槇《こうやまき》に有効。法隆寺五重塔の芯柱《しんばしら》が推古2年（594）、薬師寺東塔の芯柱は養老3年（719）の伐採と解明したが、100年輪以上が必要で、部材が細い町家には向かない。

①北側正面と御当主定興《さだおき》氏（瀬川家住宅、非公開）

次に放射性炭素年代測定法は、動植物の放射性同位体（炭素14）が死後に減少する割合から伐採年を判定するもので、複数結果がでることもあるが、樹種や年輪数は関係ない。補正技術が進み、考古学分野では国際基準になっている。このほか酸素同位体年代法は木材セルロースの酸素同位体を年輪ごとに測定するもので、難波長柄豊碕宮の柱を7世紀の伐採と解明して、日本書紀を裏付けた。

◆ウダツをもつ西京の瀬川家住宅

京都市上京区堀川町の瀬川家住宅は、立派なウダツをあげる厨子2階（図①）で、裏地に庭蔵が立つ。

江戸時代は葛野郡《かどのぐん》西京村《にしのきょうむら》であったが、上京と北野神社を結ぶ街道ぞいは町化し、西ノ京とよばれていた。天正19年（1591）に豊臣政権が御土居内に取りこみ洛中の一角とし、文禄元年（1592）に地子を免除。徳川政権も慶長9年（1604）に「西京上下町人、屋地子……免除」とし、寛永14年（1637）の『洛中絵図』でも、西ノ京一帯は町家からなる町々が街道ぞいに続いている。

その中で瀬川家住宅は、質屋の菱屋六兵衛《ひしやろくべえ》が建てた町家であった。宝永大火（1708）や天明大火（1788）の影響を受けず、天保8年（1837）に瀬川家が買い取った。

◆瀬川家住宅の放射性炭素年代測定

平成18年（2006）、瀬川家住宅が半解体修理された（施工：京町家作事組［100項参照］の堀内工務店）。このとき切りとった差鴨居に、放射性炭素年代測定を行ったところ、元禄元～宝永元年（1688～1704）に伐採された確率が95パーセントとなり、建築年代も同じと判定された。典型的な町家の工期は4ヶ月ほどなので、宝永2年（1705）年ごろの建築となる。

また、裏地の庭蔵の階段裏に「寶永七年寅九月吉日菱屋六兵衛」の墨書がある。これから、最初に主屋を建て、5年ほど質屋で財をなした後に、主屋の片土間を通って材料を裏地に運び、庭蔵を建てたという経緯が判明した。

◆瀬川家住宅の間取り

瀬川家住宅は、間口4間1尺（約4・2メートル）で奥行6間半（約12・8メートル）。現在は片土間・床上4室（図②）だが、建築当初は床上3室で、表からミセ8帖→ダイドコ10帖→ザシキ8帖を置いた（図③、押入なし）。床上の間口幅は典型的な京間2間で、残る2間1尺が片土間の間口幅。洛中に多い間口3間の町家は片土間の間口幅が1間だから広い印象があるが、洛中にも広い片土間がなかったわけではない。この土間に、大正4年（1915）ごろ、瀬川家が農家風の七口竈《ななくちかまど》をすえた。

◆ウダツをもつ屋根と小屋組

瀬川家の屋根を支える小屋組（図④）は、床上部分は普通の登梁《のぼりばり》だが、土間の吹き抜け部分（火袋《ひぶくろ》）は側《がわ》つなぎの上に水平梁を渡し、束《つか》を立てる（図⑤）。側つなぎと水平梁にかみあわせがなく、水平梁も束《つか》も細く、差し通す貫《ぬき》も2段しかない。屋根を受ける母屋《もや》や棟木は建物両側の通し柱に差し通され、込栓《こみせん》で止めるが、どれも細く曲がっている（図⑥）。幕末の京都では火袋にしっかりした角材と貫を縦横に組み、準棟《じゅんとう》

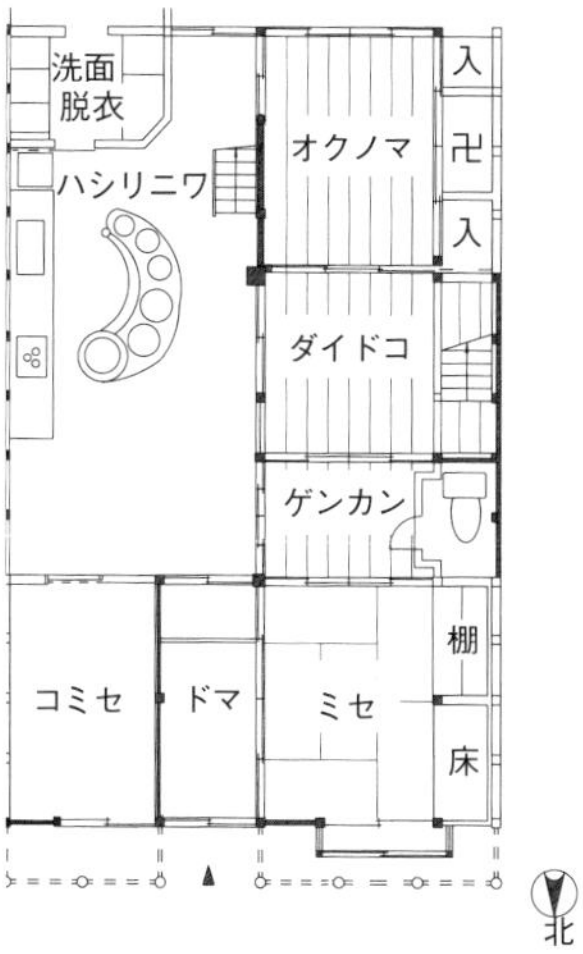

②現状の間取り

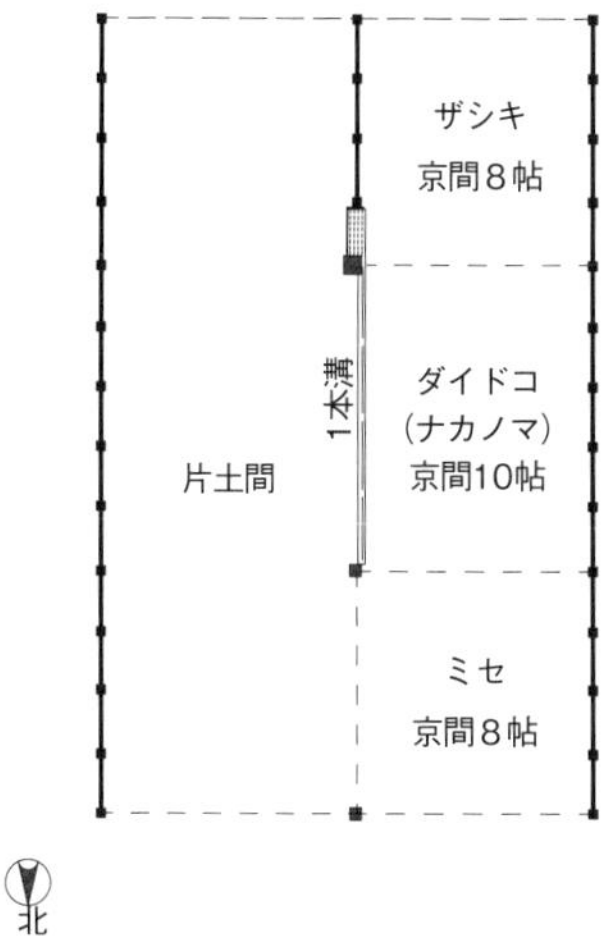

③当初の間取り（破線は不明個所）

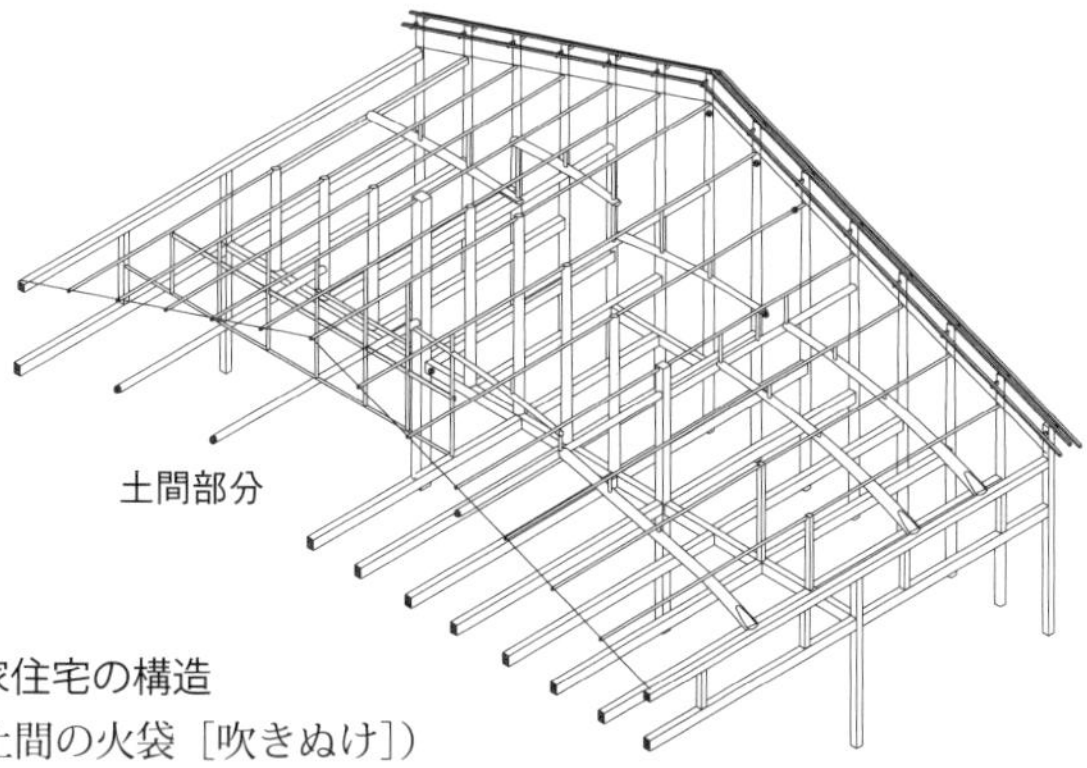

④瀬川家住宅の構造
（⑤は土間の火袋［吹きぬけ］）

⑤修理前の土間の小屋組、左右に側つなぎを架け、奥から手前に水平梁、束を立て細い母屋を支える（瀬川家住宅）

⑥ウダツを支える通し柱に母屋を差す部分（瀬川家住宅）

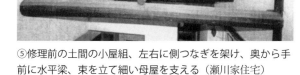

簒幕《さんぺき》、順堂算地《じゅんとうさんち》（算木《さんぎ》を積むように組む意味）といわれる町家も建てられるが、江戸時代前期の瀬川家は非常に簡素である。それでも、両側の通し柱は大屋根よりも高く伸び、ウダツとなって雄大な曲線（起《むく》り）を描いている。

◆瀬川家住宅の評価

瀬川家住宅は、昭和の目視調査では江戸時代後期の建築とされた。しかし、そのころの町家は瓦葺規制が解除されており、重い瓦を葺いて、風よけのウダツはあげなくなっていた（78項参照）。

一方、放射性年代測定が示す宝永2年ごろは瓦葺規制による板葺時代で、板が風で飛ばされないようにウダツをあげていた。簡素な小屋組も、江戸の町人が「柱棟木等も丈夫に建て申さずては瓦も置かれ申さず」（『江戸町触集成《えどちょうぶれしゅうせい》』）と言った板葺にこそふさわしい。つまり瀬川家住宅は、宝永2年ごろに簡素な小屋組でこけら葺を支え、風よけのウダツをあげた板葺町家であった。

それを、瓦葺規制の解除後に、こけら葺を下地にして葺土を置き、うだつを残したまま瓦葺にしたのである（現在は当初の下地は残っていない）。

厨子2階や閉鎖的な2階表、表蔵でなく庭蔵を置く点も、徳川政権の建築規制に従っている。

このような瀬川家住宅の建築から3年後、京都を宝永大火（1708）が焼け野原に変える。その復興で建築規制が徹底され、まちなみの低層・均質化が完成するのであるが（72～76項参照）、その先がけとなった瀬川家住宅は、最古級の京都の町家遺構として、きわめて重要である。

丸山俊明『京都の町家と聚楽第』第9章「京都最古級の町家発見！ご法度の影響ありや」昭和堂、2014

72 宝永大火①
京都常火消《きょうとじょうびけし》の誕生

宝永年間は全国で天災が続き、それをしめくくるように大火が京都を襲う。そのとき所司代の京都火消廃止は裏目にでる。

◆宝永の天災と宝永大火

宝永4年（1707）10月4日、宝永大地震。巨大津波が太平洋沿岸の村々を亡所《ぼうしょ》（使えない土地）に変えた。その49日後に富士山大噴火。火山灰が村々を埋め、江戸にも被害があった。

翌宝永5年（1708）3月8日、京都の宗林町《そうりんちょう》（油小路姉小路下る）の伊勢屋市兵衛《いせやいちべえ》方から出火。寒風が吹きあれる中、猛火はかわいた町家の板葺屋根をなめながら燃えひろがった。実録『音無川《おとなしがわ》』には「人の声あわただしく、あまりの焔《ほのお》にあたり耀《かがや》きて、焼け落ちる音は雷のことならず、八方へ降る火の粉は雨のごとし」とある。9日までに北は今出川通、東は河原町通、南は錦小路《にしきのこうじ》通、西は油小路通の500町、町家約1万4千軒を焼きつくし、「宝永年中の火は今も語り伝えて恐ろしき事なれど京の町十が六分なりとかや」（『花紅葉都噺《はなもみじみやこばなし》』）といわれる大火になった（宝永大火《ほうえいたいか》）。

◆大火にくずれた消防体制

畿内小藩の京都火消を廃止していた13代所司代は、火消御兼役として所司代・町奉行所体制を率い、町火消と消防にあたった。しかし、最重要の禁裏御所（延宝3年［1675］再建建物）が焼け落ち（江戸時代4回目）、御所群を囲む築地之内も公家町も守れず、「上加茂《かみがも》(上賀茂神社)遷都、すぐに近衛家宸殿《しんでん》」(『翁草《おきなくさ》』)へ避難する天皇一行の警護にまわった。町火消は懸命に働いていたが、もはやこれまでと火事場を離れ、家族のもとへ走った。

◆大名火消の働きは、鬼神のごとし

京都の消防体制が崩壊する中、近国大名が到着する。

……和州郡山《わしゅうこおりやま》本田能登守《のとのかみ》殿、江州《ごうしゅう》膳所《ぜぜ》本田隠岐守《おきのかみ》殿、丹州亀山《たんしゅうかめやま》青山下野守《しもつけのかみ》殿、城州淀《じょうしゅうよど》石川主殿頭《とものかみ》殿、摂州高槻《せっしゅうたかつき》永井伝之介殿も参ると駆けつけられ、所々防ぎ、その働き言いのべがたし、中にも淀・郡山の働き鬼神《きしん》と見えし、せなかりせば都に一家も残るまじ……(『音無川』)

猛火の中でも統制された譜代藩火消の消防は、避難する町人に強い印象をあたえた。

◆宝永大火後の住宅不足

焼けだされた町人は、鴨川河原や京都近郊農村の田畑で「人相《にんそう》もふすぼりかえり、色黒く、髪は鐘馗様《しょうきさま》のお髭《ひげ》をみるがごとくにして、都の人には見えざりけり」。茫然自失だったが、そこは商売しないと、生きてはいけない町人。すぐ再建に立ちあ

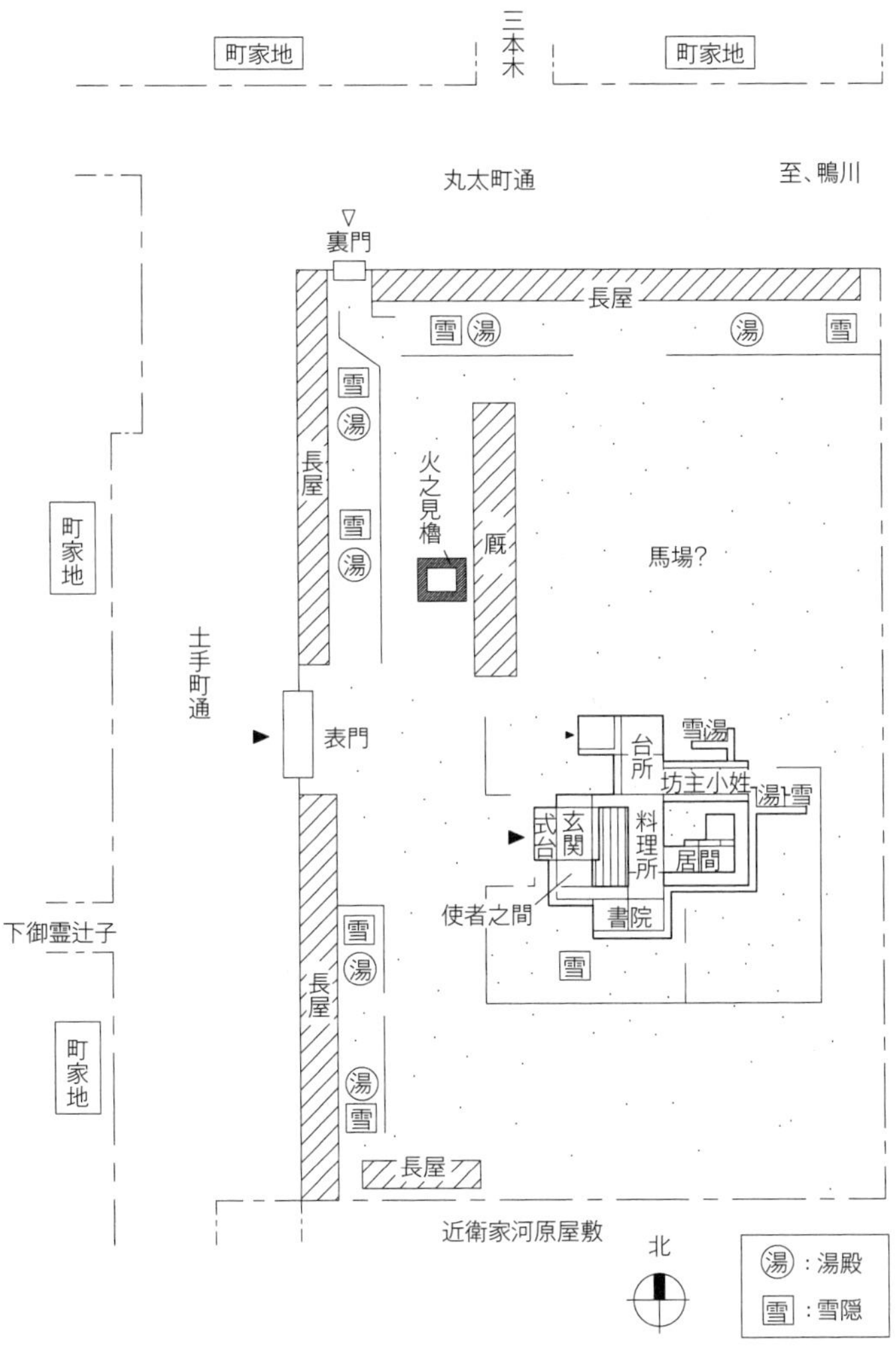

①京都常火消屋敷(公儀普請が御所に集まり町人入札で工期3ヶ月。北は丸太町通、東は鴨川、南は近衛家、西は土手町通の3000坪で、京都火消屋敷より広く整形になった)

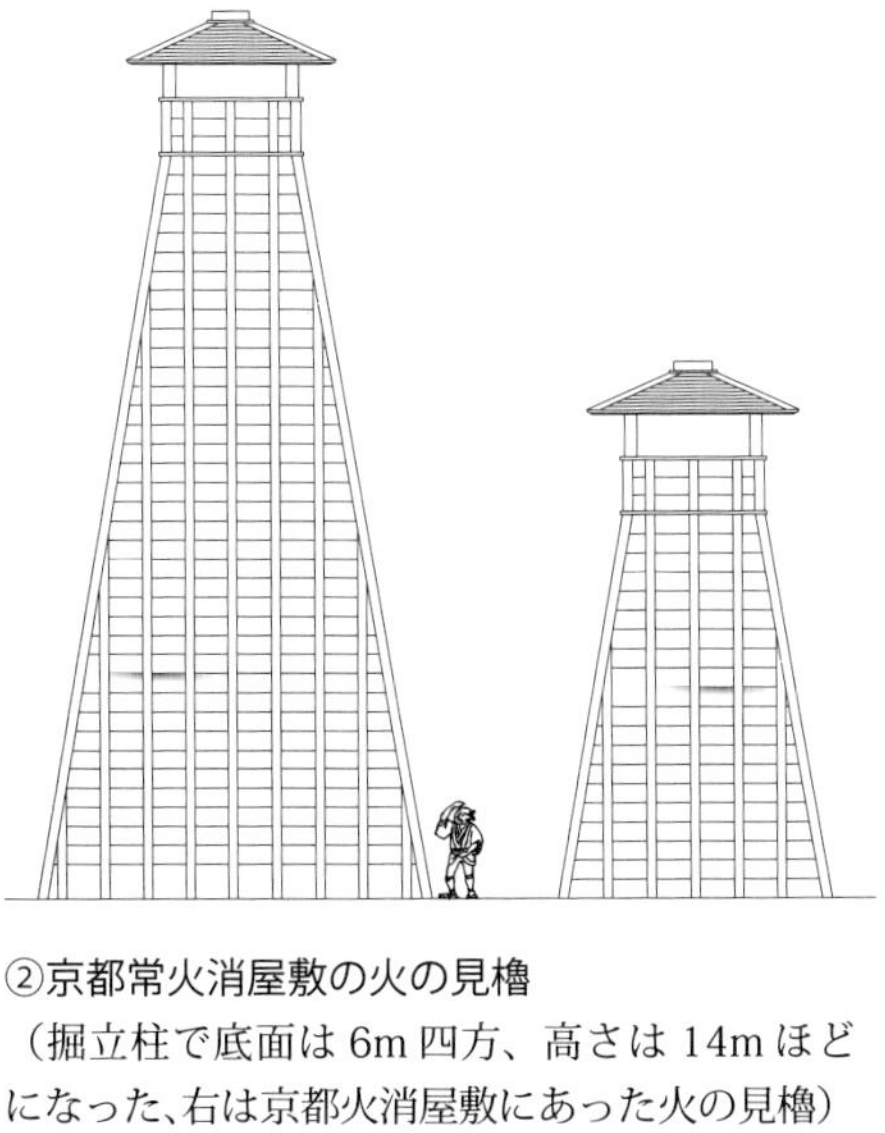

②京都常火消屋敷の火の見櫓
(掘立柱で底面は6m四方、高さは14mほどになった、右は京都火消屋敷にあった火の見櫓)

がる。たちまち京都は「昼は土ぼこり立ち、さしかけの普請《ふしん》（建築）の音こそかしましけれ」となった。

　保津川水運が運ぶ嵯峨丸太ではとてもたりず、「竹や丸太、杉皮を、近在の山々林を伐りたて……売木の青々生々《あおあおなまなま》」しいものが「馬と車」でひかれてくる。「古家こぼち売れば、新しき時の価に倍せり」、「田舎よりも家をこぼち、門を崩し、山林の竹木かわり馬車につみ出す」となり、街道筋で空き家になっていた町家や、近郊農村の百姓家をあわてて解体した材が高値で売れた。京都の中に「売家あれば、所により家により五軒の価《あたい》」である。

◆つけあがる職人

　職人事情も「仮家《かりや》（仮設住宅）の普請に鍛冶屋《かじや》や材木屋は通《かよ》いのつき次第、大工、左官、屋根屋にいたるまで、言い掛け次第の手間代は三倍まし」。現場は「爺さまや青二才野郎もうちまじり、わやわや、もやもやとたばこ茶」で一日すごし、中には大火直前の貨幣改鋳《かへいかいちゅう》で京都銭座《きょうとぜにざ》から出されたばかりの大銭《おおぜに》を「われらはとりませぬ（信用できない）」という者まで現れた。被災者の足元につけこむ態度は、信頼関係をつんだ出入りの職人ではない。まっとうな京都の大工なら、20ある大工仲間（京二十組《みやこにじゅうぐみ》）のどれかに属し、得意先と地縁的な出入り関係を結んでいた。そんな大工組を監督する中井家役所の目が届かないのをよいことに、どこぞから入りこんだ流れの職人か、口先だけの素人まがいであったが、とにかくまともな職人が足りなかった。

◆京都常火消の設置

　被害を聞いた江戸の老中は、宝永6年（1709）3月に、外様の大和芝村《しばむら》藩を上洛させて京都火消とする。先に廃止された京都火消は9月から3月の冬期任務だったが、今度は通年2交代にした。夏場も常駐するので京都常火消《きょうとじょうびけし》とよぶ。体制は京都火消と同じ240人ほど。同年9月に鴨川西岸の土手町《どてまち》に京都常火消屋敷（図①②）がたち、次の任藩の丹波綾部《あやべ》藩から入った。その後、享保2年（1717）夏季の大和小泉《やまとこいずみ》藩が京都出発直前に興福寺を火事から守ったように、実効的な消防能力をもつ彼らは京都で活躍した。

　一方、13代所司代も正徳4年（1714）に老中へ栄転するまで火消御兼役を続け、その間は京都常火消と任務が重なった（14代所司代水野忠之《みずのただゆき》は兼役せず京都常火消が専任になる）。

もっとくわしく

丸山俊明『京都の町家と火消衆』第5章「畿内・近江小藩の京都火消・京都常火消」昭和堂、2011

73 宝永大火②

公家町の区画と禁裏御所方火消《きんりごしょかたひけし》

宝永大火の後、徳川政権は京都改造に着手する。まず禁裏御所を囲む公家町を整理。町家を切りはなし、道幅をひろげ、まちなみも変える。

◆宝永大火前の公家町

　さかのぼって豊臣政権が禁裏御所のまわりに公家屋敷を集めた公家町《くげまち》は、町家や寺院と入りくんでいた。それが寛文13年（延宝元［1673］）の禁裏御所の焼失後に一応整理され、公家屋敷が梨木町《なしのきまち》や二階町《にかいまち》、中筋町《なかすじまち》、院参町《いんさんまち》となり、全体で公家町となる。

これら公家屋敷の塀や六門《ろくもん》（6つの高麗門《こうらいもん》）が囲む内側が、御所群を置く重要区画の築地之内《ついぢのうち》であった。

公家町の南側や東側には御所附幕府役人の屋敷があり、武家町《ぶけまち》とよばれた。この一角に、延宝9年（天和元［1681］）に町奉行所の火消番《ひけしばん》河原屋敷《かわらやしき》が置かれ、火消番具部屋《ひけしばんぐべや》もできたが、火消人足は周辺の町人である（後に廃止）。

そして元禄4年（1691）に、公家町の南側に京都火消屋敷が置かれたが（69項参照）、宝永3年（1706）に跡形もなくこわされた。

◆公家町の区画方針と御用地収公

徳川政権は、宝永大火（1708）で焼けた禁裏御所や公家町の再建のおり、火事が多い町家地から切りはなすための区画を行う。町奉行所の『京都御役所向大概覚書《おやくしょむけたいがいおぼえがき》』に「宝永五子年三月八日、九日大火につき、御築地まわり御用地、公家衆屋敷がえ、ならびに寺院・町方替地相渡し候につき、その年の物成ならびに地業引、ひらたくならし、そのほか諸式御入用、金子三百六十両、銀一分六厘」とあり、実録『音無川《おとなしかわ》』にも「御所西南の町家、五町に五町、かぎの手形に御用地に上がる」とある。

東西は寺町通から烏丸通、南北は椹木通から丸太町通の範囲が、御用地として取りあげられ、そこにあった御所附幕府役人の屋敷は二条城周辺、寺院は二条川東新地《にじょうかわひがししんち》（図①）へうつされた。また町家は、公家町と入り組んでいた分もふくめて、千本通の西側に替地となった（図②）。かつての内野《うちの》や聚楽第破却後の空地がひろがっていた一帯に、旧地と同じ間口幅をあたえたのである。

①鴨東《おうとう》の二条川東新地《にじょうかわひがししんち》（京都市左京区）

◆ほぼ長方形になった公家町

移転跡は平たくならされ、通りに向かって竹矢来《たけやらい》が置かれた。今出川通りには町家との入り組みが残ったが、公家町はほぼ長方形になった。その中の公家屋敷の塀や九門《きゅうもん》（9つの高麗門、図③）が囲む築地之内《ついぢのうち》に、御所群が集められた（図④）。

◆禁裏御所方火消の設置

宝永6年（1709）12月11日、本多信濃守（大和郡山藩11万石）と本多隠岐守（近江膳所藩6万石）、石川主殿頭（山城淀藩6万石）、青山下野守（丹波亀山藩5万石）が禁裏御所《きんりごしょ》方火消《かたひけし》に任命された。これら4藩は、宝永大火のとき、上洛して活躍した譜代藩である。

その任務は、名前の通り、禁裏御所を中心とする築地之内や公家町の消防である。江戸へ参勤する2藩と在所2藩にわかれ、在所2藩が当番月と非番月を1ヶ月交代。当番月は上洛して、自藩の京都藩邸に入って火消屋敷とした。

消防体制は、騎馬武士8騎と足軽50人（石高が大きい郡山藩は、騎馬10騎と足軽60人）、中間《ちゅうげん》（火消人足）を

②宝永大火後に替地された町家遺構（京都市上京区、すっぽん料理大市）

③高麗門形式の寺町御門（京都御苑）

⑤花山院《かさんいん》邸跡の花山稲荷社《かさんいなりしゃ》（京都御苑、公家町の花山院《かさんいん》家は宝永・天明大火を免れた。その理由は佐賀藩へ輿入れした同家娘が邸内稲荷神を分霊、その祐徳《ゆうとく》稲荷の白狐が天を駆けて花山院家に水を吹きかけたからと伝承される）

⑥酒林
（京都市上京区、佐々木酒造）

⑦藁蓑《わらみの》

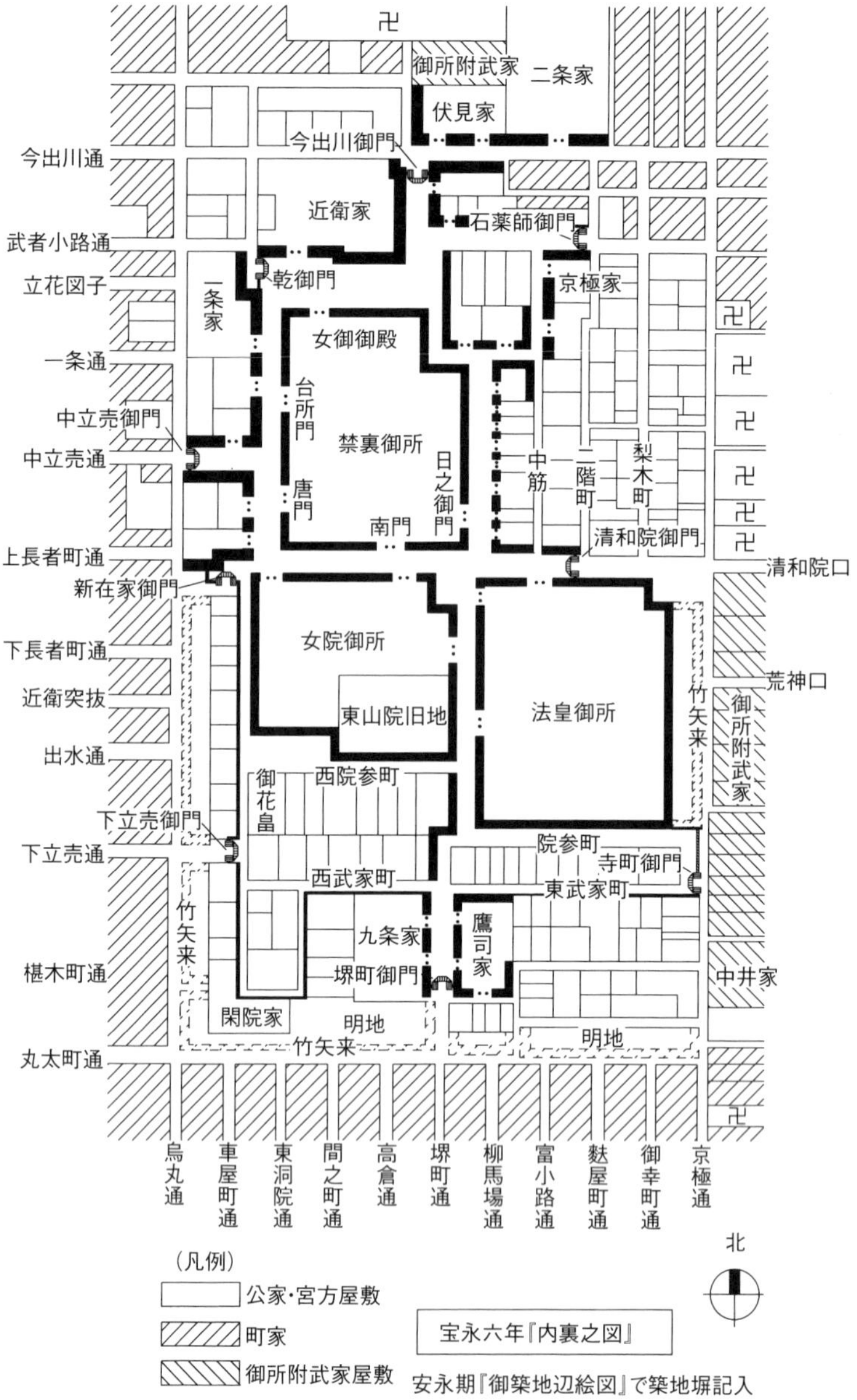

④宝永大火後の公家町（宝永６年［1711］、花山院邸［図⑤］は九条家西側）

ふくめると総勢250〜300人。この数は、京都市中の消防を担当する畿内小藩の京都常火消と同じだが、京都常火消の石高は1万石ほど。数万石の譜代藩をあてる禁裏御所を重視しているのは明らかだった。

ただし、禁裏御所方火消も、正徳3年（1713）に膳所藩が御所近辺の町家の火事に出動しているように、御所群や公家町へ延焼が及ばないように、周辺の町々には出動した。

◆元禄元年の亀山藩の消防

禁裏御所方火消の消防方法は記録がないが、亀山藩に、元禄元年（1688）の亀山（明治期に亀岡）の消防を記した『町方火事場定《まちかたかじばさだめ》』がある。当時の亀山は草葺の妻入町家（59項①）がならんでいたが、火事があると城でほら貝をふき（後に鐘）、町人に火消道具を持って火事場へ集まれと命じた。町人は、はしごを持って出動。屋根に上がる町奉行所役人や、亀山藩士の消防を助けた。消防が平時の軍役である武士に、ふだんは商売に生きる町人がしたがう消防体制は、京都と変わらない。散水消防《さんすいしょうぼう》のため水くみ場所や給水を段取りし、屋根上の者にも水をかけた。酒林《さかばやし》（杉玉、新酒案内にもつかう、図⑥）を水につけて火の粉に投げつけ、濡らした蓑《みの》（図⑦）をふるって消すこともあったが（安土桃山時代に宣教師ルイス・フロイスが記録した消防方法）、一度火がついた草葺は火種がのこるので、棟にあがって長手方向にならび、一斉に降りながら茅《かや》や藁《わら》をすべて落とした。それでも火がまわると、破壊消防に変更。まさかりで壁をこわし、柱に切りこみをいれ、縄をかけて表から引き倒し、残った火は踏みつぶした。

もっとくわしく

丸山俊明『京都の町家と火消衆』第4章「御所群は京都で最重要の消防対象」昭和堂、2011

74 宝永大火③

まちなみの低層・均質化の完了

宝永大火からの復興で、京都の町家に建築規制が徹底される。これにより、まちなみの低層・均質化が完了する。

◆徳川政権のまちなみ改造

京都所司代‐町奉行所体制は、元禄3年（1690）に江戸の老中から、火事のとき通りを広げよと命じられていた。そこで、宝永大火直後の宝永6年（1709）、焼け野原の京都に次の①②③を命じた（『京都御役所向大概覚書』）。

①日覆《ひおおい》があった昭和2年の錦市場
（京都錦市場商店街振興会所蔵写真）

①上は今出川、下は錦小路、東は寺町、西は油小路までの分の道幅、馬踏《うまふみ》三間、ほかに両方一尺五寸の溝付け相決め

②河原町通り中通り二条より上、荒神町《こうじんまち》まで、ならびに塔之段《とうのだん》の道幅、馬踏二間より二間半相決め候……

③椹木町肴店《さわらぎまちさかなみせ》、錦小路肴店《にしきこうじさかなみせ》、小路広くなり候ては商売難儀につき、肴店の分の道幅、前々の通……非常の節、日覆《ひおおい》取りのぞくべきの旨、證文申し付け、道幅前々の通りに差しおき

④道幅の外へ出張《でばり》土蔵等、引為《ひきな》し候事

まず①は、洛中中心部の道幅を3間（約6メートル）とし、両側に1尺5寸（約0・5メートル）の雨溝の設置を定めた。②は、中心部からはずれた道幅を2間半（約5メートル）に、③は、魚屋が多い椹木町《さわらぎちょう》通や錦小路は両側から張りだす日覆《ひおおい》（日よけの幕、図①）の間が開くと鮮度が落ちるから道幅そのまま、ただし緊急時は日覆を取りはずすのを許可条件とした。そして④は路上に出張る表蔵に、曳家《ひきや》（移動）を命じたのである。

◆まちなみをそろえる新溝

宝永6年8月22日の町奉行所の触書には、次のようにある。

……類焼の町々、新溝を掘り古溝を埋め、道幅御定杭《おさだめぐい》の通り、早々直させ候様に仰付られ……今もってその通り（そのまま）に致し置き候所々

もこれ有り、不届《ふとど》きに思《おぼ》し召され候、御見分《けんぶん》（現地検査）御出し成られ、もしそのままにさしおき候所々これ有り候はば、きっと落度仰付けらる……御定杭の通り、早々これ直し申されるべく候……

道幅を示す杭を打ちこんだ所司代‐町奉行所体制は、古溝を埋めさせ、道幅にあった新溝を掘らせた。この新溝は6月8日の触書に「雨落《あまおち》の義、溝の内へ落し候様に最前《さいぜん》仰付けられ候ところ、今もって雨落溝より外へ落候所これ有り候間、いよいよ溝内《みぞうち》へ落し申すべき旨仰せ付け」とあるように、町家の通庇から落ちる雨をうける雨落《あまおち》（溝）であった。当時の通庇は板葺で、樋は少なかったので、雨落にそってその先がそろう。杭にそった新溝整備命令はまちなみ均質化命令のひとつだったのである。

◆町の対応

大火翌年の宝永6年4月に三条衣棚町が町奉行所へ差しだした御請書には、次のように記されている。

①当町道幅、御改めの上、馬踏《うまふみ》、有りきたり通り三間六尺につかまつるべきの旨、御定杭御打ち渡しなられ、おって屋作仕り候時分、町なみよく仕るべきの旨、おそれ奉り候

②両側溝幅の儀、一尺五寸に致されるべく候、これより広きは有りきたり通り仕るべく候、店（見世）出し候勿論、雨落は溝の内限りに仕るべき……

町奉行所は、大火前から3間をこえていた衣棚町の道幅に、そのまま杭をうち、町家を建てる場合はまちなみをそろえるように、揚見世も新溝の内側になるように命じた。軒先や壁面線がそろうのが、よいまちなみなのである。

そして御請書の末尾に「町なみ作事出来見分《できけんぶん》の上、もし相違の儀御座候はば如何様《いかよう》の曲事にも仰付られるべく」とある。町家が建てそろったら、町奉行所の検査が予定されていた。地子赦免の町々は、建築許可申請や検査を免除されていたが、このときは厳しく確認されたのである。

◆徹底された徳川政権の建築規制

実録『音無川』にも「溝石くずすもあれば掘りもあり、今度《こたび》あらたまる町幅三間に両方へ一尺五寸の溝石」とあり、古溝の撤去と新溝の設置を伝えている。そして、検査が予定された町家建築では、瓦葺禁止、周辺眺望・2階座敷禁止、表蔵禁止といったそれまでの徳川政権の建築規制が、徹底されたのである。

この結果、豊臣政権時代からあった本瓦葺や塗家は、焼け残った周辺部の町家をのぞいて、ウダツ（風よけや火の粉よけ）をもつ板葺になった。2階を座敷としないことを示すため、表側の高さをおさえて厨子2階にし、2階表は周辺を見渡せないように壁でふさいだり、土塗格子をならべたり、出格子を付けた。このような町家がならんで、まちなみの低層・均質化は完了（図②）。徳川政権が建築規制を始めた寛永19年から、実に70年がすぎていた。

◆町人の意識変化

建築規制でまちなみが整ったとき、支配を代行する町役人ら町人にも、そのまちなみを良しとする意識がうまれる。神澤貞幹《かんざわさだもと》が「洛火（宝永大火）以後、都の普請も凡鄙《ぼんぴ》（田舎）の家居《かきょ》に似て結構（立派な、高価な仕様）なるは稀《まれ》なり、其中にかねて家を造り直さんと思ひし者も、故なきに家居綺羅々《きらきら》しく建て直さんは、さすがに世の聞こえ如何《いかが》と堪え居たる」（『翁草《おきなぐさ》』）と記したように、結構な町家は町内の相互規制で消えた。

厨子2階で低層・均質化したまちなみは、町人の相互監視によって守られていくことになった。

◆さらなるまちなみの改造は不要

宝永大火の5年後、正徳3年

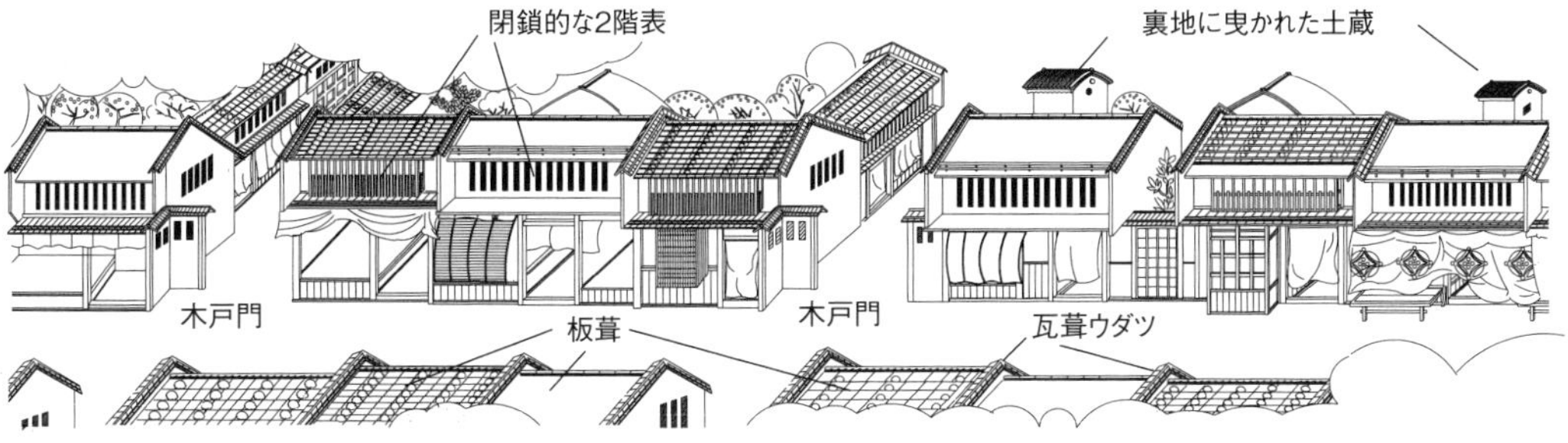

②宝永大火から3年後、正徳元年（1711）の油小路通り（喜多一裕所蔵『洛中洛外図』屏風リライト）

（1713）3月23日にも御所近くで大火があった。出動した13代所司代は、老中へさらなるまちなみ改造（町割りの変更・通りの拡幅）を、図面をつけて上申した。ところが老中の回答は「前々之通」でよい、であった。実施にはいたらず、その後も江戸時代を通じて、京都のまちなみ改造はおこなわれなかった。

丸山俊明『京都の町家と火消衆』結章「京都の町家と火消衆」昭和堂、2011

75 宝永大火④

表蔵は縄で曳《ひ》かれて庭蔵に

建築規制の対象だった表蔵は、宝永大火後も黒こげで立っていたが、徳川政権は裏地へ曳《ひ》かせ、まちなみをととのえる。

◆土蔵《どぞう》建築の防火性能

建物を塗籠《ぬりごめ》（土で塗りこめる）の土蔵《どぞう》にして防火性能をもたせることは、古代から行われていた。京都の土蔵は、戦国時代は町家の内部に隠され内蔵《うちぐら》とよばれたが、安土・桃山時代に治安が安定したとき、富裕表現の突出内蔵《つきだしうちぐら》（51項⑤）や、裏地に庭蔵《にわぐら》（53項①）が本瓦葺の姿で登場。江戸時代初頭にまちなみが多層・多様化する中、3階や4階の表蔵や最上階に座敷を置く蔵座敷《くらざしき》が現れた。しかし寛永19年（1642）に、3階蔵や表蔵が徳川政権の建築規制の対象になった（62項参照）。

◆まちなみを整える障害、表蔵

宝永大火後、町奉行所は町々へ「類火の町の土蔵の分、何箇所、内何箇所は焼失、何箇所は焼け残るの訳」の報告を命じた。焼け残った土蔵数を報告させ、「道幅の外へ出張《でばり》土蔵等、引為《ひきな》し候事」と、表蔵を裏地へ曳家《ひきや》するように命じたのである。このため町人は、表蔵のまわりを角材でかため、地面にならべた丸太の上を転《ころ》がしながら縄で裏地へ曳いていき、庭蔵にした。

当時、表蔵はすでに、表蔵規制で新築できなくなっていた。しかし、規制前からあった表蔵は、すぐに撤去しなくてよかった。また火事があっても、防火性能をもつ表蔵は黒

①庭蔵(川北家住宅)

②蔵の内部、分厚い土壁のなかは頑丈な木構造(川北家住宅)

③ 17 世紀後半の 3 階蔵
(近江八幡市立資料館、旧西川家住宅)

④江戸の土蔵づくりの町家(玉井哲雄編『よみがえる明治の東京――東京十五区写真集』角川書店、1992 より転載)

こげで残るので、まちなみにあった。そのため、まちなみの低層・均質化の障害になっていたのだが、曳家を命じられたことにより、宝永大火後のまちなみからは消えた。

◆庭蔵を防火帯と評価する是非

裏地に曳かれた庭蔵は、背割り水路(町割り水路)ぞいに置かれ(74項②)、井原西鶴が「隣町の境目に三間に五間の二階蔵を普請」(『本朝《ほんちょう》桜陰比事《おういんひじ》』)とのべたように、新築の土蔵もここに建てられた(図①②)。

このため裏地に防火帯《ぼうかたい》(不燃建築をベルト状にならべて延焼をとめる施設)を形成したとの評価が近代に現れるが、所司代・京都町奉行所体制が防火帯の形成を命じたり、町人が申し合わせた記録はない。それに宝永大火後に増えたのは、座敷下の穴蔵《あなぐら》(地下を掘りさげ、石づみした収蔵庫)であり、庭蔵を持たない町家は多かった。天明大火(1788)後は確かに庭蔵が増えるが、それでも庭蔵がない町家や、可燃性の材木をおく倉庫・工房もあった。なにより塗りつないでいない土蔵群に防火帯の性能はなく、元治大火《げんちたいか》(1864)の延焼をふせいだという話も残されていない。

◆3階蔵禁止の撤回

京都では、寛永19年(1642)に3階蔵が禁止された。ところが7年後の慶安《けいあん》2年(1649)、江戸で町家の3階建てが禁止される一方、3階蔵(図③)は許された。京都でも、井原西鶴が寛文4年(1664)ごろ室町で開業した呉服商を「一に俵、二階造り、三階蔵を見わたせば、都に大黒屋といえる分限者《ぶげんしゃ》(金持ち)ありける」(『日本永代蔵《にほんえいたいぐら》』)と記している。宝永大火の実録『音無川』にも「洛中洛外のかし座敷、下屋敷、二階・三階蔵の内」とあり、2階蔵や3階蔵が避難先になっている。京都の3階蔵禁止は、その後の江戸の触書が優先されて撤回されたようで、町々の町式目にも見あたらない。

◆江戸における土蔵づくりの強制

8代将軍吉宗の時代にあたる享保5年(1720)4月、江戸南町奉行の大岡忠相《おおおかただすけ》は、江戸の防火性能を高めるため「町中普請の儀、土蔵づくり、あるいは塗家《ぬりや》ならびに瓦屋根に仕る事、只今迄は遠慮致し候様に相聞候、向後右のたぐい普請したきと存じ候者は、勝手次第」と触れた。町家全体を土壁で分厚く塗りこめる土蔵《どぞう》づくり（図④）や、少し薄い土壁で塗りこめ、あるいは2階だけ塗る塗家《ぬりや》を建ててよいとしたのである。

　このままなら、町人は壁仕様の選択肢が増えただけだが、翌享保6年（1721）年に、火事を出した町に出火責任をせまり、延焼を止める火よけ地（空地）にすると通告。土蔵づくりにするなら許してやる、というようになった。家が焼けた上に土地までとられてはたまらない。こうして江戸のまちなみは、土蔵づくりや塗家が増えていき、重厚な印象に変わっていった。

　それから121年後。天保13年（1842）4月の江戸の触書にも「町々家作の儀、土蔵造、塗家等に致すべきの旨、先年より度々相触れおき候」とある。江戸の土蔵《どぞう》づくりや塗家《ぬりや》は、選択対象ではなく、強制されていたのである。

　一方、京都は江戸と同じ幕府直轄都市だが、土蔵づくりや塗家は強制されず、柱が露出する真壁《しんかべ》のまちなみは変わらなかった。強制の有無により、江戸と京都のまちなみは異なったのである。

もっとくわしく

丸山俊明『京都の町家と町なみ』第3章「京都と江戸の町なみがちがったわけ」昭和堂、2007

76 宝永大火⑤

木戸《きど》門《もん》の形式統一と治安維持

町の木戸門（釘貫）は支配の境界を示したが、徳川政権は京都全体の治安装置とする。

◆江戸時代初期から前期の木戸門

　元和元年（1615）4月、2代所司代板倉勝重は、町々に「御陣中、京都夜番の儀、一町の内より家主十人ずつまかり出、両方の門に火をたき、宵の六つすぎ（午後6時）、そのくぐりをさし（閉門）、一切人の出入あるまじく候」と触れた。豊臣氏を滅ぼしにかかった大坂の陣の中、京都の町々に、木戸門による治安維持を命じたのである。徳川政権が木戸門の整備を命じたことはなく、豊臣政権時代の釘貫をあてにした。

　そのころ京都では、4町の門が向き合う四辻（図①）と、豊臣政権の京都改造でできた、南北にだけ門がある四辻（57項参照）がうまれていた。

　5月に豊臣氏が滅び、徳川家康と秀忠が江戸へ戻った11月、所司代は午前0時に木戸門を閉めさせ、深夜の通行を禁止した。その上で「公儀御用の儀においては木戸を明け、町送りに伊賀守番所へ送り届け」と触れ、所司代屋敷へ行く者がいれば町から町へ伝達して（町送《まちおく》り）、それにあわせて木戸門も開けよ、と命じている。

　慶安元年（1648）11月には、3代所司代板倉重宗が、町に盗賊が入ったら、隣町とその隣町、さらに隣町まで木戸門を閉め、町送りに所司代屋敷まで知らせるように命じた。

　放火が増えた承応2年（1653）

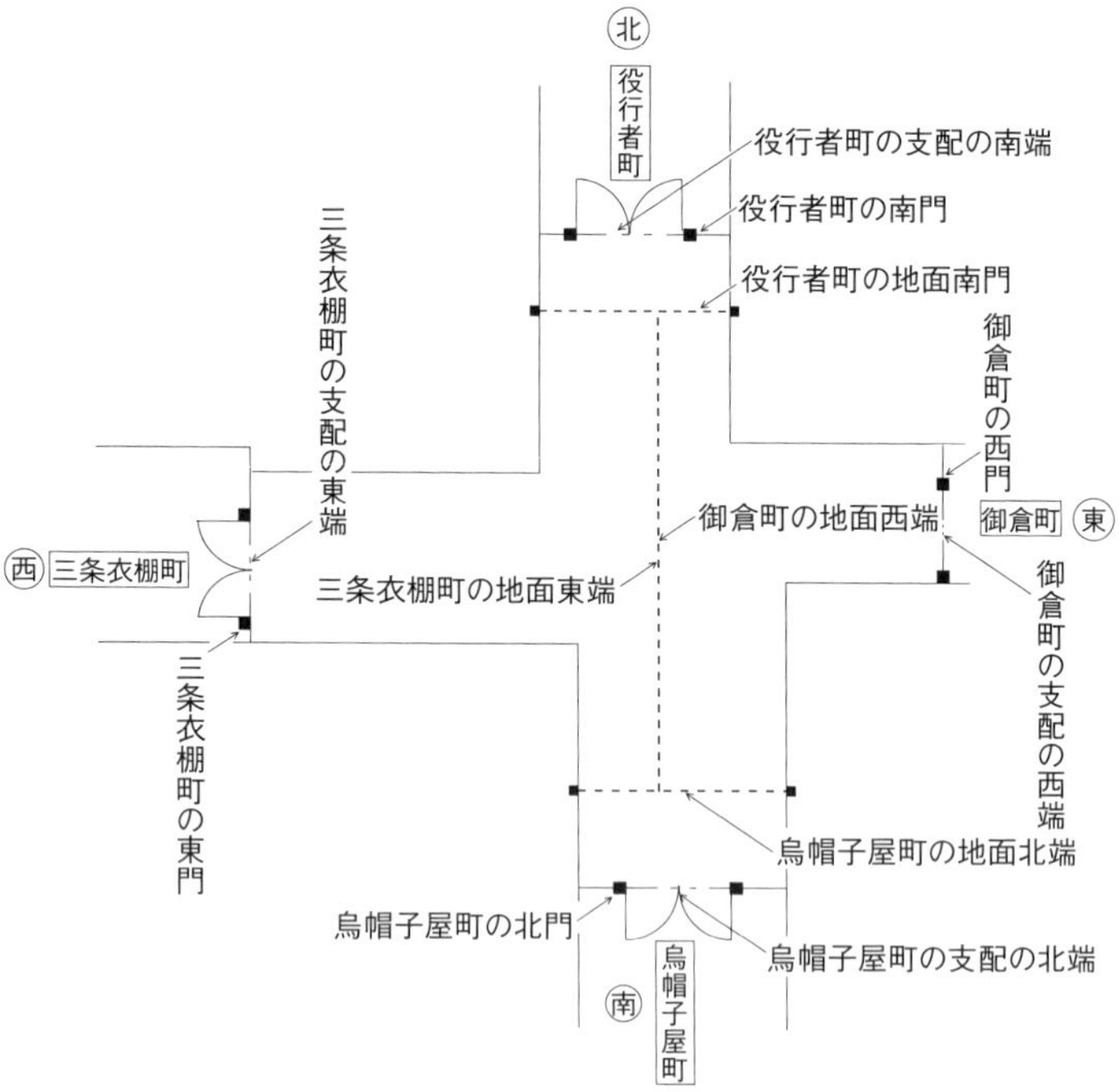

① 4町の木戸門が向き合う四辻
（支配の境界と地面の境界は57項参照）

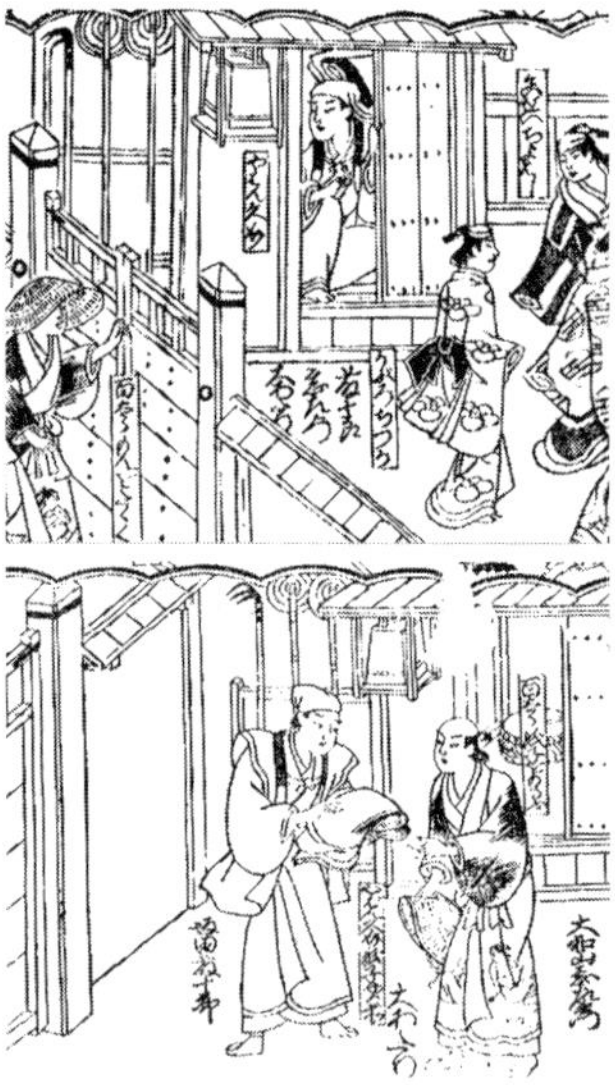

②番小屋と番人
（歌舞伎本『石山寺誓の湖』の舞台装置、軒の行灯《あんどん》は後に町奉行所が防火のため禁止。木戸門の脇に町奉行所が命じた消防道具の火叩きや長柄の鳶口が立つ）

6月には、午後10時に木戸門を閉めよと命じ、町送りをはじめた町には所司代屋敷へ理由の報告を求めた。

そして寛文8年（1668）、所司代のもとに置かれた町奉行所は、延宝4年（1676）11月に町切《まちぎり》（町ごと）の治安維持を義務付ける。町の両端の木戸門の内側を町の支配、つまり責任範囲とし、それぞれ治安を守らせることで、京都全体を守るのが目的であった。

ところが、なんども木戸門の開閉時間を調整された町々は、いっそ早く閉めてしまおうと考えた。そのような町が増えて、往来に支障がでたので、町奉行所は元禄13年（1700）5月に、午後8時に木戸門を閉めた町々を叱りつける。

その上で、午後10時に大扉、午前0時にくぐり戸を閉めることを定めた。これが、その後の京都の木戸門の閉鎖時間の基準になった。

くぐり戸を閉めた後は、木戸門わきの番小屋《ばんごや》に終日つめる番人《ばんにん》（木戸番、町の用人、図②）が、通行人をいちいち確認して通すことになった。

◆木戸門わきの消防道具

寛文2年（1662）4月、町奉行所は町の消防道具として、木戸門の近くに竹の柄がついた円座《わろうだ》（藁《わら》を編んだ丸い敷物）3本と藁箒《わらぼうき》2本を準備させた。このため、町火消の出動や、隣町の消防のときは、木戸門わきが集合場所になった。また町会所《ちょうかいしょ》には、むしろ5枚の用意が命じられた。町会所は毎月2日、徳川政権の命令を確認する寄合《よりあい》が、元和《げんな》偃武《えんぶ》（武器をおさめる時代）といわれた江戸時代初期（元和年間）に義務付けられたが（図③、髪結《かみゆ》いが会所番《かいしょばん》になることが多かった）、消防道具も戦国時代の番屋（防衛拠点）の名ごりで、一部がここに置かれていた。

◆通りの拡幅と木戸門幅の基準

宝永大火（1708）のあと、所司代・町奉行所体制は、通りの幅を3間や2間半にひろげるように命じた（74項参照）。この触書を記録し

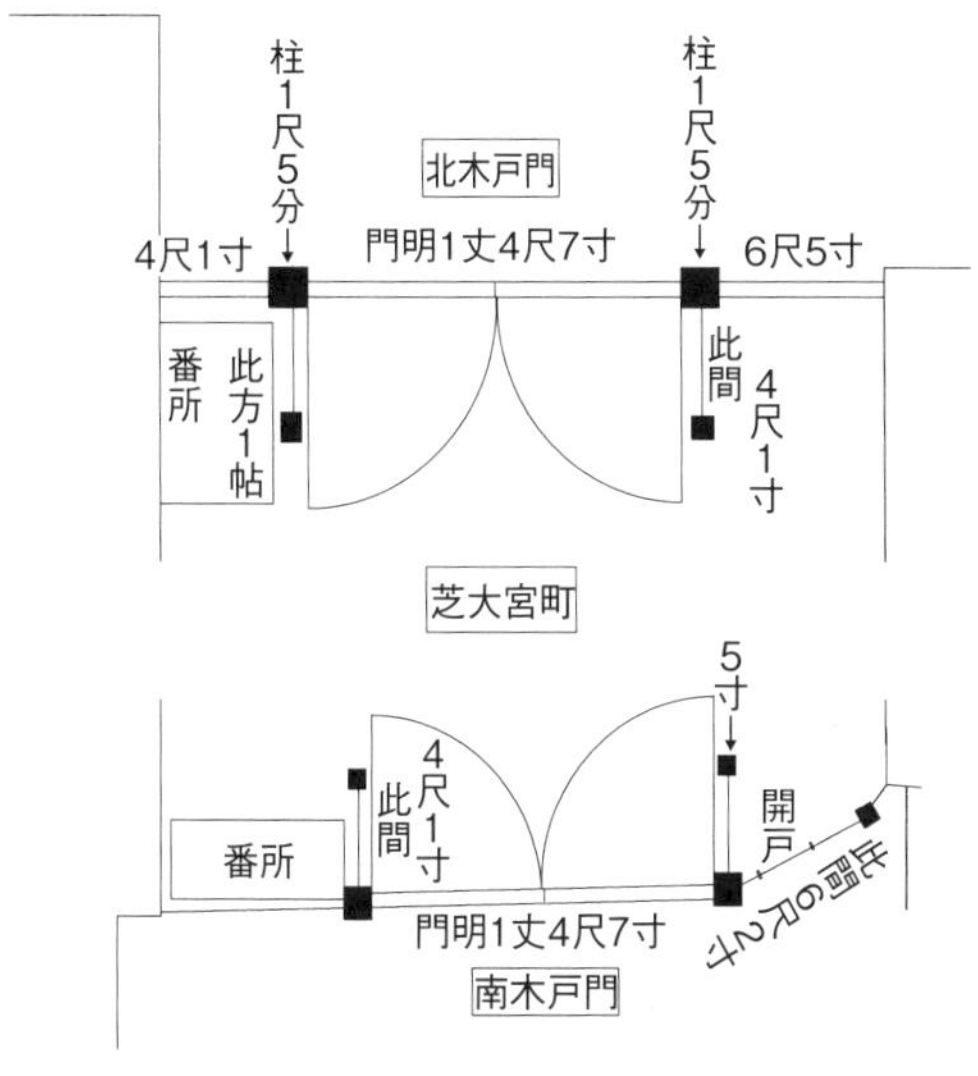

④芝大宮町の南北木戸門

③小結棚町（放下鉾）町会所、1階土間（下）と2階（上）（京都市中京区）

た福長町の『町儀定』には「木戸ひろさ二間、右は宝永五年子の年御定め」とあり、道幅だけでなく、木戸門の2本の門柱の間も2間（約4《メートル》）という基準ができたことがわかる。

もっとも享和3年（1803）に福長町が木戸門を建て直したとき、図面の門柱の間は「柱あき一丈一尺二寸」（11・2尺、約3・4《メートル》）とある。おなじころ上京の芝大宮町は「門明《あき》一丈四尺七寸」（14・7尺、約4・5《メートル》）で建て直しており（図④）、それでも町奉行所の検査に合格した。2間はあくまで基準であり、絶対的な数字ではなかったのである。

◆支配の境界の内側の治安責任

正徳3年（1713）11月、町奉行所は町々の治安維持について、次のように触れる。

・夜に盗人はいり、人をしめ殺し、立ちのき候えども、所のもの等出会い取り逃がし（町奉行は）不とどきに思《おぼ》しめされ候

・隣町へもかねて申合いおき、早速出会、捕まえ候様につかまつるべく候

・盗人と知り候上は、たとえ傷つけ候ても苦からず候間、取り逃し申すまじく候

・近所より出会ず取り逃し候儀、相知れ候はば、年寄・五人組まで急度曲事《きっとくせごと》（罪とする）

強盗殺人犯を取り逃がした町を叱りつけ、傷つけてもいいから捕まえろ、そして町奉行所へ連行せよと命じている。役人が出張ってきていろいろがんばる時代劇とは違い、現実は犯人の逮捕や連行まで、町人の義務だった。ふだんは商売にいそしんでいるのに、である。そして治安維持の責任範囲を示したのが、支配の境界にたつ木戸門であった。

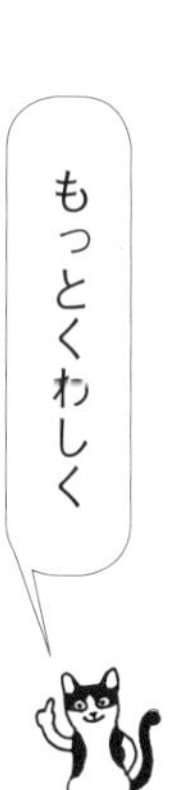

丸山俊明『京都の町家と町なみ』第8章「木戸門がある町なみ」昭和堂、2007

77 瓦葺規制解除

享保改革とならべ瓦葺の登場

宝永大火後も瓦葺禁止は変わらず、まちなみは板葺で復興したが、ならべ瓦葺が発明されて規制も解除。まちなみは瓦葺になっていく。

◆大火後の瓦葺規制

宝永大火後も、火に強い瓦葺は禁止されたままだった。幕府の祖先が決めた祖法だからであり、喜田川《きたがわ》守貞《もりさだ》が「明暦三年大火ありて後、府命（幕府命令）して江戸市民の家に瓦葺を禁ぜらる、当時ようやく瓦葺多かりし也、この時瓦を禁ずるは費《ついえ》をはぶくのみ、防火の是非を論ぜず」（『守貞漫稿《もりさだまんこう》』）と記したように、瓦葺はぜいたくと見なされていた。

もっとも江戸時代前期は全国的に降水量が多く、夏から秋はこけら葺（図①）に苔がつき、雨や夜露、朝霧をふくんでそれなりの防火性能はあった。しかし冬は、比叡おろしでこけら板が乾燥する。燃えやすくなった町家は薪同然だった。

①こけら葺（九条家拾翠《しゅうすい》亭、京都御苑）

◆瓦葺規制時代の瓦葺

喜田川守貞は「貞亨中、河村瑞賢なる者、南新堀に家居す、民家瓦葺禁止の時といえども、瑞賢、地理に秀でて、縷々《るる》功あり、国益として、この家のみ官より瓦葺を許されたり」とも記している。幕府の事業につくした材木商河村瑞賢《かわむらずいけん》は、その功績で瓦葺を許されていた。

京都南郊の宇治でも、元禄11年（1698）の大火後に、茶師頭目《ちゃしとうもく》の宇治代官や茶師の邸宅が瓦葺を許された。瓦葺禁止時代の瓦葺は、幕府との関係を示す、家格表現になっていたのである。

また町人や百姓でも、土蔵の屋根やウダツ、棟には、瓦を許された。土蔵には防火性能が必要だからであり、棟やウダツの瓦は水をはじく性質と重さで板葺の頂点を押さえる役割が認められていた。

その中で、正徳元年（1711）に綴喜郡多賀《たが》村（京都府井手町）の百姓が「門、ほいろ屋（火で茶葉をかわかす建物）共に柱くさり申し候に付、……ひと続きにつかまつり、火用心も無く心元なく存じ奉り候に付、屋根の義、欠けかさね瓦をもって葺き申したく」と京都代官所（農村の建築許可申請を担当）へ申請している。門とほいろ屋をくっつけて瓦葺にすると、立派な長屋門になるのだが（83項①）、防火性能が必要なのは土蔵と同じという理由で許された（宇治の茶師宅の瓦葺も同じ理由の可能性がある）。

◆ならべ瓦の発明

近江国の瓦師、西村半兵衛《にしむらはんべえ》の子孫が天明5年（1785）に記した『西村家由緒書《にしむらけゆいしょがき》』には、初代が秀吉の伏見城築城時に深草瓦窯《ふかくさがよう》へ住みつき、10代が近江へ移って半兵衛を名のり、本瓦葺の丸瓦と平瓦をつなぎあわせて延宝2年（1674）にならべ瓦を発明したとある。

ならべ瓦の必要枚数は、本瓦葺を1とすると、0・42ですむ（図②）。そのため屋根が軽くなり、葺く手間も少なく値段も安くなる。このため宇治の黄檗山萬福寺《おうばくさんまんぷくじ》のように、本堂は本瓦葺で客殿はならべ瓦にする寺院も現れた。町家はまだ瓦葺が禁止されている時代だが、ならべ瓦の発明で、普及の土台ができたのである。

なお、ならべ瓦は桟瓦《さんがわら》ともよび、本瓦葺と同じように下地板に葺土《ふきど》を置いて、その上に葺く（図③左、現代の引っ掛け桟瓦は葺土を置かず、下地桟《したじざん》に引っかけるもので、明治時代の発明、図③右）。

④天水桶《てんすいおけ》
（羽生《はにゅう》ＰＡ・鬼平江戸処《おにへいえどどころ》）

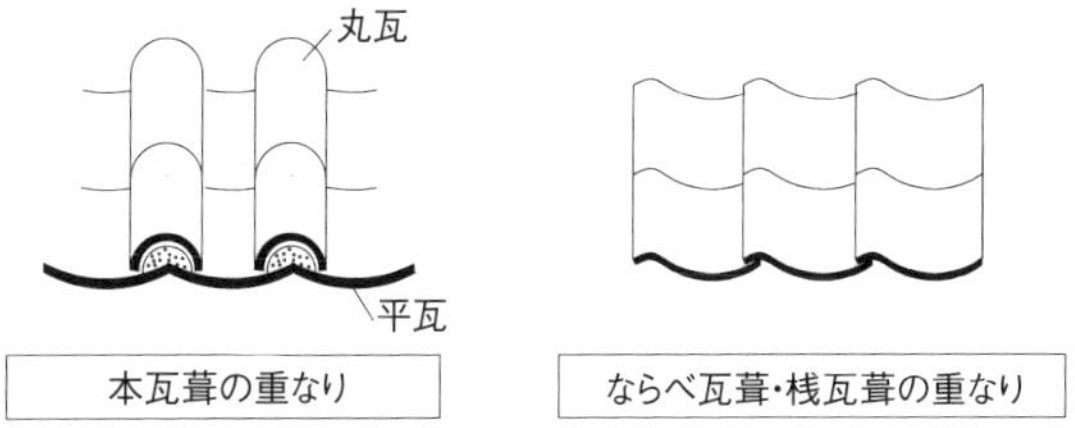

②本瓦葺とならべ瓦葺の重なり

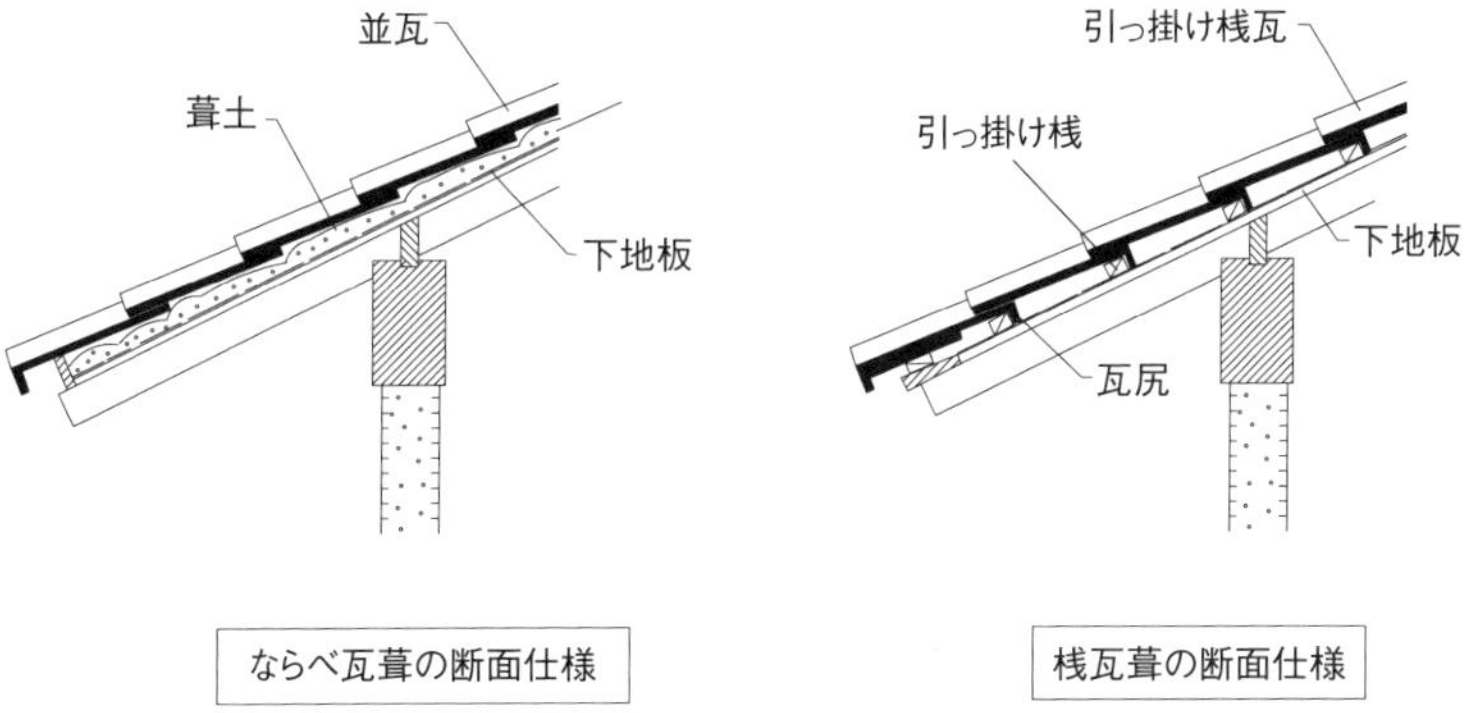

③ならべ瓦葺（左）と引っ掛け桟瓦葺（右）

◆享保改革と瓦葺規制の解除

享保元年（１７１６）に紀伊国主から8代将軍になった徳川吉宗《よしむね》は、江戸の大火を経験した。そこで享保5年（１７２０）2月、江戸町奉行の大岡忠相《ただすけ》が、江戸の町人に瓦葺を打診する。これに町人は「たびたび類焼にて板葺さえおよばず町々多く御座候、ようやく茅《かや》葺に仕り候えば瓦葺仕りがたく……柱、棟木等も丈夫に建て申さず候ては瓦も置かれ申さず」と返答した。構造を丈夫にしなければ瓦葺はむずかしい、今は経済的に苦しいと答えたのである。

ところが大岡は、「町中普請……瓦屋根につかまつり候事、只今迄は遠慮致し候様に相聞き候、向後……普請したきと存じ候者は勝手次第」「出火の節ふせぎ」と触れ、瓦葺規制を解除。翌年から強制に転じる（次項）。そして同じ幕府直轄都市の京都も、同時期に瓦葺が許された。

◆こけら葺の上の天水《てんすい》

瓦葺規制の時代は、京都の板葺の上に消防道具が置かれていた。江戸でも「享保の中頃まで……厚さ五寸七寸のこけら葺、棟に瓦を置き……井筒に天水桶《てんすいおけ》を入れ火たたきをそえ屋根上」（『守貞漫稿』）と記されている。しかし江戸に瓦葺がひろまると、「瓦葺塗家の上」に「差し置きがたい」との理由で、屋根から天水が消えた。

一方、京都では、天和２年（１６８２）8月に町奉行所が「両の木戸際に水溜《みずため》ならびに手桶用意仕置、火之用心堅く仕るべきこと」と命じたので、板葺屋根の天水（防火用水、64項②③）のほかに、木戸門脇に水溜と手桶が置かれた。享保7年（１７２２）2月には「一町に水溜大桶一つずつ、手桶六つずつ、あるいは十相添え、常々水を溜め置き申すべく」と定められた。そして、ならべ瓦葺がひろまって、屋根から天水が消えたとき、手桶を６～10個かさねた路上の水溜桶（用水）が、天水あるいは天水桶ともよばれるようになった（図④）。

もっとくわしく

丸山俊明『京都の町家と町なみ』第2章「桟瓦葺になった町なみからウダツが消える」昭和堂、2007

78 ならべ瓦とウダツ

江戸と京都の違いがうまれる

瓦葺規制の解除後、強制された江戸と強制されなかった京都は、異なるまちなみになる。ウダツも江戸ではめずらしいものになる。

◆江戸の瓦葺は奨励から強制へ

将軍吉宗は、宝永津波の後におこなわれていなかった新田開発を再開。ぜいたくを禁じ、財政建てなおしに全力をあげた（享保改革）。その一方で、ぜいたくとされてきた瓦葺は、江戸の防火性能を高めるため享保5年（1720）に規制を解除した。

享保8年（1723）には、江戸で、葺土を置かず瓦を置いただけにしていた瓦葺を、防火効果なしと叱る。さらに「茅葺、藁小屋、杉皮の分は取払い」と命じ、火事を出した町には瓦葺を強制した。その結果、「厚さ五寸七寸のこけら葺、棟には瓦」（『衣食住記《いしょくじゅうき》』）だった江戸は「享保中にいたり江戸市中民屋に瓦葺を許免ありて今に至る、しかれば江戸瓦葺」（『守貞謾稿』）に変わった。

◆京都の瓦葺規制の解除

同じ幕府直轄都市の京都でも、享保5年（1720）に、大徳寺門前の町人が、ならべ瓦葺にした。享保6年（1721）には、豪商の三井越後屋が、ならべ瓦葺の見積りをとっている。

そして同年9月12日、京都町奉行所は、町家の屋根の葺き方は自由にしてよいと触れた。それから下京中心部では、風よけのウダツをもつこけら葺をそのまま下地にして、葺土を置き、ならべ瓦を葺く町家が増えた（図①）。これにより、ならべ瓦葺とこけら葺が入りまじった。一方、上京は、こけら葺のまま（図②）。当時の町家売買で基準とされた間口1尺の値段を見ると、上京の二条城東側門前の町々は6・2匁。下京中心部は630・5匁で、100倍の違いがあった。そんな価値の高い下京中心部に住む富裕町人は、その経済力で、いち早くならべ瓦葺を取りいれたのである。

なお丹波街道ぞいの亀山藩の城下町（京都府亀岡市）でも、この時期から瓦葺がひろまる。

◆江戸の強制と京都の奨励

享保14年（1729）11月、江戸町奉行所は火事を出した麹町《こうじまち》に、瓦葺の土蔵づくりか塗家を指示したのに茅葺や藁葺、杉皮葺まであるのは許せない、撤去して土蔵づくりか塗家にせよ、と命じた。

一方、京都では享保15年（1730）に、2年続きで火事を出した四条縄手の芝居小屋に町奉行所が瓦葺を指示したが、当座は仮家だから瓦葺にしなくてよいとした。同年8月に焼けた西陣108町の3800軒の町家（西陣焼《にしじんや》け）にも瓦葺を命じたが「当分なりがたき者は、下地《したじ》瓦葺の心得致し、追って瓦葺にすべし」とした。下地とは「瓦葺の下はまず屋根板ぶきにし、この上に土をおき事後に瓦を葺く」（『守貞漫稿』）とあるように板葺、つまり土居葺《どいぶき》。そぎ板に竹釘の姿はこけら葺と同じなので、こけら葺でも瓦葺の準備として許された。

◆天明大火で変わったまちなみ

18世紀後半の絵画史料でも、京都のまちなみは、ウダツをあげるこけら葺と、ならべ瓦葺の町家が入り混じる。そのころ江戸から上洛した二鐘亭半山《にしょうていはんざん》は「町々隣境、梲《うだち》といふものあり」（『見《み》た京物語《きょうものがたり》』）と記した。瓦葺になった江戸のまちなみではウダツが消えていたため、めずらしかったのである。この変化は京都でも天明大火《てんめいたいか》（1788）後に現

①享保期の下京（個人所蔵『洛中洛外図』中屏風［旧鉄斎堂本］）

②享保期の上京（個人所蔵『洛中洛外図』中屏風［旧鉄斎堂本］）

③『三条油小路町町並図巻』東側（京都府立京都学・歴彩館所蔵）リライト（矢印範囲は発掘調査で描写が裏付けられた、『平安京左京四条二坊十六町跡・本能寺跡』国際文化財㈱、2017、担当辻広志［当時］）

れ、文政3年（1820）の『三条《さんじょう》油小路《あぶらのこうじ》町《ちょう》町並《まちなみ》絵巻《えまき》』を見ると、描かれた39軒のならべ瓦葺の町家でウダツをあげるのは3軒しかない（図③の東側1軒、西側2軒）。

実はこの現象は、江戸時代初期の本瓦葺の時も起きていた。そもそもウダツは、板葺を支える棟木や母屋を、両側の壁の通し柱に差し通す（図④）。板葺屋根は軽いから問題なかったが、瓦葺は葺土を置き、瓦を葺くので重くなるので、江戸の町人も「柱、棟木等も丈夫に建て申さず候ては瓦も置かれ申さず」とうったえた。そこで寺社と同じように、棟木や母屋を外壁の先へ伸ばし、下から通し柱で支える構造が登場した（図⑤）。ウダツはなくなるが、重い瓦は風よけのウダツを必要としない。さらに燃えないのでウダツの火の粉よけ性能も不要。壁から伸びた屋根はケラバとなり、外壁を雨から守ることになった。ただし、こけら葺が雨水を吸ってゆるやかに流すのとちがい、瓦葺は勢いよく流す。そこで銅や木、竹の雨樋を付けるのが一般

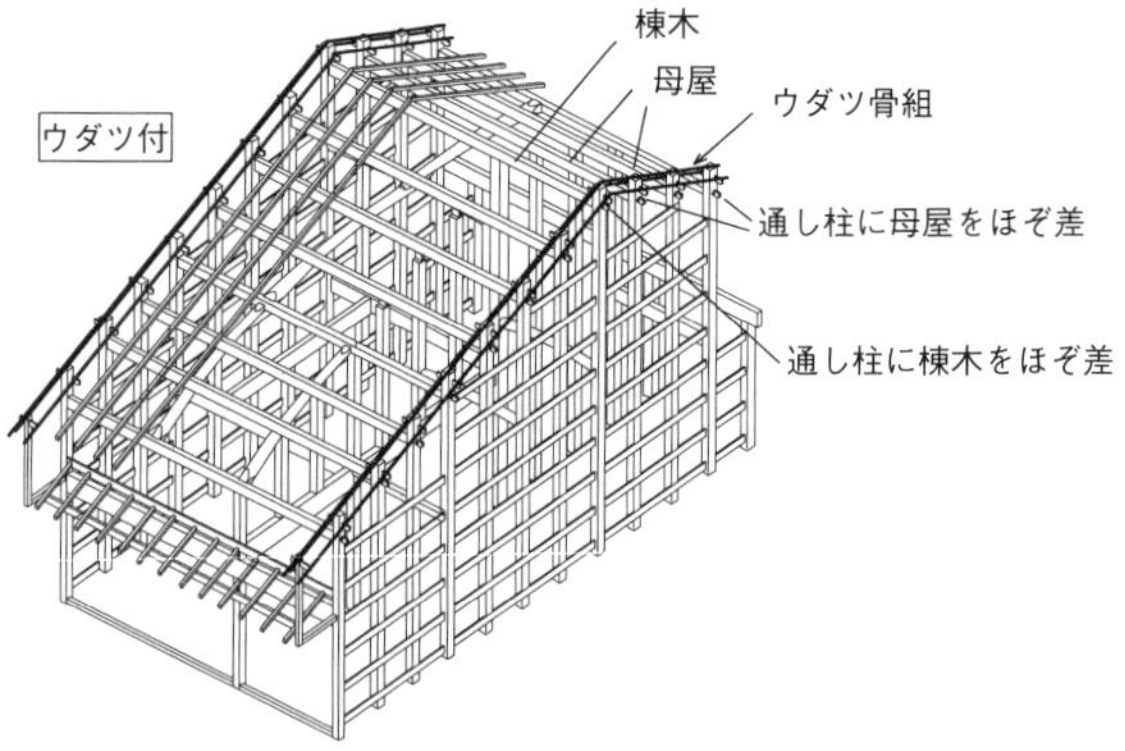

④ウダツがある屋根の構造

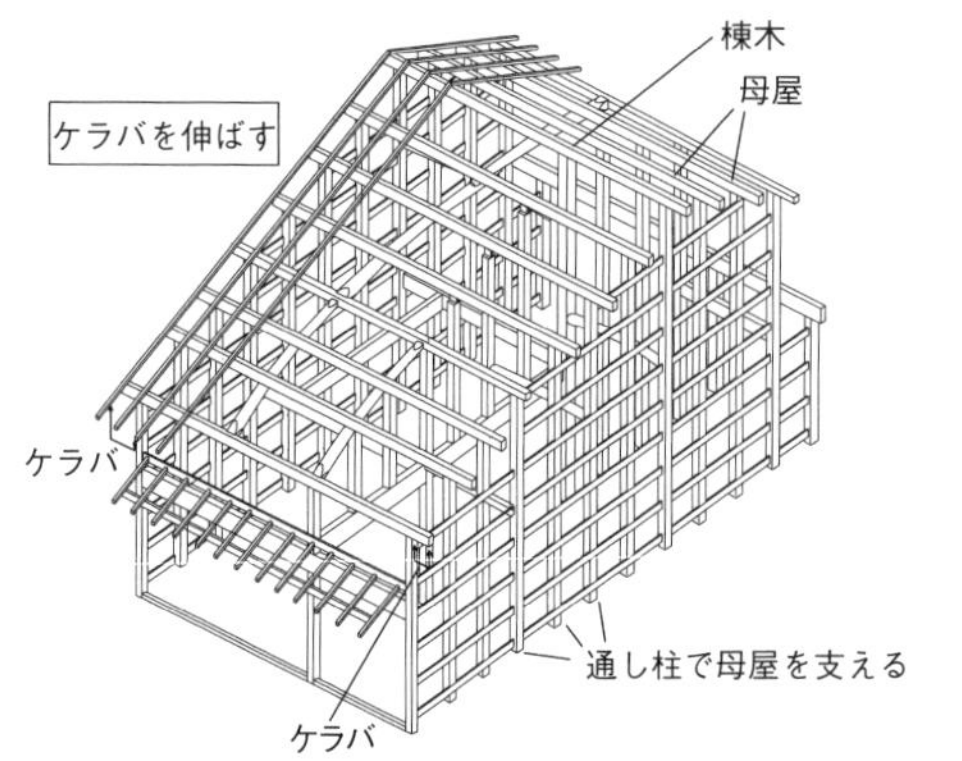

⑤ウダツのない屋根の構造

⑥ならべ瓦葺に金属製の雨樋（左端）が付く四条通（神戸市立博物館所蔵、宝暦９年『「四条橋芝居』伝円山応挙筆）

的になり（図⑥）、雨落溝に導いた。

◆京都の町人の合理性

19世紀、「京師は簡略瓦葺《かんりゃくがわら》（ならべ瓦葺）をもっぱらとし本葺をまれとす、大坂はこれに反し本葺をもっぱらとし、簡略瓦をまれとす」（『守貞漫稿』）となる。大坂（江戸も）では高価な本瓦葺が増えたが（81項②）、京都の町人はならべ瓦にした。

京都は、老舗の家訓に「町家は禄《ろく》（武士がもらう給料）なきものにておのが商売のおかげにて利得を得、今日の渡世をいたす身分なれば格式とてもあらぬ者なり」とあるように、大坂や江戸ほど体裁を気にせず、高価な外観にも執着しなかった。たとえばウダツも、板葺のころは一人前になった証《あかし》としたが、瓦葺には不要となるとあっさり切りすてた。そして瓦葺も、性能が同じなら、値段が安いならべ瓦を選んだのである。

もっとくわしく

丸山俊明『京都の町家と聚楽第』第10章「並瓦葺の普及と卯建の減少」昭和堂、2014

79 木戸門の管理
祇園祭と町の顔

町の木戸門は、町人の生活を守ると同時に、京都全体の治安装置となる。立派な6本構造の木戸門は、京都のまちなみの特徴になる。

◆番人の役割、町の責任

享保6年（1721）5月、京都町奉行所は木戸門の大扉を午後10時に閉め、後は番人が通行人を確認してくぐり戸を通すように命じた。また、火事のときは、火消や町人の避難をさまたげないように、大扉を開け放つことも定めた。

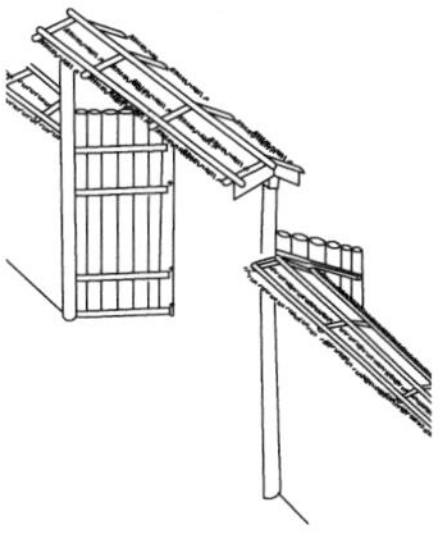

③貫に小屋根の構造

②戦国時代の２本構造

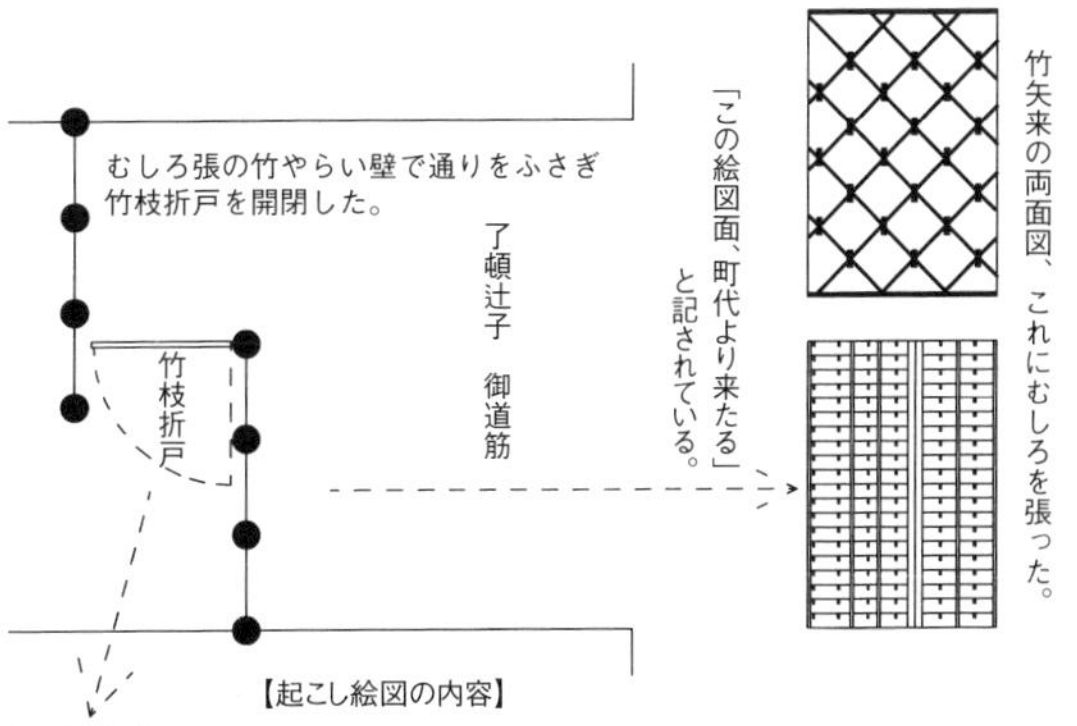

むしろ張の竹やらい壁で通りをふさぎ
竹枝折戸を開閉した。
了頓辻子　御道筋
竹枝折戸
「この絵図面、町代より来たる」と記されている。
竹矢来の両面図、これにむしろを張った。
【起こし絵図の内容】

竹枝折戸の姿

①細い了頓図子《りょうとんづし》（辻子とも）に町奉行所が町代を介して須戸の設置を命じた図（リライト）

享保9年（1724）4月には、大扉閉鎖後にくぐり戸を通る通行人がいるときは、番人が拍子木《ひょうしぎ》を打ち、隣町に知らせる町送りを命じる。

享保16年（1731）3月には、くぐり戸を自由に通らせていて放火された町の町役人を厳しく叱り、番人を処分させた。その町名を町々に触れて見せしめにし、「あやしき体の者徘徊《はいかい》いたし候わば、召し捕りまかり出るべく候」と触れて、不審者の逮捕と町奉行所への連行を義務付けた。このように支配の境界である木戸門の内側は、町に治安責任があり、警察権の執行も許されていたのである。

治安が悪化した幕末には、午後6時の閉門と常時検問を命じ、「万一乱暴におよび、手余り候節は、打ち殺し候ても苦しからず」と触れた。

◆木戸門と町奉行所の関わり

京都の洛中洛外町続き1670町に、木戸門はおおよそ3340基。それぞれ各町の治安装置だが、町奉行所は閉門時間を指示することで、京都全体の治安維持装置に活用した。それを町に管理させるところに、町奉行所の巧妙さがある。

また町奉行所は、町々に木戸門の設置や維持管理を義務付けたが、本格的に建て直すと両門で金70両にもなる。片土間・床上3室の町家が新築できる金額であるが、すべて町の負担。それなのに町奉行所は、建て直しや形状、場所の変更に申請を義務付け、内容によっては工事前と完成後に検査した。職人の選択や用材の程度、樹種にも口をだし、頑丈なものを建てさせた。

修理の場合も、所司代屋敷や町奉行所、大名火消屋敷に車どめ（通行止め札）を申請させ、期間を限ってこれを許した（火消集団の出動の障害にならないように配慮）。

なお修理中は町が板で現場を囲い、町家との間に須戸《すと》を置いた（図①）。須戸とは簡単な小柱を2本掘立て、片開きの竹枝折戸《たりしおりど》を縄で結ぶ仮門である。軒下を貸す町人が管理するので、町から礼金が出た（番人は一時解雇）。

◆木戸門の形式

戦国時代の釘貫は、門柱2本を掘立てにし、土塀とあわせて構《かまえ》にする2本構造（図②）と、門柱の両脇に脇塀を立て脇塀柱2本と門柱2本にする4本構造（57項①）があった。また門柱間に貫を通し、その貫に雨除けの小屋根（尾垂《おだれ》）をかけることもあった（図③）。

ところが戦国末期に上洛する武士が増えると、長い槍の邪魔になるので貫を外した。そして、門扉そのものや脇塀に、雨除けの小屋根をかけるようになった（図④）。

江戸時代中ごろの享保期には、門柱の掘立部分（地中に入る部分）を腐らない石柱とし、上部の木柱と根つぎするようになる（図⑤）。さら

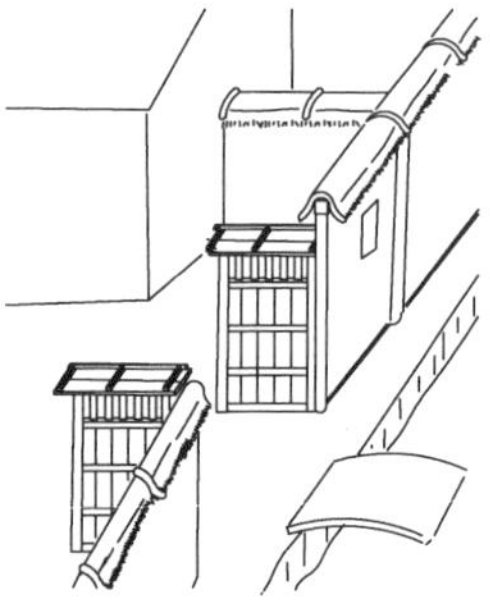

④門扉に小屋根

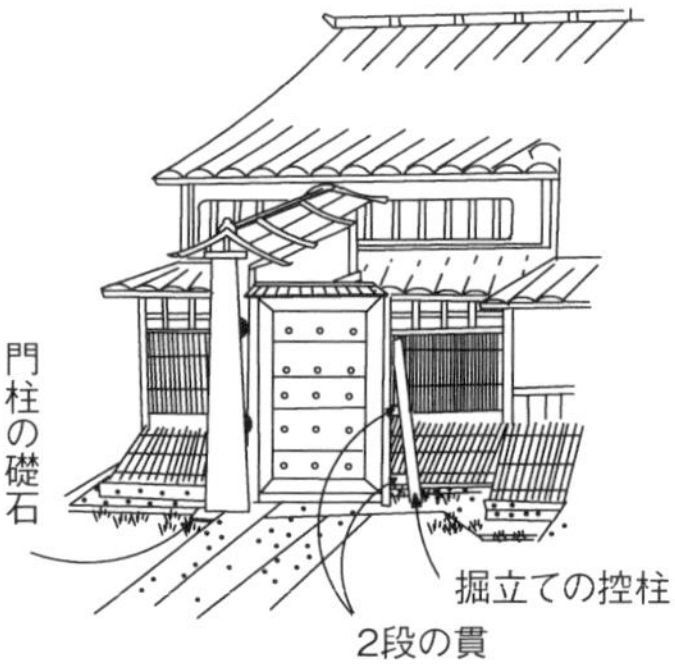

⑥控え柱を貫で結ぶ6本構造
（『百足屋町《むかでやちょう》町並図会』リライト）

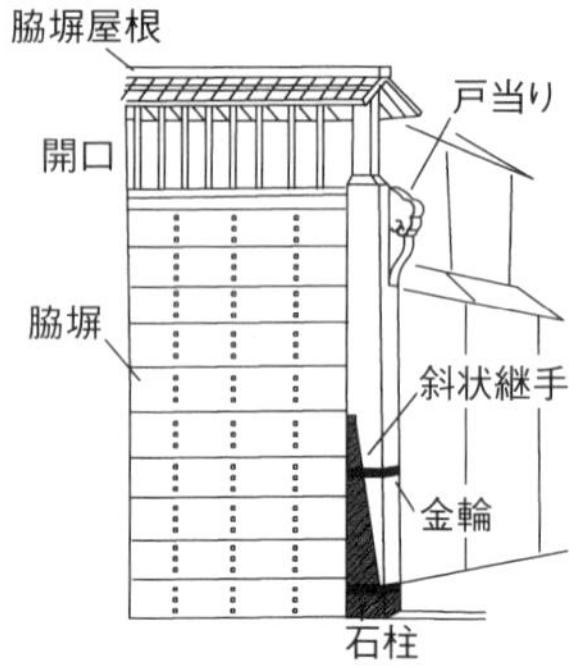

⑤門柱を石柱と根つぎ

⑧函谷鉾町を通り集合場所の鉾の辻（四条烏丸交差点）へ向かう山鉾

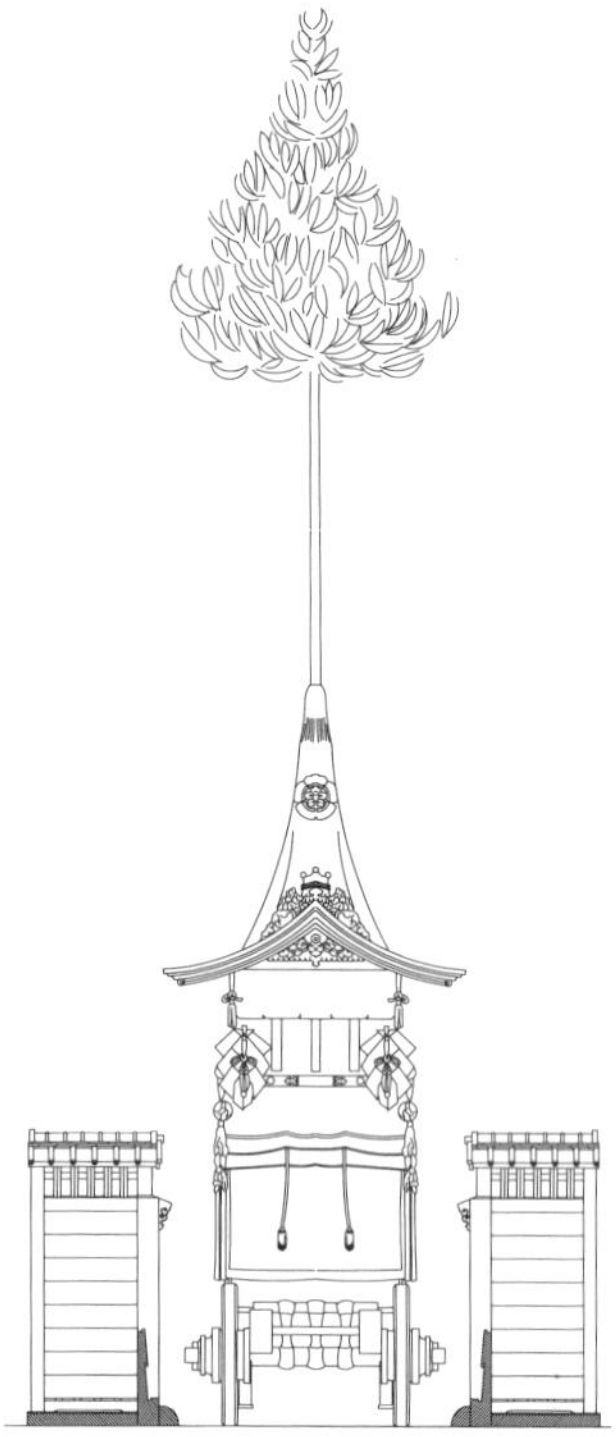

⑦余裕のない木戸門との関係

に門柱の控え柱を掘立て、門柱と貫で結ぶ6本構造があらわれた（図⑥、87項参照）。高価な良材を使う門柱を、礎石柱と根つぎして長持ちさせる一方、控え柱は腐りにくい栗材を掘立てたのである。これが京都の木戸門の完成した姿。全国では板扉や柵門（81項①左端）が多い中、際立って立派であった。

なお、門柱を礎石立にするなどの形式変更も、町奉行所への申請が必要だった。検査を受けるので礼金がかさむから、町々は申請や検査基準がゆるむ大火後をねらって、木戸門の形式を変える場合が多かった。

◆祇園祭と木戸門

立派な木戸門は町の顔。祇園祭で山鉾巡行の経路にある町は朝から木戸門を洗い、清らかな姿で山や鉾を迎えた（木戸洗《きどあら》い）。ただ山や鉾は門柱との間がぎりぎりなので（図⑦）、ぶつかることもある。もちろん巡行する側は挨拶するだけで、修理は木戸門をもつ町の負担。（江戸時代に町家にぶつけられウダツや壁をこわされた町人がごねたおした例もあるが、全山鉾町を敵にまわし、結局謝らされた）。そのような中、巡行が出発する四条通りの函谷鉾町《かんこぼこちょう》は、特に多くの見物人が集まった（図⑧）。同町の雄大な函谷鉾は巡行の目玉だが、町の木戸門に他町の山や鉾がしょっちゅうぶつかった。秒速数メートルとはいえ、数トンの巨体だから掘立柱はぐらぐらになる。そこで明和3年（1766）、巡行当日に限り木戸門の取りはずしを町奉行所から許された。全国的にもめずらしい例で、祇園祭という神事が多くの人々を集めて行われる京都ならではであった。

もっとくわしく

丸山俊明『京都の町家と火消衆』第12章「祇園祭の山鉾巡行と木戸門」昭和堂、2011

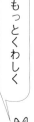

80 消防改革

老中水野忠之《みずのただゆき》の町火消改革

14代所司代の水野忠之が老中となり、吉宗のもとで享保改革の前半を担当。勝手知ったる京都の消防制度も改革する。

◆京都常火消の廃止と譜代藩の京都火消

享保7年（1722）、14代所司代から老中になった水野忠之《みずのただゆき》は、京都の消防改革に着手。まず12年半つづいた京都常火消を、丹波山家藩を最後に廃止。京都常火消屋敷も、ただちに解体撤去した（図①）。

①京都常火消屋敷跡
（旧京都中央電話局上分局）

そして京都の消防を、禁裏御所方火消の兼務とする（京都火消《きょうとひけし》）。譜代4藩が参勤中の2藩と在所の2藩に分かれ、在所中の2藩が月番交代で上洛。京都藩邸（図②）に入ってつとめるので、月番御火消《つきばんおひけし》ともよばれた。

消防担当地域は、それまで公家町が基本であったのが、京都（北・東・南側は洛中洛外町続きの外縁まで、西側は二条城西側の三条台村などもふくむ御土居まで）にひろがった。

ただし、体制は郡山藩と淀藩は300人、膳所藩と亀山藩は250人のまま変わらない。出動のときは1番手と2番手に分け、1番手が町の火事場へむかうと、2番手は公家町の近くで待機。禁裏御所の消防を本来任務とした。このため、町奉行から鴨東へ出動を命じられた2番手が拒否した藩もあったが、所司代から町奉行の指揮権優先とされた。

18世紀末に藩主が上洛しなくなり、家臣の任務になるが、大火のときは在所から藩主が3番手を率いて急行。参勤中2藩の留守番も上洛して騎馬150、総勢3千人になった。

◆町火消の強化

老中水野は、町奉行所役人が指揮する町火消も改革する。それまでは、御土居の内側の洛中農村だけでなく、一部の洛外農村にも出動していたが、洛中洛外町続きまでの出動に限った。

また、火事場周辺の2町四方の町々に、1町あたり人足4人と町役人1人の出動を命じ、15軒以下の町は人足3人と町役人1人とした。この2町四方は、隣町とその隣町ではない。火事場を中心に240㍍四方の町を指し、近隣の二十数町から町火消100人が予定されていた。

なお、町外から雇った者を出すのは禁止。家主や番頭、手代、そのほか町内で雇った町人が町火消となった。諸役免除の町人も町火消の出動義務はまぬがれないとされた。

◆消防に対する町の意識

町が持参する消防道具は、長ばしごを3挺《ちょう》と大桶1個、手桶6個から10個。木戸門脇に火たたき5本、町会所にむしろ5枚を準備させ、各町家に手桶か水籠2つを用意させた。

享保7年（1722）1月と11月、所司代‐町奉行所体制は、火事を消した町人にほうびをあたえた。京都常火消が到着したときは残り火だけ。町人の消防能力は確かだった。町は、町内で交代して町火消の出動に備え、寄合はもちろん、葬式も出席させずに待機させる町もあった。

また、町火消のほかに、公家町周辺（南北は今出川通〜二条通、東西は室町通〜鴨川西岸）の約120町は、禁裏御所がある築地之内の火事に出動義務があった。二条城も、周辺の町々に出動義務があった。このため、東は烏丸通り、西は堀川通、北は下長者町通、南は御池通がかこむ町々は、この両方と町火消の出動義務が重なり、あてにされていた。

◆寺社火消解体後の妙法院火消

この消防改革まで、寺社境内の町人は町火消へ出動せず、各寺の坊官《ぼうかん》（寺社の武士）が指揮する寺社《じしゃ》火消《ひけし》となっていた。これに老中水野が町火消への出動を命じたので、寺社火消は消滅したが、東山の妙法院だけは境内の72町のうち33町から3人ずつ、合計99人を町火消へ向かわせる一方、残る39町から3人ずつの117人を妙法院火消《みょうほういんひけし》（図③）とし、坊官が指揮を続けた。町奉行所は、老中の命令だからと、妙法院境内全町に町火消への出動をうながしたが、朝廷と関係が深い門跡寺院《もんぜきじいん》の妙法院は、朝廷に口ぞえを求めてはねつけた。老中の命令が徹底されないという異常な事態は、朝廷が存在する京都ならではのことだった。

③三十三間堂上の妙法院火消
（『諸国図会年中行事大成』臨川書店、2003より転載）

◆町火消への指弾と実態

町火消は、水くみなどが基本任務だったが、享保9年（1724）7月に町奉行所は、屋根上の危険作業も命じた。その一方で、町奉行所が火消人足をやとえば町火消は廃止できる、その費用を出さないかと町々に打診してきた。火事を消した町人が町奉行からほうびをもらうことが多かったが、享保18年（1733）や元文5年（1740）にも、町奉行所は町火消が火事場で逃げ隠れすると指弾し、同じように訊いてきた。

しかし、寛延3年（1750）8月26日に雷火で二条城天守閣が焼けたときは、町火消が城内に入って奮闘。火事場周辺から集まる彼らは、藩邸から来る（はずの）京都火消とくらべて即応性が高く、各地の小火《ぼや》を消しとめる経験を重ねて消防能力もあり、頼りにされていた。そんな町火消を証拠も示さないまま指弾するのは、消防熱心な13代所司代が宝永4年（1707）に始めたことだが、いくら指弾を繰り返しても、実感がない町人には説得力を欠いた。それに町奉行所が専門人足を雇っても、町奉行所から出動して京都全域の火事に間にあうとは思えず、町々は負担する気にならなかった。

◆江戸の喧嘩と京都の助け合い

江戸と京都、どちらにも町火消があったが、気風に違いがあった。江戸はいろは47組（のち48組）や隅田川東16組など1万以上の町火消がいて、鳶職と兼業が多く、武士以上の消防をした。ただし気が荒いから火事場で喧嘩が絶えない。主犯を見分けるため、江戸奉行所は組ごとに異なるかたちの大まといを決めさせたが、かえってその下で盃をかわす侠気集団になってしまい、町の兄貴分としてちやほやされた。

一方、京都の火事場は、町内や近所から顔見しりが集まる。おたがい助けあう中で、無益な喧嘩はやらないし、消してしまえば何事もなかったようにふるまう。それが京都の粋《いき》だった。

もっとくわしく

丸山俊明『京都の町家と火消衆』第6章「妙法院御火消という寺社消防の実態」昭和堂、2011

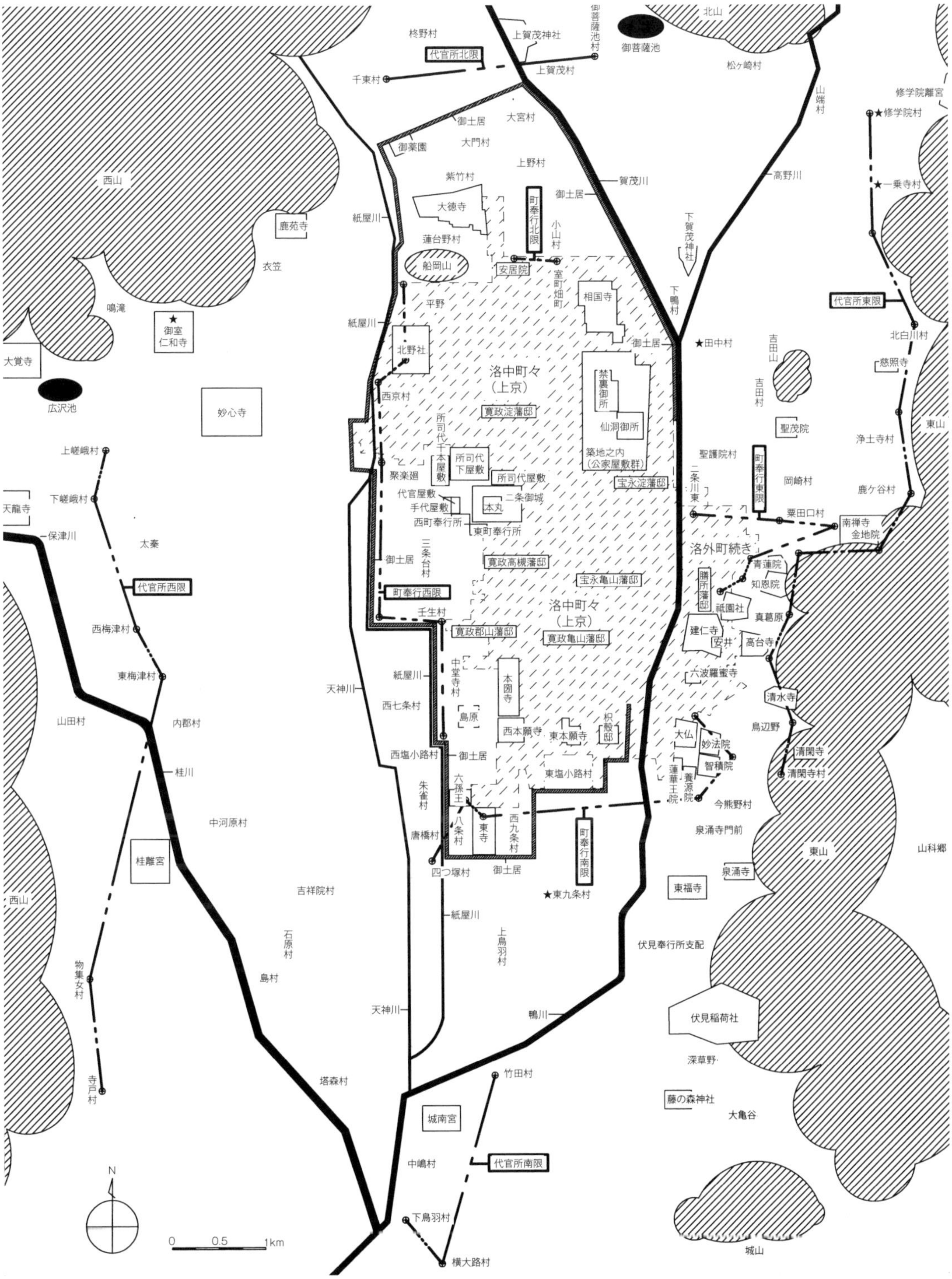

②宝永大火後と天明大火後（寛政期）の譜代藩邸と町奉行所（町担当）・代官所（村々担当）の消防出動範囲。
範囲外は百姓の自主消防（失火報告業務はあり）

第九章

町人がまもるまちなみ

天明大火のようす（新撰京都叢書第10巻『花紅葉都噺』臨川書店、1985より転載）

81 都市防火

江戸と京都のまちなみが違ったわけ

江戸は土蔵《どぞう》づくりや塗家《ぬりや》で豪壮なまちなみになったが、都市の防火政策が違う京都は、天明大火の後も真壁であった。

◆土蔵づくりの強制と江戸のまちなみ

江戸町奉行所は享保6年（1722）から、出火した町に土蔵づくりや塗家の強制を繰り返した。

延享元年（1744）4月の触書には「近年多くは土蔵づくり」とあり、宝暦5年（1755）7月にも「裏屋そのほか少々の物置等まで塗家」を指示。「不丈夫なる家造りいたし候者共は早速追い立て」と命じるなど無慈悲な強制を続け、江戸は「火の用心に瓦葺となり、塗家造りに替れり」（『守貞漫稿』）となった。

さらに明和《めいわ》9年（1772）の目黒《めぐろ》行人坂火事《ぎょうにんざかのかじ》や、文化《ぶんか》3年（1806）の丙寅大火《へいいんたいか》で焼けた町々にも瓦葺の土蔵づくりを指示。「諸所に瓦葺、庇上を塗篭《ぬりごめ》たる」（『守貞謾稿』）となる（図①）。

①文化2年（1805）ごろの江戸（浅野秀剛・吉田伸之編『大江戸日本橋絵巻――『熙代勝覧《きだいしょうらん》』の世界』講談社、2003より転載）

◆京都の町人に示された江戸の触書

京都町奉行所も享保9年（1724）正月に「町中家〃ならびに表裏借屋まで、かまど、へっつい、いろり、惣じて火所相改め、不たしかに候分は塗り直し」と命じたように、土壁で塗りごめた建物の防火性能は理解していたが、土蔵づくりや塗家を強制することはなかった。

天保13年（1842）7月、町奉行所は同年4月の江戸の触書を、京都の町人に示す。

……町々家作の儀、土蔵づくり、塗家等に致すべきの旨、先年より度々《たびたび》相触れおき候処、年暦を経、忘却致候向きもこれ有か、近年塗家づくり等はまれにてこけら葺多く、出火の節、消防の爲よろしからず候間、以来普請修復等の節、前々申し渡しおき候通り、土蔵づくり、塗家に致すべく候……

これは京都の触書として、土蔵づくりや塗家を記した最初のものだが、実は天保改革《てんぽうのかいかく》を進める老中水野忠邦《みずのただくに》の、江戸での都市政策を京都の町人に知らしめたものだった。そして末尾に次を書き加えた。

……当地（京都）の儀は、出火沙汰も無数に候え共、土蔵づくりならびに塗家等にいたし候儀は勝手次第（自由選択）に致すべく候……

つまり、京都では自由選択の対象としたのである。

◆勝手次第の触書をだした理由

京都町奉行所が、わざわざ土蔵づくりや塗家は自由だと触れた理由は、町々が町式目に表蔵禁止を定めていたからであった。江戸時代初期のぜいたく禁止にもとづく命令を、町式目に書き残したものである（62項参照）。このため町人が土蔵づくりや塗家を建てられないと考えた町奉行所は、江戸での強制を伝えた（大坂では塗家が多かった、図②。

しかし、いくら防火性能があると言っても、絶対に火事を防げるわけでもなく、なにより建築費用が高い。そこで京都の町人は、町式目に残る表蔵禁止やまちなみ均質化命令をたてにして、土蔵づくりや塗家を建てようとしなかった。

だから京都は、中世以来の真壁《しんかべ》（壁が薄く柱が露出）のまちなみで変わらなかった。同じ幕府直轄都市の江戸と京都が、土蔵づくりや塗家の有無という点で異なるまちなみになった理由は、両都市の建築行政・都市防火政策の違いであった。

幕末に上洛した水戸藩士の石川《いしかわ》明徳《あきのり》も、京都の印象を「富家大商《ふかだいしょう》といえども、塗家などにて大廈高楼《たいかこうろう》（大きく高い建物）を構え、あるいは表へ土蔵（づくり）を高大に建ておく者などはこれ無し……いずれも平常の家作、塗家など目立つ普請これなく」（『京都土産《きょうとみやげ》』）と記している。

②大坂《おおざか》に多かった塗家（大阪市天王寺区の花月庵）

◆江戸の強制の終わりと近代の土蔵づくり

弘化《こうか》2年（１８４５）5月、江戸町奉行所は、2階だけ塗りこめる塗家を、防火上意味がないとした上で、1階まで塗る完全な塗家を「無理に取建」しなくてよい、町人の自由と触れた。これにより、享保6年（１７２１）から１２４年間続いた江戸の土蔵づくりや塗家の強制が終わる。嘉永《かえい》5年（１８５２）には「すたれて新造の宅もこれを用いず」と記されており、強制が続いた江戸でも必然的なものにならなかった。

③佐原《さわら》の土蔵づくり
（千葉県佐原市、別冊太陽『日本の町並み』Ⅲ、平凡社、2004より転載）

しかし、建築費用の問題はあっても、防火性能は確かに高い。断熱性もよく快適。その意味で日本の町家建築がたどりついた、技術的頂点であった。

④倭町《やまとちょう》の土蔵づくり
（栃木県栃木市、別冊太陽『日本の町並み』Ⅲ、平凡社、2004より転載）

明治時代になると、東京の土蔵づくりへのあこがれや都市防火政策から、関東一円から北陸、東北にも土蔵づくりがひろまる（図③④）。東京では明治10年（１８７７）に銀座にレンガ街ができたが、断熱性が低く、窓も小さく蒸し暑いので人気はなかった。明治14年（１８８１）の東京防火令《とうきょうぼうかれい》で、中心部の家は煉瓦造・石造・土蔵づくりの中からどれかを選ぶことになったが、土蔵づくりが一番人気だった。

ところが、大正12年（１９２３）9月1日の関東大震災《かんとうだいしんさい》で多くが倒壊。残ったものも、昭和20年（１９４５）に１００回をこえたアメリカ軍の無差別爆撃で、ほとんどが消えた。

もっとくわしく

丸山俊明『京都の町家と町なみ』第3章「京都の江戸の町なみが違ったわけ」昭和堂、２００７

82 百姓家②

変わりはじめた京都近郊の民家

享保期に鴨東《おうとう》の新地《しんち》の町家が変わりはじめ、生産力が向上した農村も民家型式が変わる。

◆鴨東の新地の町家の間取り

江戸時代前期に、鴨東《おうとう》（鴨川の東側）の寺院の境内や街道ぞいが開発されたのが新地《しんち》。ここに住む町人は領主へ税をおさめ、町家の建築許可申請（65項参照）もおこなった。開発直後は2世帯が入る中土間式《なかどましき》や棟割長屋など、型にはまらない間取りが多かったが、江戸時代中期の享保期には、洛中と同じ片土間・床上3室や表屋造りが増えはじめた。

◆変わりはじめた百姓家

享保期ごろ、各地の農村の生産技術が向上した。年貢以外の作物がつくれるようになり、京都や城下町、街道ぞいで売った。代金の貨幣が農村へ流れこみ、これを元手に、金融業を始める百姓も現れた。彼らは新興の富裕層として、村内での発言力を増し、それまでの上層農民にとってかわった。百姓家の建て変えが進み、分家《ぶんけ》も増えて、間取りが変化する機会になった。

◆北山型の変化

北山型（59項参照）分布域の北山地方は、林業がさかんな山村だったが、稲作がひろがり農村化した。これにともない、板壁で妻入だった北山型は、土壁で平入になっていく（図①②、同時期に北船井型も平入の整形4間取りになる）。

分家も増えるが、藩の梁間《はりま》3間《けん》規制《きせい》（梁の長さを3間、約6メートルにかぎる建築規制）で、新築は規模が小さくなった（規制前からあった百姓家は4間、約8メートルの梁が多く、建て直しの際も許された）。閉鎖的寝室のナンドは開放的になり、入口の敷居を高くするナンド構え（図③）は減った。

◆岩倉型のオウエと床几《しょうぎ》

京都盆地の北隣りの岩倉盆地の岩倉型（59項参照）は平入・床上4室で、土間ぞいの表を居間食事のダイドコ、土間ぞいの奥を寝室のナンド、土間と反対側の2室は続き座敷にしていた。ところが19世紀に、土間に床几《しょうぎ》（図④）が現れ、その周辺に居間・食事機能がうつった。ダイドコは日常接客用のオウエになり、岩倉型は床上4室のうち3室が接客用という、特異な間取りに変わった（図⑤右）。

①平入化した北山型（京都市左京区広河原）

③ナンド構え（京都市左京区岩倉）

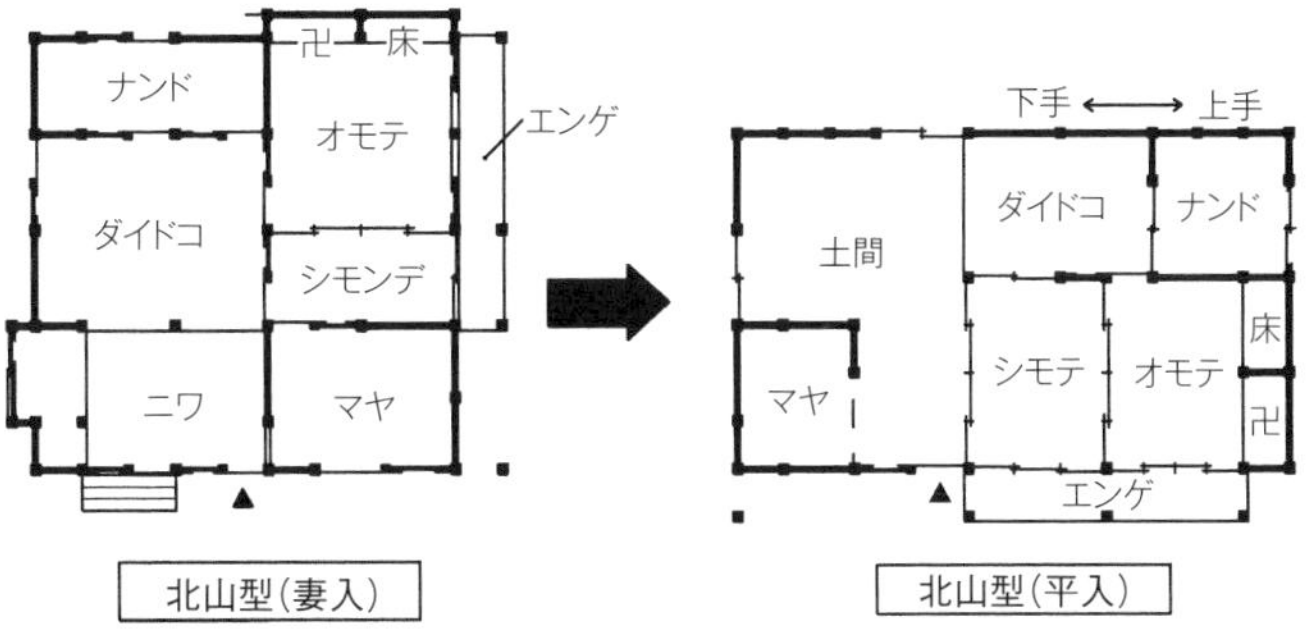

②北山型の平入化（室名は多様）

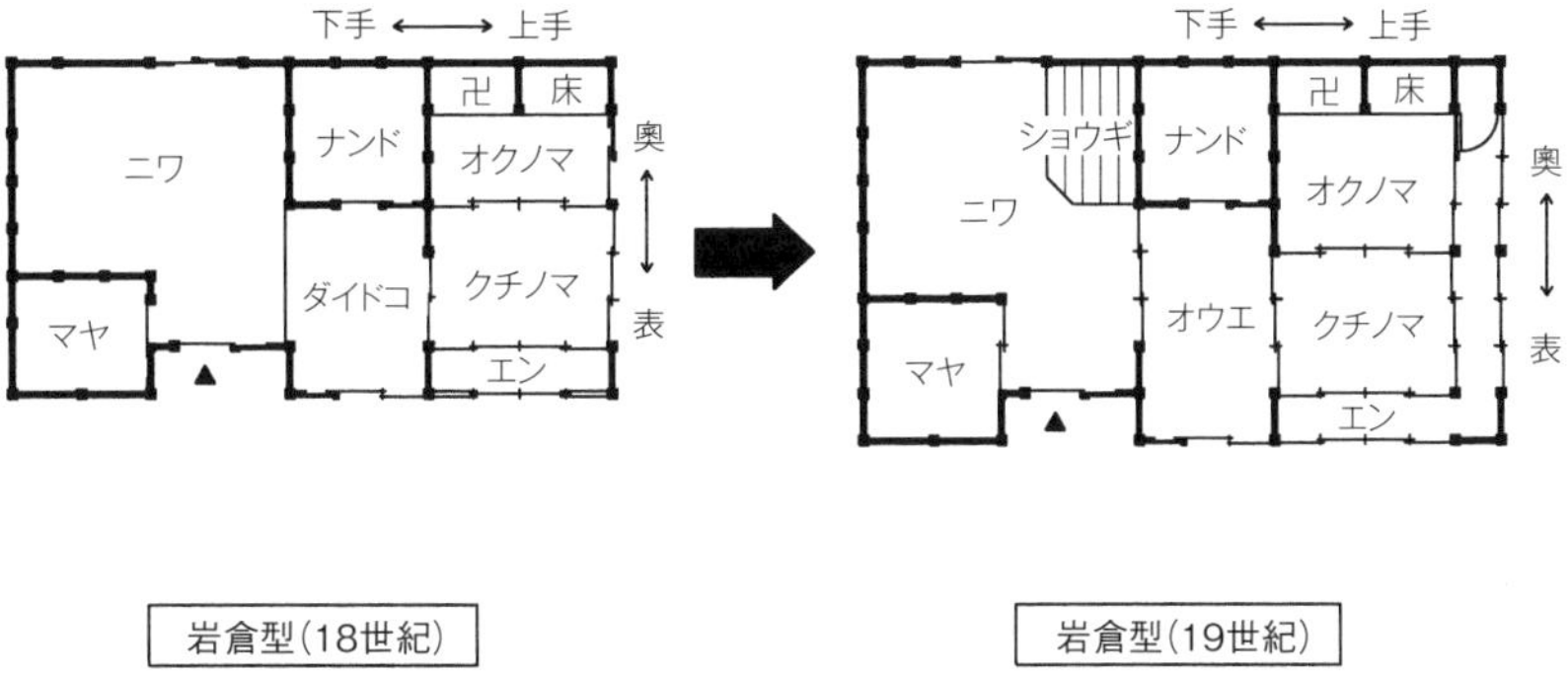

⑤岩倉型の床几《しょうぎ》登場（室名は多様）

⑥丹波街道ぞいの妻入町家
（京都府京丹波町須知《しゅうち》）

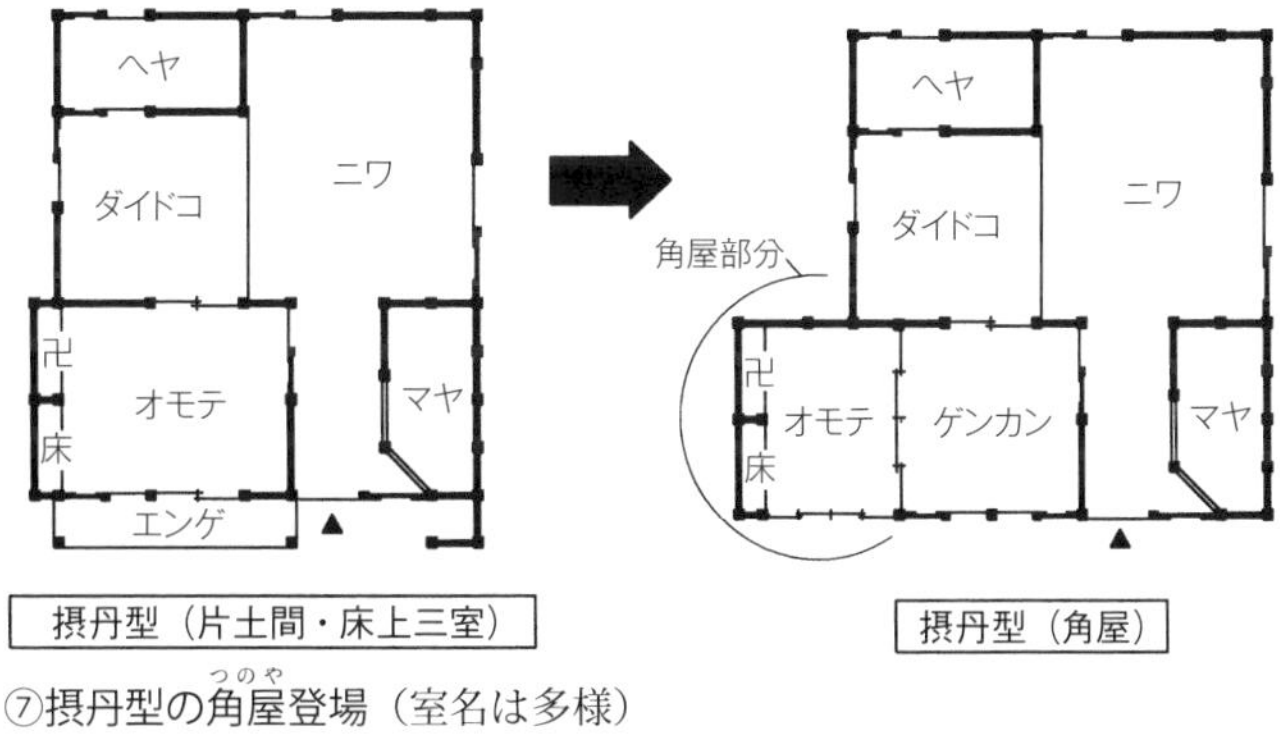

⑦摂丹型の角屋《つのや》登場（室名は多様）

⑧入母屋に破風をあげる角屋造り
（右にのびるのが角屋、藤田元春『日本民家史』刀江書院、1967より転載）

④岩倉型の床几と土間の食事机（右端）
（京都市左京区岩倉）

◆ならべ瓦葺の妻入町家

京都から西へ行く丹波街道ぞいは、草葺入母屋の摂丹型分布域（59項参照）である。この地域の亀山藩や園部《そのべ》藩、篠山《ささやま》藩は、寛文8年（1668）に「庄屋・百姓共、今より以後、その身に応じざる屋作仕《つかまつ》るべからず、ただし道筋の町家・人宿つかまつり候所は格別」（『丹波《たんば》誌《し》』）とし、街道ぞいの町家を特別扱いにした（大名は藩内の行政・司法権を持ち、建築行政も幕府直轄都市と同じではない）。城下町の町家も同様で、徳川政権が瓦葺規制を解除した享保期（1720年代）から、草葺入母屋だった町家は、ならべ瓦葺に変わる。ただし、瓦は重いので、それまでの入母屋では隅が支えられないから切妻《きりづま》にした。水切庇《みずきりびさし》も付けた瓦葺の妻入町家《つまいりまちや》（図⑥）である。

開放的だった1階の表構え（59項①）も、京都の町家と同じ仕舞屋風《しもたやふう》（格子戸をならべて商売を終《しも》うたように見せる、京都でも増加）になった。

◆摂丹型にあらわれた角屋造《つのやづく》り

摂丹型分布域の百姓家は、表から接客用座敷のオモテ→居間食事のダイドコ→寝室のヘヤをならべる片土間・床上3室だったが、享保期に、オモテの側面に座敷を付けて続き座敷にする百姓家が現れる（図⑦⑧）。屋根の片方側面が伸びるので、角屋《つのや》づくりとよぶ。さらに、床上を2列ならべて平入とし、京都の町家のような姿になる百姓家が19世紀に現れた（83項⑤）。

◆摂丹型や北山型の破風志向

摂丹型や北山型、北船井型分布域の百姓家は、草葺入母屋に破風をあげたいという気持ちが強かった。城下町の町家も同じだったが（59項①）、ならべ瓦葺の切妻屋根として壁に白《しろ》漆喰《しっくい》を塗ったとき、妻入町家の破風《はふ》は消えた。これに対し草葺入母屋の百姓家は、破風をのぞみつづけた。

寛政《かんせい》2年（1790）8月、篠山藩主から亀山藩主に変わった松平信道《のぶみち》が「村方《むらかた》（村内）において破風あげ候わば、庄屋・肝煎《きもいり》・五人組頭（村役人）はもちろん村方の者熟議をとげ、さわり候筋これ無く候わば右村役人共……印形差し加え、破風あげ候本人より（藩へ）願い出るべく候、右印形相揃わずにおいては願い取りあげるべからず」と触れた。

さらに「これまで破風あげまかりあらざる者はもちろん、破風あげきたり候筋目《すじめ》の者といえども、願いも致さず破風あげ候わば、破風取りおろさせ」と命じたように、各藩は身分表現となる破風に厳しかった。それでも新興富裕層の百姓は、たとえ藩への礼金が新築1軒分になっても、破風をあげたかったのである。

丸山俊明『京都の町家と町なみ』第4章「京都の町家と梁間規制」昭和堂、2007
同『京都の町家と聚楽第』序章「京都府の町家と百姓家に七つの型式」昭和堂、2014

83 農村行政

年貢よりも運上金となった時代の建築行政

年貢よりも商業資本からの運上金が重要になり、京都から遠い農村の建築行政が領主にまかされたとき、建築規制は多様になる。

◆南山城4郡の百姓のうったえ

南山城《みなみやましろ》4郡の村々の百姓家の建築は、京都代官所《きょうとだいかんじょ》の役人や地頭《じとう》（在地領主）が巡回して、確認していた。

ところが、8代将軍吉宗が、年貢を増やすのを目的にして享保改革をはじめる。そこで所司代‐町奉行所体制は、百姓に町奉行所へ申請させ、農地が減らないことを直接確認することに決めた。享保11年（1726）に宇治郡《うじぐん》山科郷、享保18年（1733）に綴喜《つづき》郡・相楽《そうらく》郡・久世《くぜ》郡の村々へ、町奉行所への建築許可申請を命じた。

①林村宇兵衛家の長屋門
（京都府木津川市、先代当主小林凱之氏）

②林村宇兵衛家の主屋
（小林家住宅、南山城型、非公開）

京都へ出向く申請は、いそがしい百姓には大変で、完成しても検査を待つ間は使えないなどの不便もあり、4郡の村々は元にもどしてほしいと訴えたが、聞き入れてもらえなかった。

そのころ全国では、厳しくなった年貢取りたてに反発した百姓が暴力的な一揆を起こしていた。しかし南山城4郡の百姓は、集まって相談（郡中議定《ぐんちゅうぎじょう》）を重ね、破滅をまねく一揆はさけながら、それぞれの領主を通じて三十数年も訴え続けた。

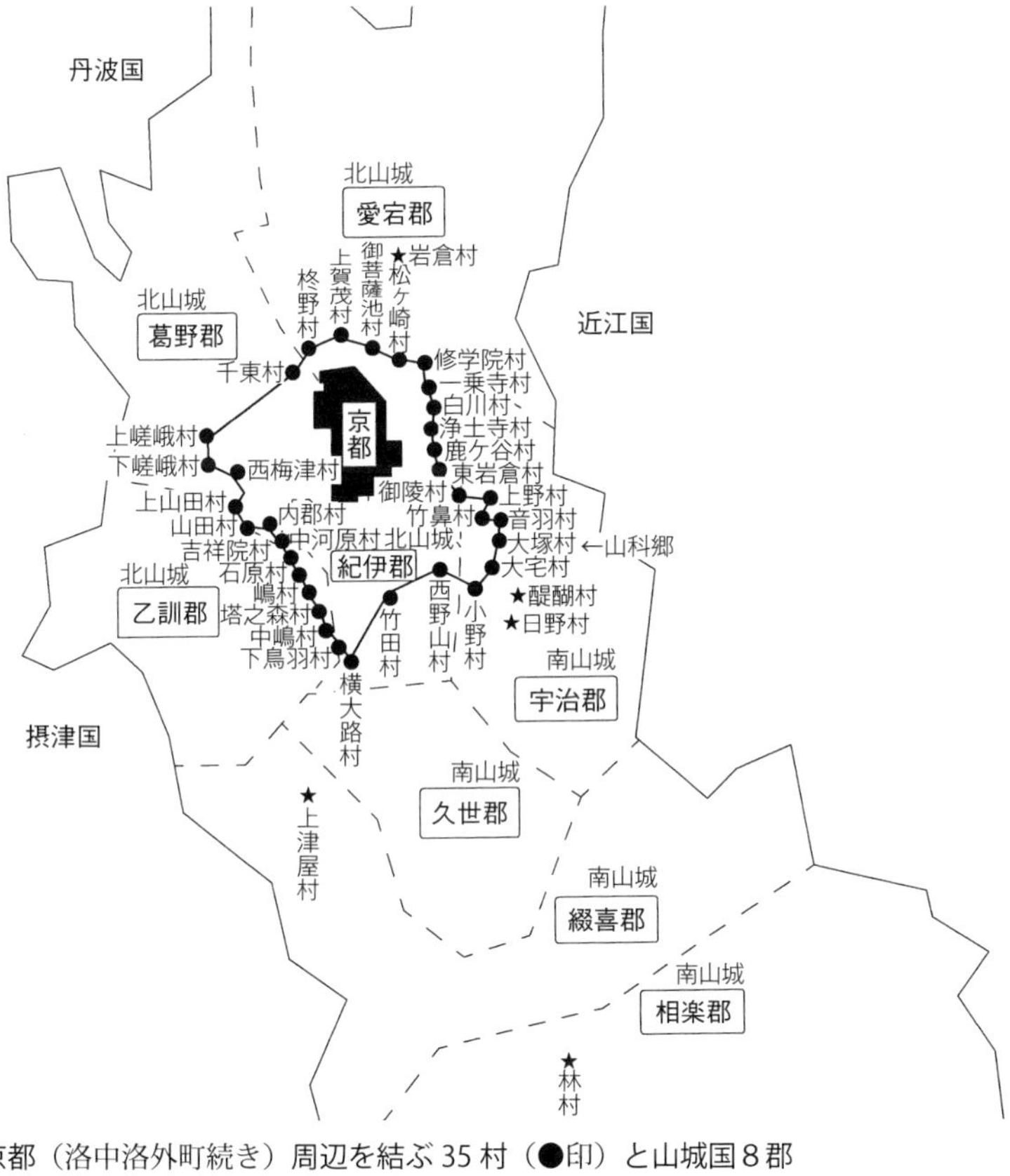

③京都（洛中洛外町続き）周辺を結ぶ35村（●印）と山城国8郡

その間、幕府は、米の生産量が増えても値段が下がるだけで、収入は増えない状況に手をやくようになる。そこで、商業資本に目を向け、業種ごとに特権的な仲間組合をつくらせた。そこから御用金《ごようきん》や運上金《うんじょうきん》を取るようになり、財政が改善した。

これにより百姓から取りたてる年貢への依存度は減り、明和4年（1767）12月26日に東町奉行石河政武《いしこまさたけ》は、南山城代表の上津屋《こうづや》村の伊右衛門《いえもん》や林《はやし》村の宇兵衛《うへえ》（図①②）らを東町奉行所へよびだす。そして村々の建築は代官所や地頭の担当にもどすと告げ、山城国全域にも触れた。

◆洛中洛外の線引きと多様化する建築規制

このとき所司代・町奉行所体制は、京都周辺の35ケ村（図③）を結び、その外側を遠在農村、内側を行政上の洛中洛外とした。遠在農村には綴喜郡、相楽郡、久世郡もふくまれており、この地域は代官所や地頭の建築行政にもどされた。一方、内側の洛中洛外は町奉行所の扱いに残した（宇治郡山科郷は町化が進んでいたので、町奉行所の扱いのまま）。

その後、町奉行所の扱いとなった京都近郊農村や洛外町続きの町々は、所司代‐町奉行所体制の目が行きとどき、建築規制も京都支配機構の末端の町役人によって守られていた。

一方、遠在農村は、朝廷領や天領《てんりょう》（幕府直轄領地）は代官所が、畿内諸藩の領地や旗本領は現地の地頭が建築行政をおこなった。1村に20人以上の領主がいる相給農村《あいきゅうのうそん》もある中で、領主がそれぞれおこなう建築規制は多様になっていった。

明治20年（1887）に京都府が農村調査した『町村沿革調《ちょうそんえんかくしらべ》』には、明和4年以降に多様化した江戸時代の建築規制が記録されている。

①宇治郡《うじぐん》から抜粋：醍醐寺《だいごじ》は醍醐《だいご》村《むら》や日野村《ひのむら》の百姓家に破風や門づくりを禁止。門前や法界寺《ほうかいじ》(日野薬師）門前の町家には「二階座敷作り、銅戸樋等、そのほか座敷むき過当の物数寄《ものずき》、堅く停止」と命じ、2階座敷などを禁止。安朱《あんしゅ》村や西野《にしの》村など12ヶ所では、3間以上の梁や破風、路地門（路地奥の門）を禁止された。

②愛宕郡《おたぎぐん》から抜粋：白川《しらかわ》村や八瀬《やせ》村の百姓家は藁葺《わらぶき》以外禁止。吉田《よしだ》村は2階建てや瓦葺、路地門禁止。上賀茂神社は上賀茂村の百姓家の2階だてや破風、路地門を禁止した。下鴨神社は下鴨村の百姓家に藁葺以外の屋根仕様を許さず、破風や門、瓦葺、土蔵の白壁や観音開き窓も禁止した（寛政3年［1791］の村内大火後に瓦庇を許し、文政期の村内大火後は、ウダツ［図④］をあげる条件で惣瓦葺を許した）。

③葛野郡《かどのぐん》から抜粋：天龍寺村では天龍寺関係者のみ破風や路次門、出格子を許され、ムシコは3代以上住む者のみ、とされた。唐橋《からはし》村や梅小路《うめこうじ》村、御所ノ内《ごしょのうち》村・西七条《にししちじょう》村、西塩小路《にししおこうじ》村、川勝寺《せんしょうじ》村では、3間をこえる梁や玄関、門が禁止され、上桂《かみかつら》村や上野《うえの》村、千代原《ちよはら》村、徳大寺《とくだいじ》村、東梅津《ひがしうめづ》村（図⑤）、西梅津《にしうめづ》村では、領主が認めた者が破風や路次門、式台、路次門、瓦葺を許された。

◆建築規制の地域的運用と民家型式

岩倉盆地の岩倉村では、座敷の付書院が禁止された。ところが、同村の百姓辰之介が安永7年（1778）に代官所へ提出した建築許可申請書には、付書院がある。ただし「アカリトコ」と記されており、村内規制に遠慮した可能性が高い。このように地域的規制には、徳川政権の建築規制（特に外観規制）と違って、自由度の高い運用があった。

これまでの民家研究では、地域共通の生活が同じ間取りをうむとされ、その間取りに民家型式が設定されてきた。しかし、外観などの地域的特徴がうまれた理由を考えるとき、地域的な建築規制や、多様な運用にも目をむけた検討が今後は必要となる。

丸山俊明『京都の町家と聚楽第』第17章「普請御願が免除されるという特権の意味」昭和堂、2014

④旧上賀茂村に残るウダツ（京都市北区）

⑤旧東梅津村の林家住宅（非公開、妻入の摂丹型を天保11年［1840］に町家風に建てかえ、82項参照）

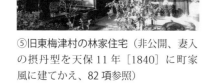

84 京都火消（譜代藩）

京都火消は京都を守ったのか？

禁裏御所方火消が京都の消防を兼務して京都火消（月番火消）になったが、町人があてにできるものではなかった。

◆京都火消の出動地域

宝暦2年（1752）5月、京都火消（80項参照）の譜代4藩は、19代所司代酒井忠用《さかいただもち》（若狭小浜藩）や東西両町奉行へ、次の5項目を報告した。

①火事場では、所司代・町奉行所体制の指揮にしたがう。

②出動地域は洛中が基本、鴨東の東海道や渋谷《しぶたに》街道ぞいの町続き、南の御土居を越えた西九条村や東寺村、東福寺や鳥羽街道ぞいの町にも出動する。

③遠方の宮方・門跡寺院や寺社は、享保7年の消防改革で対象外となったが、朝廷や幕府に重要な聖護院《しょうごいん》・南禅寺・知恩院・養源院《ようげんいん》・泉涌寺《せんにゅうじ》、方広寺大仏殿、円山《まるやま》には出動する。

④築地之内を囲む公家町と二条城が最重要、ほかへ出動しても常時この2ケ所を中見《なかみ》する。

⑤禁裏御所の内侍所《ないしどころ》（図①②、三種の神器《じんぎ》のうちの神鏡を置く賢所《かしこどころ》）は、鏡があるうちは屋根へ上がらない。

このほか、在所2藩による月番交代は費用がかかるので、3ケ月交代とした（交代火消《こうたいひけし》）。

◆町家地の火事への姿勢

このとき京都火消は、町家地での消防方針も決める。

まず、町人が4藩の京都藩邸（京都火消屋敷）に町家の火事を知らせてきても、ただちに出動しない。出火してからの時間や、屋根から火が出ているかを確認して、出動を判断するとした。これは武士が町人に便利使いされないためで、町人の生活を積極的に守る姿勢はない。

ただし、火事場が築地之内や二条城に近ければすぐに出動する。この2ケ所の近くなら町へも出動し、ほかで消防していても駆けつけるとした。自分たちは本来、禁裏御所方火消であり、消防改革で二条城が加えられ、町の消防はその付けたし、という意識が強かったのである。

だから町家地へ出動しても、町人が消防中なら、まとい（担当をしめす目印）を上げず引きあげると定めた。藩邸近くの火事場をのぞけば、そんな場合がほとんど。また、消防中はむやみに町家へ立ちいらず、手荒なこともいましめ、無法行為を受けても我慢とまで申し合わせた。喧嘩が多い江戸とずいぶん方針が違う

①京都で最重要の消防対象であった禁裏御所の様子、右端に内侍所
（新修京都叢書第十一巻『都名所図会』光彩社、1968より転載）

②下御霊神社本殿
（天明大火後の再建中に仮内侍所とされた建物を寛政2年［1790］下賜）

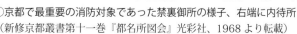

が、所司代‐町奉行所体制の目を意識して、任務報告さえできれば町家地の消防は町人の仕事と考えた。このため町々は、自分たちの消防こそ重要だったのである。

◆寺社火消との関係

宝暦11年（1761）5月、京都火消の郡山藩の火消人足が、火事場で妙法院火消（寺社火消、80項参照）をばかにした。7月にも膳所藩の火消人足が、妙法院境内の町人をなぐった。もめごとをきらう京都火消が、なぜかこの年、挑発を繰り返したのである（理由は不明）。

これに妙法院は、門主に皇族をむかえる門跡寺院としての誇りから一歩もひかず、朝廷を通じて厳重に抗議。所司代がとりなす大事となって、結局京都火消が謝っておさまった。

それから所司代‐町奉行所体制や京都火消は、火事場で妙法院火消と行きあえば、助力を求められるまで手を出さない、と決めた。

◆京都火消の任藩

高槻藩と篠山藩は、享保7年（1722）の消防改革後に京都火消を代行することがあった。それから半世紀後の安永元年（1772）に京都火消へ加わり、京都の藩邸に入る任藩はそれまでの郡山・膳所（図③）・淀・亀山藩（図④）とあわせて6藩となった。

そのころ京都の町人は、町奉行所へ火事報告するかわりに、京都火消の藩邸へ報告するようになっていた。報告をうけた京都火消が火事場見分をおこなったので、安永3年（1774）に町奉行所は、町々へ火事報告の徹底を厳しく命じた。

その際、出火原因や場所、築地之内の堺町御門（図⑤）と、二条城の東大手門（図⑥）からの距離を記した報告書の提出も義務付け、同じものを所司代の千本屋敷や当番の京都火消藩邸にも提出させることにした（大火は所司代を通じ老中へ報告）。

③膳所藩邸にあった観亀稲荷神社《かんぎいなりじんじゃ》（京都市東山区）

④亀山藩邸にあった亀山稲荷《かめやまいなり》（京都市下京区）

⑤堺町御門（京都御苑）

⑥二条城東大手門（京都市中京区）

◆京都火消は京都を守ったのか

町家が火事になると、最高温度（千度）になるまで十数分。そのころ内部ではガスが充満し、爆発的二次燃焼（フラッシュ・オーバー）もせまってくる。

一方、京都火消は6藩いても交代任務だから、京都にいるのは1藩のみ。藩邸の火の見櫓から火事を見つけると、総数250〜300人を二手にわけ、1番手が総勢100人で出動。先頭は下座見《げざみ》（敬礼する相手を確認）、まとい（目じるし）、まとい奉行（火事場を仕切り町奉行所や朝廷・他藩と連絡）、はしご、鳶《とび》（屋根上作業員）、はしご、中間《ちゅうげん》（破壊作業員）、龍吐水《りゅうどすい》（手動ポンプ）、玄蕃桶《げんばおけ》（給水桶）、水長持《みずながもち》（水車）、むしろ、うちわ、水手幟《みずのてのぼり》（水くみ場所目印）、水くみ、水奉行（給水段取り）、目付（監視）、足軽、者頭《ものがしら》（大将格の番頭《ばんがしら》の次格、番頭は2番手にいて御所近くで待機）が出動するのだが、一般の通行に配慮して幅6メートルの道の片側を行くので、十数分では1キロも行けない。

つまり京都各地の初期消火は、とてもできない。まして町家の消防は本来任務でないと考えている。したがって町人の生活を守る初期消火は、火事場周辺の町人自身がやること。それが現実であった。

もっとくわしく

丸山俊明『京都の町家と火消衆』第3章「譜代藩の禁裏御所方火消と京都火消」昭和堂、2011

85 町奉行所火消

雇用人足を用意しても、たよりは町人

町火消廃止。町の負担で町奉行所に所属する火消人足を雇うことになるが、町人があてにできるのは、町人自身であった。

◆火消の専門集団がほしい町奉行所

宝暦12年（1762）正月、妙法院は境内町人による寺社火消を廃止。軒役で費用を集め、鳶職《とびしょく》を雇って火消人足とし、坊官に指揮させた。

翌宝暦13年（1763）、町奉行所はまたも町々に、火消人足の費用負担を打診する（80項参照）。あまった金で大津道《おおつみち》（東海道）も改修できる、ともちかけたが、京都でもない道普請《みちぶしん》に町人は金を出す気にならない。さらに宝暦14年（1764）には、京都の火消を請け負いたい者がいるから、まかせてはどうかと打診。これに対して下京の町々は、町火消は大切な任務と考えて、怠りなく遂行している、われわれに断りなく町奉行所へ請け負いを願い出るとは迷惑な連中だ、と非難した。

事実、町々は町火消への出動義務を町式目にきびしく定め、迅速な消火を町奉行からほめられることもあった。それなのに、なぜ町奉行所は、何年も町火消の逃げ隠れを言い募《つの》り、火消人足の費用負担を打診し続けたのか。それは、大名火消のように火消の専門集団を手元に置きたかったからであった。そんな町奉行所独自の希望に幕府は手あてを出さないから、町人に負担させるしかない。これに対し町人は、来る確証がない者の費用を出すぐらいなら、自分たちが町火消に出動した方がまだまし。焼けてもあきらめがつくので、首をたてにふらなかった。

◆専門の火消人足の雇用開始

安永8年（1779）10月には、町奉行所は公家町のまわりの約120町へ、かつて享保7年（1722）に義務づけた御所消防の徹底を命じた。明らかに町人の消防をあてにしたものである。

ところが翌11月、ついに町奉行所は町火消を廃止、かわりに専門の火消人足を町奉行所に所属させると触れた。これは町々のためと言いつくろい、雇用費用の負担を命じたのである。もちろん、前月に公家町周辺へ命じた御所消防の義務も活《い》きている。むしのいい話であった。

◆専門の火消人足の体制

町奉行所に雇用された町奉行所火消は、背中に「町」と染めぬいた「花色」のはっぴを着て、月番町奉行所に昼50人、夜は提灯持を入れて62人

②水を汲み上げる装置の竜骨車《りゅうこつしゃ》（近江八幡市「曳山とイ草の館」収蔵展示）

③通し柱が伸びる通りニワ、吹き抜けは火袋とよぶ（川北家住宅）

④龍吐水（近江八幡市立資料館所蔵、車を付けると龍吐車）

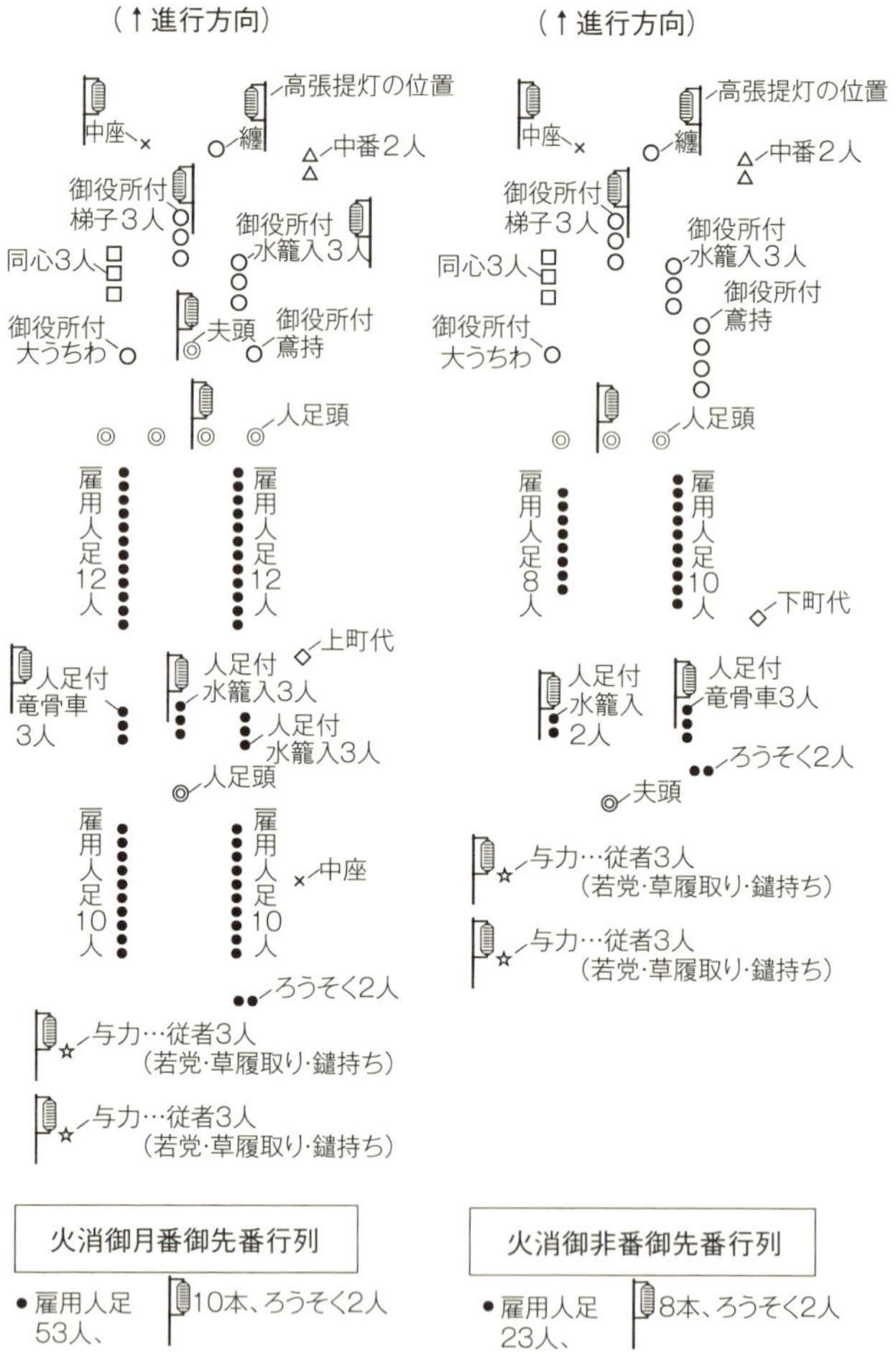

①龍吐水導入前の町奉行所火消の出動体制（竜骨車［図②］を持参、雇用人足の数が設置当初から変わっている）

が集合。非番の町奉行所には昼は25人、夜は27人が集合した。江戸の町火消は寛政期の総数が1万3千人で、そのうち4100人が雇用人足だから、合計89人体制は少なく思えるが、町奉行所役人が火事場へ行く際の、供廻りのような存在であったから、これで足りた（図①）。そして町奉行所は「町〃より差出相止め」と触れる。これにより、京都の町火消は名目上、制度的には廃止された。

◆町火消廃止後の町火消

火事場では十数分でガスがたまり、爆発的2次燃焼がおきる。その火は通りニワの柱（図③）をなめのぼり、屋根を焼き抜く。煙突となった火袋から火の粉が四散、風にのり延焼をひろげる。こうなったらもう町家ごと引き倒すしかない。

火事の後も生活できるかどうかは、初期消火が決め手であった。火事が起きてから町奉行所に集まり、そこから出動する町奉行所火消が間に合うはずがない。それは町人にとって、京都藩邸から来る（はずの）京都火消が一つふえたぐらいの存在でしかなかった。

だから町人は、町火消廃止となっても、町内や近隣から火事場へ駆けつけ、小火《ぼや》のうちに消す努力をした。井戸の場所を知り、給水作業もなれているから成果はあがる。町奉行所がいう町火消廃止とは、この町々からの出動を、町奉行所役人が点呼する作業をやめるという意味であった。

それに、公家町周辺の約120町が義務付けられた御所消防や、二条城周辺の町々が義務付けられた二条城消防は続いている。町奉行所が地域を設定し、その中の町々に出動を義務付ける消防は町火消そのもの。名目上は廃止されても、町奉行所火消の費用を負担しながらも、実は京都の町人が出動する町火消は、幕末まで活躍していたのである。

◆天明大火直前の状況

江戸時代の消防は、破壊消防がよくいわれる。しかし、時代を下って大正12年（1923）9月1日の関東大震災の鎮火方法をみても、破壊消防は全体の2・49％にすぎない。土や瓦片を投げこんで消したのが0・7％。これに対してポンプ放水は10・56㌫、バケツや手桶の散水消防とあわせると30㌫を占めている（残り67㌫は自然鎮火、つまり焼けっぱなし）。このように近代になっても散水消防はかなり有効だったのだから、江戸時代の消防も破壊消防ばかり強調できない。

ちなみに、京都のポンプ放水は、天明3年（1783）11月に町奉行所が、龍吐車《りゅうどしゃ》2台を町奉行所火消にあたえるとして、費用負担を町々に命じている。これは龍吐水《りゅうどすい》（図④）とよぶ手動ポンプに車輪を取りつけたもので、6㍍ほどの高さまで放水できた。当時としては画期的で、町人や百姓にもすぐにひろまった。

このためにも給水は急ぐ必要があり、延焼との競争だった。その給水源は、江戸は掘割《ほりわり》が多く大坂も水都《すいと》。一方、京都は水路が少ないが、地下水は豊富で、井戸をほれば水がでる。その水により効果的な散水消防やポンプ消防が機能するのだから、井戸の場所を知り、汲み上げて運ぶ町人がいなければ、江戸時代の京都の消防は成り立たない。

京都の暮らしやまちなみは、ふだんは商売にいきる町人が助け合いながら、命がけで守っていたのである。

もっとくわしく

丸山俊明『京都の町家と火消衆』第2章「京都の町火消」昭和堂、2011

86 天明大火

徳川政権にとって京都とは

天明期も宝永期のように全国で洪水や噴火、飢饉。それをしめくくるように、宝永大火をこえる京都史上最大の大火がおきる。

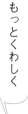

◆天明大火、おきる

天明8年（1788）1月30日早朝、鴨東《おうとう》の団栗《どんぐり》橋の東詰《ひがしづめ》（団栗辻子《どんぐりづし》）で出火。鴨川を越えて燃えひろがった。「上京の火は東南へなびき、下京の火は西北へなびく」中、夕方には二条城本丸、31日には禁裏御所（江戸時代5回目）も焼けた。「人の声は蚊の鳴くごとく、御堂や塔の崩れる音は雷のごとく山々にこだまし、近国に響き、猛火雲を焼く、これを見、聞く者は地をへだつといえども魂を失ひ、身のたたずむ所をしらず」（『花紅葉都咄《はなもみじみやこばなし》』、図①）。摂津、河内、大和、和泉、丹波、近江、若狭国では、月もないのに京都方面の夜空が赤く染まり、明るかったという。

◆命がけで消防する火消衆

所司代‐町奉行所体制の役人や町奉行所火消、御所や二条城のまわりの町人、それ以外の町々の町人も懸命に消防した。当番の京都火消（篠山藩）はもちろん、任藩の淀、膳所、亀山（現、亀岡）、高槻、郡山の諸藩も急行して消防。その身に危険が及ぶまで、奮闘した。それでも、2月2日早朝まで3日3晩続いた火事は、北は鞍馬口通、東は鴨東、南は七条通、西は千本通の1420町、6万5千世帯を焼いた。京都の8割以上にあたる焼け跡は「見渡せば、家も草木もなかりけり、蔵の戸前の、焼けの夕暮れ」。宝永大火をこえる、京都史上最大の大火となった。

◆大火後の都市政策は特になし

老中首座松平定信《まつだいらさだのぶ》は、京都の被害状況をみるため、江戸から急きょ上洛。まず禁裏御所の再建を中井家役所と段取りし、内侍所と紫宸殿を結ぶ十八間廊下《じゅうはっけんろうか》は檜皮葺から瓦葺に変えよと指示した。

京都火消には、築地之内や二条城周辺の火事だけ老中に報告していたのを、これからは町々の火事も報告せよと命じ、町奉行所には、見物人や店先の看板（図②）、揚見世《あげみせ》（図③）が消防出動の邪魔にならないように触れさせた。

しかし、宝永大火後のような京都改造（道路拡幅・公家町整理、72項～76項参照）や消防強化は行わなかった。町家に土蔵づくりや塗家を強制し、火よけ地を置くにはよい機会だが、そうしなかった。実は、京都のまちなみを失っても、徳川政権の目的は達成されていたのである。

大火のとき、天皇を警護する役目の28代所司代松平乗完《のりさだ》は、着任前で江戸にいた。そのとき京都火消の亀山藩主が、天皇を守り通したのがそれである。出火した1月30日、2月が京都火消の亀山藩は京都藩邸に入っていた。大火のしらせをうけ、当番の篠山藩と出動。亀山城にも早馬を出す。虫のしらせで亀山城に待機していた亀山藩主松平信道《のぶみち》は、急報を受け3番手を集め、先頭をきって丹波街道を駆け抜け、翌31日に京都へ入る。その速さに町人が驚く中、単騎で築地之内へ向かい、下馬札《げばふだ》（徒歩空間を示す札）には火事羽織をかけ、騎馬のまま禁裏御所へ突進。武家伝奏《ぶけてんそう》（幕府側と連絡にあたる公家）へ、先祖（13代所司代）が宝永大火時に天皇避難を段取りした記録を差し出した。避難に手間取る光格天皇は感涙し、信道を変格御用《へんかくごよう》（官位以上の任務、所司代は四位で譜代大名は五位）の仮所司代とした。そして信道は最後まで警護し、『徳川《とくがわ》実記《じっき》』に当意即妙《とういそくみょう》と称賛された。

徳川政権にとって京都で重要な存在は天皇であった。その安全のため禁裏御所を最重要の消防対象とした。二条城も大事だが、城主（将軍）不在の城と、天皇が座す禁裏御所とでは格が違う。そこで禁裏御所を中心に、御所群がある築地之内、築地之内を囲む公家町を重視し、宝永大火後には周辺の町家地から区画した。さらに禁裏御所に延焼を及ぼさないという目的で、町家地も消防対象としたのである。

つまり、禁裏御所を中心に、同心円状に重要度を下げながら消防対象をひろげる一方、いざとなれば天皇の身辺警護に1点集中した。京都最高位の所司代の最終任務が、天皇の避難警護であったのも、そのためである。四位の官位もおそばにいくためで、そのときは京都火消も消防をやめて、行列の避難警護に付くのが決まりだった。

14代所司代として京都の消防事情を把握し、後に老中となった水野《みずの》忠之《ただゆき》がつくったこの消防制度は、史上最大の大火でも、天皇無事という成果をもたらした。よって京都の都

①天明大火のようす（新撰京都叢書第 10 巻『花紅葉都噺』臨川書店、1985 より転載）

②京都秦家の屋根看板と板看板
（京都市下京区、秦家住宅）

③収納状態の揚見世《あげみせ》（川北家住宅）

⑤公家町の雰囲気を伝える京都御苑の一角

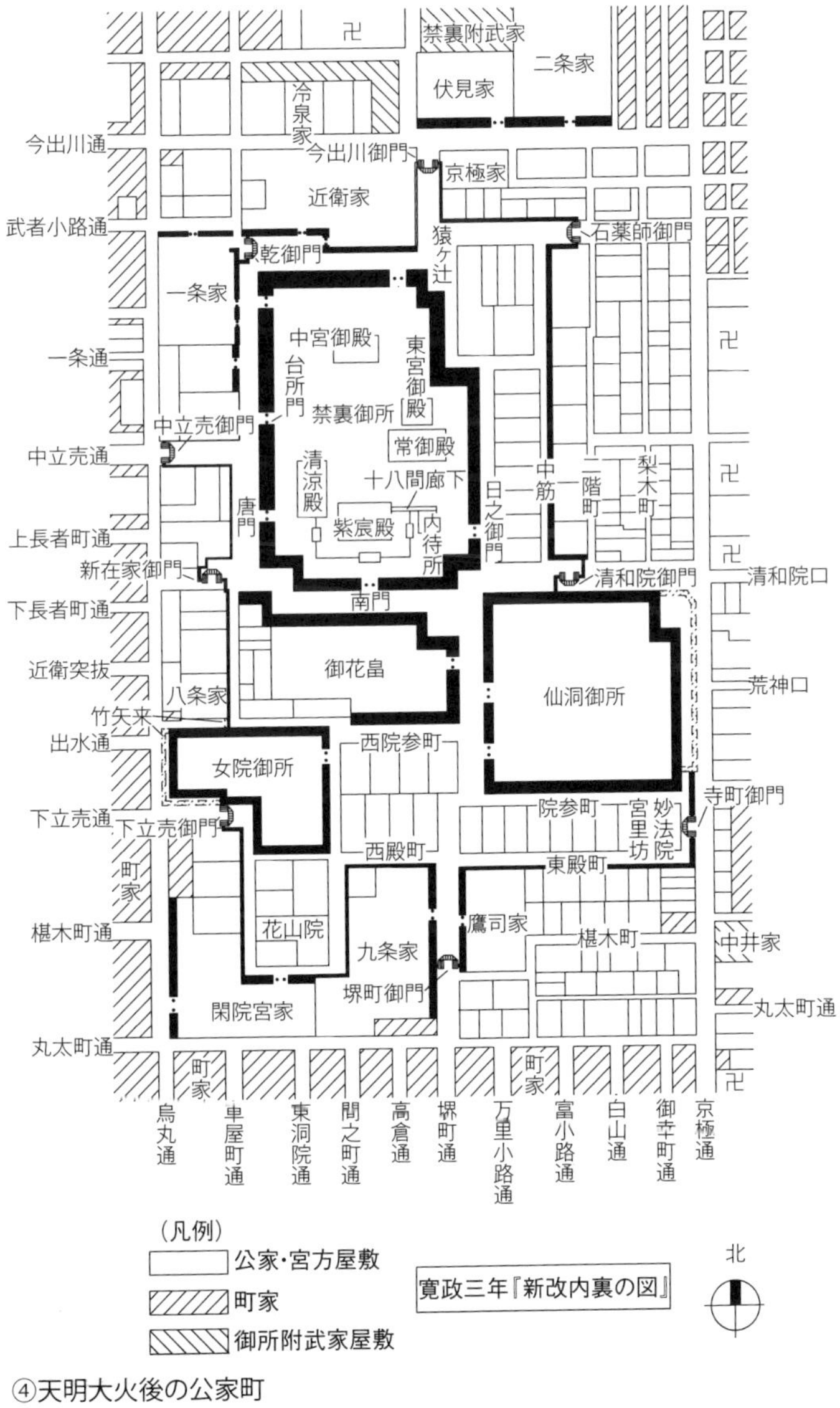

④天明大火後の公家町

市防火性能をさらに高める必要はなく、費用がかさむ土蔵づくりや塗家、火よけ地を強制して町人の反発をまねくこともなかった。それらが強制された江戸とは、異なるまちなみになったのである。

一方、御所群を囲む公家町はほぼ変わらず再建された（図④⑤）。

◆ならべ瓦葺でそろうまちなみ

焼けあとから、ふたたび京都の町人は立ちあがる。仮家《かりや》は板葺だったが、大火を機に、ならべ瓦葺を採用

⑥江戸時代後期の店先のようす

した。重く燃えないので、風よけや火の粉よけのウダツは不要、構造的にもウダツはない方がよかった（78項参照）。ただし真壁は変わらず、軽やかな印象のまちなみを保ち続けた。2階表の閉鎖性も変わらず、1階は対面販売する店（図⑥）をのぞき、格子戸をならべた仕舞屋風が増えた。そのとき、収納式商品陳列台の揚《あげ》見世《みせ》は、収納式の腰かけを意味するばったり床机《しょうぎ》とよばれるようになった。

もっとくわしく

丸山俊明『京都の町家と火消衆』結章「京都の町家と火消衆」昭和堂、2011

87 町のつきあい

幕末の木戸門と町づきあい

路上にあるのは木戸門だけ。そういわれた京都には、門をめぐって気をくばりあう町づきあいがあった。

◆天明大火後の木戸門

天明大火（1788）で、町々の木戸門も焼けた。2年後の寛政2年（1790）10月、町奉行所は再建が一段落した町々に、竹垣と竹簀戸《たけすど》の仮門を置くように命じる。それまで町々は、木戸門まで気がまわらなかったが、これを機に、建て直しに本腰をいれた。このときは町奉行所の検査がなかったので、形式を一新する。

これで増えたのが6本構造。門柱を礎石立にし、控柱を掘立てにして、両者を貫でむすぶ木戸門は、全国的にみても特別に立派なものであり、それぞれ町の顔になった。文政13年（1830）10月には、町奉行所が町内の町人の名前を書いた表札《ひょうさつ》を、打つように命じている。

◆木戸門のたて直しの例

下京の福長町（富小路通り姉小路下ル）でも、天明3年（1783）に建て直した門が天明大火で焼けた。そこでとりあえず寛政元年（1789）に、仮門を置く。その後、町内の町家の再建にめどがついた寛政6年（1794）、軒役で木戸門再建の積み立てを開始。9年後の享和3年（1803）に、本格的に建てなおした（図①）。

それから57年後の安政6年（1859）、風雨で傷んだ南北木戸門の建て直しを寄合で決める（図②）。予算は、軒役として各家から1ケ月48文ずつ集めた積立金と、それを運用した利益をあわせた金71両1朱と銭576文である。運用は失敗する恐れがあるので、寛政3年（1791）に町奉行所が禁止していた。しかし罰則はなく、うまくやれば費用の相当部分を手あてできたのである。

◆塵箱《ちりばこ》争論

福長町の南門（図③）は、南北方向の富小路通と、東西方向の三条通の四辻の近くにあった。この四辻は、豊臣政権の突抜（富小路通）が、三条通ぞいの中之町を貫いてうまれた。このため四辻は中之町の地面であり、福長町はその北側で突抜の富小路通ぞいにできた町であった。そして同町の南門は四辻近くの、中之町の地面にあった。

この南門のそばに中之町が塵箱《ちりばこ》（通りのゴミ箱）を置いていた。これを見た所司代が不浄なゴミを見せ

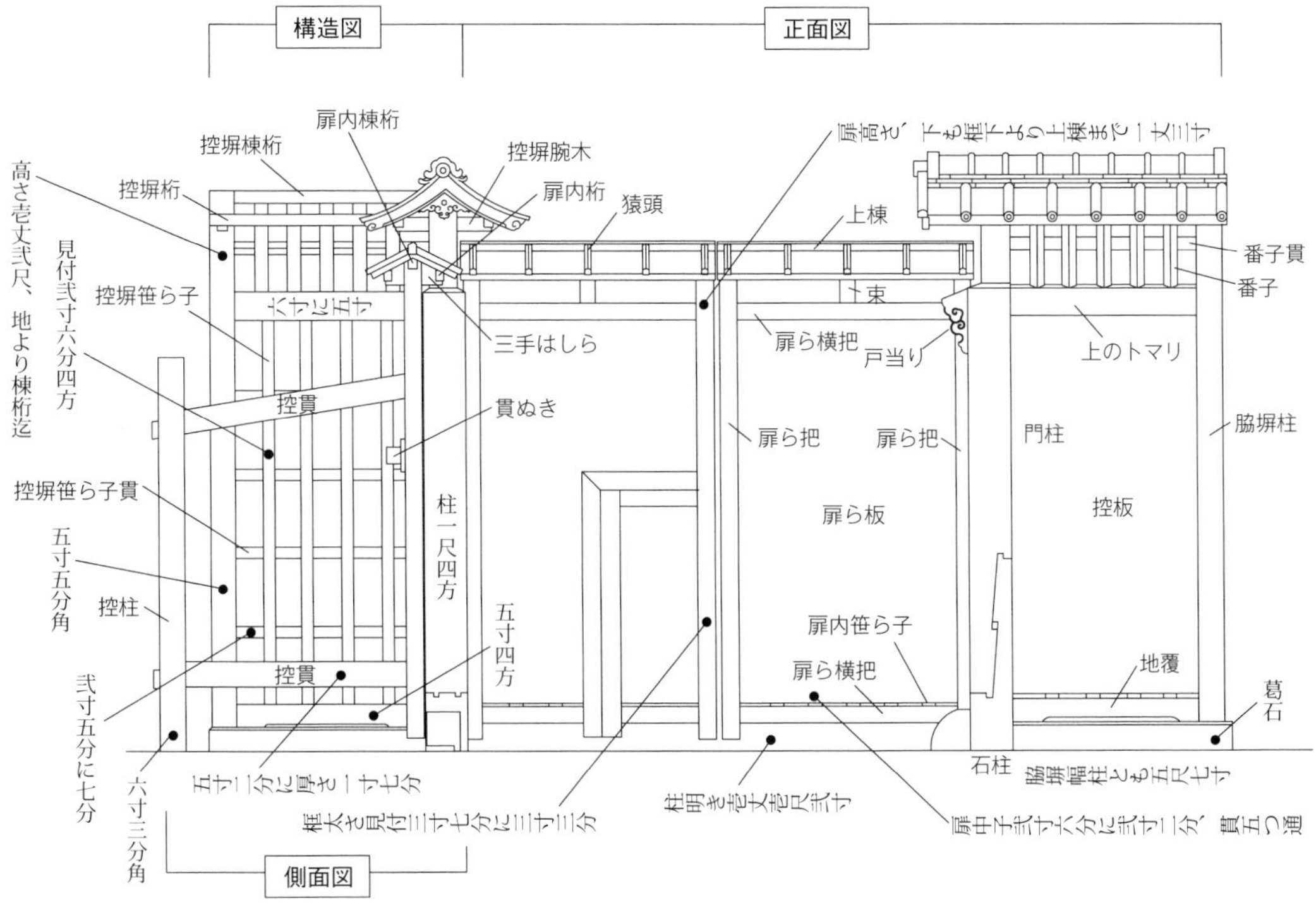

①福長町の享和木戸門絵図（京都府立京都学・歴彩館所蔵『福長町文書』所収、リライト）

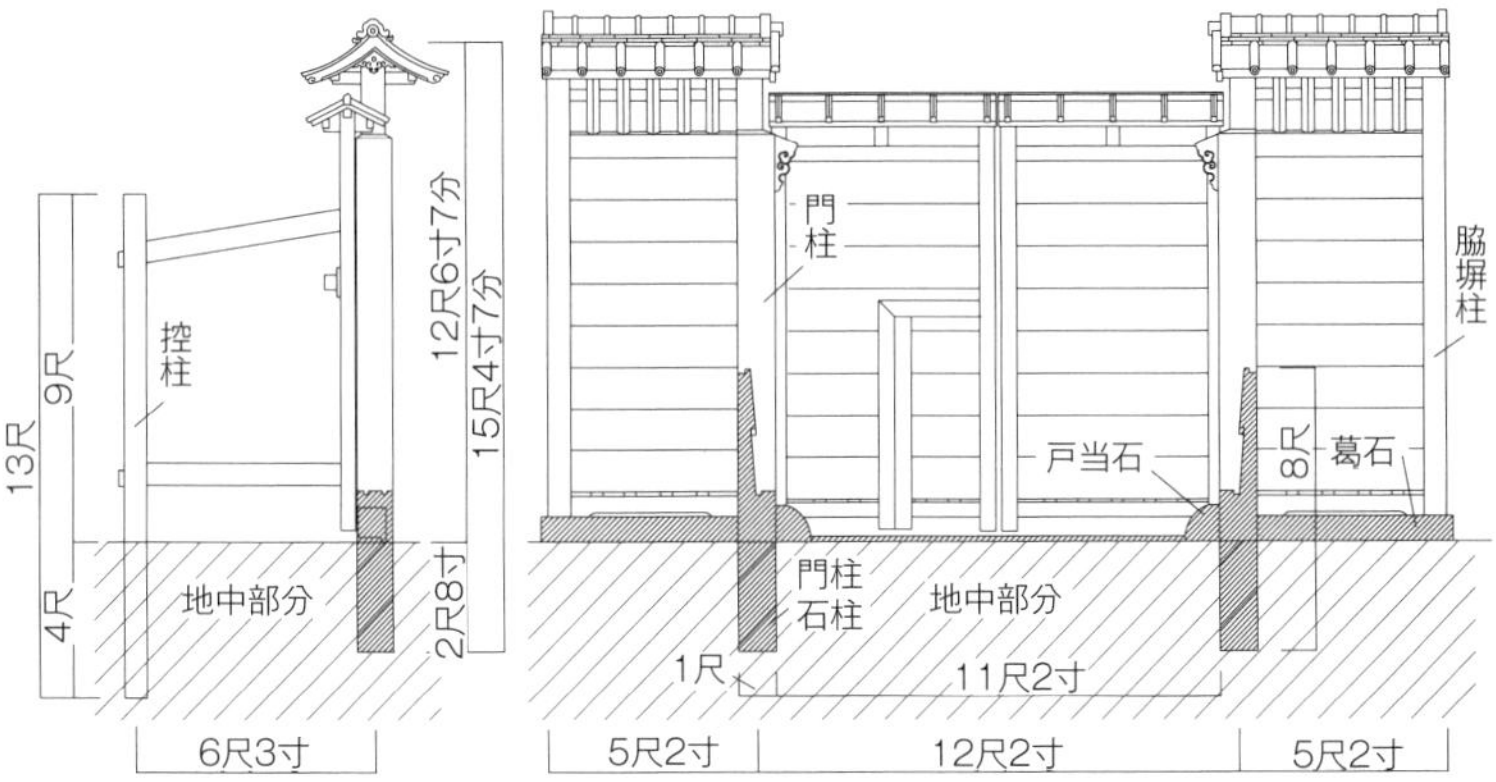

②福長町の安政木戸門
（門柱２本と脇塀柱２本、門柱と貫でつなぐ控え柱２本の６本構造）

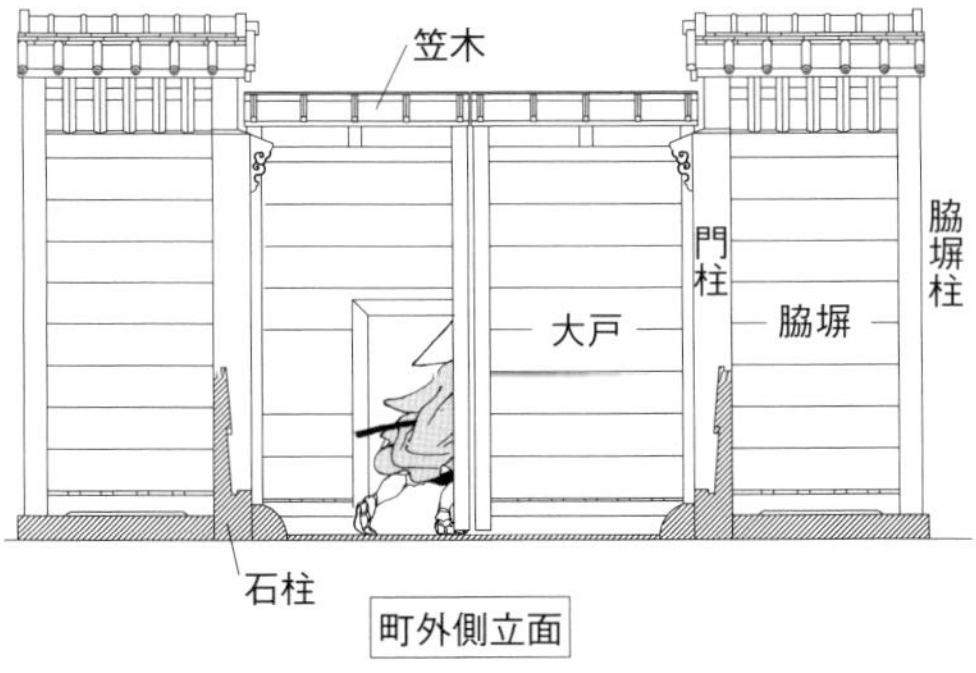

③四辻から見た福長町の南門
（午後10時に大戸を閉めると、くぐり戸を通った）

るなと福長町の町役人を叱ったことがあったので、福長町は木戸門建て直しを機会に、中之町へ使者をだし、塵箱を別の場所へ移してほしいと頼んだ。中之町はうつす先なしと断るが、町人の交渉は断られてからがはじまり。福長町は以前から申し入れていることとして、再度頼みこむ。もちろん中之町は、何度いわれても返事は同じと取りあわない。すると福長町は、中之町の町役人の縁者を探しだし、仲介を頼んだ。こうなると中之町もむげにできず、塵箱に蓋を付けるとはじめて譲歩した。ゴミが見えて所司代にしかられるなら、蓋を付けたらいいというわけである。

ただし移動には応じないから、福長町は中之町の塵箱から2メートル北へ移動して、同町の地面の中で木戸門を建て直すことにする。こうすれば塵箱は中之町のものとわかると考えたのである。

ところが、申請書の作成を筆工（町奉行所と関係がある代書屋、有料だが申請をアドバイス、筆工以外が作成した申請書は町奉行所内でまわしてもらえない）に頼むと、位置変更の申請は町奉行所の検査ありとつげられた。検査費用は銀1貫（金17両）になる。そんな予算がない福長町は、いきづまった。そこへ中之町から、塵箱をすこし南へ移すと連絡がある。そこで福長町は、蓋も付くし、少しでも動くならと、南門の場所を変えずに建て直すことに決めた。

終わってみれば、福長町は検査を受けずに建て直し、塵箱は南門から離れて蓋も付き、所司代にとがめられる心配もなくなった。中之町も、わずかな費用で福長町との問題をおさめることができ、所司代は指示に従う姿に満足できる。三方よしの見事な交渉結果であった。

なお福長町は、長く失われていた北門わきの番小屋も再建しようとした。ところが筆工から、これも新設扱いで検査対象と聞かされ、断念。町奉行所の検査は、それほど避けたいものだった。このことは、京都の町家が地子赦免の付帯特権で、建築許可申請や検査を免除されていたのが、大きな特権であったことを示している（65項参照）。

◆町のつきあい、水魚の交わり

福長町の木戸門建て直しの費用は、金80両を超えた。これで町家1軒が建てられるが、死《し》に金《がね》（ムダ）を嫌う町人が「惣檜の上々赤身《あかみ》、見つけ無節《むぶし》、念入細工」の見積もりを一切値切らず、立派な町の顔にした。丁稚《でっち》連中が「聞いて極楽、見て地獄、おかゆ隠しの長暖簾《ながのれん》」とこぼすほど常は倹約しても、ここというときの生《い》き金《がね》は惜しまない、京都の町人の心意気であった。

町づきあいの面でも、福長町は工事に先だち、近隣の町々へ、何かあればすぐ知らせてほしいと伝え、細やかに配慮した。

中之町との交渉でも、両町の町役人は最後まで顔をあわせず、使者をたて、口上を伝えて返事を待った。その返事を受けて町役人が協議し、寄合で町内の意志を固めて再び使者をたてたのである。

この繰り返しの中で落とし所をさぐる交渉は、現代から見ればじれったいが、そこは動けないお隣りさんどうし。絶対決裂しないための配慮こそ「町中相互に、害になり候ことは相つつしみ、町中水魚の交わりをもって、温和に相暮らし候儀、めでたく候」（山田町『当町中式目書《とうちょうちゅうしきもくしょ》』）と考える町人の交渉術であった。声高な談判など、大人のすることではない。

もっとくわしく

丸山俊明『京都の町家と町なみ』第8章「木戸門のある町なみ」昭和堂、2007

88 二条番衆

江戸のお殿様、表屋造りへご案内

二条城を守る二条番衆《にじょうばんしゅう》は毎年江戸から上洛。交代を待つ間は、京都の町家に寄宿したので、町側は念入りにもてなした。

◆二条番衆という制度

二条番衆《にじょうばんしゅう》（二条城の警護役）となる旗本《はたもと》は、毎年4月、江戸の大番組（数千石の大番頭《おおばんがしら》1人と600石の組頭《くみがしら》4人、200石の番衆《ばんしゅう》50人で1組55人、これが12組ある）から2組の番衆100人が上洛。前任と交代して城内に入った。幕末の文久《ぶんきゅう》

2年（1862）に京都守護職《きょうとしゅごしょく》・二条《にじょう》定番《じょうばん》が常設されるまで、与力10人・同心20人と共に二条城を守った。

◆二条番衆の町家への寄宿

二条番衆は、先番《さきばん》と後番《あとばん》に分かれて上洛。交代を待つ間は、二条城の南側で堀川西側の80町が用意した町家50軒にとまった（寄宿《きしゅく》）。

1軒の町家が、先番1人と後番1人を受けいれ、それぞれ2泊3日、間をおかず上洛するので、都合4泊5日が受けいれ期間になる。

一行は、番衆の旗本1人に従者5名がつくので、片土間・床上3室の間取りではだめ。1階に5～6室以上で、玄関があり風呂もいるから、室数の多い表屋造り（56項②）の町家が必要になった（図①、町会所や抱《かか》え屋敷《やしき》［町がもつ空き家］も利用可）。

ところが、時代を重ねるうちに町家が小さくなり、条件にあう町家が減って、受けいれる町が足りなくなった。そこで町奉行所は、嘉永6年（1853）に、堀川東側の195町を加える。合計275町は4組に分かれ、順に寄宿を受けいれたが、さらに万延《まんえん》元年（1860）に261町増やし、合計536町になった。

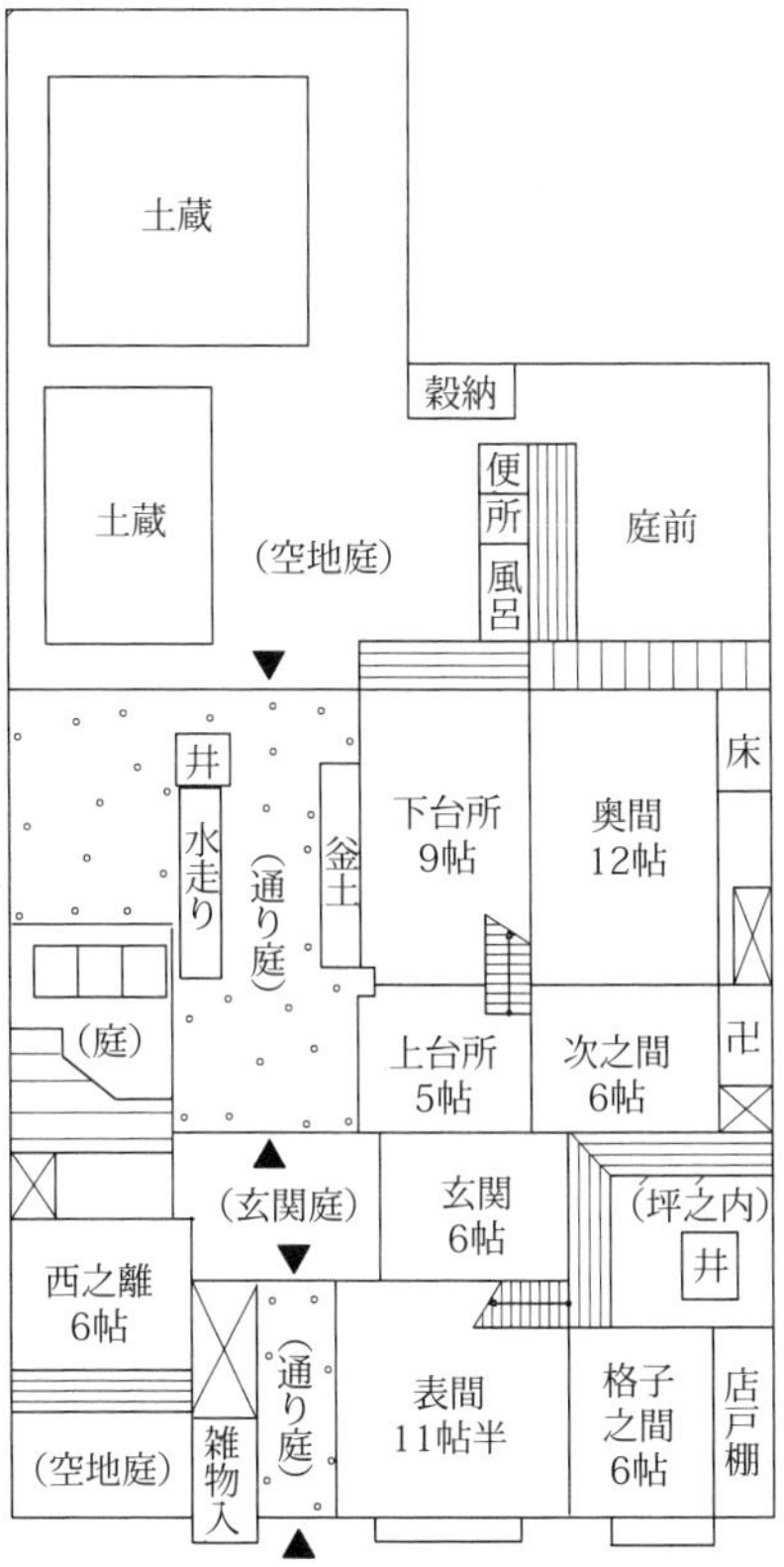

①寄宿を受け入れた町家の間取り

寄宿中は町側が、出迎えから風呂・食事の用意、町の案内など、念入りにもてなした。これらの費用は、町代を通じ、寄宿を受けいれない町へ割りあてられた。ただし、御所から諸役免除札（70項参照）や寄宿免許札をうけた町家は、選択対象から外され、費用負担も免除された。

◆『寄宿町心得覚』にみる準備

町組の『寄宿町心得覚《きしゅくまちこころえおぼえ》』に二条番衆のもてなし方を見ると、まず町奉行所から町代を通じて寄宿町に、町家の図面提出が求められる。

そこで家持町人が寄合で寄宿先の町家を決め、家主から借りる。家主は寄宿が終わるまで、家族や奉公人と別の場所へ引っ越す。それから町は町家の図面を提出。町代が確認にきた後、町奉行所へよび出され、受け入れ誓約書を提出した。

それから町内の家持町人全員が集まり、道具類を確認。不足分や布団は貸物業者から借りた。飾りつけは、「掛物めでたき図、ついたちに掛け変えの事」、居間は「綺麗なる座敷……屏風、高杯《たかつき》、座布団、鑓かけ、殿様湯衣《とのさまゆかた》、手ぬぐいかけ」、湯殿や便所は「なるたけ綺麗いたしおき、手洗いは朝場に楊枝《ようじ》・毛剃《かみそり》うけ、日々御さかやき（ひたいそり）あそばされ候に付、用意の事、湯殿は手拭《てぬぐい》、ぬか袋、茶碗の湯」、次之間に「たばこ盆」など、手違いがないように決めていた。

◆二条番衆到着後の対応

到着日は朝から風呂をわかし、三条大橋をこえて蹴上《けあげ》で迎えた（図②③）。到着すると、かみしも姿の町役人と羽織袴の家主が「御道中御機嫌よく御つきあそばされ、恐悦至極《きょうえつしごく》に存じ奉り候」と挨拶。その後は「十四、五才ばかりの者に羽織袴」を着せてお世話をさせ、町役人も「夜分に御酒・肴など臨機応変」に対応。「めずらしき品折々さしあげ」てもてなし、外出時は案内した。

寄宿最終日は登城日。朝4時の出

②二条番衆を出迎えた蹴上《けあげ》あたり

③二条番衆が渡った三条大橋

④清酒「剣菱」

発だが、その日のうちに次の番衆一行がくるので、ふとんの交換や掃除、風呂の準備など、町内の家持町人はてんてこまいだった。

◆御酒はなにとぞ本伊丹

二条番衆の食事も『寄宿町心得覚』に注意書きがある。味付けは「江戸っ子は、白味噌汁は用いず、はなはだ不機嫌、なにぶん赤味噌」とある。酒は「なにとぞ本伊丹、精々よろしく御吟味」。伊丹は清酒発祥の地で、銘酒剣菱《けんびし》（図④）は8代将軍吉宗の時代から御膳酒となり、『守貞漫稿』にも「古今第一」とある。江戸時代後期の江戸では灘酒が人気になるが、それでもこの時代に伊丹といえば、剣菱を指していた。

また登城日は、町が仕出し屋に頼んで、二条城へ早朝出発した番衆に弁当を届けさせた。寄宿中の食事も、同じ仕出し屋が寄宿先で調理することが多かった。お勝手を借りて食事をつくるのは、仕出し屋の仕事だから当然だが、相手は濃い味を好む江戸の旗本なので、繊細な京料理の真髄を見せたかどうかはわからない。

◆二条番衆をむかえる京都の町人

滝沢馬琴《たきざわばきん》は「京に客ありて振舞いするには……家内狭しと称し酒店へともなう……家にて調理すれば万事費《つい》えあり……器うちやぶるの愁いあり」（『羇旅漫録《きりょまんろく》』）と記した。京都の町人が客を自宅でもてなさない理由を、むだな出費や客に食器をだめにさせるのをいやがるため、とわけしり顔で語るのだが、それはそれ、町々は二条番衆に気持ちよくお城へあがってもらおうと、心をくだいた。そのもてなしの心にも、世界に冠たる現代の観光都市京都の原点があった。

もっとくわしく

丸山俊明『京都の町家と聚楽第』第15章「町家一軒借り切って江戸の殿様おもてなし」昭和堂、2014

89 元治大火
洛中農村の町家と消防

御土居が囲む洛中にも農村があったが、街道ぞいは町家の姿をした百姓家がならんで町となり、徳川政権は町家として扱った。

◆洛中農村と街道ぞいの町

御土居の内側は、町家地ばかりではない。北東に小山村や上野村、北西に紫竹村や蓮台野村、西に三条台村や壬生村、中堂寺村、南に八条村、東寺村、西九条村、東塩小路村など洛中農村《らくちゅうのうそん》があった。農村だから農地が広がるが、街道ぞいは町家と

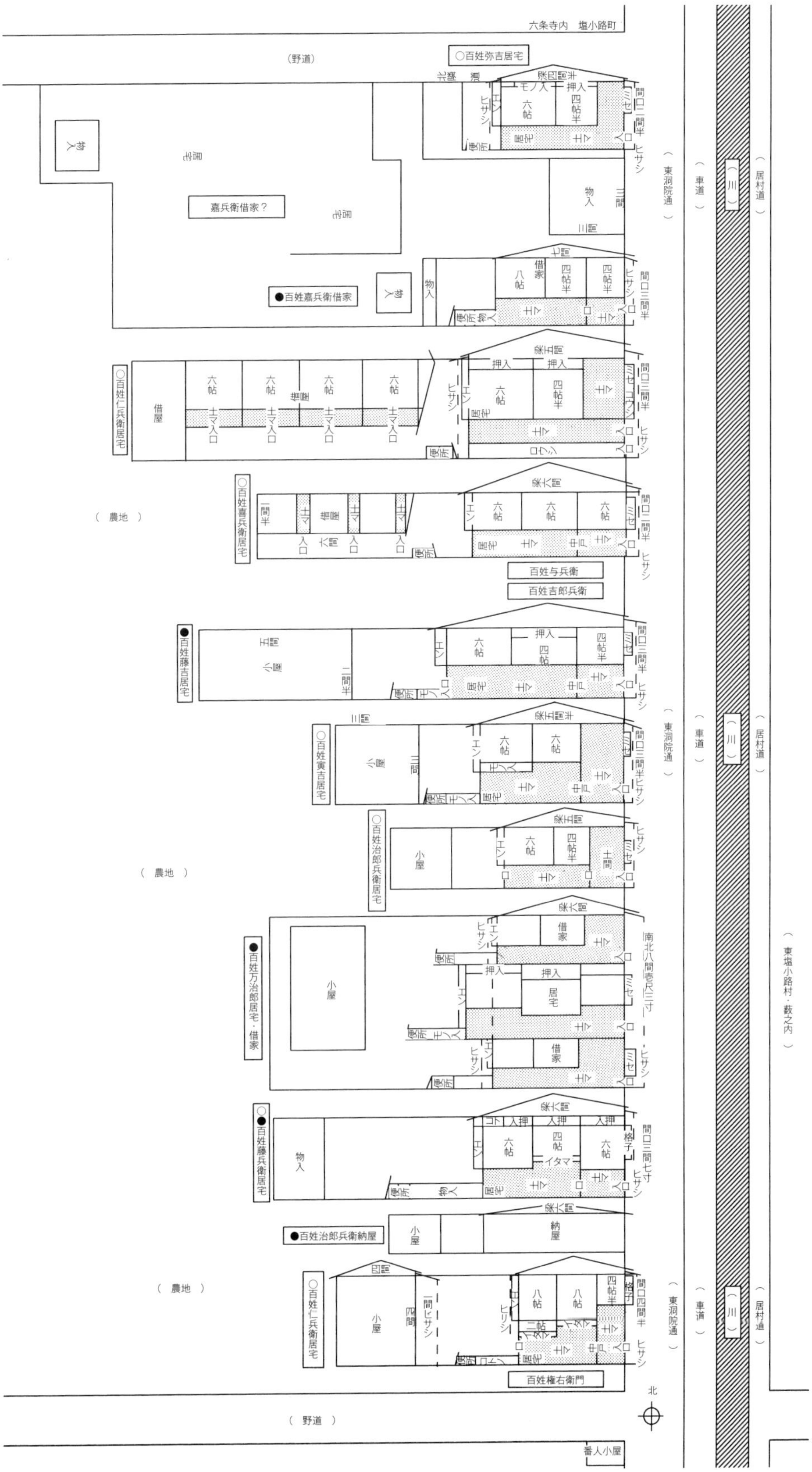

六条寺内　塩小路町
（野道）
○百姓弥吉居宅
嘉兵衛借家？
●百姓嘉兵衛借家
○百姓仁兵衛居宅
（農地）
○百姓喜兵衛居宅
百姓与兵衛
百姓吉郎兵衛
●百姓藤吉居宅
○百姓寅吉居宅
○百姓治郎兵衛居宅
●百姓万治郎居宅・借家
○●百姓藤兵衛居宅
●百姓治郎兵衛納屋
○百姓仁兵衛居宅
百姓権右衛門
番人小屋
（東洞院通）
（車道）
（川）
（居村道）
（東塩小路村・薮之内）
北

①前之町の復原図

②金戒光明寺《こんかいこうみょうじ》の石垣（二条城や知恩院［図③］と共に幕府防衛施設とされ、幕末に会津藩本陣となる）

③知恩院《ちおんいん》の石垣

同じ姿の百姓家がならび、町もできていた。農村でも、街道ぞいは町が続いたのである。そこに住む百姓は、領主へ屋地子や年貢を納め、領主や町奉行所あて文書に肩書を百姓と記す一方、商売して軒役も負担した。

◆東塩小路村の中の前之町

東塩小路村《ひがししおこうじむら》（東山区塩小路町）は、北が東本願寺、西が町家地、南と東は御土居が囲む洛中農村で、幕末は42戸に217人の百姓が住んでいた。領主が複数いる相給農村だが、建築行政は、町奉行所の意向が優先されていた。

村内を竹田街道《たけだかいどう》（東洞院通）が通り、その東側が藪之内《やぶのうち》とよばれて草葺の百姓家が集まった。一方、西側は前之町《まえのまち》とよばれ、町家の姿をした家がならんだ。これらは百姓が住む百姓家なのだが、寛永14年（1637）に中井家役所が制作した『洛中絵図《らくちゅうえず》』には、「町屋」や「町や」と書きこまれ、軒役（公役）制度もあった。

この前之町が、安政5年（1858）6月4日の下京大火で焼けた。復興したまちなみを、町奉行所あての建築許可申請書（『東《ひがし》塩小路村文書《しおこうじむらもんじょ》』、『若山家文書《わかやまけもんじょ》』）から復原すると、短冊形型敷地に平入建物が通庇をつらねる（図①）。揚見世を持つ店構えで、片土間ぞいに床上を置く間取り。片土間は表の商業空間と奥の生活空間を中戸で分けており、商売をしていた可能性が高い。つまり洛中町々の町家と同じ間取りである。また申請書には「いずれも間数、元のごとし」とあり、焼ける前も同じ間取りであった。

そうすると、住宅様式から町家とみなされたようだが、実は、所司代・町奉行所体制の定義では、前之町という町にあるから町家であった。戦国時代に明智光秀が百姓家を町家として扱うとしたように（59項参照）、姿は百姓家でも、その場所を支配者が町として扱う場合は町家。つまり町家とは、町にある家であった。村の中でも、建物が集まり町になった場所なら、百姓が住んでいようと、空き家であろうと、どんな姿でも所司代・町奉行所体制にとっては町家であった。

◆洛中農村の百姓消防

元治元年（1864）7月19日、会津《あいづ》（図②）・桑名《くわな》・薩摩《さつま》の幕府軍と新選組は、築地之内の九門で長州軍と激突した（禁門《きんもん》の変《へん》）。激闘の末に長州軍を潰走させた幕府軍は、町々に隠れた長州兵を追い出すため、大砲を打ちこんだ。この放火で、810町の2万7500軒が焼け、山鉾もほぼ失われた（どんどん焼け・元治大火《げんちのたいか》）。被害をうけた京都の町人は、徳川政権や会津藩、新選組《しんせんぐみ》を憎みはじめる（図④⑤）。

このとき東塩小路村の百姓は、南下してくる猛火を前に、まず名前を書いた木札を腰にくくり、避難中の事故や流れ弾で死んだとき誰かわかるようにした。それから荷物をまとめ、家族を連れて竹田街道を南へ、伏見方面へ避難しようとしたが、幕府軍が誰も通さない。

⑤復活初年の大船鉾（凱旋《がいせん》船鉾、龍頭《りゅうず》は復原前で金の御幣《ごへい》を飾った）

④女性が見学できる菊水鉾《きくすいぼこ》（元治大火直後は橋弁慶山《はしべんけいやま》・唐櫃《からびつ》の鈴鹿山・役行者山《えんのぎょうじゃやま》のみ巡行した。船鉾は明治22年、菊水《きくすい》鉾は昭和28年、綾傘鉾《あやがさ》と蟷螂《とうろう》山は同50年代、大船《おおふな》鉾は平成27年復活［図⑤］。その中で、長刀鉾と放下鉾以外の鉾は巡行日以外の女人禁制《にょにんきんせい》を解いた）

もはやこれまで、どうせ死ぬならできる限り消防をと、丸太や農具を持ち、不動堂村や西九条村、東寺村、六条村百姓とつれだって火事場へ向かった。領主の妙法院門跡屋敷がある公家町など、洛中で消防経験がある彼らは、東本願寺を守ろうと六条通りの町家数軒を打ちくだき、火よけ地をつくった。しかし、御影堂や阿弥陀堂に火がうつったので、やむなく七条通りへ後退。そこで数軒をくだくが、やはりとめられない。そこで東塩小路村へもどり、屋根に上る。飛んでくる火の粉をたたき消し、龍吐水で放水すること、実に8時間。ついに前之町の途中で、延焼をくいとめた。藪之内は無事。死ぬ気になった百姓の消防は、大変なものだった。

もっとくわしく

『京都の町家と聚楽第』第11章「町家とは何か、そして、洛中農村の百姓家が町家と記されたわけ」昭和堂、2014

90 建築費用

町家1軒、建てたらおいくら

片土間・床上3室で厨子2階、2階表にムシコで、ならべ瓦葺。そんな町家の建築費や工期は、どれぐらいだったのだろう。

◆亀屋の借家普請

文化2年（1805）、四条高瀬川の真町《しんちょう》で、薬種業《やくしゅぎょう》（薬屋）の亀屋《かめや》七右衛門《しちえもん》が借家を建てた。

間取りは片土間・床上3室。建築面積は19坪《つぼ》。軒高は丈四で厨子2階。1階表に揚見世をつけ、2階表は土塗格子のムシコ。庇と大屋根はならべ瓦葺という典型的な町家で、裏地に物置、湯殿、小便所、雪隠の付属棟を伸ばした。

◆坪あたりでくらべる建築の質

普通の町家の建築費は、1坪（3・3平方メートル）あたり銀200匁《もんめ》が目安とされる。上質なら5倍、最上質は10倍になる。一方、大火後にいそいで建てる仮家や借家なら、1坪あたり銀100匁が適正価格であった。その中で亀屋の建築費は、銀4200匁。神事までふくめた総経費は銀5460匁（坪287匁）で、坪あたり銀221匁となる。したがって借家といっても、普通の町家と同質の建物であった。

◆使用した材種

表構えの部材や大黒柱、小黒柱といった主要材は檜。梁材は松で、内部柱は杉である。奥のザシキは北山杉の面皮柱《めんかわばしら》で、床《とこ》の間《ま》は北山杉丸太の吊束《つりづか》に赤杉の落掛《おとしがけ》。縁側は、北山杉の小丸太のたる木と北山杉の縁桁《えんげた》を使っており、手間をかけた数寄屋《すきや》（茶室）風意匠になっていた。

◆金換算と現代での値段

主屋が片土間・床上3室で、便所と風呂の付属棟をのばし、普通の質をもつ亀屋の借家は、金に換算すると（当時は金1両＝銀65匁）、総経費84両。これに5坪の庭蔵を建てたら、その費用は金20両ほどなので、合計は金100両《りょう》（銀6500匁）ほどになる（土地代ふくまず）。

現代の価値におきかえるため、大工の手間賃をくらべると（よくおこなわれる米価格での比較は実態にあわない）、亀屋の借家は4匁／日。現代の大工日当は手取り2万円／日だから、銀1匁＝5000円の換算。建築費4200匁は約2100万円（坪単価は約110万円）になる。数寄屋風意匠のザシキもあるので、妥当な金額である。

◆見積もりの方法

亀屋は、大工から見積もりを取った。その中で大工は、軒柱に丈四（14尺）を使う場合と、丈五（15尺）を使う場合の値段をならべた。亀屋はこれを比較し、軒柱は丈四で全体も1尺低い建物と決める（66項①）。そして見積もり分を先払い。完成した後に、実際にかかった費用との差額を精算した。このような見積もりを、大工委任方式《だいくいにんほうしき》とよぶ。

◆町家の工期

亀屋は、大工の出面《でづら》（出勤日数）も記録した。それによると、着工（8月15日）から完成（11月8日）まで105日。休みは1日だけで、休みなく働く当時の大工の凄みがある。そして亀屋も、瓦を1枚1枚確認して、品質のよくないものははねるような、手ごわい施主だった。

上棟は、着工から13日後の8月28日。手伝《てったい》（大工の補助）は8月23日～10月28日、瓦師は9月3日～10月6日に働いた。4ヶ月たらずの工期は上質の町家にくらべ1／6だが、そこには、目のこえた施主と、腕のいい大工が真剣にわたりあう、京都の現場風景があった。

◆元治大火後の町家遺構

京都の町家遺構は、瀬川家住宅（71項参照）などをのぞくと、元治大火（1864）以降の建築がほとんどである。また、明治維新後の京都は、明治政府が身分制度をなくし、町人も百姓も府民（後に市民）になった。町家と百姓家の区別もなくなり、家になった。それでも明治20年ごろまでは、生活様式や建築工法は江戸時代と大きく変わらず、これらは京都の町家遺構とよべる。

歴史上最高水準に到達した大工の建築技術や、建具職人の技術がそそぎこまれた代表例が、川北家住宅《かわきたけじゅうたく》（中京区小結棚町《こゆいだなちょう》）である。元治大火で焼失直後、まず表に仮家（間取り不明、片土間・床上2室程度か）を建てた。そして8年後の明治5年（1872）、生活空間の主屋《おもや》を裏地に建てる。さらに14年後の明治19年（1886）、表の仮家を表屋（図②③）と玄関棟に建て変えて、表屋造りにした（図①）。

片土間ぞいの床上5室をならべ、上《かみ》のダイドコをもつ間取りはめずらしい。また数寄屋風意匠の玄関（図④）からダイドコを通らずにザシキ（図⑥）へいたる通路は後に付けたもので、お茶事でもちいた。

材種は杉と松が多く、亀屋と違って檜が少ない。江戸時代の町人でも檜は使えたが、天明大火直後に町奉行所が「京都大火につき檜材木の儀、公儀御用の外売買一切《いっさい》停止」と触れたように、大火後は御所再建が優先されて町家への使用が禁止された。川北家も、元治大火後なので、御所（被害は少なかったが）に遠慮して檜を使わなかった。そのうえ、多用する杉も古材のように見せるため、古色《こしょく》（柿渋《かきしぶ》に墨《すみ》をまぜる）を付けた。このような理由で、京都の町家遺構は杉や松が多い。

もっとくわしく

丸山俊明『京都の町家と聚楽第』第14章「町家一軒新築、入用少なからず」昭和堂、2014

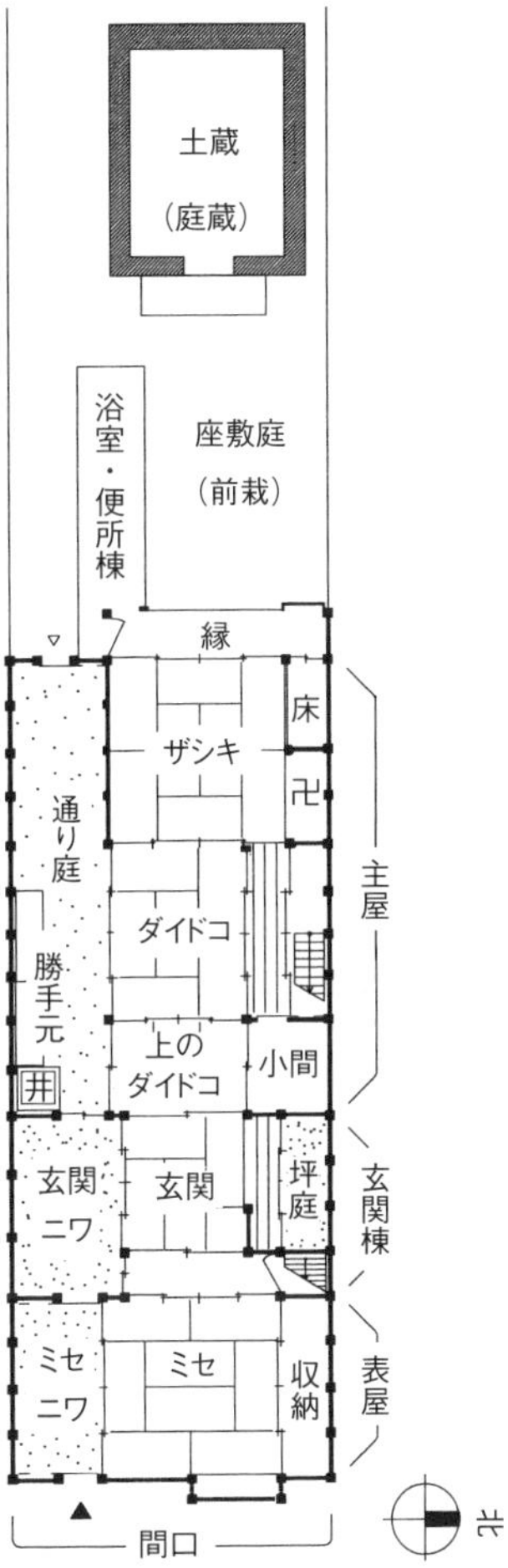

①川北家住宅の間取り
（京都市中京区小結棚町、非公開）

④数寄屋風意匠の玄関（川北家住宅）

⑤静謐《せいひつ》な玄関ニワ（川北家住宅）

⑥ザシキ（主屋《おもや》、川北家住宅）

⑦数寄屋風意匠の縁（主屋《おもや》、川北家住宅）

②表構え、幕内は仕舞屋風（川北家住宅）

⑧２階座敷（主屋《おもや》、川北家住宅）

③ミセとミセニワ（表屋《おもてや》、川北家住宅）

第十章◉

近現代の京都

京都市立美術館（旧大礼記念京都美術館、設計：前田健二郎、昭和８年開館）

91 徴兵国防

火消の消防・木戸門の治安から徴兵の国防へ

明治時代になると、消防や治安維持は官の仕事になるが、徴兵による国防義務が待っていた。

①旧京都守護職屋敷門（その後に武徳殿正門、現、京都市武道センター南門）

②旧有済《ゆうさい》小学校の太鼓望楼《たいこぼうろう》（明治9年当時は木造校舎に設置、火之見櫓として火事の際は半鐘《はんしょう》を鳴らし、時刻は太鼓をたたいてしらせた）

③腕用ポンプ

◆徳川政権の崩壊と京都の消防

慶応3年（1867）、徳川氏は政権を朝廷へ返上（大政奉還《たいせいほうかん》）。朝廷は王政復古《おうせいふっこ》の大号令を発し、京都守護職（図①）と所司代・町奉行所体制は廃止。新政府は、膳所・篠山・亀山・高槻藩を、京都の治安と京都《きょうと》火役《ひやく》をかねる京都市中取締《きょうとしちゅうとりしまり》とし、西町奉行所の建物を役所にした。

慶応4年（明治元［1868］）1月の鳥羽伏見《とばふしみ》の戦いで官軍《かんぐん》大勝利。錦《にしき》の御旗《みはた》をかかげ東征に出発後、2月に京都市中取締役所《きょうとしちゅうとりしまりやくしょ》を京都裁判所に改め、閏4月に京都府庁とした。このとき京都の町人は京都府民となり、身分は明治3年（1870）に平民《へいみん》となる。そして名字も許された。

◆大名火消の廃止と学校消防

明治2年（1869）、郡山藩が京都火役に入り、幕府御大工だった中井家も加わる。しかし、散水よりも破壊を好む消防に府民は反発。明治3年（1870）7月に御役免除《おやくめんじょ》となり、江戸時代以来の大名火消は京都を去った。明治4年には中井家も罷免（同年の廃藩置県《はいはんちけん》で藩廃止）。

京都府は、府民が建てた番組《ばんぐみ》小学校《しょうがっこう》に消防道具や火之見櫓（望火楼《ぼうかろう》、図②）の設置をうながし、改編した町組ごとに火事場へ出動させ、集まった府民を府庁役人が指揮する消防制度をつくる。

さらに明治9年（1876）、『消防規則章程《しょうてい》』をつくり、学区単位の消防隊を編成。府庁の望火楼の大鐘と小学校の火之見櫓の合図で、区長や戸長《こちょう》、小頭《こがしら》2人と消防夫である学区民50人が、小学校の消防道具（まとい、はしご、龍吐水、うちわ、高張提灯）を持って出動することにした。費用は学区民の負担であり、警察官（警部）が指揮した。

◆民の消防から官の消防へ

明治22年（1889）にうまれた京都市は、上京区に3組、下京区に4組の消防組を置き、警察署長が指揮する614人体制として、放水力が高い腕用《わんよう》ポンプ（図③④）や蒸気ポンプを導入した。

④戦前の尋常小学校教科書さし絵「ヒケシガトンデイキマス」（林忠治氏提供、火消衆がとび口・はしご・腕用ポンプ・火事場の目印の纏《まとい》・高張提灯を持ち火事場へ急ぐ風景）

⑤旧陸軍第16師団司令部
（京都市伏見区、現、聖母女学院本館、同学院創始者メール・マリー・クロチルド・リュチニエ宣教女が正面に聖母マリア像を設置）

大正2年（1913）に常備消防夫56名を置き、市民の消防組と共に570人体制になる。そして大正8年（1919）に消防を京都市の仕事とし、市民を消防任務から解放した（ただし太平洋戦争中に警防団《けいぼうだん》が、昭和22年には消防団がうまれる）。

◆明治維新後の京都の治安担当者

慶応4年（明治元［1868］）8月、旧町奉行所役人など400人を採用した平安隊《へいあんたい》ができる。

明治2年（1869）に警固方《けいごかた》となり、明治4年（1871）には750人体制となる。これで京都府民は、治安を守る役目からも解放された。

同年10月に警固方は邏卒《らそつ》に、明治6年（1873）には番人《ばんにん》に、明治8年（1875）12月には警察の巡査と改称されて定着する。

もっとくわしく

丸山俊明『京都の町家と火消衆』結章「京都の町家と火消衆」昭和堂、2011

◆消防や治安の義務がなくなり、徴兵はじまる

明治6年（1873）、京都府は徴兵令《ちょうへいれい》を出す。徴兵割合は成人男子の3パーセント。徴兵逃れもあったが、アジア全域で欧米列強が進める植民地化に対抗するため定着した。

京都の郷土部隊は陸軍歩兵第9連隊が知られる。明治7年（1874）に滋賀県大津に置かれ、西南戦争では「それでは勲章くれんたい《9連隊》」とやゆされたが、薩摩武士との内戦は精強な近衛連隊も苦戦。小倉第14連隊（通称けんか連隊）は軍旗を奪われ、乃木希典《のぎまれすけ》少佐は自殺を図っている。

大正14年（1925）、京都深草へ移動。第16師団（図⑤）のもと、京都の若者で編成された第9連隊は、水害復旧などで活躍後、昭和12年（1937）に満州へ出征（満州《まんしゅう》事変《じへん》）。大陸各地で国民党軍等と激闘を重ね、戦史に足跡を残した。

昭和14年（1939年）に帰還するも、昭和16年（1941）12月に南方戦線のフィリピン・ルソン島へ移動。そして銃弾の雨中を、敵前上陸敢行。死のジャングルといわれたバターン半島を驚異的速度で突破し、翌年にアメリカ軍を駆逐する。

防衛任務につくが、昭和19年に神谷保孝大佐以下連隊数千人は、大本営《だいほんえい》が決戦場としたレイテ島へ上陸。大反攻にでたアメリカ軍7個師団の20万と激突し、12月6日のブラウエン飛行場奪還作戦で玉砕《ぎょくさい》した。

軍旗をあげて70年。なつかしい京都をあとに、戦場を駆け抜けた第9連隊の、最初で最後の敗戦であった（第16師団もレイテ島で潰滅。牧野四郎師団長は終戦時に敗戦の責任を取って自決）。

大陸や硫黄島、沖縄本島や洋上など、各地で多くの日本人が、そして京都から出征した若者も、当時の国防義務に殉じていった。

92 間口長さ

間口長さと鰻の寝床の伝説

新政府は間口長さ3間を1軒役ときめ、端数は四捨五入とする。間口長さで税額が決まることになり、鰻の寝床の伝説がうまれた。

◆税の取りたて方法は江戸時代とおなじ

慶応4年（1868［明治元年］）正月、新政府は、1軒役につき銀1匁2分を取り立てた。

4月に新政府の京都参与役所《きょうとさんよやくしょ》が京都府《きょうとふ》になり、翌明治2年（1869）正月に諸役免除札（70項参照）の持ち主を調査。7月には、免除されている町家を調べた。そして翌8月、京都府は「税法は旧貫《きゅうかん》により」と触れ、江戸時代と同じ方法で税を集めるとした。このため町々は江戸時代と同様に、町会所に1軒役分の免除を願い出、認められた。

◆東京奠都と地子免除

明治2年3月7日、明治天皇は京都を後にする（東京奠都《とうきょうてんと》）。

皇族や公家も10月までに東京へうつり、翌年3月にもどるという発表も延期された。王城の民《おうじょうのたみ》でなくなった京都の人びとは落胆。御用達《ごようたし》商人も東京へうつり、京都の人口は30数万から24万まで激減した。

そのとき京都府は、全国都市が命じられた新税（地子）が、明治天皇の「厚き御愛憐《ごあいれん》」で京都だけ免除されると発表（図①）。感謝するための遥拝所《ようはいじょ》を荒神橋東の河原練兵場《かわられんぺいじょう》（図②）に置き、鴨川ぞいに下鴨神社から上賀茂神社を参詣するルートも定めた。4月1日から3日、京都の人びとは家の軒先に提灯をつって明治天皇へ感謝。山城国総鎮守の上下賀茂社へ、昼夜とぎれず参詣した。このとき神前に供えられた酒樽は、あとで各小学校区へ配られて人々にふるまわれた。

平成26年10月29日には、翌年に第42回式年遷宮をむかえる上賀茂神社の境内において、この一連の流れを踏襲するかたちで賀茂献灯《かもけんとう》まつりがおこなわれた（図③④⑤⑥）。

◆鰻の寝床伝説、うまれる

明治3年（1870）3月、京都府は「軒役の儀も公正に改めず候ては幸不幸……表口三間をもって一軒役……間数尺寸に渡り候所、四捨五入」と触れ、間口長さ3間（約6メートル）を1軒役と定めて、半端は四捨五入とした。間口長さによる税額の算定は、江戸時代に一度例外的におこなわれたが（67項参照）、このとき確かに「間口長さで税金が変わる」状態となり、「間口長さに税金がかかるのを嫌がり敷地が奥へのびて鰻の寝床」という伝説がうまれた（実際は豊臣政権の京都改造で増えた短冊形敷地のための住宅様式、54項参照）。

◆個人の土地所有権をみとめて、課税

9月に京都府は、奥行が3間以下しかない家に配慮して半軒役とした。また家の売買を京都府に申請するように命じる一方、売買への町役人の介入や、売買金額の一定割合を町へ納めさせる分一銀《ぶいちぎん》を禁止した。しかし分一銀は町の収入減だったので、町の介入はしばらく続いた。

明治5年（1872）3月、大蔵省は全国で地券《ちけん》を発行。江戸時代は日本全国が徳川将軍のもので、収益をあげる権利を大名や朝廷、直轄領の町人や百姓に認めただけだったから、大名の改易《かいえき》（取りつぶし）や転封《てんぷう》（移動）、土地の収公も自由におこなえた。新政府はこれをあらためて個人の土地所有を認め、明治6年（1873）7月に、地券に記された地価の3パーセントを毎

年金納するように命じた（地租改正《ちそかいせい》）。

京都府では、先の地子免除とのかね合いから、明治6年（1873）3月に地券発行の準備が始まる。そして発行されないまま、5月に税額（地価の1％の地税と0・03パーセントの庁費金）が決まる。毎年6月と10月に納付となり、さっそく同年から納めるように命じられた。

◆軒役の廃止と沽券状の消滅

京都府の地券発行そのものは、京都府知事槙村正直《まきむらまさなお》が小野組《おのぐみ》転籍問題（政府商人小野組の東京への移動を妨害した疑惑）で東京の獄につながれたので、遅くなった。

明治7年（1874）に発行されたとき、京都府は江戸時代の沽券状を回収した。これで軒役制度は消滅。朝廷による諸役免除の権利も失効した。そのしるしであった町家の軒先の板（70頁参照）も根拠を失い、やがてまちなみから消えていった。

◆公的文書における京間《きょうま》の廃止

明治10年（1877）、京都府は市街地の地租見直しをはじまる。測量も行ったが、その1間長さは、京間《きょうま》の6尺5寸（1870ミリ）ではなく、6尺（1818ミリ）とされた。この後も民間建築では京間が使われたが、公的測量ではこのときに消えた。

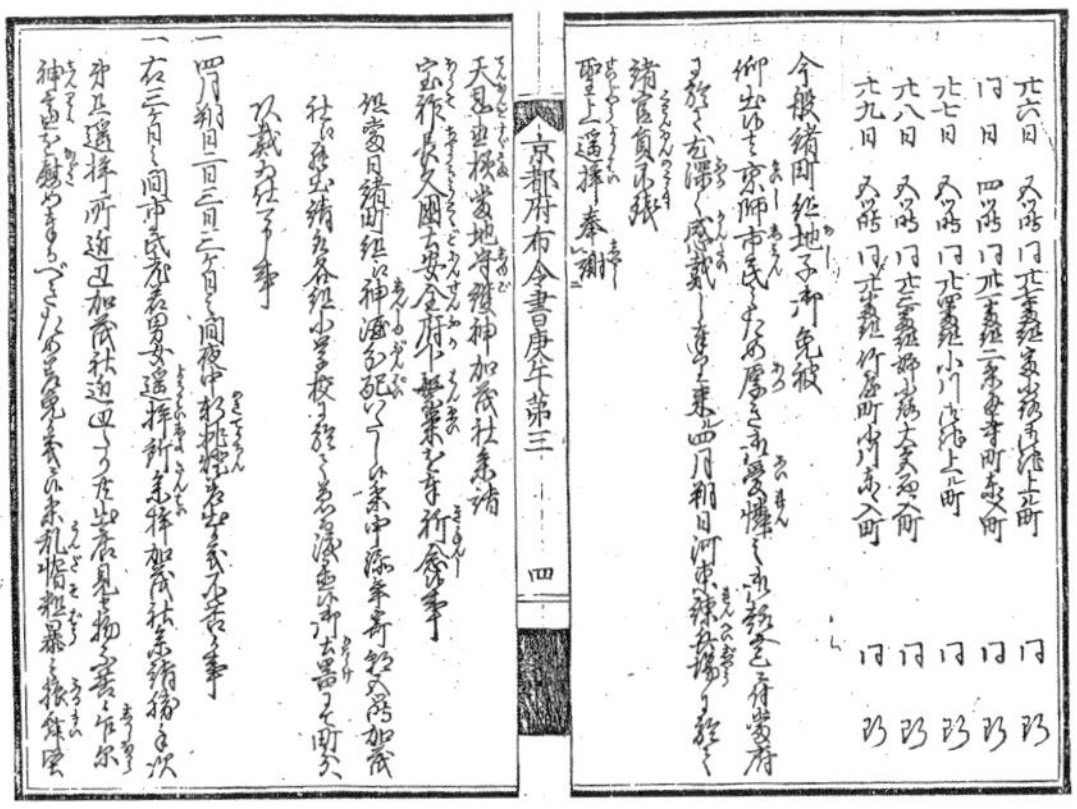
①地子赦免を伝える京都府の府令書（京都府立京都学・歴彩館所蔵『京都府行政文書』）

②荒神橋から上流の下鴨神社方向を見る、右手に河原練兵場があった（京都市左京区）

③賀茂献灯《かもけんとう》まつりの行列

④行列が舞楽殿に到着、このときは神社側が用意した提灯（京都伝統工芸大学校制作）を返納

⑤雅楽が響く中で巫女による倭舞《やまとまい》奉納

⑥まつりのあと土器《かわらけ》でお神酒がふるまわれた。

もっとくわしく

丸山俊明『京都の町家と聚楽第』第4章「鰻の寝床が現れた本当のわけ」昭和堂、2014

93 自由建築

自由建築時代、ふたたび

京都府は路上から木戸門を撤去させ、道幅をひろげる。江戸時代の建築規制は効力を失う。

◆京都府のまちなみ政策のはじまり

明治3年（1870）、京都府は「府下、街上あるいは川岸へ、家屋建てだし、これ有る分、暫時、とりよけ申すべきこと」と触れ、道路や河川をせまくしているものを、どけるように命じた。明治4年（1871）には、家を建てるときや修理のとき、道路や軒下を板で囲むことを禁じる。さらに京都の人びとに次を命じた。

・新建家あるいは建て増し候節いちいち願い出の上免許をうけ……成就《じょうじゅ》（完成）の節も同様届け出るべく法則（江戸時代の申請）に候ところ……前より屋敷内に造営いたし候むきは、（今後は）願い出るにおよばず

・三階・四階または石造・煉瓦《れんが》・石造にても勝手次第（自由）たるべく候

・詳細図面をもって四隣の者へ熟談をとげ、異存これなく候わばその旨証印取りおき候上、造営……手数いたさず後日故障差しおき候節は容赦なく取りこわし……

住んでいる敷地での建て直しや増築は、近隣住民に図面を見せて相談し、よければ京都府への建築許可申請は不要。3階だてや4階だて、石造や煉瓦造も自由としたのである。

①宵宮の船鉾（京都市下京区船鉾町）

この自由建築の状況は、江戸時代初期（豊臣政権崩壊後、徳川政権が建築規制するまでの間、町家が多層・多様化した時代）と似ていた。京都府は一応「通り筋、場所がらにして見苦しき建家など致さず心がけ」と注意したが、具体的な規制はなく、まちなみとそろえる必要もない。このため、話題となることをねらった多層・多様の店舗が、まちなみに増えることになった。

これを見た京都の人びとは、徳川政権時代は行政機構の末端として建築規制を代行してきたので、心中複雑。……○○町の角の○○という店は、船鉾《ふなぼこ》（図①）みたいな家建てて、ねっからお客がコンチキチン、コンチキチンの家賃は、こ、こ、この月待ってくれ……という歌が歌われた。

しかし京都府は、近代化をはばむ町の相互規制こそ、なくそうと考えていた。自由建築となった京都は、特に繁華街のまちなみは、より高く、より目立つデザインを取りいれて、多層・多様化していった。

◆木戸門のとりはずし

京都府は、治安義務がなくなった町々へ、明治5年（1872）春までの木戸門撤去を命じる。本格的な門は元治大火（1864）で焼け、慶応4年（明治元［1868］）1月に京都裁判所が置くように命じた仮門だったが、それでも戦国時代以来の門だった。これを敷石ごと撤去したので、平安京の条坊の系譜をひく通りの景観はまさしくご一新。約400年ぶりに春の風が吹きぬけた。

「道路の清麗、従前の頃にあらず、都壮観」と喜んだ京都府は、さらに「都の体裁」のため、同年4月に「家作

をなすものは町並一間を退き建て構うべき」と命じる。家の建て直しの際に1間（約2メートル、両側で約4メートル）後退させ、道幅をひろげようとしたのである。ただし違反に罰則はない。建築許可申請が不要となり、全国的に地券が発行されて土地の個人所有が認められた影響もあり、住人が一方的に損をする壁面後退命令は実行されず、明治15年に廃止された。

◆明治時代の京都の家

身分制度が消え、多様な生業の人が京都府民となる。住まいは戸籍上、戸主《こしゅ》が代表する家となった。自由建築を反映して表構えを西洋風にしたり（図②③）、2階表の見晴らしをよくした家が増加。まわりの家とあわせる必要はなくなり、より高くより広く、2階は子供部屋などに使いはじめた。伝統的な表構えは趣味的（図④）なものとなり、大正期には国産のガラス窓を入れた本2階建て（98項④⑤）もあらわれ、土塗格子のムシコや出格子は減る。このとき町家という言葉は、藤田元春《ふじたもとはる》が「市中に残存せる古い都の町家」（『京ところどころ』）と記したように、古い町家遺構《まちやいこう》を指す言葉となっていた。

②表に洋館を置き奥は本2階建ての家

③家邊徳《やべとく》時計店
（京都市中京区、明治23年のレンガ造建築、当時は時計塔が名物だった）

④並河靖之七宝記念館《なみかわやすししっぽう》
（明治27年建築、外国人を迎えるためあえて古い表構えを採用、琵琶湖疏水をひく庭園は7代目小川治兵衛《おがわじへえ》作）

⑤京都生活工藝館・無名舎《むめいしゃ》（吉田幸次郎家住宅、京都市中京区、明治42年建築）の表構え。右側に駒除けの柵。

⑥屏風祭り（無名舎、祇園祭にあわせて格子戸を払われ紋幕《もんまく》を廻される）

⑦ミセと坪ニワ越しに主屋（無名舎）

◆傘がいらなかった京都のまちなみ

民家という研究分野を確立した藤田元春（旧制第二高等学校教授）は、『京ところどころ』に「古い都の町家」を次のように記した。

…元来建家は蹴放《けけなし》（入口下框《かまち》）より外は大道道幅《だいどうみちはば》のうちと決まっていたから、道の両側葛《かずら》石から戸口《とぐち》まで三尺二寸五分（約1メートル）は引っこんでいた。張り出した出格子もなければ今見る大づくりの駒除《こまよ》けもなかったから、子供の頃は雨でもふれば京極から寺町荒神口の学校まで傘なしに軒づたいに帰れた……各戸いずれも葛石までを私有地と心得るようになって鉄柵をめぐらす、駒除けをつける、ついには店の下を張り出し軒下というものをないものにした……

まちなみの変化を伝えている。

さらに「さすが京は古い都、市中のそこここに昔の深い軒下がのこる……細い出格子の横に紺の暖簾《のれん》がひらめき、いかにも暗い店の間に角帯の店員……そうした老舗で、奥に中庭（表屋づくりの坪ニワ）がないと、祇園祭の夜の情趣が……」と、息づく伝統空間も書き残した。今、その情緒を訪ねて祇園祭のまちなみをゆくと、格子戸を払ったおうちが、風通しのよい空間で雅な屏風を披露されている（図⑤⑥⑦）。

丸山俊明『京都の町家と町なみ』第1章「京都の町なみを整えたのは」昭和堂、2007

94 京都再興

大内《おおうち》保存事業と三大事業

京都府と京都市の都市政策で、京都は歴史性をもつ近代都市へ、変わりはじめる。

◆東京奠都と遷都の関係

慶応4年（明治元［1868］）7月17日、江戸が東京《とうきょう》となり、京都はしばらく西京《にしきょう》とよばれた。翌8月に即位した明治天皇は9月に京都をたち、10月に江戸城を東京城《とうきょうじょう》とする。12月に還幸となるが、明治2年（1869）3月に東京再幸。東京城を皇城とした。京都は留守官を置き、遷都の詔はないまま首都は東京と定まる。明治4年（1871）に行政も移転完了。

この間、遷都（都をうつす）という言葉は使われず、奠都《てんと》（都をさだめる）とされた。廃都ではない、いつかもどると期待をもたせ、市民の動揺をおさえたのである。

その後も東京遷都の詔はなく、古代的発想では長い陪都（東京）巡守の旅となる。しかし、近代国家の首都は中央行政機能の場所であり、詔も近代の憲法下ではありえない。最後の古代的都城が平安京であったように、古代的遷都も平安京遷都が最後となった。

そして歴史の中で、古代的遷都という制度自体が消えた。そのとき京都は固有の地名になる。鎌倉時代に平安宮がなくなったとき、都城の平安京は消え、天皇の宮（内裏）がある処（宮処・京《みやこ》）という意味で、京都・京・京師となった。東京は東京城が江戸城の再利用で本格的な内裏がないから「東の京都は都ぬき」とも言われたが、天皇のすまいだから京都・京・京師とよばれてもよかった。そうならなかったのは、律令的発想から脱して古代的都城の概念が消えたためで、千年の歴史を背景に京都は地名になった。

◆荒れる公家町と大内保存事業

明治6年から同13年（1873〜80）の西京《にしきょう》博覧会で旧禁裏御所は見本市会場に、仙洞御所は動物園、公家屋敷は催し会場になった。

明治10年（1877）、荒れた御所を見た明治天皇が落涙されたのを機に、大内《おおうち》保存事業が始まる。公家町だった範囲を石積土塁《いしづみどるい》と高麗門（73項③）で囲み、廃屋となった公家屋敷は解体。植栽や御所群は手入れされた。

大正4年（1915）の大正天皇の即位大礼《そくいたいれい》や、昭和3年（1928）の昭和天皇の即位大礼では多くの仮設建築が建てられたが、終了後に社寺や教育施設へ譲られ、三種神器《さんしゅのじんぎ》のうち御鏡を置いた春興殿《しゅんこうでん》（図②）が

①旧公家町の旧閑院宮家（京都御苑）

②京都御所の春興殿（京都御所）
（宮内庁京都事務局提供）

③京都迎賓館（京都御苑）

残された。

昭和24年（1949）に国民公園の京都御苑《きょうとぎょえん》となり、昭和46年（1971）に環境庁（現、環境省）の管轄になる。平成17年（2005）には和風の京都迎賓館《きょうとげいひんかん》（図③）が置かれた。

◆公園整備と山林保護

慶応4年の神仏判然令《しんぶつはんぜんれい》で、寺を打ちこわす廃仏毀釈《はいぶつきしゃく》がおきる。そこで槙村正直《まきむらまさなお》京都府知事は寺社の保存を訴え、明治13年（1880）に国が古社寺保存金制度《こしゃじほぞんきんせいど》を制定した。さらに明治18年（1885）、京都府は社寺境内の樹木伐採を許可制とし、明治30年（1897）には再度国に働きかけ、古社寺《こしゃじ》保存法が制定された（後に国宝保存法から文化財保護法）。

④円山公園（京都市東山区）

また京都府は、明治19年（1886）に初の公園整備事業として、祇園《ぎおん》感神院《かんしんいん》の僧房跡を円山公園《まるやまこうえん》（図④）にする。明治23年（1890）に京都市の管理となり、7代目小川治兵衛《おがわじへえ》（植治《うえじ》）が庭園設計と施工を手がけて風趣を整えた。

このほか、明治3年（1870）の上知令《じょうちれい》（社寺領を収公）で官有林を得た京都府は、計画植林を実施する。稚松《わかまつ》を抜くのを禁じ、胴廻り91センチをこえる木や、990平方メートル以上の伐採は許可制とした。明治10年代から木材需要が増えていたが、京都府が事前に手をうっていたので、京都をとりまく自然景観は守られた。

◆京都市の三大事業と第4回内国勧業博覧会

明治21年（1888）、京都府知事から京都市長が独立。内貴甚三郎《ないきじんさぶろう》が初代市長となり、①電力不足を解消する第2疏水、②上下水道、③道路と路面電車の整備を目標とした。2代市長西郷菊次郎《さいごうきくじろう》がこれらを三大《さんだい》事業《じぎょう》として明治41年（1908）着工。大正元年（1912）に完了し、戦前の京都のまちなみが完成した。

また明治28年（1895）4月、岡崎（41項④）で第4回内国勧業博覧会が行われる。江戸時代はむしろ（むしろと紙障子でかこんだ野菜の促成栽培施設）やゴミ焼き場が点在する農地であったが、京都府は18万平方メートルを買いあげ、平安宮の一部建物を5／8にした平安神宮（祭神：桓武天皇、33項④）のほか美術館、工業館、農林館、水産館、動物館を建てた。使われた赤レンガは、伝統的な建築を愛する人々から土器なみの強度しかない、いわばパン瓦と噂され、技術者は採用理由の説明におわれた。

七条停車場（明治10年完成、現京都駅）から会地付近へむかう路面電車を通し、電力は蹴上《けあげ》発電所からひいた。「第2の奈良（平城京が廃都後

⑤ JR稲荷駅の旧東海道線ランプ小屋（明治13年完成の旧東海道線は膳所～山科～稲荷で奈良線と合流し東京と西京［京都］と結んだ。現東海道線は大正11年完成）

に田園化したことを指す）になるな」のかけ声もあって、日清戦争の中でも入場者113万人ものにぎわいをみせ、京都ホテル（明治23年完成）には多数の外国人が宿泊した。

同年10月の平安建都千百年紀年祭では、時代祭が初めておこなわれた。

翌明治29年（1896）には、京都市内や離宮、陵墓近くに煙や煤《すす》、ガスをだす工場の新築が禁止される。すでにあった工場も移転を命じられ、大量の煙を出す登り窯は東山山麓一帯に集まった（これらも昭和46年の公害防止条例で一部をのぞき使用禁止となり、山科の工業団地［清水焼《きよみずやき》団地《だんち》］へ移る）。

95 街路景観

まちなみに示される市民の意志

明治末から大正期、京都府と京都市は歴史的な都市景観をめざし、市民も古都に住む誇りを胸に行動する。

◆通りの清掃

江戸時代の京都町奉行所は、高貴な身分の行列のたび町々に道路を掃除させ、砂をまかせた。町々もふだんから木戸門の内側を番人に掃除させて、木戸門近くには塵箱《ちりばこ》を置いていた。

明治4年（1871）に道路掃除の規則をつくった京都府は、翌明治5年（1872）に第1回京都博覧会をひかえて、町々に費用をあたえて整備させた。主な所は敷瓦《しきがわら》（禅宗寺院の土間床などで使う）が敷きつめられ、雨でもぬかるまず、ほこりもたたなくなったまちなみを、京都府は「二府五港《にふごこう》（東京府・京都府と横浜・神戸・長崎・新潟・箱館湊）の冠《かん》」と誇り、胸を張った。

◆あたらしい都市計画

明治45年（1912）7月30日、明治天皇崩御。御陵《みささぎ》が伏見桃山（桃山御陵《ももやまごりょう》、図①）に決まる。大正天皇の即位大礼も京都でおこなわれることになり、京都市民は還都があったかのように歓喜した。

幕末に30万をこえた京都の人口は、明治維新後に24万人まで減少したが、古都としての自信と誇りを回復する中、再び増加に転じた。

大正8年（1919）4月、人口が50万をこえた京都では、都市計画法と市街地建築物法ができたのをうけて、地区別に住居・商業・工業の用途を定めた。それぞれ防火基準や建ぺい率（敷地に対する建物の割合）、高さや構造、申請義務も定めて現代京都の骨格になった。

15本の幹線も設計され、西大路《にしおおじ》・北大路《きたおおじ》・東大路《ひがしおおじ》が通された。しかし予定された河原町通は買収が進まず、一度は木屋町通に変更された。ここを流れる高瀬川（図②）は、明治28年（1895）に京都電気鉄道（大正7年に京都市電が買収）を通したため幅が半分に、柳並木は切られて高瀬舟も大正8年に廃止。さらに暗渠《あんきょ》化（ふたをする）まで検討されたが、古都を愛する住民が立ち上がる。高瀬川の保存を訴える市民運動は、やがて京都市議会を動かし、大正10年に暗渠化は取りやめになった。

同じころ堀川通でも、堀川の暗渠化が計画されたが、これも住民の反対で中止された。

①明治天皇に殉死した乃木夫妻を祀る乃木神社（京都市伏見区）から見る桃山御陵方向

③みそそぎ川に立つ納涼床《のうりょうゆか》

④すずらん灯、山鉾巡行時は邪魔にならないように首を振って向きを変えることができた（高橋仏具店前、祇園祭山鉾連合会『祇園祭』1982、より転載）

②曳舟道《ひきふねみち》を復原した高瀬川（史跡一《いち》の船入《ふないり》近く）

⑤哲学の道（京都市左京区）

◆鴨川夕涼みの床几は、納涼床に

江戸時代の鴨川は、夏の夕涼みの場であった。料理屋や茶屋が店を出し、川に床几《しょうぎ》を置いたが、たびたび火を出したので、京都府が禁止した。

そこで大正6年（1917）、木屋《きや》町《まち》や先斗町《ぽんとちょう》の旅館は「夏の納涼床下に清水を通ずるなどの設備」を求め、丸太町橋から五条大橋までの西岸にみそそぎ川が通された。ところが、そこに旅館が出した納涼床《のうりょうゆか》は、屋根をかけたり常設にしたり、高さもそろわなかった。そこで京都府は、大正12年（1923）と昭和4年（1929）に、場所や形、設置期間を定めた（図③）。

◆すずらん灯、夜道をてらす

第1回京都博覧会の間、三条・四条・五条大橋のたもとや市内にガス燈が立った。それから石油の街灯が整備されていき、夜も提灯なしで歩けるようになった。

明治21年（1888）、京都電燈《でんとう》株式会社が設立され、明治29年（1896）までに560の電灯を立てた。商店街にも電灯が立つようになり、大正13年（1924）に京都電燈は武田五一《たけだごいち》京都帝大（現、京都大学）教授へ街灯デザインを依頼。地域景観に配慮した武田デザインの街灯のうち、寺町通のすずらん灯（図④）が大評判になった。そこで神戸元町・東京・横浜・広島、台湾にも立てられたが、太平洋戦争中の金属供出《きょうしゅつ》で失われた。

◆街路樹がつくる木陰

京都の道路に、平安京以来となる街路樹が植えられた。大正元年（1912）の烏丸通のユリノキが最初で（京都駅～丸太町通、のちに今出川通まで）、各地にさまざまな植樹がおこなわれた。大正9年（1920）に植樹状況が調査され、同12年（1923）に烏丸通の今出川以北にイチョウ、ほかの幹線でプラタナス（すずかけ）やケヤキ、ホオノキ

⑥第2期蹴上発電所（京都市左京区）

⑦琵琶湖疏水の通船《つうせん》を補完した蹴上インクライン（傾斜鉄道）の粟田口《あわたぐち》隧道《ずいどう》、「ねじりまんぽ」とよぶレンガ積で北垣知事が「雄観奇想《ゆうかんきそう》（見事な眺めと卓越した発想）と揮ごう。

⑧ローマ水道橋を参考にした南禅寺水路閣（設計名：亀山天皇御陵前桟橋）

等が植えられて、涼しい緑陰をつくったのである。

戦後は、昭和25年（1950）の国際文化観光都市建設法にもとづき、高野川通りや白川通り、木屋町通りや五条通りに桜が植えられた。

イチョウや柳の植樹も続き、昭和40年代に哲学の道（図⑤）や白川《しらかわ》疏水《そすい》道、植物園西側の半木《なからぎ》の道など、市内各地に緑道《りょくどう》が整備された。

◆東山の風景、工場よりも水力発電所

明治15年（1882）、北垣国道《きたがきくにみち》知事は、京都の上水《じょうすい》を確保する琵琶湖疏水の建設を、工部大学校（現、東大工学部）を卒業したばかり、若干21歳の田辺朔郎《たなべさくろう》にまかせる。

明治18年着工。東山を貫通する19・3㌔の第1疏水は同23年に完成した。この水を使う工場地帯を東山一帯に計画していたが、アメリカで水力発電成功の知らせを受けた田辺はすぐさま渡米、現地を調査。発電所に計画変更した（図⑥）。

その電力は京都の近代化に貢献したが、田辺自身は、インクライン（図⑦）が「一帯青松《いったいせいしょう》」とたたえられた南禅寺の松林を分断したのを悔いていた。そのため東山の「寺社名勝の地」を通る洛北への運河のデザインに情熱をかたむけ（図⑧）、京都府も疏水ぞいにサクラやマツ、ヤナギやカエデ、サザンカを植えて、風致や景観に配慮した。

もっとくわしく

苅谷勇雅『京都――古都の近代と景観保存』日本の美術11、至文堂、2005

96 京都空襲

原爆投下候補、京都

歴史的近代都市へのあゆみは戦争で中断。原爆投下や都市破壊はなかったが、アメリカ軍の無差別爆撃で多くの被害がでる。

◆京都の建物疎開

昭和12年（1937）、日中戦争開戦。防空法《ぼうくうほう》が公布され、全国で防空訓練が始まった。消防士が入りにくい家は、防火構造への改築が命じられたので、京都では多くの町家遺構が2階表のムシコを切り取り（図①）、入りやすくした。

同16年（1941）に太平洋戦争開戦。同18年（1943）に火よけ地確保のため、個人の家の強制撤去が認められる（建物疎開《たてものそかい》）。京都市は2年前から工場周辺ではじめており（第1次疎開）、消防道路も通していた（第2次）。

昭和20年（1945）3月、新居《あらい》善太郎《ぜんたろう》知事は五条通、御池通、堀川通一帯に10日以内の引っ越しを命令。市民の勤労奉仕で2万戸以上がこわされた（第3次）。そして鉄道周辺を疎開中（第4次）に終戦。

そのとき京都市は、火よけ地を都市計画道路にしたいと依頼する。市民は、復興に役立つのならと、先祖伝来の土地を断腸のおもいで提供した。厳しい戦後生活の中でも公《おおやけ》を大切にする市民の協力により、火よけ地に拡幅されて幅50㍍になった道路が通ることになった。

①ムシコを切り取った町家遺構

◆原爆投下都市の第1候補、京都

昭和20年4月、アメリカ政府は、完成間近の原爆の投下候補都市を選定する。選定条件は、①人口密集、②直径5㌔以上の市街地、③原爆による破壊の心理的効果が大きく抗戦意欲を失わせる都市、④爆風が最大効果をもつ都市、⑤空襲被害が少なく原爆の効果を検証できる都市、⑥軍事目標と労働者を同時にせん滅できる都市、である。これをもとに選定された5月12日時点の第1目標は、京都であった。

7月21日、グローブス陸軍准将のマンハッタン計画が、トリニティ実験に成功。原子爆弾が完成した。同じ日、アメリカ陸軍第20航空部隊は、日本の重工業地帯や東京・大阪・名古屋の破壊を完了したので、目標を中小180都市へうつし、条件⑤で温存中の京都や広島、小倉、新潟にも爆撃を開始すると報告する。

24日、陸軍長官スティムソンは、ポツダム会談中のトルーマン大統領に、京都への原爆投下はアメリカへの憎悪とソビエトへの接近をまねくと進言。会談でのトルーマンは、ソビエト代表スターリンの前に沈黙していたが、原爆完成を聞いて日本の降伏を確信。高圧的な態度で会談を仕切りはじめ、スティムソンの進言にも同意した。

グローブスは準備した京都投下を懇請したが、投下目的は日本の降伏からソビエトへの威嚇に変わり、25日に京都以外への投下を決定。決定後の翌26日になって、日本に無条件降伏を勧告するポツダム宣言を出した。

吉田守男『京都に原爆を投下せよ──ウォーナー伝説の真実』角川書店、1995

◆超高空に舞う無差別殺人者

昭和20年、アメリカ軍は新型クラスター焼夷弾《しょういだん》の効果を、日本で活動した建築家アントニン・レイモンドの協力でユタ州に再現した日本家屋で実験する。効果を確認したカーチス・ルメイ空軍准将はハーグ空戦条約《くうせんじょうやく》（無差別爆撃禁止）を無視し、超高空から日本の66都市（小都市を入れると400以上）へ、工場も住宅地も無差別に大量投下した。

疎開の効果はなく、全国の死者は33万人、負傷43万人、被災者970万人。全国戸数の2割にあたる223万戸を焼きつくすジェノサイド（一方的な殺戮行為《さつりくこうい》）であった。

◆京都の空襲被害

京都の空襲被害は、❶昭和20年1月16日：東山区馬町《うままち》（馬町空襲、図②、死者41、負傷48、損壊143軒）、❷3月19日：春日通り高辻・仏光寺（春日町《かすがちょう》空襲）、❸4月16日：三菱重

②馬町空襲碑（京都市東山区、白河総合支援学校東山分校）

③西陣空襲碑（京都市上京区、辰巳公園）

工周辺（太秦《うずまさ》空襲、死者2、重軽傷48、損壊3軒）、❹4月22日：上賀茂住宅地、❺5月11日：京都御所（御所《ごしょ》空襲、重傷11）、❻6月26日：上京区出水（西陣《にしじん》空襲、図③、死者43、負傷66、損壊292戸）。これら旧皇都の被害は報道管制され、口にするのも禁じられた。

◆ウォーナー・リスト

昭和18年8月、アメリカは枢軸国《すうじくこく》（ドイツ・イタリア・日本）が奪った美術品を返すためとして、ロバーツ委員会を設置する。破壊された場合は枢軸国の文化財で弁償させるとし、賠償用リストをつくった。日本分リストは、ハーバード大学フォッグ美術館東洋部長ランドン・ウォーナーが作成（ウォーナー・リスト）。

　日本の文化財も賠償用として爆撃時には一応配慮されたが、名古屋城や首里城など破壊されたものも多く、絶対保護の文化財リストではなかった。ところが終戦直後の昭和20年11月、「京都・奈良の無きずの裏、作戦国境を越えて人類の宝を守る、米軍の陰に日本美術通」と新聞報道があった。リスト作成者のウォーナーに感謝の声がまきおこったが、自国の若者が血を流す戦争中に敵国のため動く利敵行為（スパイ）は、どこの国でも重罪である。ウォーナー自身も「大統領に京都の爆撃をやめるよう進言した覚えはない」と、何度も報道を否定した。

　物（文化財）を残したリストでも、目的は賠償用。条約違反の無差別爆撃で数十万の命を奪われた日本人が、感謝することではなかった。

◆米軍軍属用住宅の接収

昭和20年（1945）8月15日、日本は無条件降伏。それから同27年（1952）まで、アメリカ軍40万と家族用住宅が日本で確保された。

　京都では、御所の提供が計画されたが、京都府議会が毅然《きぜん》として反対し、とん挫。植物園に変更され、占領軍家族住宅（DH）がならんだ（昭和32年［1957］に返還）。

　将校用住宅は下鴨、北白川、浄土寺、岡崎、鴨東、御所周辺の和風住宅が接収《せっしゅう》された。これらが返還されたとき、畳ははがされ土足用の厚板が張られ、土壁は板が打たれてペンキ塗。庭も荒れはて、主権を失った敗戦国の無残な姿を映していた（図④）。

◆恩讐をこえて

昭和27年のサンフランシスコ講和条約で主権を回復した日本は、日米安全保障条約のもと、高度経済成長をとげた。東アジア情勢が緊張の度をました平成28年（2016）には、オバマ大統領（当時）が広島平和公園で、安倍晋三首相が真珠湾アリゾナ記念館で相互献花。未来指向で日米同盟を進展させた。

④四君子苑《しくんしえん》（旧北村謹次郎《きんじろう》邸、伝説的数寄屋棟梁《とうりょう》北村捨次郎《すてじろう》が心血を注いだ邸宅。付属棟以外［主屋］が米軍接収で破壊的に改装され、戦後に近代和風の巨人吉田五十八《いそや》の設計で改築、新旧とけあう奇跡の数寄屋空間になった）

97 時代の洗礼

西洋建築と京都の景観政策

太平洋戦争をへて、京都は大都市の中で唯一、町家遺構を面的に残すことになったが、歴史の洗礼を受け続け、歴史的景観の維持があやぶまれた。

◆疑洋風《ぎようふう》と西洋建築

明治時代初頭、上京区27番小学校が柳池小学校《りゅうちしょうがっこう》になったとき、木造漆喰《しっくい》塗りの校舎にベランダをつけた（図①、擬洋風《ぎようふう》）。この姿を銀行や商店も取り入れたが、表が洋風でも奥は鰻の寝床の家が多く（93項②）、人びとはあくまで西洋建築に似た建物でしかないと考えていた。

最初の本格的な西洋建築と認識されたのは、外国人が設計して明治10年（1877）に完成した「しっちょのステンショ」（七条停車場、京都駅）。

その後も外国人が同志社大学などを設計。片山東熊《かたやまとうくま》がフランス・ルネサンス様式で設計した京都帝国《きょうとていこく》博物館《はくぶつかん》（現、京都国立博物館、図②）が明治28年（1895）に完成したとき、日本人の設計による最初の西洋建築と見なされた。

しかし、京都にはあわないという声が強く、明治32年（1899）の武徳殿《ぶとくでん》（現、武道センター内、設計：松室重光《まつむろしげみつ》、図③）や同37年の旧二条駅は和風になる（構造は洋風）。

この方向は昭和8年（1933）の京都市立美術館（図④、設計：前田《まえだ》健二郎《けんじろう》）にも影響をあたえたが、一方で新古典主義（図⑤）からアール・ヌーヴォー、分離派、表現派など、ヨーロッパの建築様式の影響をうけた建物も、京都市内に現れた。また、鉄・ガラス・コンクリートを使った無装飾の国際建築様式（モダミズム）や、

①柳池小学校（日本最初の小学校となった富小路・御池角の旧地から明治6年に移転して開校、ヴェランダ・コロニアル様式）

②京都国立博物館（旧京都帝国博物館、明治30年開館）

③京都市武道センター（旧武徳殿、設計：松室重光、明治32年竣工）

④京都市立美術館（旧大礼記念京都美術館、設計：前田健二郎、昭和8年開館）

⑤ＳＡＣＲＡビル（京都市中京区、大正５年の木骨レンガ造、基壇に大オーダーを立て頂部にクライマックスを持つネオ・バロック様式）

⑥京都タワーホテル（設計：山田守《やまだまもる》、棚橋諒《たなはしりょう》、昭和39年竣工）

アメリカのスカイ・スクレイパー（高層建築）技術、佐野利器《さのとしかた》・内藤多仲《ないとうたなか》の耐震構造理論を取り入れた高層建築も、市内で戦前から検討されていた。

◆公害と京都市市街地景観条例

戦後の京都は、昭和25年（1950）に京都国際文化観光都市建設法が制定された。

昭和30年代後半から40年代、日本列島は高度経済成長期となり、京都でも名神高速や東海道新幹線が開通。中心部は大気汚染や騒音がひどくなり、人々は郊外へうつりはじめた（ドーナツ化現象）。スプロール（無計画）開発に歴史的景観の維持があやぶまれ、昭和41年（1966）に開発を規制し景観の凍結保存も命令できる古都保存法が制定された。

京都市民の景観意識が高まる中、昭和39年（1964）に完成した京都タワー（図⑥）が、本願寺の灯明を思わせるデザイン（実際は灯台のイメージ）であったことへの是非と、すでに高さ規制の上限いっぱいのビルにさらにタワーをのせた手法の倫理面で大論争になった。

これにこたえるように、昭和42年（1967）に伊藤ていじが京都らしいデザインとは何かを調査。『京都のデザイン原理』を報告した。

昭和43年には、都市計画法で容積（敷地に対する全階合計床面積の割合）による制限がはじまり、高さ規制がなくなる。そこで京都市は、高度地区を指定し、独自の高さ規制をはじめた。

さらに昭和47年には市街地景観条例を定め、この中で美観地区や工作物規制区域、巨大工作物規制区域、特別保全修景地区を指定。全国に先がけた景観行政をはじめた。

◆バブルの悪夢と地あげの恐怖

昭和61年から平成3年（1986〜91）、公共投資の拡大と公定歩合《こうていぶあい》（標準貸付利率）の引き下げが行われた。リゾート開発などの投機が進み、京都にもバブル資金が流れ込んだ。ポスト・モダン（近代合理主義・モダニズムを批判した造形運動）を主張する商業施設（図⑦）やマンションの建設用地の需要が高まり、京都の地価はうなぎのぼりになる。

静かに暮らす市民に、一部の不動産業者が悪質な地あげ（おどしつける土地買収）をくり返し、代がわりする家に売却を求めて押しかけるなど、多大な苦しみをあたえた。さらに、バブル経済の破たん後は、地あげされた土地が空地となって、まちなみに深い傷跡を残した。

そこで平成7年（1995）に京都市は、自然風景保全条例と屋外広告物に関する条例を制定。風致地区条例と市街地景観条例を改正する。平成19年には保存・再生・創造のまちづくりを目指し、新景観政策を実施。京都市を①自然と歴史的景観を保全、②調和を基調とする都心を再生、③21世紀の活力を想像の3地域に分け、高度地区の高さやデザイン基準を見直し、眺望景観や借景保全、屋外広告物の対策強化にのりだした。

これらの景観政策や、海外へ京都の魅力を発信し続けた効果もあり、京都の観光的価値は国際的に評価された（平成26年には京都市の観光客数が5500万人をこえた）。しかし令和元年（2019）頃からオーバー・ツーリズム（都市の受容能力をこえた数の観光客による生活環境の破壊）や民泊（簡易宿泊所）による住環境への影響が問題化。その解決が令和2年（2020）の市長選挙の公約にもなったが、新型コロナ・ウィルス蔓延の影響で一時的に沈静化している。

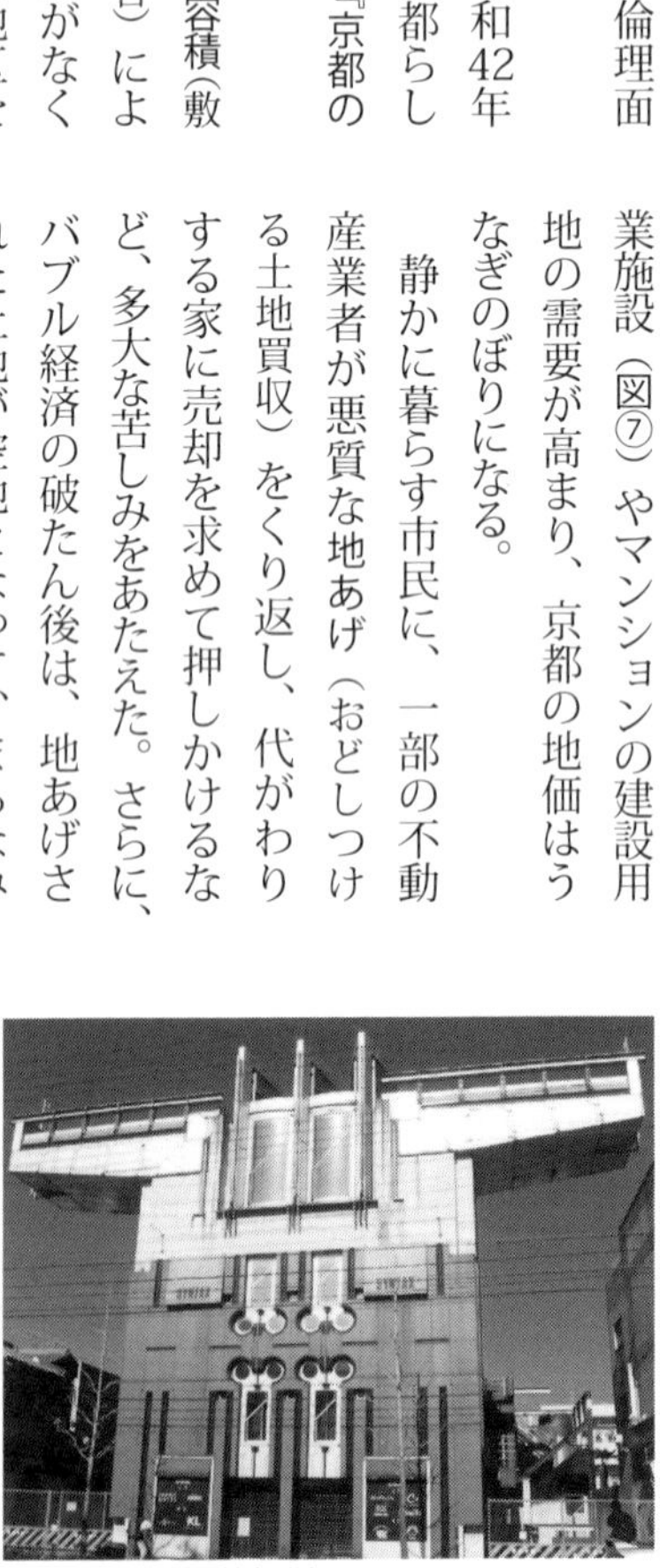
⑦ SYNTAX（高松伸《たかまつしん》設計、北山通に平成2年竣工、平成18年解体）

もっとくわしく

苅谷勇雅『京都――古都の近代と景観保存』日本の美術11、至文堂、2005

98 京町屋登場

民家ブームと観光ブーム

観光都市となった京都は、実際に町家とよばれた遺構をふくめて、戦前の家すべてが観光・不動産資源とみなされ、京町屋《きょうまちや》とよばれるようになった。

◆生活様式の変化

太平洋戦争後、全国都市の復興住宅は近代生活のため、それまでとは異なる姿になった。連合軍総司令部（GHQ）も、生活改善運動として従来のお竈土《くど》さんから煙突付の耐火レンガかまど（図①）への改良を指導。さらに電化製品で家事を減らすことをうながした。

昭和30年代には、普及しはじめたテレビにアメリカのホーム・ドラマ（アイ・ラブ・ルーシー）などが登場。電化製品や車にかこまれたアメリカ式消費生活に、京都でもあこがれが強まった。

◆民家ブームと保存の気運

昭和30年代後半、高度経済成長期に入る。農山村の人びとが都市へ流れこみ、団地ができた。団地のダイニング・キッチンの椅子式生活は、都市から農山村へひろがり、百姓家遺構の土間は床張りされていった。

葺きかえが大変な草葺は鉄板葺が重ねられ、瓦葺の2階建てに改築するくずやおろしもおこなわれた（図②③）。昭和40年代には電力をまかなうダムが各地にでき、過疎化した農山村がダム湖の底にしずんだ。

京都でも、元治大火後の町家が築100年をこえ、修理時期をむかえた。個室の希望も増え、終戦直後は10㌫たらずだった水洗便所は昭和40年ごろ一気に普及（農村から汲み取りにくる荷車も消えた）。このため修理にとどまらない、大規模な改築や、建て直しも選択肢になった。また、商業の近代化に必要な空間のため、やむなく町家遺構をビルに建てかえる例も増えていった。

そのころ東京民芸協会が『民芸《みんげい》手帖《てちょう》』に「民家巡礼」を連載。滅びゆく民家の美は、国土の変容に不安をもつ人びとの共感をうみ、民家ブームとなった。保存の気運も高まり、昭和41年（1966）に文化財保護委員会（現、文化庁）は全国民家緊急調査を計画した。都道府県の教育委員会が、林野全孝《はやしのまさのり》や青山賢信《あおやまよしのぶ》ら各地の学術研究者と1万棟以上を調査。特に重要と判断された遺構は、居住者の同意を得て、文化財に指定された。

◆京都府下の緊急民家調査

京都府教育委員会は、昭和39年度から昭和48年度にかけて府下を7回調査した。第7回調査を主導し

①煙突が付いた耐火レンガのお竈土《くど》さん

②くずやおろし前の袖岡家住宅（京都市左京区岩倉、袖岡家所蔵）

③くずやおろし後の袖岡家住宅（岩倉型、非公開）

た川上貢《かわかみみつぐ》、永井規男《ながいのりお》、高橋康夫《たかはしやすお》、谷《たに》直樹《なおき》らは、民家型式の設定原則（地域的に特徴をもつ間取りに地域名を付けた民家型式を設定）をふまえて、丹後型（広間型）、北山型、北船井型、摂丹型、南山城型を設定（59項・82項）、『京都府の民家《みんか》』調査報告第7冊に報告した（後に永井が岩倉型を加えた）。

この中で町家は、同じ間取り（片土間・床上3室や表屋造り）が京都だけでなく、各地にあるので、民家型式は町家《まちや》と設定した。このため『京都府の民家』の本文にも「京都の町家」と記されるのだが、同書の図版説明に「京町屋《きょうまちや》」という固有名詞がはじめて登場した。

◆京都の観光ブームと京町屋

明治21年（1888）に彦根中学（現、彦根東高）が京都を修学旅行先としてから、全国中高生の代表的な修学旅行先になる。

昭和37年（1962）に川端康成《かわばたやすなり》が京都を舞台とした『古都《こと》』を出版し、京都を歌った渚《なぎさ》ゆう子の歌謡曲（「京都の恋」、「京都慕情《ぼじょう》」）がヒット。国鉄（現JR）のディスカバー・ジャパン・キャンペーンやアンノン族の京都旅行ブーム、東映太秦映画村《とうえいうずまさえいがむら》の開業や禅《ぜん》ブームもあって、国内外からの観光客が増えた。

さらに平安建都1200年祭（1994）をむかえ、JR東海の「そうだ　京都、いこう。」キャンペーンが首都圏や中京圏で京都の名所の映像をくり返し放映した頃、「京町屋」や「京町家」という言葉を目にすることが多くなった。京料理や京言葉など、京○○は京都だけという意味をもつ。『京都府の民家』の図版説明で使われた「京町屋」も京都だけをおもわせるので、格好の観光資源になった。不動産価値も高めるので、旅行業者や不動産業者、マスコミがこぞって使いはじめ、時代は京町屋あるいは京町家ブームになった。

◆「京町屋」が意味するもの

江戸時代の町家や百姓家は、明治時代にすべて「家」になった。それまでは、町の家が町家（町屋）で、それ以外は百姓家だったが、明治時代に、行政上はすべて家になった。

この歴史的な経緯のあと、昭和40年代末に造語されたのが「京町屋」や「京町家」。行政上の町家は幕末に消えているから、何を指すのかが問題になった。

そこで京都市は、「建築基準法《けんちくきじゅんほう》」が施行された昭和25年（1950）以前の京都市の住宅」とした。同法は、都市の家に防火構造を義務付けたので、江戸時代の町家と同じ構造の家は建てられなくなった（現在は条件付きで可能）。ところが観光ブームにともない、京都の古い木造住宅（江戸時代から明治20年代の町家遺構だけでなく明治中期から大正、昭和前期の京都市内の家をふくむ、図④⑤）が、観光資源や不動産資源になった。そこで京都市は行政面で配慮するため、これらすべてを「京町屋」あるいは「京町家」とよんだのである。

これにより、京都らしい風情《ふぜい》をうみだす市内の古い住宅群が、価値あるものと認識されるようになった。

④防火壁を持ち本2階建てにガラス窓の京町屋（大正〜昭和前期、『京の町並』京都府文化財保護基金、1977、より転載）

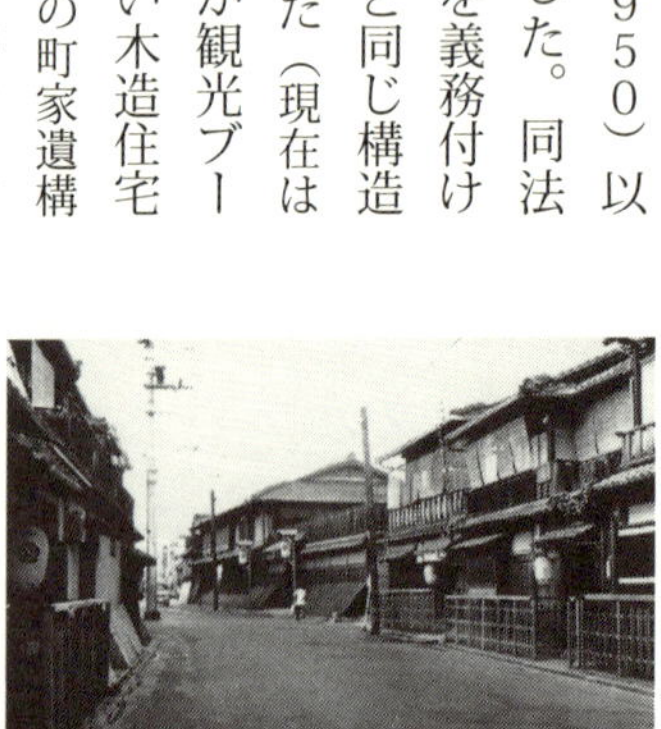
⑤本2階建てにガラス窓をもつ京町屋（大正時代、『京の町並』京都府文化財保護基金、1977、より転載）

もっとくわしく

丸山俊明『京都の町家と聚楽第』序章「京都府の町家と百姓家に七つの型式」昭和堂、2014

99 まちなみ調査

行政による まちなみ保存への道

民家（町家・百姓家）という視点をこえて、景観という観点から、伝統的なまちなみを保存しようという気運が高まる。

◆まちなみ調査のはじまり

まちなみに注目した調査は、昭和31年（１９５６）の伊藤ていじらの今井町《いまいちょう》（奈良県橿原市）調査にはじまる。昭和40年（１９６５）にはオレゴン大学が金沢市幸町《さいわいまち》を調査。外観要素を取り出し、特徴を分析する手法はデザイン・サーベイとよばれ、その後のまちなみ調査の基本になった。昭和42年（１９６７）に伊藤らは、京都の西陣《にしじん》や祇園新橋《ぎおんしんばし》、上賀茂などにも応用して『京都のデザイン原理』をまとめた。

◆伝統的建造物群保存対策調査

昭和43年（１９６８）、中山道《なかせんどう》の宿場だった妻籠《つまご》（長野県木曽郡南木曽町）で「売らない・貸さない・壊さない」を申しあわせる妻籠を愛する会が、まちなみ保存事業を、長野県の明治百年記念事業として実施することに成功した。宿場のまちなみ保存が行政予算を得たのは、画期的だった。

昭和45年（１９７０）、大阪万国博《ばんこく》覧会がおこなわれる中、文化庁はまちなみ保存の技術的検討を開始。昭和48年度の事業で高山《たかやま》・萩《はぎ》・倉敷《くらしき》を調査し、その結果をもとに、昭和49年度から文化庁が市町村を補助する「伝統的建造物群保存調査」を展開した。そして昭和50年度に文化財保護法に伝統的建造物群保存地区を制度化し、重要伝統的建造物保存地区制度（通称：伝建地区）も施行して、行政によるまちなみ保存がはじまった。

◆京都府が報告した候補地

文化庁は、昭和48年の保存調査に先だち、都道府県に候補地の報告を求めた。京都府は1次調査として主なまちなみを調査。漁村の伊根町《いねちょう》や山村集落の美山《みやま》、妻入町家群の園部《そのべ》など府下28ヶ所と、鞍馬《くらま》、祇園《ぎおん》宮川町《みやがわちょう》、嵯峨鳥居本《さがとりいもと》、三条通など市内68ヶ所を文化庁へ報告した。

この結果をもとに文化庁と京都府、京都市の協議がおこなわれ、すでに特別修景《しゅうけい》保全地区に指定されていた産寧坂《さんねいざか》地区（門前集落、図①②）と祇園新橋《ぎおんしんばし》地区（茶屋町、図③④）を新たに調査。昭和51年（１９７６）に、両方の地区が重要伝統的建造物群保存地区に選定された。同54年には嵯峨鳥居本地区（図⑤）が選定され、同63年に上賀茂地区（社家町、図⑥）が続いた（平成17年に府下の伊根町と与謝野町《よさのちょう》加悦《かや》で選定）。

◆石塀小路、１９９３年　夏

東山区下河原の一角で、石塀や板塀をもつ38軒がならんで石塀小路《いしべいこうじ》とよばれる地区（図⑦⑧）は、明治時代初頭に京都府が円徳院《えんとくいん》（高台寺《こうだいじ》塔頭《たっちゅう》）境内を取り上げ、大正５年（１９１６）までに民間業者が貸家開発したところである。まちなみや貸家内部のそこかしこに、町家の系譜をひく数寄屋風意匠がはどこされており、当時の開発業者のすぐれた感性がうかがえる。

平成5年（１９９３）7月、地元石塀会《いしべいかい》の協力を受けた谷直樹《たになおき》大阪市立大学助教授（当時、ほか三浦要一ら学生数名）や京都環境計画研究所所長の西尾信廣《にしおのぶひろ》（ほか著者・京極英正ら所員）らがほぼ全戸を調査。外観や建物配置、間取りや断面を図化して景観特性を分析し、京都市歴史資料館の岡佳子《おかよしこ》（当時）と協力して、文献史料や絵画史料から歴史的背景や形成過程を解明した。

それまでの全国まちなみ調査報告

書は、デザイン・サーベイによる景観特性や暮らしの様子、民具や祭礼など民俗学的報告が大半を占めていたが、京都市景観課（苅谷勇雅・太田卓郎［当時］）の指導を得た『石塀小路まちなみ調査報告書』は、保存対象をデーターベース化。建築基準法の緩和内容を整理し、防災計画を立案するなど、実際のまちなみ保存行政に役だつよう構成され、その後のまちなみ報告書の指針になった。

真夏の太陽が照りつける中での調査は、産寧坂地区の見直し調査をへて、石塀小路地区（近代貸家群）が平成7年（1995）12月に産寧坂重要伝統的建造物群保存地区の拡大選定をうけたことで実を結んだ。

①東山産寧坂地区 1：清水の門前町

②同地区 2：清水寺周辺

③祇園新橋地区 1：白川ぞいの茶屋町

④同地区 2：本 2 階建ての茶屋町

⑤嵯峨鳥居本地区：
愛宕神社参詣路の門前町

⑥上賀茂地区：明神川ぞいの社家町

⑦石塀小路 1：
石塀の内に前庭をもつ旧貸家群

⑧石塀小路 2：
石畳に板塀が続くまちなみ

もっとくわしく

苅谷勇雅『京都――古都の近代と景観保存の町家と町なみ』日本の美術11、至文堂、2005

100 京都の守《も》り人《びと》

歴史を受け継ぎ、未来へつなぐ

古代から連綿と受け継がれてきた京都のあゆみは、これからも京都市や京都府、京都の消防局や警察、内外の団体や市民によって守られていく。

◆祇園祭山鉾《ぎおんまつりやまぼこ》連合会

中世以来の鉾町連絡組織が前身。大正12年（1923）に、京都市や京都府、各種団体と協議する組織として設立された。元治大火など多くの困難を乗りこえて山鉾巡行を重ねてこられたことが、昭和37年（1962）の山鉾29基の重要有形民俗文化財指定や、同54年（1979）の山鉾関連行事の重要無形民俗文化財指定（山鉾染織品新調制度開始）につながった。

平成21年（2009）9月には、祇園祭の山鉾行事が、ユネスコ無形文化遺産代表一覧表に記載（通称、世界無形文化遺産）された。世界が無形文化遺産の傑作と認めた山鉾巡行を、これからも厳粛な神事として運営されていく（図①②）。

◆祇園祭協賛会

寄町制度（祇園祭をおこなう鉾町《ほこまち》を寄町《よりちょう》が支える江戸時代の制度）の廃止後、自主的に再編された清々講社《せいせいこうしゃ》が前身。昭和25年（1950）に、京都市観光連盟と共に祇園会山鉾巡行協賛会を発足。内貴清兵衛《ないきせえべえ》初代会長を中心に、神事の執行資金を集める市民団体になった。昭和28年に現名称へ変更。京都が京都たるゆえんの重要な神事を、ながきにわたり支えられている。

◆京都市・景観まちづくりセンター

平成3年（1991）設立。生活環境を確保しながら京都の景観を守る活動を景観・まちづくり活動と位置づけ、京都市都市計画局と共に、市内の京町屋悉皆《しっかい》（すべて）調査など、中核となる活動を主導。行政・学術の両面で、めざましい成果をあげている。『京のまちかど』コーナー（図③）では関連資料を展示。景観・まちづくり大学などのセミナー活動にも、多くの市民が集まる。

◆京都アスニー

文化都市京都の生涯学習の場として、京都市立中央図書館の隣に、昭和56年（1981）設立。京都市生涯学習振興財団に委託し、アスニー京都学講座など京都の歴史や文化・伝統芸能をテーマとした教養講座を行い、年間約50万人の京都市民が学んでいる。1階の京都市平安京創生館（図④）では模型やパネル、出土品を展示。案内ボランティアが平安京を丁寧に解説されている。

◆古文書を公開して研究に貢献する資料館

京都府立総合資料館（図⑤、歴史資料課・文献課）は、昭和38年の開館以来、『東寺百合文書《とうじひゃくごうもんじょ》』など府下古文書群を閲覧に供し、山田洋一《やまだよういち》や辻《つじ》真澄《ますみ》ら研究者が解読や分析法をアドバイスして数々の画期的業績に貢献した。平成28年に閉館、平成29年4月に南へ移り京都府立京都学・歴彩館として新たに開館した。

京都市歴史資料館（図⑥）は、昭和

①山鉾が集合する鉾の辻へ向かう放下鉾関係者、先頭は川北昭《かわきたあきら》放下鉾理事長（川北家住宅当主、90項参照）

②祇園祭山鉾館（昭和43年完成、2年間の乾燥をへて山鉾10基を収蔵）

③京のまちかど（京都市景観・まちづくりセンター）

④京都市平安京創生館（京都アスニー1階）

⑤京都府立総合資料館（平成28年度をもって閉館）

57年（1982）の開館以来、市史編さん事業で収集された市内古文書群の写真版を閲覧相談室で公開。伊東宗裕《いとうむねひろ》ら研究者が、市民の質問・相談に親切に応対されている。

⑥京都市歴史資料館（京都市上京区）

◆京町家作事組《きょうまちやさくじぐみ》

京町家の保全改修組織として、平成11年（1999）設立。梶山《かじやま》秀一郎《しゅういちろう》初代理事長は、近代日本住宅史にのこるコーポラティブ住宅ユーコートの設計者。工務店・大工・左官・鳶・畳職らと設計者をつなぐ活動を幅広く展開され、環境共生や地域文化の継承に可能性をもつ点が高い評価をうけて平成23年度の日本建築学会賞。京町家再生研究会・京町家友の会・京町家情報センターと京町家ネットを結び、活発な情報発信もおこなっている。

⑦ボストン・チルドレンズ・ミュージアム（ボストン港埠頭の6階建て倉庫を改築、撮影：熊谷勝）

◆ボストン・チルドレンズ・ミュージアム

昭和51年（1976）の京都市親善使節団のボストン訪問を機に、同54年にボストン港の倉庫ビルを改築したボストン・チルドレンズ・ミュージアム（図⑦）に、京都の町家（住山清三郎《すみやまきよざぶろう》邸）が移築された（アメリカへ渡った最初の日本民家）。熊谷勝《くまがいまさる》（吉村建築事務所、当時）が設計、安井清《やすいきよし》（安井杢《もく》工務店専務、当時）率いる数寄屋大工衆（図⑧）が施工を担当。同館のマイケル・スポック館長と協力して、「まちなみを備えることで京の町を体験できる」というコンセプトをうみだし、倉庫ビルの3階と4階をぶち抜いて「向こう三軒両隣」を再現した（図⑨、画期的手法として各地に同様例をうむ）。

どんなに騒ぐ子供でも、ザシキにすわるとしんとする。体験型ミュージアムの目玉となり、現在もボストンの地で、日本文化への興味をうみ続けている。

⑧京都を代表する安井杢工務店の卓越した技はミュージアム側に記録保存された（撮影：熊谷勝）

◆古材《こざい》文化の会

平成6年（1994）、民家の解体材の再利用をはかるため、日本民家史に足跡をのこす研究者永井規男《ながいのりお》初代理事長らが設立した古材《こざい》バンクの会が前身（平成18年に名称変更）。まちなみや民家調査、古材の保管や活用の情報交換の場となり、近年に年輪年代学研究所も併設された（光谷拓実《みつたにたくみ》所長）。

⑨再現された京都のまちなみ
（左：旧住山邸、右：復原ファサード、設計・建築儀礼・撮影：熊谷勝）

◆京都のあゆみ、永遠《とわ》に

京都のあゆみは、ほかにも多くの人々に守られて、続いていく。ひとりひとりは単色の糸のようでも、縒《よ》り集められた太紐は錦のごとく絢爛豪華。ゆるやかにうねりながら、はるかにはるかに、時をこえていく。

おわりに

東山如意ヶ嶽は、送り火の「大」を灯す西麓が大文字山とよばれます。その中心の大師堂前から京都盆地を一望すると、まさしく山河襟帯。

「加茂の河瀬の水清く」（第四錦林小学校校歌）上下賀茂社が鎮守する王城の地は、北闕型《ほっけつがた》都城の広がりをもって四神相応。都城造営技術と経験を集めた万代宮《よろずよのみや》と条坊制の平安京が、確かにそこにありました。

それが中世の混乱や豊臣・徳川の改造と大火をへて、現代京都へつながります。その歴史を伝えるのが京都御苑や寺社仏閣、そして伝統的建造物群保存地区ですが、ほかにも保存が検討された場所があります。

まず眼下に大文字山麓の「銀閣寺門前の参道集落」と「疏水《そすい》ぞいの哲学の道」。正面に「吉田山東麓の銅《あかがね》御殿《ごてん》（谷川住宅）」。

左には「低層住宅地の真如堂かいわい」や「黒谷の塔頭《たっちゅう》群」、「南禅寺の塔頭群」。大鳥居《おおとりい》が鮮やかな平安神宮の近くには「青蓮院からつづく神宮道かいわい」や「白川ぞいのまちなみ」。その奥に宝永大火後にうまれた二条川東新地の「西寺町の寺院群」。吉田山の向こうには、土塀と表門がつらなる「吉田神社の社家町」がありました。

目を右に転じると、民家型式が入りまじる「詩仙堂から修学院へつづく農家集落」や「松ヶ崎前川の住宅街」。その奥が岩倉型民家の「岩倉盆地」です。

ほかにも千年都の歴史の堆積からうまれた結晶の数々が、そこかしこにたたずんでいます。そんな結晶がはなつ光彩をさがしに、「面白《おもしろ》の花の都」へ出かけてみてはいかがでしょうか。

平成30月1月1日

丸山俊明

大文字山から正面
（西むき、手前に吉田山［神楽岡］、奥に京都御苑）

右側（北むき、左奥に植物園、その右に上賀茂から北山）

左側（南むき、中央に岡崎の京都市立美術館）

吉田山東麓の閑静な谷川住宅

索引

さ

た

な

は

ま

や

ら

わ

著者紹介

丸山俊明（まるやま・としあき）

1960年、京都市左京区吉田神楽岡うまれ。京都市立近衛中学校・京都府立鴨沂高等学校卒業。1983年琉球大学法文学部史学科卒業。1989年大阪工業技術専門学校2部卒業。2001年京都工芸繊維大学大学院修了（学術博士）。熊谷建築設計事務所、京都環境計画研究所勤務、住環境文化研究所主宰、京都美術工芸大学教授をへて、びわこ学院大学短期大学部ライフデザイン学科教授。一級建築士。専門は日本史・建築史・都市史。

イラスト

米原淳子（よねはら・じゅんこ）

京《みやこ》のまちなみ史――平安京への道　京都のあゆみ

2018年5月10日　初版第1刷発行
2021年8月20日　初版第2刷発行

著　者　丸 山 俊 明
発行者　杉 田 啓 三

〒607-8494　京都市山科区日ノ岡堤谷町3－1
発行所　株式会社 昭和堂
振込口座　01060-5-9347
TEL(075)502-7500／FAX(075)502-7501
ホームページ　http://www.showado-kyoto.jp/

印刷　モリモト印刷

ISBN978-4-8122-1715-3

＊落丁本・乱丁本はお取り替え致します

Printed in Japan

丸山俊明著作〈町家三部作〉

京都の町家と町なみ

何方《いずれのかた》を見《み》申様《もうすよう》に作る事、堅仕間敷事《かたくつかまつるまじきこと》

2007年5月刊・A5判上製・440頁
本体6,600円＋税

京都の町家と町なみは、町衆の美意識と都市文化が育んだ貴重な財産……そんな定説を覆す、意欲的な労作。文献史料から幕府、所司代・町奉行体制による建築行政の影響を明らかにする。
これまでの建築史に一石を投じた、京都の町家研究の第一弾。

幾度となく炎に包まれた江戸時代の京都——。己の危険も省みず、頻発する火事から京都の町を守ったのは誰なのか？京都の火消衆の再評価を試みながら、町家の建築的特徴の変遷から京都特有の都市構造や行政体制、消防体制を概観する。
京都の町家研究の第二弾。

京都の町家と火消衆

その働き、鬼神のごとし

2011年12月刊・A5判上製・504頁
本体7,000円＋税

京都の町家と聚楽第

太閤様、御成の筋につき

2014年5月刊・A5判上製・592頁
本体7,200円＋税

太閤様の、「御成りの筋なれば」——秀吉による京都改造は、町家の姿にどのような影響と変化をもたらしたのか？中世から近世へと変化する町なみの象徴となった秀吉建造の〈聚楽第〉。多数の史料から京都の町家形成に新解釈を提示する。
町家三部作、ここに完結。

図書出版 昭和堂　TEL 075-502-7500 ／ FAX075-502-7501
info@showado-kyoto.jp ／ http://www.showado-kyoto.jp